9급 공무원

사회복지학 개론

www.goseowon.co.kr

PREFACE

'운도 실력이다.'는 말이 있다. 선택형 문항으로 이루어진 공무원시험에서는 운 역시 합격에 영향을 미치는 것처럼 보이기도 한다. 하지만 운은 저절로 실력이 되지는 않는다. 운이 실력이 되기 위해서는 반드시 단단하게 다져진 바탕이 필수적이다. 따라서 수험생은 무엇보다 단단한 바탕을 다지는 것에 힘써야 한다.

그렇다면 단단한 바탕을 다지기 위해 필요한 것은 무엇일까. 물론 각 과목의 이론을 정리하고 암기하는 것도 어느 정도 필요하다. 하지만 모든 과목이 그러하듯 관련 이론의 양은 매우 방대하며 그것을 다 암기하는 것은 거의 불가능하다.

운을 실력으로 만드는 단단한 바탕은 바로 충분한 문제풀이로 다질 수 있다. 그동안 쌓아온 실력을 실전에서 최대한으로 발휘하기 위해 반드시 요구되는 것은 바로 충분한 문제 풀이이다. 다양한 유형의 문제를 미리 접해보고 출제유형을 파악하는 것은 실제 시험에서 당황하지 않고 자신의 실력을 최대한으로 발휘할 수 있게 만든다.

시험 전에 꼭 풀어봐야 할 문제 사회복지학개론은 기출문제와 출제가능성이 높은 다양한 유형의 예상문제를 수록하여 공무원시험 완벽대비를 책임진다.

1%의 행운을 잡기 위한 99%의 노력! 본서가 수험생 여러분의 행운이 되어 합격을 향한 노력에 힘을 보탤 수 있기를 바란다.

STRUCTURE

▮ 공무원시험 유형 완벽 분석

다양한 유형의 문제를 체계적으로 분석하여 내용에 대한 흐름을 파악할 수 있도록 구성하였습니다.

▮ 단원별 기출문제 복원

최신 기출문제를 비롯하여 그동안 시행된 기출문제를 복원·재구성하여 출제유형 파악에 도움이 되도록 만전을 기하였습니다.

▮ 해설의 상세화

기출문제 및 출제예상문제에 대한 해설을 이해하기 쉽도록 상세하게 기술하여 실전에 충분히 대비할 수 있도록 하였습니다.

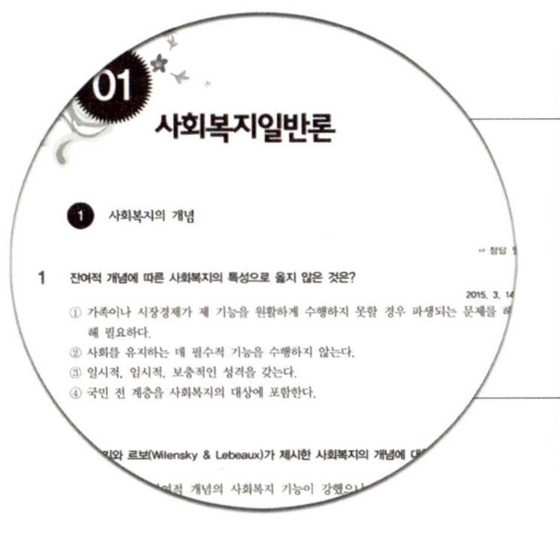

기출문제분석

최신 기출문제를 비롯 그동안 시행된 공무원 기출문제를 복원 및 재구성하여 단원별로 실어 공무원시험 출제유형 파악에 도움을 주고자 노력하였습니다.

핵심예상문제

그동안 실시되어 온 기출문제의 유형을 파악하고 출제가 예상되는 핵심영역에 대하여 다양한 유형의 문제로 재구성하였습니다.

해설 및 보충설명

핵심을 콕! 짚는 해설과 참고가 되는 보충설명을 통해 기본이론에 대한 지식이 부족해도 문제풀이가 가능하도록 내용을 심도 있게 정리하였습니다.

CONTENTS

PART 02 정답 및 해설

PART 03 최근기출문제분석

시·험·전·에·꼭·풀·어·봐·야·할·문·제

9급 공무원

사회복지학개론

1. 사회복지일반론 / 2. 사회복지의 역사 / 3. 사회복지행정론 / 4. 사회복지정책론 / 5. 사회복지방법론 / 6. 사회복지서비스분야론

01 사회복지일반론

① 사회복지의 개념

☞ 정답 및 해설 P.1

1 잔여적 개념에 따른 사회복지의 특성으로 옳지 않은 것은?

2015. 3. 14 사회복지직

① 가족이나 시장경제가 제 기능을 원활하게 수행하지 못할 경우 파생되는 문제를 해결하기 위해 필요하다.
② 사회를 유지하는 데 필수적 기능을 수행하지 않는다.
③ 일시적, 임시적, 보충적인 성격을 갖는다.
④ 국민 전 계층을 사회복지의 대상에 포함한다.

2 윌렌스키와 르보(Wilensky & Lebeaux)가 제시한 사회복지의 개념에 대한 설명으로 옳지 않은 것은?

2015. 4. 18 인사혁신처

① 전통적으로 잔여적 개념의 사회복지 기능이 강했으나, 산업화가 진전되면서 제도적 개념이 강조되었다.
② 잔여적 개념의 사회복지는 가족이나 시장경제가 제 기능을 원활히 수행하지 못할 경우에 파생되는 문제를 보완 내지는 해소하기 위한 제도로 필요하다고 보았다.
③ 잔여적 개념의 사회복지는 소극적이고 한정적인 사회복지개념으로 복지 대상자를 사회적 약자나 요보호 대상자로 제한한다.
④ 제도적 개념의 사회복지는 사회문제의 발생 원인에 있어 개인의 책임을 강조한다.

3 사회복지사상에 대한 설명으로 옳지 않은 것은?

2014. 3. 22 사회복지직

① 신자유주의는 국가복지에 대해 부정적이다.
② 케인즈주의는 국가의 개입을 긍정적으로 생각한다.
③ 사회민주주의는 복지의 탈상품화를 적극적으로 추구한다.
④ 자유주의는 빈곤의 원인을 사회로 돌린다.

4 우리나라 「사회복지사업법」에서 제시된 사회복지사업이 아닌 것은?

2011. 4. 9 행정안전부

① 「긴급복지지원법」에 의한 보호·선도 또는 복지에 관한 사업
② 「성매매방지 및 피해자보호 등에 관한 법률」에 의한 보호·선도 또는 복지에 관한 사업
③ 「보호관찰 등에 관한 법률」에 의한 보호·선도 또는 복지에 관한 사업
④ 「장애인·노인·임산부 등의 편의증진 보장에 관한 법률」에 의한 보호·선도 또는 복지에 관한 사업

5 선별적 프로그램(Selective Program)의 단점으로 옳지 않은 것은?

2011. 5. 14 상반기 지방직

① 수급자와 비수급자간 갈등의 야기
② 자격있는 빈자의 신청 기피
③ 낮은 목표(대상)효율성
④ 정치적 지지 기반의 협소

6 사회복지의 이념에 대한 설명으로 옳지 않은 것은?

2011. 5. 14 상반기 지방직

① 교육, 직업, 사회적 지위 등에서 남성과 동등한 권리를 획득하는데 관심을 두는 것은 자유주의적 페미니즘이다.
② 주택을 사회공공재로 규정하고 국가가 집값을 규제하는 것은 자유방임주의 이념에 기초하는 것이다.
③ 신우파는 시장의 역할을 강조하지만 모든 종류의 정부개입을 반대하는 것은 아니다.
④ 마르크스주의는 자유, 평등, 우애를 사회적 가치로 강조한다.

7 사회복지와 관련한 용어에 대한 설명으로 옳은 것은?

2011. 5. 14 상반기 지방직

① 사회보장은 인적 자원(human resources)의 보존, 보호, 개선을 직접적 목적으로 하는 조직화된 활동으로 사회입법과 민간단체를 통해 제공되는 보호조치를 말한다.
② 사회서비스는 기본적이며 보편적인 인간의 욕구를 해결하기 위한 서비스로써 소득보장, 의료, 교육, 주택, 개별적 서비스 등을 포함한다.
③ 사회사업은 사회적 시책에 의한 제도적 체계이며, 사회복지는 전문적 사회사업에 의한 기술적 체계를 말한다.
④ 사회안전망은 대량실업, 재해, 전시 등 국가위기 상황에서 국가가 국민에게 기초생활을 보장해 주어 안정된 사회생활을 하도록 만드는 보호조치로 민간에서 제공되는 것은 제외된다.

8 가족이나 종교, 경제 제도 등의 여타 사회제도와 구분되어 사회복지 제도가 가지는 대표적 사회 기능은?

2010. 5. 22 상반기 지방직

① 생산 및 소비　　　　　　　② 상호부조
③ 사회화　　　　　　　　　　④ 사회통제

9 사회복지 이념 및 사상으로서 '제3의 길'에 대한 설명으로 옳지 않은 것은?

2010. 4. 10 행정안전부

① 사회민주주의와 신자유주의의 장점을 결합하고 단점을 시정한 것이다.
② 인간의 얼굴을 한 시장경제를 추구한다.
③ 적극적인 복지시민의 위상정립에 정책의 초점을 맞추고 있다.
④ 자유, 평등, 우애를 중심 가치로 하고 국민최저선의 설정, 기회평등의 촉진, 취약자에 대한 적극적 차별의 시행을 강조한다.

10 사회복지의 이념적 특성에 대한 설명으로 옳지 않은 것은?

2010. 4. 10 행정안전부

① 신자유주의는 사회복지에 대한 민영화를 강조한다.
② 사회민주주의는 기회와 소득에서의 불평등을 인정하지 않고 결과의 평등을 강조한다.
③ 마르크스주의는 복지국가의 역할과 기능에 대해 부정적 입장을 취한다.
④ 자유주의는 사회복지에 대한 정부의 최소한의 개입을 강조한다.

11 사회복지실천의 목적에 해당하는 것을 모두 고른 것은?

2010. 4. 10 행정안전부

> ㉠ 사회정책의 개발과 향상에 기여
> ㉡ 체계의 효과적이고 효율적인 운영의 향상
> ㉢ 자원, 서비스, 기회를 제공하는 체계와 개인의 연결
> ㉣ 개인의 문제해결 및 대처 능력의 고양

① ㉠㉡　　　　　　　　　　② ㉢㉣
③ ㉠㉡㉢　　　　　　　　　④ ㉠㉡㉢㉣

12 '사회복지 평가'의 목적을 설명한 것으로 옳지 않은 것은?

2010. 4. 10 행정안전부

① 역기능적 상호작용을 수정한다.
② 사회복지실천에 관한 이론 형성에 기여한다.
③ 프로그램 계획이나 운영에 필요한 정보를 제공한다.
④ 국가나 사회로부터의 책임성을 이행한다.

13 전통적으로 사회복지의 개념형성에 영향을 끼친 것으로서 거리가 먼 것은?

2009. 5. 23 상반기 지방직

① 사회문제
② 사회적 욕구
③ 사회적 위험
④ 사회적 투자

14 사회복지개념에 대한 설명으로 옳지 않은 것은?

2009. 5. 23 상반기 지방직

① 광의적 개념으로서의 사회복지는 모든 사회 구성원을 사회복지제도의 대상으로 규정한다.
② 광의적 개념으로서의 사회복지는 윌렌스키와 르보의 사회복지 개념 중 제도적 개념과 유사하다.
③ 한정적 개념으로서의 사회복지는 사회적 약자를 위한 보호적·치료적·예방적 서비스 모두를 포함한다.
④ 한정적 개념으로서의 사회복지는 가족이나 시장 기구를 통해 복지욕구를 충족하지 못한 사회 구성원을 지원하기 위한 사적 노력을 의미한다.

15 사회보험과 공공부조에 대한 비교로서 옳지 않은 것은?

2009. 4. 11 행정안전부

① 사회보험은 기여와 위험 발생을 수급조건으로 하지만 공공부조는 자산조사를 수급조건으로 한다.
② 사회보험은 수입과 지출 총액이 예측되기 어려운 반면 공공부조는 그 재정을 예측하기가 용이하다.
③ 사회보험은 위험에 대한 사전적 대책인 반면 공공부조는 위험에 대한 사후적 대책이다.
④ 사회보험은 보험료를 통해 재원을 충당하지만 공공부조는 일반조세를 통해 재원을 충당한다.

16 윌렌스키(Wilensky)와 르보(Lebeaux)가 제시한 현대 산업사회의 사회복지활동을 특정짓는 기준으로 옳지 않은 것은?

2008. 4. 12 행정안전부

① 공식적인 조직을 통해 제공되어야 한다.
② 영리추구가 주된 목적이 되어서는 안 된다.
③ 사회적으로 승인된 목적과 방법으로 수행되어야 한다.
④ 소득재분배 기능을 가져야 한다.

17 현대사회에서 사회복지가 궁극적으로 달성하고자 하는 목적이 아닌 것은?

2007. 4. 14 중앙인사위원회

① 인간다운 생활 보장
② 개인 스스로 생활할 수 있는 자립성 증진
③ 효율적 시장체계 구축
④ 사회성원 및 사회집단 간의 사회통합

18 사회복지의 개념에 포함된 속성을 모두 고르면?

2007. 4. 14 중앙인사위원회

> ㉠ 사회구성원의 행복 추구
> ㉡ 인간의 기본적·사회적 욕구 충족
> ㉢ 개인과 가족의 노력과 활동
> ㉣ 재화와 서비스의 효율적 생산, 배분, 소비

① ㉠
② ㉠㉡
③ ㉠㉡㉢
④ ㉠㉡㉢㉣

19 윌렌스키와 르보(Wilensky and Lebeaux)의 사회복지개념으로 옳지 않은 것은?

2006. 5. 7 경상북도

① 공식적인 조직에 기초한 활동이다.
② 소비욕구에 관계된다.
③ 이윤동기가 배제되지 않는다.
④ 사회적·공공적인 목적을 위해 사회적 책임을 가지고 이루어진다.

20 다음 중 사회복지의 제도적 이념에 대한 설명으로 옳지 않은 것은?

2001. 7. 29 서울특별시

① 사회복지를 국가의 1차적 기능으로 본다.
② 전국민 누구나 사회복지 대상으로 간주한다.
③ 후기 산업사회에 많이 나타나는 복지형태이다.
④ 가족과 시장을 인간욕구해결 중심제도로 이용한다.
⑤ 사회복지 대상자들이 모멸감과 수치심을 느끼지 않게 한다.

21 다음 중 사회복지개념의 변화에 해당되지 않는 것은?

① 공공성에서 자발성으로　　　　② 선별적에서 보편적으로
③ 요보호 중심에서 전국민으로　　④ 최저수준에서 최적수준으로

22 사회복지개념에 비추어 볼 때 차원을 달리하는 것은?

① 공공성 차원　　　　　　　　② 보편적 서비스
③ 사회개혁적 차원　　　　　　④ 최저조건의 달성

23 다음 중 넓은 의미의 사회복지의 개념이 아닌 것은?

① 사회구성원 일반을 대상으로 한다.
② 사회복지는 사회구성원 생활의 최저수준이다.
③ 한정된 약자와 요보호자들에 대한 실천적 자선활동이다.
④ 광의의 복지개념은 신체적, 물질적, 정신·심리적인 복지까지 다룬다.

24 다음 현대적 의미의 사회복지의 개념과 짝지어진 것은?

① 사회봉사 – 사회정책　　　　② 사회봉사 – 사회부조
③ 사회부조 – 사회계획　　　　④ 인보사업 – 사회사업

25 사회복지개념의 변화방향에 대한 내용으로 옳지 않은 것은?

① 자선에서 시민권
② 자발성에서 공공성
③ 사회적 개혁에서 개인적 개혁
④ 특수 서비스에서 보편적 서비스

26 주로 소득유지, 교육, 보건, 주택 등의 요구에 대한 법적인 대책으로 보고 있는 사회복지분야는 무엇인가?

① 사회조사
② 사회복지
③ 사회봉사
④ 사회정책

27 다음 중 구조적(제도적) 사회복지에 대한 설명으로 옳지 않은 것은?

① 대상 – 모든 국민
② 시대적 배경 – 현대복지사회
③ 결정방법 – 선별원칙
④ 처방 – 제도적 조치, 표준화, 사회보험 또는 일반적 급부

28 다음 중 사회복지개념의 변화에 대한 내용으로 옳지 않은 것은?

① 국가에 의한 강제사업으로 규정된다.
② 인간의 충분한 능력을 개발하고 만족스러운 관계성과 생활수준을 획득하기 위한 서비스이다.
③ 복지적 이념을 실천, 수행하고자 하는 기술행동으로 이상보다 실천을 강조한다.
④ 개인, 가정, 집단, 지역사회에 대한 서비스 형태의 조력과 구조활동이다.

29 다음 중 사회복지의 현대적 개념으로 옳지 않은 것은?

① 사회보장
② 사회계획
③ 인보사업
④ 사회정책

30 다음 중 전통사회에서의 사회복지정책은?

① 구빈사업　　　　　　　　　　② 자선사업
③ 시민운동　　　　　　　　　　④ 사회사업

31 다음 중 프리들랜더(W.A. Friedlander)의 사회복지개념에 해당되지 않는 것은?

① 사회복지는 사회적 서비스와 제도의 조직적 체계이다.
② 사회봉사는 일차적으로 인간자원의 보존·보호 및 개량에 관심을 둔 조직적 활동이다.
③ 사회사업은 전문적 서비스이고, 개인 또는 집단이 사회 또는 개인적 만족과 독립을 획득하도록 도와주는 것이다.
④ 사회정책은 자원통제에 있어 진보적인 재분배대책을 포함한다.

32 다음 중 사회복지의 개념에 대한 설명으로 옳지 않은 것은?

① 사회복지는 사회성원 생활의 최저수준이다.
② 광의의 복지개념에는 신체적·물질적·정신적·심리적인 복지까지 포함된다.
③ 전통적 의미의 사회복지는 사회사업, 사회정책 등을 말한다.
④ 협의의 사회복지는 사회사업과 동일한 의미로 사용된다.

33 다음 중 체계이론에서 피드백에 해당되는 것은?

① 복지의 조치 및 업무　　　　　② 상부상조의 기능
③ 새로운 정책 제안　　　　　　④ 시설 활용

34 다음 내용에 가장 적합한 것은?

> 전국민의 물질적·정신적·사회적 최적생활의 확보를 위한 공·사의 사회적 제반 서비스의 총칭이다.

① 사회봉사　　　　　　　　　　② 사회사업
③ 사회정책　　　　　　　　　　④ 사회보장

35 다음 중 보완적 사회복지에 대한 설명으로 옳지 않은 것은?

① 생활책임관은 사회책임이다.
② 시대배경은 근대자유사회이다.
③ 대상은 정상적인 생활을 영위하지 못하는 사람이다.
④ 기술 및 정책수단은 임시구제 · 개별화이다.

36 사회복지의 개념을 체계이론에서 도출할 때 사회복지사의 활동범위는?

① 인간조직 내에서 활동
② 사회제도 안에서 활동
③ 사회적 통합의 기능
④ 인간조직과 환경과의 경계에 개입하여 활동

37 다음 중 사회복지를 복합적 개념으로 보고 한정적으로는 사회적 약자에 대한 재정적 원조와 서비스를 의미하며, 한편으로는 국민의 보편적 욕구에 대한 공동적 책임을 의미한다고 정의한 학자는?

① C. Lebeaux
② J. Romanyshyn
③ R. Klein
④ H. Wilensky

38 다음 중 체계이론을 사회복지에 도입할 때 투입에 해당되지 않는 것은?

① 자원봉사자
② 건강진단
③ 의료비 지급
④ 요양원

39 국민의 최저생활을 보장하고 국민생활의 안정을 도모함이 목적인 복지분야는?

① 사회사업
② 사회보장
③ 사회정책
④ 사회봉사

40 다음 중 사회복지에 대한 설명으로 옳지 않은 것은?

① 사회복지는 공공성에서 자발성으로 변화되고 있다.

② 인간의 욕구와 기존 사회구조에 대한 적응이 핵심적 목표이다.

③ 실천적 측면에서 사회복지는 고정적이고, 사회사업은 역동적이다.

④ 사회복지의 목적은 바람직한 사회에 있고 사회사업의 목적은 바람직한 인간에 있다.

41 사회복지개념의 관련내용으로 옳지 않은 것은?

① 다면적 · 다차원적 사회복지 – K. Rescher

② 광의적 사회복지 – 제도적 사회복지

③ 협의적 사회복지 – 잔여적 사회복지

④ 최광의적 사회복지 – 혼합복지

2. 사회복지의 구성

☞ 정답 및 해설 P.5

1 매슬로우(Maslow)가 주장한 인간의 5가지 위계적 욕구를 순서대로 바르게 나열한 것은?

2015. 4. 18 인사혁신처

> ㉠ 생리적 욕구 ㉡ 소속과 애정의 욕구
> ㉢ 안전의 욕구 ㉣ 자아실현의 욕구
> ㉤ 자기존중의 욕구

① ㉠ - ㉡ - ㉢ - ㉣ - ㉤ ② ㉠ - ㉡ - ㉢ - ㉤ - ㉣
③ ㉠ - ㉢ - ㉡ - ㉣ - ㉤ ④ ㉠ - ㉢ - ㉡ - ㉤ - ㉣

2 사회문제에 대한 설명으로 옳지 않은 것은?

2014. 3. 22 사회복지직

① 사회문제는 시간에 따라 달리 정의될 수 있다.
② 사회문제는 공간에 따라 달리 정의될 수 있다.
③ 사회문제는 가치중립적이다.
④ 사회문제를 정의하는 데에는 기준이 존재한다.

3 사회복지실천의 종결단계에서 이루어지는 일이 아닌 것은?

2014. 3. 22 사회복지직

① 종결 이후 사후관리 계획 수립
② 개입 목표의 달성 정도 평가
③ 종결과 관련된 클라이언트의 정서적 반응 대처
④ 클라이언트의 문제와 욕구에 대한 다차원적인 조사

4 국가에 의한 사회복지의 필요성을 주장할 때, '시장실패론'에 근거하지 않은 것은?

2014. 4. 19 안정행정부

① 사회복지제도는 긍정적 외부효과를 발생시킨다.
② 사회보험은 민간보험에 비해 수직적 소득재분배 효과가 크다.
③ 사회복지제도는 공공재로서의 성격을 가지고 있다.
④ 의료서비스는 정보의 비대칭성으로 국가개입이 필요한 대표적인 사례이다.

5 브래드쇼(Bradshaw)가 분류한 인간의 욕구와 사례가 바르게 연결된 것은?

2014. 4. 19 안정행정부

① 감지적 욕구(felt need) − 전문가, 행정가 등이 최저생계비를 규정한 경우
② 기능적 욕구(functional need) − 장애인 스스로 치료와 재활이 필요하다고 인식하는 경우
③ 표현적 욕구(expressed need) − 의료·보건 분야에서 서비스를 신청한 사람의 수로 판명하는 경우
④ 규범적 욕구(normative need) − A지역 주민의 욕구를 B지역 주민의 욕구와 비교하여 나타내는 경우

6 핀커스와 미나핸(Pincus & Minahan)의 사회복지실천의 주요 대상체계에 대한 설명으로 옳지 않은 것은?

2010. 5. 22 상반기 지방직

① 변화매개 체계에는 사회복지사뿐만 아니라 사회복지사를 고용한 기관도 해당될 수 있다.
② 표적 체계란 변화매개 체계가 목적 달성을 위해 영향을 미치거나 변화시킬 필요가 있는 체계를 말한다.
③ 클라이언트 체계와 표적 체계는 경우에 따라 동일할 수도 있다.
④ 행동 체계의 구성요소와 클라이언트 체계의 구성요소는 중첩되지 않는다.

7 사회복지 대상자 선정 중 '잔여적 사회복지'의 개념에 가장 충실한 기준은?

2008. 4. 12 행정안전부

① 귀속적 욕구 기준   ② 자산조사 기준
③ 보상 기준   ④ 진단적 등급 분류 기준

8 다음 중 브래드쇼(Bradshow)가 제시한 욕구(need)의 범주에 포함되지 않는 것은?

2008. 4. 12 행정안전부

① 잠재적 욕구(latent need)   ② 규범적 욕구(normative need)
③ 비교 욕구(comparative need)   ④ 느낀 욕구(felt need)

9 사회복지의 제도적 개념과 관련이 없는 것은?

2007. 4. 14 중앙인사위원회

① 시장이나 가족제도의 불완전성을 전제로 한다.
② 사회복지의 기능은 다른 사회제도가 수행하는 기능과 구별된다.
③ 시장에 의한 자원의 분배에 대하여 수정·보완이 필요하다.
④ 사회문제를 병리적 관점에서 파악한다.

10 다음 중 사회복지정책의 자격요건 중 인간 존엄성, 평등가치 실현에 가장 효과적인 것은?

2006. 3. 19 대구광역시

① 근로능력　　　　　　　　② 거주 또는 국적
③ 기여　　　　　　　　　　④ 전문가 판단

11 노인의 4고, 베버리지 5악, 「사회보장기본법」 3조의 사회보장의 정의에서 공통점은?

2005. 7. 17 서울특별시

① 무지　　　　　　　　　　② 빈곤
③ 질병　　　　　　　　　　④ 실업
⑤ 고독

12 개인주의 이념과 기능주의적 이론에 입각한 사회복지를 규정하는 경우 사회복지의 중요 대상이 되는 문제는?

2000. 7. 23 서울특별시

① 빈곤　　　　　　　　　　② 결손가족
③ 박탈　　　　　　　　　　④ 탈선행동
⑤ 실업

13 다음의 사회문제 중 사회구조적 문제와 가장 거리가 먼 것은?

2000. 6. 11 경기도

① 정신질환　　　　　　　　② 소득배분
③ 교육불평등　　　　　　　④ 빈곤

14 다음 중 사회문제에 대한 설명으로 옳지 않은 것은?

① 사회적 맥락에서 비롯된다.
② 개선을 위해 사회적 행동이 요구된다.
③ 불특정다수가 어떤 현상으로 영향을 받음으로 인해 부정적으로 여긴다.
④ 개인문제와 사회문제가 완전히 구별된다.

15 다음 중 광의의 사회복지대상의 범위는?

① 범죄자
② 한정된 약자나 요보호자
③ 빈곤아동
④ 이 모두를 포함한 전국민

16 사회복지 공급주체 중 민간영리부문과 관계가 없는 것은?

① 수익자 부담
② 이윤추구
③ 시장윤리
④ 현행 사회복지사업법과 무관

17 다음 중 사회적 문제에 해당하는 것은?

① 사회환경적 서비스
② 사회적 부적응
③ 주택
④ 오락적 기회

18 민간주도의 사회사업의 재원에 해당하는 것은?

① 소득세
② 특별세의 수입
③ 헌금
④ 국민보험기여금

19 사회복지의 재원 중 공공재원이 아닌 것은?

① 지방세
② 수취금
③ 기관수입금
④ 사회보험의 기여금

20 다음 중 사회복지의 구성에 있어서 사회복지 주체와 객체를 제도적 모형에 따라 올바르게 제시한 것은?

① 국가 – 전국민
② 노동부 – 근로자
③ 사회복지기관 – 요보호자
④ 기업 – 근로자

21 로마니신(J. Romanyshyn)의 사회복지체계 중에서 사회적 서비스에 해당되는 것은?

① 시장분배 지원
② 공공부조
③ 공공주택 보급
④ 교육제도 지원

22 사회복지의 대상으로서 3D에 속하지 않는 것은?

① 비행
② 질병
③ 빈곤
④ 나태

23 다음 중 상부상조의 원리에 속하는 것은?

① 개인존중의 원리
② 사회연대의 원리
③ 자발성 존중의 원리
④ 기회균등의 원리

24 다음의 사회적 요구 중에서 가장 중요한 사회복지의 대상은?

① 느낀 요구
② 표현된 요구
③ 규범적 요구
④ 비교의 요구

25 현대사회복지의 가치로서 가장 적합한 것은?

① 개인주의
② 국가주의
③ 민족주의
④ 사회주의

26 다음 중 민간사회복지에 대한 설명으로 옳은 것은?

① 조직의 운영이 탄력적이다.
② 세금이 가장 중요한 재원이다.
③ 새로운 욕구에 신속히 대응하지 못한다.
④ 서비스 수요자에게 요보호자라는 부정적 이미지를 주기 쉽다.

27 사회복지의 대상으로서 4D에 속하지 않는 것은?

① 빈곤　　　　　　　　　　② 나태
③ 의존　　　　　　　　　　④ 비행

28 현대 서구복지국가의 사회복지 재원으로서 가장 큰 비중을 차지하는 것은?

① 교육세　　　　　　　　　② 공공모금
③ 방위세　　　　　　　　　④ 사회보험기여금

29 사회복지에 있어 사회통제의 기능은?

① 재화와 서비스의 분배
② 사회의 공통적 가치관과 행동양태 전수
③ 법과 규범의 실천을 통해 사회존속 유지
④ 사회 각 집단, 단체, 기관들간에 결속력 유지

30 다음 중 사회복지의 주체가 국가(정부)인 경우에 가장 적합한 사회복지 프로그램은?

① 박애사업　　　　　　　　② 사회개혁
③ 사회보장　　　　　　　　④ 공동모금

31 다음 중 사회복지의 형태 중 옳지 않은 것은?

① 개인 – 상호부조, 박애사업　　② 부락 – 인보사업, 혼상계
③ 지역사회 – 기업복지, 공제회　　④ 국가 – 사회보장, 사회정책

③ 사회복지의 모형과 가치관

☞ 정답 및 해설 P.8

1 조지와 윌딩(George & Wilding)이 제시한 사회복지의 이념에 대한 설명으로 옳지 않은 것은?

2015. 4. 18 인사혁신처

① 밝고 약한 녹색주의는 환경을 무질서한 착취로부터 보호하고 방어해야 한다는 자각 아래 환경친화적 경제성장과 소비를 주장한다.

② 중도노선은 국가 차원의 복지정책을 통해 자본주의의 사회적 폐해를 완화할 필요성이 있다고 여긴다.

③ 민주적 사회주의는 평등, 자유, 우애를 중심 사회가치로 여기며, 시장사회주의를 지향한다.

④ 신우파는 반집합주의의 성향을 갖고 있으며, 평등을 최고의 가치로 여긴다.

2 사회복지 관련 개념들에 대한 설명으로 옳지 않은 것은?

2014. 3. 22 사회복지직

① 일반적으로 사회복지는 정책과 제도적인 측면을 강조할 때 사용하고, 사회사업은 개인이나 집단을 돕는 전문적인 방법이나 기술에 초점을 두는 개념이다.

② 광의적 개념의 사회복지는 사회정책, 보건, 의료, 주택, 고용 등을 포괄한다.

③ 사회복지를 보편주의 원칙으로 모든 국민에게 제공하려는 시도는 제도적 개념보다 잔여적 개념의 사회복지라고 할 수 있다.

④ 사회사업은 사후적, 치료적 성격을 갖는 반면에 사회복지는 사전적, 예방적 성격을 갖는다고 볼 수 있다.

3 정책 결정과정에서 조직화된 무정부 상태 속에서의 우연성을 강조하는 사회복지 정책 모형은?

2014. 3. 22 사회복지직

① 합리 모형
② 점증 모형
③ 최적 모형
④ 쓰레기통 모형

4 사회복지 실천이론에 대한 설명으로 옳은 것은?

2014. 4. 19 안정행정부

① 행동주의모델의 주요한 이론적 배경은 정신역동이론이다.

② 위기개입모델은 클라이언트 스스로 문제를 인식하게 하고 클라이언트의 자기결정권을 강조한다.

③ 심리사회모델은 클라이언트의 개별성을 강조하며 클라이언트의 심리적 변화와 사회환경적인 변화를 시도한다.

④ 생태체계모델은 클라이언트의 행동변화를 위한 체계적인 개입을 강조하며 변화 목표를 명확하게 설정하고 개입과정을 모니터링 · 기록 · 평가하는 것을 중요시한다.

5 조지(George)와 윌딩(Wilding)의 사회복지 이념모형에 대한 설명으로 옳은 것은?

2014. 4. 19 안정행정부

① 반(反)집합주의는 소극적 자유를 강조하며 현존하는 불평등은 경제성장에 기여할 수 있다고 본다.

② 마르크스주의는 자본주의가 효율적이고 공정하게 기능하기 위해서는 국가에 의한 규제와 통제가 필요하다고 본다.

③ 소극적 집합주의는 자유시장 체제를 수정 · 보완해야 한다고 주장하며 토오니(Tawney)와 티트머스(Titmuss)가 대표적인 인물에 해당한다.

④ 페이비언주의는 적극적 자유를 중심 가치로 추구하며 복지국가에 대해 반대하는 입장으로 밀리반드(Miliband)가 대표적인 인물에 해당한다.

6 윌렌스키와 르보(Wilensky & Lebeaux)가 분류한 사회복지의 제도적 관점으로 옳은 것은?

2011. 4. 9 행정안전부

① 사회복지의 역할은 가족과 시장체제의 보완이다.

② 빈곤문제의 발생원인은 개인의 책임이다.

③ 사회복지의 대상은 요보호대상자만이다.

④ 사회문제의 발생원인에 대해 사회구조적 책임을 강조한다.

7 조지(George)와 윌딩(Wilding)이 분류한 '사회복지 이념체계'에서 자유, 개인주의, 불평등이 중심가 치인 것은?

2011. 4. 9 행정안전부

① 신우파(the new right)
② 중도노선(the middle way)
③ 민주적 사회주의(democratic socialism)
④ 마르크스주의(marxism)

8 사회복지 가치로서의 평등에 대한 설명으로 옳지 않은 것은?

2010. 4. 10 행정안전부

① 수량적 평등은 소득재분배를 목적으로 모든 사람에게 능력이나 기여와 상관없이 똑같이 사회적 자원을 배분한다.
② 비례적 평등은 개인의 욕구, 노력, 능력 등에 따라 사회적 자원을 상이하게 배분한다.
③ 결과의 평등은 기여에 따라 급여를 배분하는 것으로, 이를 흔히 공평(equity)이라고 한다.
④ 기회의 평등은 최소한의 국가개입을 주장하는 보수주의자 내지 (신)자유주의자들이 선호하는 개념이다.

9 에스핑 – 안데르센(Esping – Andersen)의 복지국가 유형화에 대한 설명으로 옳지 않은 것은?

2010. 4. 10 행정안전부

① 복지국가의 유형을 자유주의적 복지국가, 조합주의적 복지국가, 사회민주주의적 복지국가로 구분하였다.
② 복지국가의 유형들 중에서 자유주의적 복지국가가 탈상품화 정도가 가장 낮다.
③ 탈상품화는 복지정책의 시장영향력 완화 정도를 분석하기 위한 개념 틀이다.
④ 개별 복지국가의 유형들은 국가별 경제상황과 경제정책의 특성에 영향을 받아 형성되었다.

10 복지국가 위기 이후 복지국가 재편과 관련하여 제숍(Jessop)이 제시한 '슘페테리안 워크페어 국가 (Schumpeterian Workfare State)'의 특징으로 옳지 않은 것은?

2010. 4. 10 행정안전부

① 국민국가의 강화
② 노동의 유연성 강조
③ 신보수주의 영향
④ 국가개입의 축소

11 '심리사회적 모델'에 대한 설명으로 옳은 것을 모두 고른 것은?

2010. 4. 10 행정안전부

> ㉠ 상황 속의 인간이라는 개념을 중요시 한다.
> ㉡ 인간의 비합리적 신념을 합리적으로 바꾸는 것에 초점을 둔다.
> ㉢ 정신분석이론, 생태체계론 등을 이론적 기반으로 한다.
> ㉣ 주된 기법으로 직접 영향주기, 탐색 − 기술 − 환기기법, 유형 − 역동성 고찰 등이 있다.
> ㉤ 개입에 있어 구조화된 절차를 가지고 교육적 접근을 강조한다.

① ㉠㉡㉢
② ㉠㉢㉣
③ ㉡㉣㉤
④ ㉢㉣㉤

12 생태체계적 관점에 입각하여 유기체로서의 개인이 그를 둘러싸고 있는 환경과 어떻게 적응관계를 유지하는가에 주요 관심을 두고, 사람과 환경간, 특히 인간의 욕구와 환경적 자원간의 적합수준(level of fit)을 향상시키는 것을 목적으로 하는 사회복지실천모델은?

2010. 4. 10 행정안전부

① 행동수정모델
② 인지모델
③ 생활모델
④ 심리사회모델

13 사회복지실천 모델에 대한 설명으로 옳지 않은 것은?

2010. 5. 22 상반기 지방직

① 위기개입 모델은 단기적 접근으로 클라이언트가 적어도 위기 이전의 기능 수준으로 회복하도록 돕는 데 일차적 목표를 둔다.
② 인지행동 모델은 클라이언트의 주관적 경험의 독특성을 중시하고, 구조화되고 교육적인 접근을 강조한다.
③ 과제중심 모델은 클라이언트의 표적문제들에 내재된 무의식적 충동과 같은 근본적인 문제원인의 해결에 집중한다.
④ 심리사회 모델은 클라이언트를 '상황 속의 인간'으로 이해하며 과거 경험이 현재 상태에 미치는 영향을 중시한다.

14 사회복지실천모델 중 과제중심모델에 대한 설명으로 옳지 않은 것은?

2009. 4. 12 행정안전부

① 1년 이상의 장기적인 개입이 행해지면 클라이언트의 자기결정권이 강조된다.

② 실천의 효과성 재고를 위해 만들어졌으며 사회복지사가 효율적으로 활용할 수 있는 모델이다.

③ 개입과정이 구조화되어 있으며 개입에 대한 사회복지사의 책무성이 강조된다.

④ 여러 가지 이론적 정향을 절충하여 사용할 수 있는 실천의 틀을 제시하고 있다.

15 개인의 감정이나 행동변화를 위해 부정적 감정의 근원이 되는 비합리적 신념을 밝혀내고 도전함으로써 사고를 재구조화하도록 돕는 사회복지 실천모델은?

2009. 4. 11 행정안전부

① 임파워먼트모델   ② 심리사회모델

③ 인지행동모델   ④ 과제중심모델

16 사회복지모형을 다음과 같이 구분한 학자는?

2005. 7. 17 서울특별시

• 반집합주의	• 소극적 집합주의
• 페이비안 사회주의	• 마르크스주의

① 티트머스   ② 마샬

③ 파커   ④ 미쉬라

⑤ 조지와 윌딩

17 다음 중 반집합주의에 대한 내용으로 옳은 것은?

2004. 6. 13 서울특별시

① 자유시장체계는 공동목적성취에 비효율적이라고 본다.

② 경제성장은 불평등을 수반하고, 정부의 적극적 개입이 필요하다고 본다.

③ 우애는 사회가 사리사욕의 각축장을 예방하는 데 필요하다고 본다.

④ 정부개입은 자원낭비를 초래한다고 본다.

⑤ 보편적 복지국가를 옹호한다.

18 다음 중 복지다원주의에 대한 설명으로 옳은 것은?

2001. 3. 25 울산광역시

① 과거보다 복지기능을 강화하는 것이다.
② 수혜자 주변에 활용할 수 있는 복지자원이 산재해 있는 것을 발견하고 활용·강화해야 하는 것이다.
③ 제도적 복지관점에서 공식적인 자원의 동원이 강조되어야 한다는 것이다.
④ 사회문제의 해결을 정부의존을 강화하여 사회복지예산의 확대를 가져오도록 노력해야 한다는 것이다.
⑤ 수혜자를 위한 자원의 활용이 민간에 의해서만 해결되어야 한다는 것이다.

19 다음 중 국가의 최소 개입을 강조하는 모형은?

2000. 6. 11 경기도

① 사회주의 국가　　　　　　② 자유방임주의 국가
③ 자유주의 국가　　　　　　④ 사회민주주의 국가

20 가족이나 시장경제기능이 수행되지 못할 때 일시적으로 기능하는 사회복지모형은?

① 재분배모형　　　　　　② 업적성취모형
③ 보편적 모형　　　　　　④ 보완적 모형

21 사회복지의 혜택이 꼭 필요한 사람에게 제공되어야 한다는 주장과 가장 가까운 이념은?

① 보편주의　　　　　　② 선별주의
③ 복리주의　　　　　　④ 시민권

22 빈곤에 대한 국가책임을 필요악으로 간주하는 복지이념의 모형은?

① 조합주의　　　　　　② 사회민주주의
③ 소극적 집합주의　　　　④ 반집합주의

23 다음 중 사회복지의 기본가치로서 옳은 것은?

① 경제적 부의 추구에 둔다.　　　② 전문가의 결정으로 서비스한다.
③ 모든 사람을 차별 없이 서비스한다.　　　④ 개인의 문제는 개인의 책임으로 한다.

24 다음은 무엇에 대한 설명인가?

> • 평등, 빈곤으로부터의 자유, 우애의 3대 가치를 강조한다.
> • 국가의 책임을 점차 확대시키는 보편주의이다.

① 제도적 모형　　　　　　② 분배적 모형
③ 잔여적 모형　　　　　　④ 심리적 모형

25 조지(George)와 윌딩(Wilding)의 복지모형에 대한 설명으로 옳은 것은?

① 반집합주의 – 국가의 역할은 최소한에 머물러야 하며 따라서 복지국가에는 반대한다.
② 페이비안 사회주의 – 자유를 소극적 의미로 해석한다.
③ 마르크스주의 – 복지국가 건설을 목표로 한다.
④ 소극적 집합주의 – 자본주의를 반대하여 복지국가를 옹호한다.

26 사회복지모형에 대한 다음 설명 중 그 성격이 다른 것은?

① 초기 산업사회와 자유주의 국가에서 나타난다.
② 평등, 빈곤으로부터의 자유, 우애의 3대 가치를 강조한다.
③ 사회적 최저한의 경계선상에서 빈곤자에게 급부를 주는 역할만 한다.
④ 소극적 자유(간섭받지 않는 자유)와 자유시장 경제원칙의 극대화를 기초로 한다.

27 티트머스(R.M. Titmuss)의 사회복지모형이 바르게 연결된 것은?

① 보완적 모형 – 제도적 모형
② 반집합주의 – 소극적 집합주의 – 페이비안 사회주의 – 마르크스주의
③ 자유방임형 – 자유주의형 – 사회주의형
④ 보완적 모형 – 산업적 업적성취모형 – 제도적 재분배모형

28 다음 중 자유주의 모형에 대한 내용으로 옳은 것은?

① 평등과 공동권을 강조한다.
② 국가의 적극적인 개입을 허용한다.
③ 경제성장과 부의 극대화에 가치를 부여한다.
④ 사회적 배분방법으로 시장의 경제성을 인정한다.

29 다음 중 티트머스(R.M. Titmuss)의 사회복지모형에 있어서 기능주의적 입장을 취하는 것은?

① 사회주의형
② 자유방임형
③ 산업적 업적달성모형
④ 제도적 재분배모형

30 파커(J. Parker)의 견해로서 평등권과 공동권의 가치를 중시하며 능력보다는 요구에 따라 자원의 배분이 이루어지는 모형은?

① 자유방임형
② 사회주의형
③ 자유주의형
④ 마르크스주의형

31 다음 조지(George)의 사회복지모형 중 파커(J. Parker)의 자유방임주의에 해당되는 것은?

① 소극적 집합주의
② 반집합주의
③ 페비안적 사회주의
④ 마르크스주의

32 다음 미쉬라(Mishra)의 사회복지모형에 해당되지 않는 것은?

① 시민권
② 수렴이론
③ 기능주의
④ 통합주의

33 윌렌스키(Wilensky)의 제도적 모형에 해당되지 않는 것은?

① 국가의 적극적 개입으로 복지를 구현한다.
② 후기 산업사회와 복지국가에서 나타난다.
③ 사회보험제도와 같이 퇴직 및 생활위험을 방지하기 위한 연금제도가 있다.
④ 가족 또는 시장과 같은 정상적인 공급구조가 제기능을 발휘하지 못하는 경우에 활동한다.

④ 사회복지와 사회사업

☞ 정답 및 해설 P.12

1 테일러–구비(Taylor–Gooby)가 말한 새로운 사회적 위험이 아닌 것은?

2014. 3. 22 사회복지직

① 아동 보육이나 노인 부양의 어려움을 감내해야 하는 저숙련여성노동자의 사회적 위험

② 산업재해, 질병, 노후 등에 대처하는 남성 가장의 사회적 위험

③ 연금과 건강서비스의 비용 증가로 인한 노인들의 사회적 위험

④ 기술 발전과 비숙련직 감소로 인한 저교육노동자들의 사회적 배제

2 독일 비스마르크(Bismarck)가 사회주의 운동 확산에 위협을 느껴 개발시킨 현대 사회복지의 핵심적 구성요소로서 일반시민들이 삶에서 가질 수 있는 전형적 사회위험에 개입하는 것은?

2009. 5. 23 상반기 지방직

① 사회서비스(social service)

② 사회보험(social insurance)

③ 공공부조(public assistance)

④ 상호부조(mutual aid)

3 다음 중 사회복지와 사회사업의 차이점으로 옳지 않은 것은?

2004. 6. 13 서울특별시

① 사회복지 – 바람직한 사회, 사회사업 – 바람직한 인간

② 사회복지 – 제도적 체계, 사회사업 – 기술적 체계

③ 사회복지 – 적극적 · 생산적 · 조직적, 사회사업 – 소극적 · 사후적 · 소비적

④ 사회복지 – 고정적, 사회사업 – 역동적

⑤ 사회복지 – 치료적, 사회사업 – 예방적

4 사회사업에서 사회복지가 국민통합에 기여하는 효과에 대한 내용으로 옳지 않은 것은?

① 산업화의 결과로 생긴 새로운 계급인 봉급생활자의 물질적 안정이 성취되었다.

② 산업화의 결과로 생긴 노동자의 폭력적 갈등이 평화적 방법으로의 해결을 모색하게 되었다.

③ 복지서비스는 인간생활의 질을 풍부하게 하여 이기심을 조장하였다.

④ 산업화의 기본이 되는 건강한 노동력을 공급받을 수 있게 되었다.

5 다음은 사회사업과 사회복지를 비교한 것이다. 옳지 않은 것은?

구분		사회사업	사회복지
①	대상	개인, 집단, 기관	개인, 집단, 국가
②	기능	지식과 기술의 측면	제도적, 정책적
③	실천	고정적	역동적
④	성격	소극적, 사후적, 소비적, 선별적	적극적, 예방적, 합리적, 생산적

6 다음 중 사회복지의 성격이라고 할 수 없는 것은?

① 예방적이고 적극적이다.
② 치료적이고 개별적이다.
③ 사회적 시책에 의한 제도적 체계다.
④ 한정된 약자나 요보호자들에 대한 실천활동이다.

7 다음 중 사회적 서비스의 설명으로 옳지 않은 것은?

① 광의의 대인적 서비스를 말한다.
② 사회적 공급은 개인의 욕구에 호응하나 가족도 권리와 책임을 갖는다.
③ 전국민의 정신적·물질적 최저생활의 확보를 위한 공·사적인 사회적 제반 서비스를 말한다.
④ 고도의 전문성을 가지고 과학적 지식과 기술을 통해 바람직한 개인의 사회적 기능향상을 목표로 한다.

8 다음 내용 중 옳지 않은 것은?

① 실천적 측면에서 사회복지는 역동적이나, 사회사업은 고정적이다.
② 사회복지는 이상적인 면을 강조하나, 사회사업은 실천적인 면을 강조한다.
③ 사회복지의 목적은 바람직한 사회에 있고, 사회사업의 목적은 바람직한 인간에 있다.
④ 현대 개념의 사회복지는 전통적 개념을 포함한 사회사업, 사회봉사, 사회정책, 사회계획 등을 들 수 있다.

9 다음 중 사회적 서비스에 대한 내용으로 옳지 않은 것은?

① 개인의 복지향상을 목적으로 국가가 제공하는 서비스이다.
② 광의의 대인적 서비스를 말한다.
③ 고도의 전문성을 갖는다.
④ 모든 시민은 공급되는 서비스를 활용할 권리가 있다.

10 다음 중 사회사업에 대한 설명으로 옳은 것은?

① 가치지향적 개념이다.
② 수단적 · 기술적 개념이다.
③ 정책지향적 개념이다.
④ 목표지향적 개념이다.

11 협의적 사회복지에 대한 내용 중 성격이 다른 하나는?

① 기술적 체계를 중요시한다.
② 치료적이며 소극적이다.
③ 개인에 의한 역동성이 강조된다.
④ 예방적 측면이 강하다.

12 다음의 기술하는 것에 대한 의미나 속성에 있어 상통하지 않는 것은?

① 개인 또는 집단에 의해 시행된다.
② 예방적 측면이 강하다.
③ 소극적이고 치료적이며 사후적인 면이 강하다.
④ 지식과 기술적인 측면을 강조하며 미시적이다.

⑤ 사회복지에 관한 이론

☞ 정답 및 해설 P.13

1 **사회복지발달이론에 대한 설명으로 옳지 않은 것은?**

2015. 3. 14 사회복지직

① 권력자원론은 노동자계급의 정치적 세력이 확대되면 그 결과로 사회복지가 발전한다고 본다.

② 시민권이론은 역사적으로 공민권, 정치권에 이어 사회권(복지권)이 확대되었다고 본다.

③ 수렴이론은 산업화에 의해 새로운 욕구가 만들어지고 이를 해결하기 위해 사회복지가 확대된다고 본다.

④ 확산이론은 다양한 이익집단들의 활동으로 인해 사회복지가 발전한다고 본다.

2 **복지다원주의(welfare pluralism)에 관한 내용으로 옳은 것만을 모두 고른 것은?**

2015. 4. 18 인사혁신처

㉠ 복지공급형태의 다양성	㉡ 서비스 이용자의 선택권 축소
㉢ 제3섹터의 배제	㉣ 시민참여에 의한 정책결정

① ㉠㉢　　　　　　　　　　② ㉠㉣

③ ㉡㉢　　　　　　　　　　④ ㉡㉣

3 **다음 설명에 해당하는 복지국가 발달이론은?**

2015. 4. 18 인사혁신처

> 복지국가의 발전원인을 국가의 정치적 역할에서 찾는 이론으로, 다양한 집단 간 경쟁과정에서 희소한 사회적 자원의 배분을 둘러싼 갈등이 발생하면 그것을 국가가 중재하게 되는데 그 결과로 복지국가가 발전한다는 견해이다.

① 산업화이론　　　　　　　② 국가중심이론

③ 이익집단이론　　　　　　④ 권력자원이론

4 성격이론을 인간의 발달단계와 연관시켜 설명하지 않은 학자는?

2014. 4. 19 안정행정부

① 아들러(Adler) ② 에릭슨(Erikson)
③ 프로이트(Freud) ④ 융(Jung)

5 사회복지발달이론 중 수렴이론에 대한 설명으로 옳지 않은 것은?

2010. 4. 10 행정안전부

① 현대사회를 이해하기 위한 주요 변수로 산업화와 경제발전을 들고 있다.
② 산업사회의 사회구조를 결정짓는 열쇠는 기술 즉, 산업화이며 어느 수준의 산업화를 이룬 국
  가들의 사회복지제도들은 어느 한 점으로 수렴되어 비슷하다고 주장한다.
③ 인도주의 사상에 기초하여 이타주의와 사회적 책임성 맥락에서 사회복지제도의 발달을 설명
  한다.
④ 일단 산업화가 시작되면 사회복지제도의 도입은 거의 필연적이며, 기술이 발전하면 할수록
  사회복지는 발달하게 된다고 본다.

6 매슬로우(Maslow)가 제시한 인간의 욕구체계와 그에 따른 산업복지의 내용이 바르게 연결되지 않은
것은?

2010. 4. 10 행정안전부

① 생존의 욕구 – 산업재해보상보험, 직업안정, 직업훈련 등
② 안전과 안정의 욕구 – 노사협의, 재임용, 성과배분제, 경영참가, 소득보장 등
③ 소속과 애정의 욕구 – 친목행사, 취미집단활동, 운동회, 가족프로그램, 가족상담 등
④ 자아실현의 욕구 – 실적 표창, 공정한 인사고과, 장려금 등

7 사회복지제도의 발달을 산업화 이론으로 설명한 것 중 옳지 않은 것은?

2008. 4. 12 행정안전부

① 산업재해, 실업 등의 사회문제들은 복지수요를 증대시켰다.
② 도시화에 부수된 사회문제들은 복지욕구를 증대시켰다.
③ 노동자 계급의 정치적 세력 증대가 복지서비스를 확대시켰다.
④ 여성의 사회참여 증가 및 가족구조의 변화 등이 복지서비스의 확대를 불러왔다.

8 사회복지의 기능주의적 관점에 대한 설명으로 옳지 않은 것은?

2002. 4. 28 서울특별시

① 사회는 성원들간의 가치와 재화가 협동에 의해 합의되고, 조직적이고 안정적인 통합된 체계로 본다.

② 갈등을 사회악으로 보고 사회의 통합과 발전을 위해서는 분열적 요소를 제거하고 그에 적응하도록 하는 것이 가장 중요한 사회복지의 문제이다.

③ 사회조건이 체계의 기능을 파괴·위협하는 것을 문제시하지 않고 긍정적으로 본다.

④ 사회사업의 전통적 방법이나 심리요법이 여기에 속한다.

⑤ 사회의 기능을 제한적으로 확대시키거나 안정을 위한 구조적 적응을 그 핵심으로 한다.

9 사회복지의 기술적(전문적) 접근방법으로 타당한 것은?

① 사회행동 – 사회사업

② 사회정책 – 사회사업

③ 사회행동 – 사회정책

④ 사회봉사 – 사회행동

10 사회복지를 주로 사회해체의 결과로 생긴 사회문제를 예방·치료하는 데 의의를 둔 것은?

① 정책적 접근법

② 기술적 접근법

③ 통합적 접근법

④ 급진적 모델

11 사회복지의 기술론적 접근법의 결함으로 지적될 수 없는 것은?

① 사회사업과 사회사업가의 기능을 혼동한다.

② 사회적 문제의식을 망각하고 추상적 인간관계의 조정에 치우친다.

③ 케이스 워커의 편협주의와 기술만능주의에 빠지기 쉽다.

④ 사회문제를 사회·국가의 책임으로 전가한 나머지 개인의 책임을 간과하였다.

12 다음 중 통합주의적 사회사업의 유형이 가장 관심을 갖는 분야는?

① 지역사회조직

② 사회행동

③ 상담사업

④ 가족치료

13 다음 위기개입적 접근(crisis intervention approach)에 대한 설명 중 옳지 않은 것은?

① 조기발견과 초기단계의 원조가 중시된다.
② 위기상황에 초점을 둔다.
③ 현재의 위기상황은 중요하나 클라이언트의 감정은 부차적이다.
④ 위기상황에 처해 있는 개인이나 가족에 대한 원조활동이다.

14 기능주의적 관점에서 주요 사회사업의 유형은?

① 직업복지   ② 사회혁명
③ 사회행동   ④ 가족치료, 상담사업

15 사회사업의 체계이론에 대한 설명으로 가장 적절한 것은?

① 개인과 환경적 요인간의 상호작용에 초점을 두는 이론이다.
② 정신결정론을 주장한다.
③ 자의적 행동과 관련된 기법으로 긍정적 강화를 사용한다.
④ 사업의 우선순위에 기초한다.

16 다음 중 사회복지의 이론적 관점에 대한 설명으로 옳지 않은 것은?

① 기능주의의 관심은 사회적 부적응에 있다.
② 갈등주의는 사회해체를 대상으로 한다.
③ 갈등주의는 사회갈등이 복지를 증진시킨다고 본다.
④ 기능주의적 관점에서 사회사업은 심리요법을 중시한다.

17 다음 중 기능주의 사회복지관에 대한 내용으로 옳지 않은 것은?

① 사회사업의 전통적 방법이나 심리요법을 중시한다.
② 사회복지는 사회분열적 요소를 제거하여 사회에 적응하도록 하는 것이다.
③ 사회정책도 노동자의 이익을 보장하는 방향으로 입안된다.
④ 사회는 성원들간의 가치와 재화 및 협동에 의해 합의 · 조직된 통합적 체계이다.

18 다음 중 기능주의적 사회정책에 해당되는 것은?

① 최저임금제 　　　　　　　　② 노사협의
③ 완전고용 　　　　　　　　　　④ 사회보장

19 다음 중 갈등을 제도화하고 입법과 정책의 수립을 통하여 갈등을 수용하고자 한 대표적인 사회정책 유형은?

① 완전고용 　　　　　　　　　　② 최저임금제
③ 노사협의 　　　　　　　　　　④ 실업보험

20 사회복지의 정책적 접근법으로 가장 적합하게 짝지어진 것은?

① 사회정책 – 사회사업 　　　　② 사회봉사 – 사회정책
③ 사회사업 – 사회행동 　　　　④ 사회봉사 – 사회사업

21 다음 중 사회복지의 이론적 관점에 대한 설명으로 옳지 않은 것은?

① 기능주의적 관점은 구성원의 상호협력을 통한 합의와 역할분화로서 효율성을 강조한다.
② 갈등주의적 관점은 다수의 이익을 보장하려는 방향으로 정책을 수립한다.
③ 신갈등주의는 종래의 전통적·심리적 요법을 비판하고 사회행동이나 급진적 모델에 의존하려고 한다.
④ 통합주의적 관점에서 갈등의 원천은 다양성과 이익조화성을 주장한다.

22 사회복지의 각 관점에 대한 설명으로 옳지 않은 것은?

① 기능주의적 관점은 사회를 조직적·안정적이며 통합적인 체계로 본다.
② 사회사업의 전통적 방법이나 심리요법을 중요시하는 것은 갈등주의적 관점이다.
③ 갈등주의적 관점은 사회행동이나 급진적인 측면에서 해결책을 모색한다.
④ 통합주의적 관점을 신갈등주의 관점이라고도 한다.

02 사회복지의 역사

1 우리나라의 사회복지역사

☞ 정답 및 해설 P.16

1 우리나라 사회복지의 역사적 사실을 먼저 일어난 순서대로 바르게 나열한 것은?

2015. 3. 14 사회복지직

> ㉠ 사회복지법인에 대한 법적 근거가 만들어졌다.
> ㉡ 정신보건전문요원으로서 정신보건사회복지사 자격제도를 도입하였다.
> ㉢ 사회복지전문요원제도가 시행되었다.
> ㉣ 「생활보호법」이 제정되었다.

① ㉠→㉣→㉡→㉢
② ㉣→㉠→㉢→㉡
③ ㉠→㉡→㉣→㉢
④ ㉣→㉢→㉠→㉡

2 먼저 제정된 순서대로 바르게 나열한 것은?

2015. 3. 14 사회복지직

> ㉠ 「사회보장기본법」 ㉡ 「영유아보육법」
> ㉢ 「국민건강보험법」 ㉣ 「노인장기요양보험법」

① ㉠→㉡→㉢→㉣
② ㉠→㉢→㉣→㉡
③ ㉡→㉠→㉣→㉢
④ ㉡→㉠→㉢→㉣

3 우리나라의 사회보험제도를 도입 순서대로 바르게 나열한 것은?

2015. 4. 18 인사혁신처

① 산업재해보상보험 – 고용보험 – 국민연금 – 노인장기요양보험
② 국민연금 – 산업재해보상보험 – 노인장기요양보험 – 고용보험
③ 산업재해보상보험 – 국민연금 – 고용보험 – 노인장기요양보험
④ 고용보험 – 산업재해보상보험 – 노인장기요양보험 – 국민연금

4 먼저 실시된 순서대로 바르게 나열한 것은?

2014. 4. 19 안정행정부

㉠ 국민기초생활보장제도	㉡ 사회복지통합관리망
㉢ 긴급복지지원제도	㉣ 사회복지사 1급 국가시험

① ㉠ – ㉡ – ㉣ – ㉢
② ㉠ – ㉣ – ㉢ – ㉡
③ ㉣ – ㉡ – ㉢ – ㉠
④ ㉣ – ㉢ – ㉠ – ㉡

5 우리나라 사회복지 역사에 대한 설명으로 옳지 않은 것은?

2011. 4. 9 행정안전부

① 1960년대에는 「공무원연금법」, 「생활보호법」, 「재해구호법」, 「아동복리법」 등이 제정되었다.
② 1970년대 중반에 지역사회 중심의 사회복지 서비스로서 재가복지가 도입되었다.
③ 2003년 「사회복지사업법」 개정으로 지역사회복지계획수립이 지방자치단체의 의무가 되고, 지역사회복지협의체가 도입되었다.
④ 2005년에는 기존 복지제도로 대처하기 어려운 위기상황에 대처하기 위해 「긴급복지지원법」이 제정되었다.

6 우리나라의 근대 이전 사회복지 역사에 대한 설명으로 옳지 않은 것은?

2011. 5. 14 상반기 지방직

① 해아도감(孩兒都監)은 우리나라 최초의 관설 영아원이다.
② 대곡자모구면(貸穀子母俱免)은 춘궁기 등에 백성에게 대여한 관곡을 거두어들일 시기가 되었는데 재해로 인한 흉작으로 상환이 곤란할 때에는 원래 관곡 및 이자를 감면해 주는 것이다.
③ 시식소(施食所)는 현재 노숙자 대상 무료급식소와 유사하다.
④ 구황(救荒)은 춘궁기와 흉년에 곡식을 대여하는 제도이다.

7 우리나라 사회복지 제도의 발달과정에 대한 사실로 옳은 것은?

2010. 5. 22 상반기 지방직

① 1970년에 「사회복지사업법」 제정으로 사회복지서비스 조직에 대한 법적 근거가 정비되었다.
② 1990년대에 「노인복지법」과 「장애인복지법」 등의 사회복지 서비스 관련법 제정이 이루어졌다.
③ 2000년에 「생활보호법」을 대체하는 「국민기초생활보장법」이 제정되었다.
④ 2007년부터 「노인장기요양보험법」이 시행되었다.

8 2000년 이후 한국에서 나타난 사회복지발달에 대한 설명으로 옳지 않은 것은?

2010. 4. 10 행정안전부

① 국민의 정부는 자활을 위한 사회적 투자개념의 도입 등 생산적 복지개념을 구체화하였다.
② 국민기초생활보장법의 시행으로 저소득층에 대한 국가책임을 강화하였다.
③ 소득보장중심의 복지정책에서 의식주 전반의 생활권보장의 개념으로 복지정책이 확대되었다.
④ 사회복지시설 허가제 및 평가제도 도입 등을 통해 민간의 복지참여에 대한 통제를 강화하였다.

9 우리나라 사회복지역사에 관한 설명으로 옳지 않은 것은?

2009. 5. 23 상반기 지방직

① 1960년대 이전까지는 요보호대상자에 대한 외국원조단체의 시설보호와 물자구호 및 민간차원에서의 자선활동에 국한되었다.
② 1960년대에는 사회복지 관련법들이 제정·공포되면서 사회복지사 자격증 제도가 최초로 도입된 시기였다.
③ 1970년대에 사회복지사업법의 제정·시행을 통해 사회복지 사업체들이 사회복지법인으로 변경됨으로써 정부의 보조를 받을 수 있는 근거가 마련되었다.
④ 1990년대에는 사회보험제도가 정비되었고 공공부조제도로서 국민기초생활보장제도가 도입되었다.

10 우리나라 사회복지역사에 관한 설명 중 옳지 않은 것은?

2007. 4. 14 중앙인사위원회

① 일제강점기의 조선구호령은 광복 후 「생활보호법」이 제정되기 전까지 공공부조의 지침 구실을 했다.
② 1970년대에 들어 「사회복지사업법」과 「사회보장기본법」이 제정되었다.
③ 조선시대의 구제제도로 상평창, 의창, 사창 등의 비황제도가 있었다.
④ 우리나라 사회보험 중 가장 먼저 도입된 제도는 「산업재해보상보험」이다.

11 조선 정조시대 때 만들어진 요보호아동 구제에 관한 법령은?

2006. 5. 7 경상북도

① 진대법
② 경국대전
③ 환곡법
④ 자휼전칙

12 우리나라 사회복지 관련법이 가장 많이 제정된 시기로 옳은 것은?

2001. 7. 29 서울특별시

① 1960년 군사혁명 직후와 제1차 경제개발계획시기
② 1970년 경제개발을 활발히 추진한 시기
③ 1980년 초반 신군부 집권 후 복지국가 건설 주창시기
④ 1990년 중반 경제개발 완숙기에 접어든 후
⑤ 1990년 후반 외환위기와 국민의 정부 집권 이후

13 다음 중 우리나라에서 가장 오랜 역사를 갖고 있는 구제제도는?

① 창제
② 의창
③ 혜민국
④ 향약

14 다음 중 고대사회 구휼제도의 설명으로 옳지 않은 것은?

① 사면 – 자연재해시 일정한 죄수의 죄를 감해주거나 석방해 주는 것
② 방재 – 재해시 명천대산에 기우제 등 제사를 지내는 것
③ 유민안집 – 제방시설을 보강하고 유민을 모집하여 농사를 짓도록 한 국가정책
④ 진휼 – 재해시 국가에서 일반민을 대상으로 곡식을 분급, 특히 환과고독, 노병빈핍, 불능자 존자에 대한 특별 배려

15 강력한 통치제도가 확립되면서 비로소 왕명에 의한 구제활동이 나타나게 된 시기는?

① 고조선시대
② 삼국시대
③ 고려시대
④ 조선시대

16 다음 고려시대 구제제도 중 관설영아원에 해당되는 구빈기관은?

① 동서제위도감　　　　　② 구제도감

③ 해아도감　　　　　　　④ 진제도감

17 다음 중 고려시대의 진휼사업에 해당하지 않는 것은?

① 은면지제　　　　　　　② 자휼전칙

③ 재면지제　　　　　　　④ 납속보관제

18 고려시대에 구휼행정을 총괄 관장했던 기관은?

① 제위보　　　　　　　　② 혜민국

③ 동서대비원　　　　　　④ 구제도감

19 환자치료와 빈민구제를 위주로 한 오늘날 병원과 복지원에 해당하는 기관은?

① 흑창　　　　　　　　　② 유비창

③ 혜민국　　　　　　　　④ 동서대비원

20 노인복지가 목적이었던 조선시대의 구제기관은?

① 활인서　　　　　　　　② 구황청

③ 기로소　　　　　　　　④ 혜민국

21 조선조 법전인 경국대전 중에서 노인과 고아에 대한 보호를 규정한 것은?

① 이전　　　　　　　　　② 호전

③ 병전　　　　　　　　　④ 예전

22 다음과 관련이 깊은 향약의 덕목은?

> 고아가 되었을 때나 수재·화재·도난·질병·상사(喪事) 등을 당했을 때, 극빈할 때 또는 누명을
> 썼을 때 온 마을의 약원(約員)들이 상부상조한다.

① 덕업상권　　　　　　　　　② 과실상규
③ 예속상교　　　　　　　　　④ 환난상휼

23 다음 중 조선시대 구제사업의 원칙으로 옳지 않은 것은?

① 신속한 구제를 중시한다.
② 일차적인 구빈행정의 책임은 왕에게 있다.
③ 중앙정부는 구호관계의 법을 제정한다.
④ 중앙정부는 지방의 구호행정을 지도·감독한다.

24 다음 중 조선시대의 아동보호법은?

① 진궁　　　　　　　　　　　② 환과고독진대제
③ 자휼전칙　　　　　　　　　④ 해아도감

25 다음 중 자휼전칙에 대한 설명으로 옳지 않은 것은?

① 아동복지 관련 법령
② 귀천을 불문하고 모든 아동에게 적용
③ 민간의 책임보다 국가의 책임과 역할을 강조
④ 유기아 또는 부랑아 대책에 있어 서구의 엘리자베스 구빈법 취지와 유사

26 우리나라의 전통적인 민간 상부상조의 관습이라 할 수 없는 것은?

① 계　　　　　　　　　　　　② 두레
③ 오가통　　　　　　　　　　④ 진대

27 다음 중 북선개척사업이란?

① 화전민의 정착농민화를 위한 시도이다.
② 무의탁 행려병자들을 수용하고 구제하는 데 목적이 있었다.
③ 이재민들을 위해 식량이나 의류, 의료비 등을 지원하고자 하는 기금충원대책이다.
④ 농가경제 갱생사업인 농촌진흥운동으로서 농가의 절대 궁핍을 해소하는 데에 목적이 있었다.

28 다음의 내용이 시대순으로 바르게 나열된 것은?

> ㉠ 진대법   ㉡ 자율전칙
> ㉢ 제위보   ㉣ 구황청
> ㉤ 활인서

① ㉠→㉢→㉤→㉣→㉡
② ㉡→㉠→㉢→㉤→㉣
③ ㉢→㉡→㉠→㉣→㉤
④ ㉣→㉠→㉢→㉤→㉡

29 미군정기간 동안의 사회사업의 성격으로 가장 타당한 것은?

① 위민정치의 이념으로 관과 민의 원만한 관계를 도모하는 데 있었다.
② 빈민의 기본적 욕구해결보다는 통치질서의 안정에 주안점을 두었다.
③ 사회복지시책은 다소 즉흥적이었고, 사회복지시설은 일제 때부터 운영해 오던 것을 답습하고 있었다.
④ 자선적, 구호적이며 사후대책적이었다.

30 다음 중 조선총독부 시대의 사회사업의 특징으로 옳지 않은 것은?

① 사회사업이 하나의 학문으로 발전되기 시작하였다.
② 황국신민으로서 일본에게 충성하도록 하는 통치수단적 불순동기가 내재되어 있었다.
③ 식민지 민중운동의 성장과 발달을 무마시키고자 하였다.
④ 공적 차원으로 대부시를 중심으로 상설 구제기관과 임시 구제기관으로 대분된다.

31 다음에서 제정연도가 옳지 않은 것은?

① 사회복지사업법 – 1970년
② 노인복지법 – 1981년
③ 고용보험법 – 1995년
④ 국민건강보호법 – 1999년

32 조선구호령에 관한 다음 설명 중 옳지 않은 것은?

① 1943년부터 실시하였다.
② 일본에서 제정·실시된 구호법을 원용하였다.
③ 급여의 내용은 생활부조, 의료부조, 조산부조, 생업부조, 장제비가 주된 내용이다.
④ 순수한 구빈 목적을 위해 실시했다기보다 전시체제하에서 식민지통치를 강화하고 효율성을 높이기 위해 실시하였다.

33 다음 중 일제시대 폐질, 중병자, 무의탁노인, 병자를 대상으로 식량급여를 통한 궁민구조를 규정한 구호사업은?

① 행려병인 구호자금 관리규칙
② 은사진휼자금 궁민구조규정
③ 은사금 이재구조기금 관리규칙
④ 방면위원제도

34 다음 중 미군정기간 동안 공공구호를 요하는 자에 해당하지 않는 자는?

① 65세 이상 노인
② 13세 미만의 아동
③ 6세 이하의 부양할 아동을 가진 모(母)
④ 20세 이하의 실업자

35 다음 중 미군정기의 사회복지와 관계가 먼 것은?

① 외국원조단체들의 구호사업에 치중하였다.
② 구호행정의 법적·제도적 근거에 있어 형식적으로는 일제시대의 것을 계승하였으나, 기본적으로는 군정하의 법령과 필요한 규정에 의해 구성되었다.
③ 일반적인 구호사업으로 시설구호, 공공구호, 응급구호 및 이재민구호가 있었고 월남 피난민의 수용구호사업도 실시하였다.
④ 현대적 성격의 사회사업으로 괄목할 만한 성장을 보인 것은 노인복지분야이다.

36 다음은 우리나라의 사회복지 관계법률들이다. 제정된 순서대로 바르게 나열된 것은?

㉠ 의료보험법	㉡ 산업재해보상법
㉢ 국민연금법	㉣ 영유아보육법

① ㉠→㉡→㉢→㉣   ② ㉡→㉠→㉢→㉣

③ ㉢→㉠→㉡→㉣   ④ ㉣→㉢→㉡→㉠

37 다음 중 1970년대 우리나라 구빈행정에 관한 설명으로 옳지 않은 것은?

① 「의료보험법」이 제정되었다.
② 「사회복지사업법」이 제정되었다.
③ 이 시대에 이루어진 각종 구빈행정에 관한 입법은 제도의 일관성이 없다.
④ 법상의 생활보호수준은 이전의 구호수준과 큰 차이가 있다.

38 현재 우리나라의 사회복지사업의 발전방향으로 옳지 않은 것은?

① 사회복지를 사회복지 관련제도 모두를 종합한 시책으로 생각하게 되었다.
② 사회복지의 실시 주체를 정비하고자 하는 움직임과 함께 이용자들의 특성에 따른 구체적인 원조방법이 개발되고 있다.
③ 사회복지의 내용이 재가복지에서 시설보호 중심으로 변화되고 있다.
④ 사회복지의 대상이 빈곤자와 특수한 문제를 가진 자에서 전국민으로 확대되었다.

2 서구의 사회복지역사

☞ 정답 및 해설 P.19

1 베버리지 보고서의 내용으로 옳지 않은 것은?

2015. 3. 14 사회복지직

① 사회보험이 모든 사람과 욕구를 포괄해야 한다는 포괄성의 원칙을 제시했다.
② 영국 사회가 극복해야 할 5대 사회악으로 빈곤, 질병, 무지, 불결, 나태를 제시하였다.
③ 소득에 따라 보험료와 급여를 달리하는 차등기여, 차등급여 원칙을 제시하였다.
④ 기여금과 급여를 단일한 사회보험기금으로 운영하는 통합적 행정 책임의 원칙을 제시하였다.

2 다음 설명에 해당하는 제도와 관련된 법은?

2015. 4. 18 인사혁신처

> 지역의 식량가격을 기준으로 최저생계비를 설정하여 최저생활기준에 미달되는 임금의 부족액을 보
> 조하는 일종의 임금보조제도이다.

① 엘리자베스 구빈법(The Elizabethan Poor Law, 1601)
② 스핀햄랜드법(The Speenhamland Act, 1795)
③ 길버트법(The Gilbert's Act, 1782)
④ 정주법(The Settlement Act, 1662)

3 외국의 사회복지 역사에 대한 설명으로 옳은 것은?

2014. 4. 19 안정행정부

① 독일에서 최초로 실시된 사회보험은 질병(의료)보험이다.
② 영국의 자선조직협회는 빈곤문제 해결을 위해 정부가 주도하여 설립한 것이다.
③ 미국의 의료보험(Medicare)은 「사회보장법」이 제정된 1935년에 실시되었다.
④ 영국의 「신구빈법」(1834년)에서 '열등처우의 원칙'은 최저생활기준에 미달되는 임금의 부족분
  을 보조해주는 것을 말한다.

4 사회복지 역사에 대한 설명으로 옳은 것을 모두 고른 것은?

2011. 4. 9 행정안전부

> ㉠ 「엘리자베스 구빈법」에서는 빈민의 자유로운 이동을 금지하였다.
> ㉡ 1834년 「신구빈법」은 열등처우의 원칙을 전제로 하였다.
> ㉢ 독일의 비스마르크는 사회보험제도를 도입하였다.
> ㉣ 베버리지 보고서에서는 소득수준에 따른 보험료 차등납부의 원칙을 제시하였다.

① ㉠㉡ ② ㉡㉢
③ ㉡㉢㉣ ④ ㉠㉡㉢㉣

5 정부가 나서서 빈곤문제를 해결하려고 하였던 것으로 옳지 않은 것은?

2011. 5. 14 상반기 지방직

① 인보관 운동(settlement house movement)
② 엘리자베스 구빈법(Elizabeth Poor Law)
③ 신구빈법(the New Poor Law)
④ 핀햄랜드(Speenhamland) 제도

6 영국의 사회복지발달 과정에서 나타났던 사회복지 법제의 의도에 대한 설명으로 옳은 것은?

2010. 5. 22 상반기 지방직

① 정주법(1662) – 농촌 지역 노동자들의 도시 지역 이주와 정착을 장려하려는 제도
② 작업장법(1696) – 빈민들의 작업장(workhouse)에서의 혹사를 방지하기 위한 제도
③ 길버트법(1782) – 노동 능력이 있는 빈민의 원외구호(outdoor relief)를 제한하기 위한 제도
④ 스핀햄랜드법(1795) – 최저생계비 이하 임금 노동자에 대해 임금보조를 해주기 위한 제도

7 1990년대 후반 영국의 토니 블레어 노동당 정부가 내세운 '제3의 길'에서 강조하는 적극적 복지 전략에 포함되지 않는 것은?

2010. 5. 22 상반기 지방직

① 케인즈주의(Keynesianism)
② 복지다원주의(welfare pluralism)
③ 제3섹터와 지역사회의 역할 강조
④ 사회투자국가(social investment state)

8 1601년 엘리자베스 구빈법(Poor Law)에 관한 설명으로 옳지 않은 것은?

2009. 4. 11 행정안전부

① 열등처우의 원칙이 마련되었다.
② 빈민을 노동능력 유무에 따라 차별 처우하였다.
③ 친족부양의 책임을 강조하였다.
④ 빈민구제를 지방정부의 책임으로 인식하였다.

9 엘리자베스 구빈법 이후 개정구빈법까지 영국구빈법을 제정된 시기 순으로 바르게 나열한 것은?

2009. 5. 23 상반기 지방직

㉠ 길버트법	㉡ 정주법
㉢ 작업장테스트법	㉣ 스핀햄랜드법

① ㉠㉡㉢㉣
② ㉡㉢㉠㉣
③ ㉢㉡㉣㉠
④ ㉣㉡㉢㉠

10 영국의 자선조직협회(Charity Organization Society)와 인보관 운동(Settlement House Movement)에 대한 설명으로 옳지 않은 것은?

2008. 4. 12 행정안전부

① 자선조직협회는 자선단체간의 협력, 조사에 의거한 처우방침 결정 등과 같이 근대적 사회복지의 기틀을 마련하는 데에 크게 기여하였다.
② 인보관 운동의 창시자인 토인비(A. Toynbee)를 기념하여 토인비홀(Toynbee Hall)이 세워졌으며, 인보관 운동은 집단 및 지역사회복지실천기술의 발전에 기여하였다.
③ 자선조직협회의 우애방문원은 가정방문과 면접을 통하여 빈민을 돕는 역할을 담당하였고, 이후 공식적인 교육과 훈련을 통해 사회사업가가 됨으로써 전문 사회사업가의 기틀을 마련하였다.
④ 인보관 운동은 지식인과 대학생 등이 중심이 되어 빈민과 함께 거주하며, 빈곤문제를 사회개량적 측면에서 접근하고자 하였다.

11 베버리지 보고서가 채택하고 있는 기본 원칙으로 옳지 않은 것은?

2008. 4. 12 행정안전부

① 적용 포괄성의 원칙
② 행정책임 통합의 원칙
③ 차등 기여의 원칙
④ 급여 적절성의 원칙

12 '요람에서 무덤까지' 구호와 가장 밀접한 관계가 있는 것은?

2006. 5. 7 경상북도

① 엘리자베스 구빈법　　　　　　② 바이마르헌법

③ 베버리지보고서　　　　　　　④ 사회보장법

13 다음 연결 중 옳지 않은 것은?

2005. 7. 17 서울특별시

① 엘리자베스 구빈법 – 빈민을 노동능력의 소유정도에 따라 구분하였다.

② 자선조직협회 – 자선기관들 간의 중복구호를 방지하고자 하였다.

③ Hull House – 1889년 시카고에 설립된 최초의 인보관이다.

④ C. Booth – 처음으로 런던시민의 빈곤의 본질과 규모에 대한 조사를 실시하였다.

⑤ 신구빈법 – 중앙위원회가 빈민구제 업무를 총괄하여 구빈행정을 전국적으로 통일하였다.

14 다음 중 노동자 가족의 생활비에 대한 보조책으로 가족수에 따른 욕구를 고려한 제도는?

2002. 4. 28 서울특별시

① 신구빈법　　　　　　　　　　② 길버트법

③ 작업장법　　　　　　　　　　④ 스핀햄랜드법

⑤ 정주법

15 다음 중 1601년 구빈법의 특징이 아닌 것은?

2002. 7. 31 인천광역시

① 대상자의 구분　　　　　　　　② 대상자에 대한 보편적 급여

③ 빈민에 대한 국가부조의 시작　④ 강제적이고 처벌적인 성격

⑤ 작업장 제도의 정착

16 다음 중 엘리자베스 구빈법의 특징이 아닌 것은?

2000. 6. 11 경기도

① 열등처우의 원칙이 마련되었다.

② 빈곤에 대한 책임이 교구가 아닌 국가의 책임으로 마련되었다.

③ 빈곤에 대한 책임이 친족부양책임과 차별화된 빈민정책을 마련하였다.

④ 전국적인 통일된 구빈행정기구가 마련되었다.

17 다음 내용 중에서 옳지 않은 것은?

2000. 11. 5 경상남도

① 진화론은 사회복지발달에 영향을 미치지 않았다.
② AFDC는 영국의 공적부조제도이다.
③ Chales Booth는 '런던시민의 생활과 노동'을 저술하여 20세기 초 사회조사론에 선구적 역할을 하였다.
④ 인보관 운동은 집단사회사업에 영향을 미쳤다.
⑤ 미국의 공동모금의 출현은 1920년대부터 United Way이다.

18 1601년 영국의 구빈법의 설명으로 거리가 먼 것은?

① 개인적인 빈곤을 배경으로 한다.
② 보편적인 급여원칙으로 한다.
③ 사회질서유지와 빈민통제적인 기능을 하였다.
④ 노동능력의 유무를 기준으로 보호대상자를 구분하였다.

19 다음 중 독일의 비스마르크 사회보험정책 3가지로 옳은 것은?

① 의료보험, 산재보호, 연금보험
② 산재보험, 실업보험, 연금보험
③ 연금보험, 의료보험, 실업보험
④ 공공부조, 산재보험, 의료보험

20 베버리지의 5대 사회악이 아닌 것은?

① 방탕
② 불결
③ 무지
④ 질병

21 여러 시대의 사회복지제도에 관한 설명으로 옳지 않은 것은?

① 고대 중국에서는 제도적인 것은 아니지만 국가에 의한 구빈이 실시되었다.
② 중세 유럽에서는 자선이나 박애사업에 의한 구빈제도가 주류를 이루었다.
③ 유태사회에서는 회년제를 실시하여 부의 재분배를 꾀하였다.
④ 로마는 국가적 차원에서 제도적으로 빈민제도가 실시되었다.

22 다음 중 영국의 사회보장제도의 5가지 프로그램과 거리가 먼 것은?

① 사회보험의 통일적 · 포괄적 및 적절한 프로그램
② 가족수당
③ 완전고용의 유지
④ 개별적 프로그램의 공적부조

23 다음 중 50년을 주기로 노예를 해방하고 원소유주에로의 재산환원 등을 실시한 혁명적 성격의 복지 제도는?

① 희년제 ② 엘버펠드제도
③ 정주법 ④ 함부르크제도

24 1970년대 이후 서구 복지국가의 위기에 관한 이론으로 제시된 것은?

① 대중민주주의론과 계급국가론
② 정보화사회론과 시장사회주의론
③ 문명충돌론과 체계분석론
④ 과부하정부론과 정당화위기론

25 다음 중 세계 최초로 구빈법을 제정한 국가는?

① 독일 ② 프랑스
③ 스웨덴 ④ 영국

26 다음 중 영국의 구빈법 시기의 연결로 옳은 것은?

① 튜터왕조의 구빈법 → 엘리자베스 구빈법 → 정주법 → 길버트법 → 스핀햄랜드법
② 튜터왕조의 구빈법 → 정주법 → 길버트법 → 엘리자베스 구빈법 → 스핀햄랜드법
③ 엘리자베스 구빈법 → 길버트법 → 튜터왕조의 구빈법 → 정주법 → 스핀햄랜드법
④ 엘리자베스 구빈법 → 튜터왕조의 구빈법 → 길버트법 → 정주법 → 스핀햄랜드법

27 다음 중 유태사회의 구빈제도에 대한 설명으로 옳지 않은 것은?

① 이방인 보호의 원칙이다.
② 유태사회의 구빈은 보편주의적 성격을 띠었다.
③ 희년제는 재산환원을 통해 소득재분배를 실현하였다.
④ 빈곤은 자신의 게으름에 기인한다고 보아 비판을 받았다.

28 다음 중 영국의 인보사업과 관계가 없는 것은?

① 빈민지구를 실지로 조사하여 그 지역에 대한 생활상을 자세히 파악하고 구제의 필요가 있는 사람에게 조력해 준다.
② 인도주의 · 박애주의 정신을 바탕으로 하였다.
③ 대표위원에 베버리지가 있다.
④ 런던의 토인비홀과 시카고의 헐하우스가 대표적인 인보관이다.

29 다음 중 최초로 유급 구빈사무원을 채용하게 된 구빈법은 무엇인가?

① 정주법　　　　　　　　　　② 길버트법
③ 튜터왕조의 구빈법　　　　　④ 작업장법

30 자선조직협회의 활동이 현대에 미친 영향으로 옳은 것은?

① 빈곤의 국가적 책임을 인식하게 되었다.
② 빈곤발생의 사회적 기반을 중요하게 여기고 이를 해결하고자 하였다.
③ 방문구제를 통해 사회사업방법론을 확립하였다.
④ 종래의 전문적 사회사업활동을 비전문적 사회사업으로 전환하게 하는 계기가 되었다.

31 선의의 빈민이 주거선택의 자유와 정의에 대해 침해를 받는다는 비난을 받게 된 구빈법은?

① 엘리자베스 구빈법(The Elizabeth Poor Law)
② 1349년 노동자조령(The Statute of Laborers)
③ 1662년 정주법(The Settlement Act)
④ 1772년 노역장 테스트법(Workhouse Test Act)

32 다음 중 1834년 개정 구빈법의 내용이 아닌 것은?

① 중앙집권적 행정체계를 초래하였다.
② 구빈 수혜자의 생활조건은 자활의 최하급 노동자의 생활조건보다 낮게 보호한다.
③ 노동이 가능한 자는 작업장에 배치시킨다.
④ 열등처우의 원칙을 실현하기 위해서 원외구제의 원칙을 실시하였다.

33 다음 중 베버리지가 제시한 사회보험의 원칙이 아닌 것은?

① 보편성의 원칙에 따라 모든 국민에게 평등하게 최저한도의 소득을 보장한다.
② 보험료는 소득의 다과(多寡)에 따라 차별적으로 갹출한다.
③ 사회보장의 모든 부분별 행정운영을 일원하여 통합한다.
④ 급여의 종류와 수준이 최소한 인간다운 생활을 영위하는 데 적절해야 한다.

34 베버리지 보고서에 규정한 사회보장계획의 성공을 위한 전제조건이 아닌 것은?

① 아동수당 ② 국민보건서비스
③ 의무교육 ④ 완전고용

35 요보호아동에 대하여 입양과 도제살이를 할 수 있도록 한 것은?

① 튜터왕조의 구빈제도
② 엘리자베스 구빈법
③ 개정 구빈법
④ 스핀햄랜드법

36 다음 중 자선조직협회(COS)에 대한 설명으로 옳지 않은 것은?

① COS의 설립목적은 중복구빈을 없애기 위한 여러 자선활동을 조정하는 데 있다.
② 빈곤 자체를 도덕적 결함으로 보고 있었다.
③ 공공의 구빈정책을 적극 지원하였다.
④ 순수 민간의 구제노력을 강력히 지지하였다.

37 자선조직협회(COS)는 19세기 후반 영국에서 창설된 민간단체로 사회복지의 발전에 크게 기여했다. 이 협회에 대한 내용으로 옳은 것은?

① 자선조직협회는 빈곤세대에 대한 개별방문지도를 행하였다.
② 자선조직협회는 빈민의 구제에 있어서 '조언보다는 지혜'를 슬로건으로 하여 현물 및 금전급
　부를 원칙으로 하였다.
③ 자선조직협회는 농촌을 중심으로 활동을 전개하였다.
④ 자선조직협회는 도시빈곤조사 등을 통하여 지역의 환경조건향상을 위한 운동을 전개하였다.

38 루이스 비베스(Luis Vives)가 주장한 빈민구제안의 내용이 아닌 것은?

① 계획적인 직업훈련 · 취직 · 재활 등의 원조를 제공할 것
② 부랑자는 수용소를 설치해 수용 · 보호할 것
③ 도시에 거주하는 빈민들에게 직업을 구해줄 것
④ 6세 이상의 어린이는 학교교육을 의무화할 것

39 영국의 자선조직협회(COS)의 목적으로 볼 수 없는 것은?

① 이중으로 구제받는 직업적 클라이언트를 방지한다.
② 구빈비용은 전적으로 공공의 조세로 운용하는 데 있다.
③ 자선단체 상호간의 업무연락을 통한 협력체제를 유지한다.
④ 구제자원과 피구제자와의 합리적인 조절과 효과를 제고시킨다.

40 다음 중 개별사회사업의 효시로 볼 수 있는 것은?

① 자선조직협회　　　　　　　　　② 인보사업운동
③ 사회개량운동　　　　　　　　　④ 개정 구빈법

41 일본의 사회복지사업법에 대한 설명으로 옳지 않은 것은?

① 복지사무소에 유급 사회복지주사를 배치하였다.
② 복지사무소가 전국의 시 · 군 · 구에 의무적으로 설치되었다.
③ 사회복지개혁의 6대 목표를 포함시켜 1951년에 제정되었다.
④ 전국민을 대상으로 하는 사회복지가 가능하게 되었다.

03 사회복지행정론

① 사회복지행정

☞ 정답 및 해설 P.23

1 다음 설명에 해당하는 사회복지 예산편성방식은?

2015. 4. 18 인사혁신처

> 다가오는 해의 계획된 총비용을 파악하기 위해 기관의 모든 수입과 지출을 단순하게 목록화한 것으로, 가장 기본적이며 널리 사용된다. 또한 전년도 예산을 근거로 하여 일정한 양만큼 증가시켜 나가는 점진주의적 특성을 가지고 있다.

① 영기준예산

② 품목별예산

③ 성과주의예산

④ 계획예산

2 사회복지서비스 전달체계의 운영주체로서 중앙정부에 비해 지방정부가 가진 장점으로 볼 수 없는 것은?

2014. 4. 19 안정행정부

① 경쟁을 유발시켜 서비스 가격과 질을 수급자에게 유리하게 할 수 있다.

② 정책 결정에 수급자가 참여할 기회가 높아 수급자의 입장을 반영하기 쉽다.

③ 프로그램을 통합·조정하거나 프로그램을 지속적이고 안정적으로 유지하는 데 유리하다.

④ 창의적이고 실험적인 서비스 개발이 용이하여 수급자의 변화하는 욕구에 탄력적으로 대처할 수 있다.

3 사회복지관에 대한 설명으로 옳은 것만을 모두 고르면?

2014. 4. 19 안정행정부

> ㉠ 사회복지관은 설립법인에 따라 정치 및 종교 활동에서 중립적이지 않을 수 있다.
> ㉡ 사회복지관의 기능은 크게 사례관리기능, 서비스제공기능, 지역조직화기능으로 구분된다.
> ㉢ 지역사회연계사업, 지역욕구조사, 실습지도는 사회복지관의 사례관리기능에 해당한다.
> ㉣ 서비스제공기능에 해당하는 지역사회보호사업의 세부 사업에는 급식서비스, 보건의료서비스, 재가복지봉사서비스 등이 있다.

① ㉠㉡
② ㉡㉣
③ ㉢㉣
④ ㉡㉢㉣

4 점증식 예산 책정의 관행을 타파하기 위해 도입되었으며 모든 프로그램의 정당성을 매년 새롭게 마련해야 하는 예산편성방법은?

2011. 4. 9 행정안전부

① 영기준 예산(zero-based budgeting)
② 성과주의 예산(performance budgeting)
③ 품목별 예산(line-item budgeting)
④ 계획 예산제도(planning-programming-budgeting system)

5 사회복지 행정조직의 특성에 대한 설명으로 옳지 않은 것은?

2011. 5. 14 상반기 지방직

① 조직의 원료는 인간이다.
② 조직의 일선 사회복지사의 활동보다 관리자의 활동이 더 중요하다.
③ 조직의 목표에 대한 구체적 합의의 결여로 목표추구활동이 어렵다.
④ 조직이 제공하는 서비스에 관한 지식과 기술이 불완전하다.

6 개인과 조직의 갈등은 불가피한 것으로 보며, 갈등을 순기능적으로 보는 사회복지행정 모형은?

2010. 4. 10 행정안전부

① 구조주의 모형
② 인간관계 모형
③ 행정관리 모형
④ 과학적관리 모형

7 사회복지 프로그램은 체계론적 관점에서 다수 요소들 간의 관계로 구조화된다. 현재 지역사회복지계획 수립 과정에서도 권장되고 있는 다음의 프로그램 체계 모형은?

2010. 5. 22 상반기 지방직

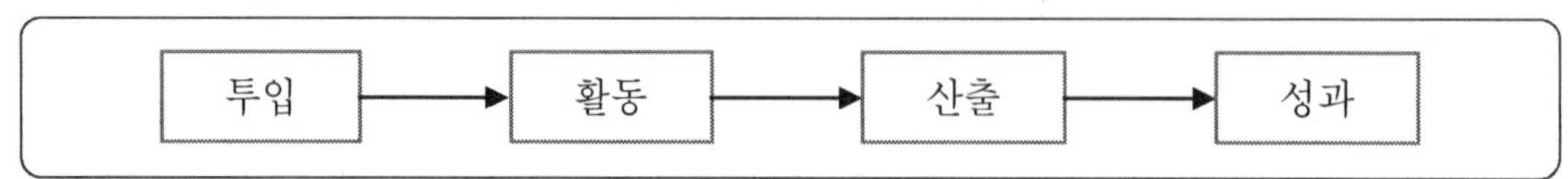

① PERT 모델 ② TQM
③ MBO ④ 논리모델(logic model)

8 다음 중 사회복지 행정이념이 아닌 것은?

2004. 6. 13 서울특별시

① 민주성 ② 효율성
③ 효과성 ④ 편익성
⑤ 형평성

9 과학적 관리론에 대한 설명으로 거리가 먼 것은?

2006. 3. 19 대구광역시

① 시간연구와 동작연구
② 행정효율성, 생산성 증진
③ 노동자에 대한 유인제도 강조
④ 조직 내의 인적요소, 비공식체계

10 사회복지 전담공무원을 두는 법적 근거는?

2005. 7. 17 서울특별시

① 사회보장기본법 ② 사회복지사업법
③ 사회보호법 ④ 공무원임용령
⑤ 국민기초생활보장법

11 현행 「사회복지사업법」에 대한 설명으로 옳지 않은 것은?

2008. 4. 12 행정안전부

① 국가 또는 지방자치단체외의 자가 사회복지시설을 설치·운영하고자 하는 때에는 관할 시장·군수·구청장으로부터 허가를 받아야 한다.
② 시장·군수·구청장은 보호대상자에게 사회복지서비스를 제공하는 경우, 시설입소에 우선하여 재가복지 서비스를 제공하도록 하여야 한다.
③ 시·군·구에 지역사회복지협의체를 둔다.
④ 시장·군수·구청장은 시·군·구의 지역사회복지계획을 수립하고 이를 시·도지사에게 제출하여야 한다.

12 다음 중 사회복지행정의 과정이 아닌 것은?

2002. 7. 31 인천광역시

① 조정　　　　　　　　② 기획
③ 인사　　　　　　　　④ 지시
⑤ 조작

13 다음 중 우리나라 사회복지체계의 특성이 아닌 것은?

2001. 3. 25 울산광역시

① 상의하달식의 중앙정부적인 수직적인 서비스가 전달되고 있다.
② 전문인력의 부족으로 사회적 서비스의 질이 저하되고 있다.
③ 사회복지체계가 시민들의 요구에 부응하면서 발달하였다.
④ 사회복지서비스 통합력이 결여되어 운영되어 왔다.
⑤ 경제개발위주의 지향정책에 따라 사회복지제도는 미약하다.

14 다음 중 사회복지 전담공무원이 해야 될 일이 아닌 것은?

2000. 6. 11 경기도

① 일상 행정업무
② 생활보호대상자에 대한 서비스
③ 후원물품 전달업무
④ 생활보호대상자 자립지원을 위한 업무

15 사회복지서비스의 전달체계에 대한 설명 중 옳지 않은 것은?

2000. 11. 5 경상남도

① 재화나 서비스의 공공재적 성격이나 외부효과의 크기가 큰 것은 공공전달체계가 유리하다.
② 소비자들의 합리적 선택가능성이 큰 것은 민간전달체계가 유리하다.
③ 평등성 혹은 사회적 적절성의 달성은 공공전달체계가 유리하다.
④ 경쟁성, 접근성, 대응성, 통합성의 달성은 공공전달체계가 유리하다.
⑤ 지방정부전달체계는 중앙에 비해 창의적이고 실험적인 서비스 개발이 용이하여 수급자들의 변화되는 욕구에 적극 대처할 수 있다.

16 다음 중 현대 사회복지에서 사회복지서비스 생산·전달에 있어 공급주체의 구성을 바르게 설명한 것은?

① 가족과 민간영역은 줄어들고, 공공영역은 극대화된다.
② 공공영역은 줄어들고, 가족과 민간영역은 극대화된다.
③ 경제정책은 공공부분으로, 사회정책은 민간부분으로 분리된다.
④ 공급주체의 다원화로 유기적 혼합복지형태로 발전한다.

17 다음 중 복지행정에서 가장 고려되어야 할 가치는?

① 이윤성 　　　　　　　　② 능률성
③ 윤리·도덕성 　　　　　④ 욕구충족성

18 다음은 사회복지행정의 원칙이다. 원칙과 그 내용의 연결이 옳지 않은 것은?

① 성장의 원칙 – 모든 참여자의 성장과 발전은 행정가가 적극적인 작업할당, 사려깊은 지도·감독 및 개인과 집단학습의 기회를 제공함으로써 촉진되는 것이다.
② 조직의 원칙 – 많은 사람들의 활동은 조직된 형태로 조정되어야 하고 책임과 관계가 명백히 정의되도록 구성되어야 한다.
③ 기관전체성의 원칙 – 기관은 전체성과 총체성에서 이해되어야 한다.
④ 지도력의 원칙 – 행정가는 직원들의 능력에 비추어 그들에게 업무를 할당하거나 책임을 이양해야 하며, 그들로 하여금 어떤 한정된 범위 안에서 결정을 내릴 권한을 갖게 해야 한다.

19 다음 중 사회복지행정체계의 구조에 대한 설명으로 옳은 것은?

① 각 구조는 다양하고 상이한 활동을 할 수 있어야 한다.
② 적합한 구조는 복지활동에 대한 책임한계를 분명히 해야 한다.
③ 사회복지행정의 체계에 있어 구조문제가 곧 목적이며 목표다.
④ 사회복지시설이나 기관은 클라이언트의 요구 이상으로 활동범위를 확대해야 한다.

20 다음 중 사회복지행정의 특징이 아닌 것은?

① 사회복지행정은 인간관계의 기술에 크게 의존한다.
② 사회적으로 인지된 욕구충족을 위한 방법으로 적용된다.
③ 사회복지행정은 높은 비율의 비일상적인 사건에 직면한다.
④ 클라이언트의 행동은 용의주도하며 예측가능하다.

21 다음 중 사회복지행정에서 공식적 조직의 기본원리가 아닌 것은?

① 동질성의 원리　　　　　　　　② 수평의 원리
③ 전문화의 원리　　　　　　　　④ 계층의 원리

22 다음 중 사회복지행정상 비공식적 조직의 특성이 아닌 것은?

① 수평적인 면에서의 직업에 대한 관심이 크다.
② 의사소통이 원활하고 응집력이 강하다.
③ 직업개선제도로 말미암아 업무분화와 전문화가 이루어진다.
④ 목표, 계획 및 절차에 관한 결정은 모든 관련된 사람들이나 그들이 선정한 대표자에 의하여 이루어진다.

23 다음 중 복지행정의 범위 중에서 관리기술적 측면에 속하는 것은?

① 조직　　　　　　　　　　　　② 고용
③ 주택　　　　　　　　　　　　④ 교육

24 다음 중 사리(Sarri)의 사회복지행정의 특징이 아닌 것은?

① 사회복지행정은 이윤추구 및 가격관리를 목적으로 한다.
② 사회복지행정은 높은 비율의 비일상적인 사건에 직면한다.
③ 긴장에 처한 클라이언트의 행동은 가끔 돌발적이고 예측할 수 없다.
④ 사회복지행정은 인간관계기술에 크게 의존하므로 전문가의 역할이 중시된다.

25 다음 중 사회복지시설의 이사회에 대한 설명으로 옳지 않은 것은?

① 이사회는 기관이 프로그램을 수행하는 데에 적합한 재원을 마련해 준다.
② 이사회는 사회복지에 대해 지역사회로부터 보고받을 중대한 책임이 있다.
③ 이사회는 사회사업기관 및 시설의 인적·물적 자원을 마련하고 살펴볼 중요한 책임이 있다.
④ 이사회는 인간복지를 위해 적절한 프로그램을 계획하는 지역사회의 노력에 전적으로 참여한다.

26 보호대상자를 결정함에 있어 자산조사를 실시하여 그 대상을 선택하고자 하는 복지행정의 운영방법상 이념은?

① 보편주의　　　　　　　　　　　② 조합주의
③ 선별주의　　　　　　　　　　　④ 기능주의

27 다음 중 지도자에게 적합한 능력으로 볼 수 없는 것은?

① 기관에 대한 능동적 관심과 헌신적 태도
② 합리적인 결정능력
③ 책임과 권한을 장악할 능력
④ 다른 직원들의 지위향상을 원조하는 능력

28 다음 중 인사행정에 속하는 것은?

① 직원훈련　　　　　　　　　　　② 조사연구
③ 정기감사　　　　　　　　　　　④ 재원보고

29 다음 민간부분의 복지활동에 대한 설명으로 옳지 않은 것은?

① 민간복지활동은 정부의 복지프로그램에 대한 보충적인 역할을 한다.
② 민간복지활동은 법에 의한 서비스를 제공한다는 점에서 융통성이 적고 변화에 대해 저항성이 강하다.
③ 민간복지기관은 그 설립과 운영에 있어 복지대상자의 자발적인 참여를 강조하므로 사회적 연대의식과 사회통합에 기여한다.
④ 민간부분 복지활동은 정부의 복지서비스보다 수혜대상자의 자존심을 지키는 데 유리하다.

30 다음 일반행정과 비교해서 사회복지행정의 일반적인 특성으로 옳은 것은?

① 복지대상자에 대한 자선사업의 한 부분이다.
② 빈민자의 구호, 육성, 갱생의 조치에 불과하다.
③ 수혜자의 정상적인 사회인으로서의 참여에 의의를 둔다.
④ 사회문제를 치료하고 나아가 국가의 근대화에 목적이 있다.

31 사회복지행정의 필요성이 아닌 것은?

① 인간의 복지에 대한 관심 증대
② 인간존재의 고립의 필요성
③ 서비스 조직의 재정부담 증대
④ 복지재정분야의 효과와 효율성 제고의 요청

32 다음의 역할을 수행하는 것은 어느 것인가?

㉠ 지역사회 문제파악의 역할	㉡ 서비스센터로서의 역할
㉢ 대변자로서의 역할	㉣ 사회행동센터로서의 역할
㉤ 공동이용센터로서의 역할	

① 지역사회복지관　　　　　　② 사회복지상담소
③ 사회복지협의회　　　　　　④ 재가복지봉사센터

33 다음 중 사회복지행정의 대상은?

① 사회복지기관의 인적 · 물적자원 ② 전국민

③ 요보호자 ④ 민간복지기관

34 다음 중 사회복지행정의 기본원칙으로 옳지 않은 것은?

① 전문적 책임의 원칙, 권한위양의 원칙

② 사회사업가치의 원칙, 기관목적의 원칙

③ 의도적 관계의 원칙, 기관 단일성의 원칙

④ 지역사회와 대상자 요구의 원칙, 문화적 장면의 원칙

35 선별주의적 사회복지의 운영방법에 가장 적합한 이념은?

① 접근성 ② 편익성

③ 공평성 ④ 효과성

36 사회복지기관의 직원들이 과업수행시 제1차적 의무로 받아들여야 하는 원칙은?

① 사회사업가치의 원칙

② 기관목적의 원칙

③ 지역사회와 클라이언트의 요구

④ 전문적 책임의 원칙

37 다음 중 목표를 설정하는 사회복지행정의 과정에 해당하는 것은?

① 기획 ② 조직

③ 지시 ④ 조정

38 다음 중 사회복지위원에 대한 설명으로 옳지 않은 것은?

① 복지위원의 임기는 3년이다.
② 복지위원은 보건복지부 장관이 위촉한다.
③ 복지위원은 명예직으로 하되 예산의 범위 안에서 수당을 지급할 수 있다.
④ 사회복지사업을 원활하게 추진하기 위하여 읍·면·동에 복지위원을 둔다.

39 사회복지기관이 수행하는 이상적 기능에 속하지 않는 것은?

① 책임기능　　　　　　　　　② 상호견제기능
③ 초입기능　　　　　　　　　④ 계획 및 통제기능

40 다음 중 사회복지 행정조직과 근거법의 연결이 바르게 된 것은?

① 보건복지부 – 정부조직법
② 사회복지관 – 사회복지사업령
③ 사회복지기관 – 사회보장기본법
④ 노인요양시설 – 노인복지법

② 사회복지정책과 사회계획

☞ 정답 및 해설 P.27

1 길버트와 테렐이 제시한 사회복지정책 분석틀에 해당하지 않는 것은?

2015. 3. 14 사회복지직

① 누구에게 급여를 지급할 것인가? (the bases of social allocation)
② 급여의 형태는 무엇인가? (the types of social provisions)
③ 어떠한 전달체계를 통하여 급여를 전달할 것인가? (the strategies for the delivery)
④ 어느 시점에 급여를 전달할 것인가? (the timing of interventions)

2 사회복지정책 형성과 기능에 관한 이론 설명으로 옳은 것은?

2009. 5. 23 상반기 지방직

① 사회양심론 : 거리의 계급투쟁을 지향하고 자본가, 노동자, 국가 3자가 협력하여 연합체적 국가의 사회경제정책을 결정하는 체제로서 국가는 중립적인 조정자의 역할을 수행한다는 관점이다.
② 음모이론 : 사회복지정책은 사회전체의 안정과 질서의 유지를 통한 사회 통제와 현상의 유지에 목적이 있기 때문에 진정한 수혜층은 지배층이라고 보는 관점이다.
③ 확산이론 : 사회복지정책은 타인의 고통을 해소하려는 개인의 이타적 양심이 국가를 통해 발현하는 것이라고 보고 현재 사회복지서비스가 완전하지는 않더라도 사회복지문제들은 해결될 것이라는 낙관론적인 관점을 갖는다.
④ 코포라티즘 : 한 나라의 사회복지정책이 다른 나라에 영향을 미친다는데 초점을 두고 있으며, 사회복지정책의 확대 과정은 국제적 모방(processes of imitation)이라는 관점이다.

3 길버트(B. Gilbert)와 스펙트(H. Specht)가 말한 사회복지정책의 분석틀이 아닌 것은?

2000. 7. 23 서울특별시

① 할당체계   ② 급여체계
③ 전달체계   ④ 재원체계
⑤ 사회체계

4 정책형성과정과 전문직의 역할에 대한 설명 중 잘못 연결된 것은?

2000. 11. 5 경상남도

① 문제의 발견 – 직접적 서비스
② 정보수집 및 분석 – 사회복지조사
③ 프로그램 계획 – 기획
④ 평가와 사정 – 조사와 직접적 서비스
⑤ 정책목표의 개발 – 행정과 직접적 서비스

5 사회복지정책의 지도와 감독의 기능 중에서 행정의 기능에 속하지 않는 것은?

① 책임성　　　　　　　　　② 지도 및 협조
③ 기술향상　　　　　　　　④ 의사소통

6 다음 중 사회복지정책의 형성과정이 아닌 것은?

① 계획　　　　　　　　　　② 지역사회조직
③ 조사　　　　　　　　　　④ 간접적 서비스의 실천

7 사회정책의 제도적 모형의 기본가치에 해당되지 않는 것은?

① 평등　　　　　　　　　　② 빈곤으로부터의 자유
③ 우애　　　　　　　　　　④ 무간섭

8 다음 중 지도감독의 기본원칙과 거리가 먼 것은?

① 필요할 때 요청하라.
② 활동에 대한 정리를 하라.
③ 원칙과 선택을 위한 지식을 전달하라.
④ 이용가능하게 하고 불규칙적으로 지도하라.

9 사회복지계획에서 사회복지사의 역할과 거리가 먼 것은?

① 계획의 모든 단계에 적극적인 참여를 하여야 한다.
② 적절할 통계적 자료를 제공한다.
③ 단기적인 평가를 실시한다.
④ 사회조사에 적극 참여한다.

10 슈퍼비전(supervision)의 기능에 속하지 않는 것은?

① 업무지원 기능   ② 행정적 기능
③ 자문적 기능   ④ 회의결과를 모아 보고하는 기능

11 다음 중 가장 거시적인 입장을 취하는 것은?

① 사회정책   ② 사회계획
③ 사회사업   ④ 사회개발

사회복지정책론

1 사회정책과 사회보장

☞ 정답 및 해설 P.29

1 「사회보장기본법」상 사회보장에 관한 국민의 권리로 옳지 <u>않은</u> 것은?

2015. 3. 14 사회복지직

① 모든 국민은 사회보장 관계 법령에서 정하는 바에 따라 사회보장급여를 받을 권리를 가진다.

② 국가는 관계 법령에서 정하는 바에 따라 최저생계비와 최저임금을 매년 공표하여야 하고, 이를 고려하여 사회보장급여의 수준을 결정하여야 한다.

③ 사회보장수급권은 정당한 권한이 있는 기관에 서면으로 통지하여 포기할 수 있으며, 사회보장수급권의 포기는 취소할 수 없다.

④ 사회보장수급권은 관계 법령에서 정하는 바에 따라 다른 사람에게 양도하거나 담보로 제공할 수 없으며, 이를 압류할 수 없다.

2 다음 제시문의 ㉠~㉢에 들어갈 용어가 바르게 연결된 것은?

2014. 3. 22 사회복지직

> 사회복지사업법에서 사회복지서비스 제공 시에는 (㉠)를 원칙적인 급여 제공의 형태로 규정하고 있다. (㉠)는 (㉡)에 비해 목적 달성에 충실할 수 있지만 선택의 자유를 제한하는 단점이 있어서 (㉢)로 불리는 급여 형태도 인정하고 있다.

	㉠	㉡	㉢
①	현물급여	현금급여	바우처
②	현금급여	바우처	현물급여
③	바우처	현금급여	현물급여
④	현금급여	현물급여	바우처

3 사회보장정책의 기본방향으로 「사회보장기본법」에서 명시하고 있지 않은 것은?

2014. 4. 19 안정행정부

① 소득의 보장
② 사회서비스의 보장
③ 사례관리 시스템의 구축
④ 평생사회안전망의 구축 및 운영

4 「사회복지사업법」에서 정하고 있는 사회복지사업을 규정하고 있지 않은 법률은?

2014. 4. 19 안정행정부

① 「한부모가족지원법」
② 「정신보건법」
③ 「청소년기본법」
④ 「식품기부 활성화에 관한 법률」

5 사회복지급여 형태 중 현금급여에 대한 설명으로 옳지 않은 것은?

2011. 4. 9 행정안전부

① 정책의 목표효율성(target efficiency)을 높일 수 있다.
② 현물급여에 비해 프로그램의 운영비용이 적게 든다.
③ 수급자선택의 자유와 소비자주권(consumer sovereignty)의 측면에서 장점을 가진다.
④ 인간의 존엄성을 유지시키는 데 현물급여보다 우월하다.

6 빈곤을 소득의 결핍으로 이해하는 것은 협의의 관점이라고 비판하며 빈곤의 역동적이고 다차원적인 측면을 강조하는 것은?

2011. 4. 9 행정안전부

① 빈곤율(poverty rate)
② 빈곤갭(poverty gap)
③ 빈곤의 덫(poverty trap)
④ 사회적 배제(social exclusion)

7 사회복지와 관련된 효율의 개념에 대한 설명으로 옳은 것은?

2011. 5. 14 상반기 지방직

① 사회복지정책이 평등의 가치를 훌륭히 이루더라도 효율의 가치를 크게 훼손하면 바람직하지 않다.
② 사회복지정책에서 효율은 항상 수단으로서의 효율보다 파레토 효율을 중시한다.
③ 사회복지정책에서 효율은 어떠한 상황에서도 최소의 비용을 들이는 것이다.
④ 사회복지정책에서 효율성 평가는 정책이 원래 의도했던 목표를 달성하였는지를 판단하는 방법이다.

8 사회적 배제(social exclusion)로서의 빈곤에 대한 설명으로 옳지 않은 것은?

2011. 5. 14 상반기 지방직

① 빈곤의 개념에서 빈곤화(impoverishment)에 이르는 역동적 과정(dynamic process)을 강조한다.
② 빈곤의 개념에는 소득빈곤뿐 아니라 불이익의 다양한 차원이 포함된다.
③ 빈곤의 문제는 공공부조와 실업급여 등 사전적 조치로 해결가능하다.
④ 빈곤의 근본적인 책임은 사회권의 보장이나 정책의 주요결정과정에서 개인을 제외시키는 사회에 있다.

9 조세제도를 활용한 소득보장정책으로 특정가구의 소득이 가구규모별로 설정된 최저생계비에 미달할 때 그 차액의 일정비율만큼을 조세환급의 형태로 정부가 지급해주는 제도는?

2010. 4. 10 행정안전부

① 누진세제도
② 조세감면제도
③ 목적세제도
④ 부(負)의 소득세제도

10 「사회보장급여의 이용·제공 및 수급권자 발굴에 관한 법률」에 제시된 지역사회보장계획 수립 및 시행에 관한 설명으로 옳은 것은? (용어일부 수정)

2010. 5. 22 상반기 지방직

① 시장·군수·구청장은 지역주민 등 이해관계인의 의견을 들은 후 지역사회보장협의체의 심의를 거쳐 지역사회보장계획을 수립한다.
② 시·도지사는 시·군·구의 지역사회보장계획을 종합해서 평가하는 역할을 수행하며, 자체 지역사회복지계획은 수립하지 않는다.
③ 보건복지부장관은 지방자치단체가 수립한 지역사회보장계획의 내용에 대해 조정을 권고할 수 없다.
④ 사회복지시설 종사자의 처우개선에 관한 사항은 지역사회보장계획에 포함된다.

11 사회복지서비스를 공급하는 방식으로서 바우처(서비스이용권, voucher)에 대한 설명으로 옳은 것은?

2010. 5. 22 상반기 지방직

① 현금 지급 방식에 비해 특정 서비스 이용에 대한 장려나 통제를 하기 어렵다.
② 서비스 기관에 대한 보조금 방식에 비해 이용자의 권리를 약화시킨다.
③ 복수의 서비스 제공 조직 간 경쟁을 허용하지 않는다.
④ 실효성을 높이는 데 이용자의 합리적 선택능력이 중요시된다.

12 사회복지급여 중 현물급여에 비해 교환가치가 크면서 계획된 목적 외의 용도로 사용할 수 있는 현금급여의 단점을 보완한 급여 형태는?

2010. 4. 10 행정안전부

① 서비스　　　　　　　　② 기회
③ 권력　　　　　　　　　④ 바우처(증서)

13 최근 확산되고 있는 사회서비스 바우처 제도에 대한 설명으로 옳지 않은 것은?

2009. 5. 23 상반기 지방직

① 사회서비스 이용에 따른 비용을 국가가 전액 부담한다.
② 기본서비스 단위(시간당, 회당, 월당)의 단위가격은 표준화 되어 있다.
③ 사회서비스의 이용대상자는 저소득층만이 아닌 중산층까지 포괄하고 있다.
④ 기존의 공급기관지원방식에 비해 클라이언트의 선택권을 강화시켜주는 효과가 있다.

14 다음 중 사회보장이라는 용어가 처음으로 사용된 것은?

2006. 5. 7 경상북도

① 뉴딜정책 ② 비스마르크의 사회보험정책
③ 세계인권선언 ④ 영국의 국민보험법

15 다음 중 우리나라 사회보장의 발달에 관한 설명으로 옳지 않은 것은?

2005. 7. 17 서울특별시

① 1963년 「사회보장에 관한 법률」이 제정되었다.
② 1995년 「사회보장기본법」이 제정되었다.
③ 사회보장의 범위는 사회보험, 공공부조, 사회복지서비스, 기타 관련 복지제도이다.
④ 사회보장 급여수준을 결정하기 위해 최저생계비와 최저임금을 참작한다.
⑤ 사회보험 중 가장 먼저 실시된 것은 산업재해보상보험(1963)이다.

16 사회보험과 공적부조의 차이점으로 옳지 않은 것은?

2000. 7. 23 서울특별시

① 사회보험이 공적부조보다 먼저 시행되었다.
② 사회보험과 공적부조정책 모두 정부의 책임이다.
③ 사회보험의 급여의 양은 예측가능하지만, 공적부조는 어렵다.
④ 사회보험은 사회적 적절성이 강조되지만, 공적부조는 경제적 부조가 핵심이다.

17 세계 최초로 사회보장이란 용어를 사용한 것으로 옳은 것은?

2000. 6. 11 경기도

① 국제노동기구(ILO) ② 영국의 베버리지 보고서
③ 미국의 사회보장법 ④ 일본의 사회보장법

18 다음 우리나라에서 사회보장과 관련된 법 중 연도순으로 바르게 연결된 것은?

2000. 6. 11 경기도

① 산재보험 – 의료보호 – 생활보호 – 국민연금
② 생활보호 – 의료보호 – 산재보험 – 국민연금
③ 생활보호 – 산재보험 – 의료보호 – 국민연금
④ 산재보험 – 생활보호 – 의료보호 – 국민연금

19 최근 IMF구제금융 이후 생겨난 사회보장제도는?

2000. 11. 5 경상남도

① 생활보호

② 한시적 생활보호

③ 공적부조

④ 사회보험

20 다음 중 우리나라 사회보장의 범위에 해당되는 것은?

① 사회보험, 공적부조

② 공적부조, 사회복지서비스

③ 사회보험, 공적부조, 사회복지서비스, 기타 관련된 제도

④ 사회보험, 기타 관련된 제도

21 다음 중 사회복지사업법의 영역에 해당하지 않는 것은?

① 한부모가족지원법

② 고용보험법

③ 영유아보육법

④ 성매매방지 및 피해자보호 등에 관한 법률

22 다음 중 베버리지의 사회보장원칙에 속하지 않는 것은?

① 동일급여의 원칙

② 동일갹출의 원칙

③ 행정의 분류원칙

④ 가입대상자의 분류의 원칙

23 ILO가 규정하고 있는 사회보장제도의 구성요소에 속하지 않는 것은?

① 국민의 최대생활을 보장한다.

② 모든 위험과 사고로부터 보호를 받아야 한다.

③ 전국민을 대상으로 한다.

④ 공공기관을 통해서 보호·보장이 이루어져야 한다.

24 다음 중 근로자만을 대상으로 하는 사회보장제도는?

① 기초생활보장제도　　　　　　② 산업재해보상보험제도
③ 연금제도　　　　　　　　　　④ 실업보험제도

25 다음은 사회보장의 기능에 대한 내용이다. 그 성격이 다른 하나는?

① 국민경제의 조절능력을 갖게 하고 사회경제적 균형성장을 가능하게 한다.
② 이미 증대된 급부의 정도를 감소시키기가 곤란하다.
③ 국민의 기본요구와 수요를 충족시키고 빈곤 등 사회적 문제들을 해소한다.
④ 각종의 위험에 대비함으로써 국민으로 하여금 안정된 생활을 영위하게 한다.

26 다음은 사회보험과 공적부조를 구별하였다. 옳지 않은 것은?

① 사회보험의 경우 보험료 불입은 수혜자 자격요건이 되나, 공적부조는 불입이 필요 없다.
② 사회보험은 빈곤에 대처하는 사후조치적 성격이 강한 반면, 공적부조는 사전조치적 성격이
　 강하다.
③ 사회보험의 원리는 사회적 적합성의 원리에 입각하고, 공적부조는 개인적 공평성의 원리에
　 입각한다.
④ 사회보험이 능력주의에 기초하고 있다면, 공적부조는 평등주의에 바탕을 둔다.

27 「사회보장기본법」상 사회보장제도의 운영원칙으로 옳지 않은 것은?

① 민주성　　　　　　　　　　　② 형평성
③ 전문성　　　　　　　　　　　④ 독립성

28 분배적 정의에 대한 가치가 아닌 것은?

① 생존권　　　　　　　　　　　② 자율성
③ 평등　　　　　　　　　　　　④ 균등

29 베버리지 보고서에 나타난 사회보장 실시를 위한 전제조건이 아닌 것은?

① 아동부양을 위한 수당을 지급해야 한다.
② 의무교육의 실시가 이루어져야 한다.
③ 실업방지를 위한 고용유지에 힘써야 한다.
④ 전면적으로 건강과 요양급여를 지급해야 한다.

30 다음 중 광의의 사회보장에만 속하는 것은?

① 사회보험　　　　　　　　　② 공중위생
③ 공적부조　　　　　　　　　④ 사회복지서비스

31 미국에서 사회보장법이 제정된 연도는?

① 1925년　　　　　　　　　② 1930년
③ 1935년　　　　　　　　　④ 1940년

32 다음 중 사회보장의 경제적 효과와 거리가 먼 것은?

① 소득격차 증대의 방지　　　② 경기변동 조절
③ 유효수요의 창출　　　　　④ 보험대상의 증대

33 다음 내용 중 옳지 않은 것은?

① 사회보험과 공적부조는 모두 기여도에 따라 급여를 준다.
② 공적부조에서는 자산조사가 필수적이다.
③ 사회보험은 기여에 따라 급여가 결정된다.
④ 공적부조는 국가의 재원에서 충당한다.

34 다음 중 사회보장제도의 필요성으로 옳지 않은 것은?

① 소득과 임금격차가 심화되고 있다.
② 소득이 감소하고 있다.
③ 가족부양기능이 쇠퇴하고 있다.
④ 연령구조의 노령화현상이 심화되고 있다.

35 사회보장에 관련된 내용으로 옳지 않은 것은?

① 사회보장위원회의 위원장은 보건복지부 장관이다.
② 보건복지부 장관은 사회보장 장기발전방향을 5년마다 수립한다.
③ 국가와 지방자치단체는 사회보장제도의 급여수준 및 비용부담 등에서 형평성을 유지한다.
④ 사회보장급여의 수준은 최저생활비와 최저임금법에 의한 최저임금을 고려하여 결정한다.

36 다음 중 사회보장의 성립과정으로 옳지 않은 것은?

① 한국은 1960년에 「사회보험법」이 최초로 마련되었다.
② 미국의 사회보장의 실현은 실업자구제 및 경기회복을 중심으로 한 고용정책의 일환이다.
③ 영국은 1900년대 이후에는 사회문제를 개인문제로 보기보다 사회구조적 문제로 파악하여 사회보험정책을 실현하고자 하였다.
④ 사회보장 용어의 최초 성립은 1935년 영국의 사회보장법에서 비롯되었다.

37 사회보장과 관련된 법규제정의 연도순으로 알맞은 것은?

① 공무원연금법, 의료보험법, 고용보험법, 의료보호법
② 의료보험법, 사회복지사업법, 국민연금법, 영유아보육법
③ 산재보험법, 사립학교교원연금법, 생활보호법, 고용보험법
④ 사회보장기본법, 고용보험법, 국민연금법, 사회복지사업법

② 사회보험

☞ 정답 및 해설 **P.33**

1 「노인장기요양보험법」상 장기요양급여에 포함되지 않는 것은?

2015. 3. 14 사회복지직

① 방문요양　　　　　　　　　　② 주·야간보호
③ 도시락배달　　　　　　　　　　④ 방문목욕

2 다음 특징을 포함하고 있지 않은 사회복지 급여는?

2015. 3. 14 사회복지직

> 일정한 범위 내에서 재화나 서비스를 선택할 수 있으며, 지정된 용도 이외의 목적으로 사용할 수 없다.

① 영유아보육제도의 보육서비스
② 장애인활동지원제도의 활동지원급여
③ 고용보험제도의 구직급여
④ 장애아동복지지원제도의 발달재활서비스

3 우리나라 사회보장제도의 내용에 대한 설명으로 옳은 것만을 모두 고른 것은?

2015. 3. 14 사회복지직

> ㉠ 국민연금액은 지급사유에 따라 기본연금액과 부양가족연금액을 기초로 산정한다.
> ㉡ 건강보험에서 본인부담액의 연간 총액이 법령이 규정하는 일정금액을 넘는 경우, 그 넘는 금액을 건강보험공단이 부담한다.
> ㉢ 산재보험의 법정급여 중에는 장해급여가 있다.
> ㉣ 고용보험료의 체납관리는 근로복지공단에서 수행한다.

① ㉠㉣　　　　　　　　　　　② ㉠㉡㉢
③ ㉡㉢㉣　　　　　　　　　　④ ㉠㉡㉢㉣

4 장애인 연금에 대한 설명으로 옳은 것은?

2015. 3. 14 사회복지직

① 모든 장애인의 노후생활을 보장하기 위해 연금을 제공한다.
② 급여 선정기준으로 연령기준은 활용되지만 소득기준은 활용되지 않는다.
③ 보건복지부장관은 수급자에 대한 장애인연금 지급의 적정성을 확인하기 위하여 매년 연간조사계획을 수립하고, 필요한 사항을 조사하여야 한다.
④ 연령에 따라 기초급여와 부가급여가 차등적으로 지급된다.

5 우리나라 사회보장체계에서 사회보험이 아닌 것은?

2014. 3. 22 사회복지직

① 국민연금
② 기초노령연금
③ 군인연금
④ 사립학교교직원연금

6 다음의 특징을 모두 포함하는 국민건강보험제도의 요양급여비용지불제도는?

2014. 3. 22 사회복지직

> • 과잉 진료를 억제하고 환자의 의료비 부담을 줄인다.
> • 의사에게 환자 1인당 혹은 진료일수 1일당 아니면 질병별로 보수 단가를 설정하여 보상한다.
> • 새로운 약의 사용이나 새로운 의과학 기술의 적용에는 적합하지 못하다.

① 총액계약제
② 행위별수가제
③ 포괄수가제
④ 인두제

7 공적 연금의 재정운영 방식 중 부과방식(pay-as-you-go)의 제도적 장점만을 모두 고른 것은?

2014. 3. 22 사회복지직

> ㉠ 인플레이션의 영향을 비교적 받지 않는다.
> ㉡ 제도 성숙기에 자원의 활용이 가능하다.
> ㉢ 시행 초기에 재정적 부담이 적다.
> ㉣ 연금의 장기적 수리 추계가 불필요하다.

① ㉠㉡
② ㉠㉢
③ ㉠㉢㉣
④ ㉠㉡㉢㉣

8 공적연금의 재원조달방식 중 부과방식에 대한 설명으로 옳지 않은 것은?

2011. 4. 9 행정안전부

① 제도를 도입함과 동시에 급여를 지급할 수 있다.
② 세대 간 소득재분배가 발생한다.
③ 적립방식에 비해 인플레에 취약하다.
④ 인구노령화에 따른 인구구조의 변화에 취약하다.

9 사회보험제도를 시장원리에 입각한 민간보험방식에 맡겼을 때 우려되는 '도덕적 해이' 및 '역선택' 현상에 관한 설명으로 옳지 않은 것은?

2010. 4. 10 행정안전부

① 양자 모두 정보의 비대칭성으로 인해 생기는 문제이다.
② 보험에 가입한 사람들이 사고를 방지하려는 노력을 줄이는 것을 역선택이라고 한다.
③ 사회보험에서 역선택을 방지하기 위해 강제가입의 원칙을 채택한다.
④ 사회보험 중 건강보험과 고용보험에서 상대적으로 도덕적 해이가 발생할 빈도가 높다.

10 연금재정방식 중 '부과방식' 연금제도에서 기대할 수 있는 주요한 소득재분배 효과는?

2008. 4. 12 행정안전부

① 수평적 재분배　　　　　　　　② 수직적 재분배
③ 세대적 재분배　　　　　　　　④ 세대 간 재분배

11 다음 중 「국민건강보험법」의 법정급여에 관한 설명으로 옳지 않은 것은?

2005. 7. 17 서울특별시

① 요양급여는 모두 국가에서 부담한다.
② 장애인보장구에 대한 보험급여가 실시된다.
③ 고의로 인한 사고가 발생하였을 경우 보험급여는 제한된다.
④ 보험급여의 종류에는 요양급여, 요양비, 임의급여, 장애인에 대한 특례, 건강검진 등이 있다.
⑤ 보험급여 해당자가 외국 여행 중일 때는 지급되지 않는다.

12 국민연금의 급여 중에서 55세 이상, 60세 미만인 자가 소득이 있는 업무에 종사하지 아니하는 경우에 신청을 통하여 받을 수 있는 급여는?

2002. 4. 28 서울특별시

① 완전노령연금　　　　　　　　② 조기노령연금
③ 특례노령연금　　　　　　　　④ 재직자노령연금
⑤ 감액노령연금

13 다음 중 공적연금제도의 개념이 아닌 것은?

2001. 3. 25 울산광역시

① 국가에서 강제적으로 이루어진다.
② 1층적 소득보장체계에 속한다.
③ 자산조사를 거쳐 이루어진다.
④ 노동능력이 있는 자에게 일정한 보험료를 부담한다.
⑤ 사회보험정책에서 중요한 영역으로 차지하고 있다.

14 다음 중 산재보험급여에 해당하지 않는 것은?

2001. 3. 25 울산광역시

① 요양급여　　　　　　　　　　② 실업급여
③ 상병보상연금　　　　　　　　④ 간병급여
⑤ 휴업급여

15 우리나라의 사회보험 발달순서로 옳은 것은?

2000. 7. 23 서울특별시

① 산재보험 – 의료보험 – 국민연금 – 고용보험
② 산재보험 – 국민연금 – 의료보험 – 고용보험
③ 의료보험 – 국민연금 – 산재보험 – 고용보험
④ 의료보험 – 산재보험 – 고용보험 – 국민연금
⑤ 국민연금 – 산재보험 – 의료보험 – 고용보험

16 **다음 중 산재보험과 관련된 내용으로 옳지 않은 것은?**

2000. 6. 11 경기도

① 사회보험 중 최초로 도입되었다.

② 보험료는 사업주가 전액 부담한다.

③ 보험료율은 2.0% 이내에서 정하도록 되어 있다.

④ 미가입 기업에서 산업재해가 발생되어도 산재보험의 혜택을 받을 수 있다.

17 **국민연금의 재원에 관한 설명으로 옳지 않은 것은?**

2000. 6. 11 경기도

① 국민연금의 재원은 크게 가입자가 지불하는 보험료 수입과 국민연금기금의 운영수익금, 자발적 기여금이 핵심이다.

② 국민연금기금은 매년 기금운영지침을 근거로 작성된 기금운영계획을 통해 공공부문, 복지부문, 금융부문으로 구분하여 투자된다.

③ 사전에 미래 급여지출액의 상당부문에 해당하는 금액을 적립하여 기금으로 쌓아두는 수정적립방식이다.

④ 국민연금기금의 공공자금 관리기금으로의 강제예탁은 단계적으로 축소되어 2001년 이후는 완전히 폐지되었다.

18 **다음 중 국민연금의 급여기간에 관한 설명으로 옳지 않은 것은?**

2000. 11. 5 경상남도

① 완전노령연금은 20년 이상 가입해야 한다.

② 특례노령연금은 5년 이상 가입해도 된다.

③ 분할연금은 혼인기간이 10년 이상 되어야 한다.

④ 반환일시금은 10년 미만 가입자여야 한다.

⑤ 감액노령연금은 10년 이상 가입해야 한다.

19 **다음 중 사회보험의 능력주의적 원칙에 해당하는 것은?**

① 최저생활수준의 급여　　　　　　② 정액급여의 원칙

③ 소득비례급여의 원칙　　　　　　④ 평등주의의 원칙

20 우리나라의 국민연금에 관한 설명 중 옳은 것은?

① 65세 이상자가 받는다.
② 완전노령연금을 받기 위해서는 20년 가입기간이 필요하다.
③ 소관부서는 노인복지과이다.
④ 모든 국민에게 강제되어 있다.

21 우리나라 산재보험에 대한 설명 중 거리가 먼 것은?

① 노동부 장관이 관장한다.
② 비용은 사용자와 근로자가 반씩 부담한다.
③ 사회보험 중 가장 먼저 실시되었다.
④ 보험료율은 업종별 재해위험도에 따른 차등부담원칙에 의한다.

22 현행 「고용보험법」상 실시하고 있는 것이 아닌 것은?

① 구직급여　　　　　　　　　② 의료급여
③ 고용안정사업　　　　　　　④ 취업촉진수당

23 다음 중 보편주의 급부와 거리가 먼 것은?

① 경로연금　　　　　　　　　② 아동수당
③ 생업자금융자　　　　　　　④ 의료보험

24 다음 중 국민연금에 대한 설명으로 옳은 것은?

① 국내 거주 18세 이상 65세 미만인 자가 대상이다.
② 노령연금을 받을 수 있는 최소기간은 10년이다.
③ 완전노령연금은 40년 이상 가입이 필요하다.
④ 가입자 중 15년 미만 가입자는 60세에 도달할 경우 반환일시금을 받을 수 있다.

25 국민연금 가입대상자로 알맞은 것은?

① 국내에 거주하는 18세 이상, 60세 미만인 가입자
② 국내에 거주하는 18세 이상, 65세 미만인 가입자
③ 국내에 거주하는 21세 이상, 60세 미만인 가입자
④ 국내에 거주하는 21세 이상, 65세 미만인 가입자

26 실업보험의 1차적 목적으로 옳지 않은 것은?

① 경기대책의 효과
② 실업자에 대한 구직원조
③ 근로자의 생활수준 유지
④ 비자발적 실업기간에 있어서 현금급부 제공

27 다음 중 사회보험의 특성에 해당하지 않는 것은?

① 사회성　　　　　　　　　② 강제성
③ 선별성　　　　　　　　　④ 보험성

28 사회보험이 해소하고자 하는 바가 아닌 것은?

① 질병으로 인한 소득의 감소
② 불안정한 소득
③ 불충분한 소득
④ 사망, 재해, 노령에 의한 소득의 상실

29 사회보험과 사보험에 대한 설명으로 옳지 않은 것은?

① 사회보험은 강제적으로 참여하지만, 사보험은 자발적으로 참여한다.
② 사회보험은 최저수준을 보호하지만, 사보험은 요구와 능력에 의해 결정한다.
③ 사회보험은 사회적 적합성의 원리를 강조하고, 사보험은 개인적 공평성의 원리를 강조한다.
④ 사회보험과 사보험의 보험료는 각각 소득수준에 따라 차등 부과된다.

30 현대 자본주의의 구조결함으로 생긴 구조적 실업사고를 대상으로 하는 사회보험은?

① 고용보험
③ 산재보험
② 가족수당
④ 국민연금보험

31 다음 중 사회보험의 원칙이 아닌 것은?

① 강제적용의 원칙
③ 사회적 적절성에 대한 강조
② 기여를 전제로 한 급여
④ 자산조사를 반영한 급여

32 사회보험의 종류에 들지 않는 것은?

① 국민연금
③ 가족수당
② 의료보험
④ 의료보호

33 사회보장제도 중에서 사회보험을 중요시하는 나라가 아닌 것은?

① 미국
③ 프랑스
② 독일
④ 이탈리아

34 다음 중 산재보험에서 업무상의 재해에 해당되지 않는 것은?

① 취업 중의 재해
③ 출근 중의 교통사고
② 작업대기 중의 재해
④ 사업장시설 내의 휴식 중 재해

35 다음 중 사회보험의 성격으로 적합한 것은?

① 임의로 탈퇴할 수 있다.
② 최저생활수준만을 책임진다.
③ 실제 필요에 의한 급여를 준다.
④ 궁극적으로 모든 국민에게 적용하는 것을 목표로 한다.

36 실업보험 수혜대상자의 일반적 자격요건에 대한 다음 설명 중 옳은 것은?

① 실업이 부정행위, 취업거부, 노사분쟁 기타의 비적격 사유로 발생시 자격이 상실된다.
② 과거 3년 이상의 취업경력이 있어야 하고 일정기간 이상의 기여실적이 있어야 한다.
③ 자발적 실업자로서 노동에 대한 의사와 능력이 있어야 한다.
④ 실직 후 일정기간이 경과하지 않아도 급여의 수령은 가능하다.

37 다음 중 현행법상 산재보험의 가입대상은?

① 상시근로자 1인 이상
② 상시근로자 5인 이상
③ 상시근로자 10인 이상
④ 상시근로자 50인 이상의 사업장

38 다음 중 국민건강보험에 대한 설명으로 옳은 것은?

① 10인 이상의 근로자를 고용하는 사업장은 강제 적용된다.
② 의료보험의 급부형태는 현금급여와 현물급여가 있는데, 우리나라에서는 현금급여를 원칙으로 하고 있다.
③ 보건복지부에서 총괄하고 국민건강보험공단에서 집행한다.
④ 1988년 농어촌지역 의료보험 실시를 기점으로 전국민 의료보험화가 이루어졌다.

39 다음 중 산재보험의 보험급여에 대한 설명으로 옳지 않은 것은?

① 요양급여는 현물급여가 원칙이다.
② 장해급여는 근로자가 사망한 경우에 그 유족에게 지급되는 급여이다.
③ 휴업급여는 업무재해로 인한 요양 때문에 근로를 할 수 없을 때 행해지며 평균임금의 70%를 지급한다.
④ 장의비는 근로자가 업무재해로 인하여 사망한 경우 그 장의를 행하는 자에게 지급된다.

40 「고용보험법」상 구직급여의 소정급여일수에 있어 그 기준이 되는 것은?

① 피보험기간과 연령
② 취업기간과 부양가족 수
③ 취업기간과 연령
④ 피보험기간과 부양가족 수

41 국민연금 중에서 연금액을 조정해야 할 경우 고려사항이 아닌 것은?

① 세대수
② 물가
③ 임금
④ 생활수준(재산)

42 공적연금제도의 개념상 특징으로 옳지 않은 것은?

① 불가항력적인 경제적 조건에 의하여 어려운 형편에 놓이게 되었을 때 보호받을 수 있는 권리를 말한다.
② 사전적으로 노후의 빈곤을 미리 예방하는 것을 말한다.
③ 정부는 소득재분배 목적의 정도에 따라 참여가 정당화되어야 한다.
④ 사회보험으로서의 목적을 달성하기 위해서 그 규모는 지역적·국지적이다.

43 다음 중 사회보험의 수혜 적격조건은?

① 자산조사
② 특수한 사고
③ 기관의 추천
④ 개인의 요구

44 ILO(국제노동기구)에서 채택한 사회보험의 분류방법은?

① 재정부담별 분류방법
② 경제주체별 분류방법
③ 사고별 분류방법
④ 급여성질별 분류방법

45 다음 중 산재보험에 대한 설명으로 옳지 않은 것은?

① 사회보험 중에서 가장 먼저 발달한 제도이다.
② 보험료는 사업주와 근로자가 각각 반씩 부담한다.
③ 사용자에게 무과실책임의 원칙을 부과한다.
④ 국가는 사업주가 의무적으로 보험에 가입하도록 하고 있다.

46 다음 중 산재보험상의 급여의 종류가 아닌 것은?

① 요양급여   ② 휴업급여
③ 유족급여   ④ 질병급여

47 다음 중 세계 최초로 실업보험을 실시한 나라는?

① 독일   ② 영국
③ 미국   ④ 스웨덴

48 다음 중 연결이 옳지 않은 것은?

① 불안정한 소득 – 실업보험
② 노령에 의한 소득의 상실 – 가족수당
③ 질병에 의한 소득의 상실 – 의료보험, 산재보험
④ 사망에 의한 소득의 상실 – 연금보험, 의료보험

49 다음 중 공무원연금보험의 주무 부처는?

① 기획재정부   ② 행정안전부
③ 보건복지부   ④ 법무부

50 비스마르크(Bismarck)의 사회보험의 3부작에 속하지 않는 것은?

① 질병보험   ② 재해보험
③ 노령보험   ④ 연금보험

51 다음 중 사회보험방식인 의료보장제도에 대한 설명으로 옳은 것은?

> ㉠ 의료비에 대한 국민의 자기책임의식을 높일 수 있다.
> ㉡ 의료기관의 상당부분이 사회화 내지 국유화되어 있다.
> ㉢ 소득수준에 관계없이 포괄적이고 균등한 의료서비스를 보장한다.
> ㉣ 독일, 프랑스, 우리나라 등이 채택하고 있는 제도이다.
> ㉤ 정부는 일반조세를 재원으로 하여 무상으로 의료서비스를 제공한다.

① ㉠㉣
② ㉡㉤
③ ㉢㉣
④ ㉣㉤

52 다음 중 고용보험에 대한 설명으로 옳은 것은?

① 사업주가 보험료를 전액 부담한다.
② 현재 고용보험은 근로복지공단과 노동부 고용안정센터에서 업무를 나누어 담당하고 있다.
③ 근로자 실직시 구직급여는 최장 1년까지 평균임금의 80%를 지급한다.
④ 현재 5인 이상의 근로자를 고용하는 모든 사업주는 의무적으로 가입해야 한다.

53 사회보험의 제도적 한계라고 볼 수 있는 것은?

① 보험사고를 비롯한 가입자의 생활 전체를 보장한다.
② 수지상등의 원칙 적용으로 급여의 내용이 제한적이다.
③ 임의가입이 문제된다.
④ 보험료 수준에 따라서 차등급여될 수 밖에 없다.

54 국민연금보험제도에 관한 내용으로 옳지 않은 것은?

① 1999년 현재 사업장 근로자의 갹출료율은 9%이다.
② 완전노령연금 수급에 필요한 최소 가입기간은 20년이다.
③ 임의계속가입자는 가입기간이 20년 미만의 가입자가 65세에 달한 경우 70세까지 가입할 수 있다.
④ 완전노령연금의 최초의 수급발생은 2008년 1월 1일부터이다.

55 다음 중 보험자와 피보험자가 다르게 된 것은?

① 산재보험　　　　　　　　　② 의료보험
③ 고용보험　　　　　　　　　④ 연금보험

56 사회보험의 관련된 사항으로서 옳지 않은 것은?

① 사회보험의 수급권은 기여의 정도에 따라 결정된다.
② 사회보험은 주로 근로에 의한 소득이 있는 자를 위한 제도로서 사전준비적 성격이 강하다.
③ 사회보험의 주된 재원은 피용자의 기여금, 사용자의 부담금, 자영자의 기여금, 정부의 일반
　　세입 등이다.
④ 사회보험은 사회적 형평성과 강제성의 원칙이 적용된다.

57 다음 중 1층 소득보장체계에 속하지 않는 것은?

① 사회수당　　　　　　　　　② 퇴직금
③ 경로연금　　　　　　　　　④ 공적부조

58 다음 중 공적연금에 해당하지 않는 것은?

① 유족연금　　　　　　　　　② 퇴직연금
③ 노령연금　　　　　　　　　④ 기업연금

59 다음 중 가족수당에 대한 설명으로 옳지 않은 것은?

① 1926년 영국에서 처음 실시되었다.
② 아동이 있는 모친을 위한 것이다.
③ 아동양육에 따른 재정적 부담을 완화시켜 준다.
④ 아동수당, 노령수당, 장애수당 등으로 구성된다.

60 노령연금 급여종류의 설명으로 옳지 않은 것은?

① 조기노령연금은 10년 이상 가입자로서 55세 이상인 자가 소득이 있는 업무에 종사하지 않는 경우에 60세에 달하지 아니하더라도 본인의 희망에 따라 생존 동안 일정한 연금을 지급받는다.

② 재직자노령연금은 가입기간이 10년 이상인 자로서 소득이 있는 업무에 종사하는 경우 60세 이상 65세 미만의 기간 동안에 일정한 금액을 지급한다.

③ 감액노령연금은 가입기간이 10년 이상 20년 미만인 가입자가 60세에 달한 경우이다.

④ 특례노령연금은 1988년 1월 1일 현재 45세 이상 60세 미만의 자가 가입기간이 10년 이상된 경우 일정한 금액의 연금을 지급한다.

61 다음 중 연금제도의 원칙에 대한 설명으로 옳지 않은 것은?

① 급여는 과거의 소득과 기여정도에 근거해야 한다.

② 연금제도상 수혜자의 권리가 명백히 규정되어야 한다.

③ 연금기여금은 소득과 관계없이 일률적으로 정한다.

④ 저소득층과 부양가족이 있는 근로자에 대한 고려가 있어야 한다.

62 다음 중 분할연금 수급권자가 될 수 없는 경우는?

① 분할연금 수급권자가 재혼할 때 그 재혼기간의 경우

② 노령연금 수급권자인 배우자와 이혼한 후 60세가 된 경우

③ 60세가 된 이후에 노령연금수급권자인 배우자와 이혼한 경우

④ 배우자였던 자가 노령연금수급권을 취득한 후 본인이 60세에 달한 경우

63 다음 중 국민건강보험제도에 관한 내용으로 옳지 않은 것은?

① 급여범위를 초과하는 경우는 본인이 전액부담한다.

② 예방·재활에 대한 요양급여는 제외한다.

③ 외래진료의 경우 요양취급기관의 종별에 따라 차등으로 적용한다.

④ 원가보상개념에 기초하에 행위별 수가제와 종별 가산제를 적용하고 있다.

64 다음 중 국민건강보험제도에 관한 내용으로 옳지 않은 것은?

① 가입대상자는 법정급여와 임의급여가 적용되고 있다.

② 모든 국민은 요양급여기간은 1년으로 한다.

③ 보험료 산정에 있어 포괄수가제도가 적용되고 있다.

④ 요양기관이 부당한 방법으로 요양급여 또는 분만급여의 비용을 청구해도 형사처벌을 받지 않는다.

65 산업재해가 발생하는 원인 중 가장 큰 원인은?

① 고용주의 과도한 노동시간 요구 원인

② 기술적 원인

③ 직업관리상의 원인

④ 안전교육 부족의 교육적 원인

66 다음 중 고용안정사업과 거리가 먼 것은?

① 고용안정사업의 보험료는 사업주만 부담한다.

② 고용조정지원과 고용촉진에 관한 사항 등을 지원한다.

③ 취업촉진수당에 해당하는 이주비, 조기재취직수당, 광역구직활동비 등을 지원한다.

④ 지역의 실업예방, 재취업의 촉진에 기여한 사업주에 지역고용촉진을 위해 지원한다.

67 「산재보험법」상 보험급여에 관한 내용으로 옳지 않은 것은?

① 요양급여는 요양비 전액을 지급한다.

② 휴업급여는 요양으로 인하여 취업하지 못한 기간에 대하여 평균임금의 70%를 지급한다.

③ 유족급여는 유족보상연금과 유족보상일시금으로 하되, 유족보상일시금은 평균임금의 1,300일분의 상당금액을 지급한다.

④ 상병보상연금은 요양급여를 받은 노동자가 요양개시 후 2년이 경과해도 완치되지 않을 경우 상병보상연금으로 요양급여를 대신 수급권자에게 지급한다.

68 다음 중 고용보험에 대한 설명으로 옳지 않은 것은?

① 1993년에 「고용보험법」이 제정되고, 1995년 7월 1일부터 시행되었다.
② 수급자격자는 고용안정기관의 장의 취업알선 및 직업능력개발훈련을 거부하지 못한다.
③ 구직급여기간에 대한 특별연장급여의 기간은 30일이다.
④ 허위나 부정한 실업급여를 받은 자는 1년 이하의 징역 또는 300만 원 이하의 벌금을 받는다.

69 다음 중 연금제도에 대한 설명으로 옳지 않은 것은?

① 연금의 종류에는 퇴직연금, 노령연금, 유족연금, 폐질연금 등이 있다.
② 군인연금의 경우 장기복무 직업군인만이 대상으로 한정된다.
③ 교육공무원도 공무원 연금제도의 혜택을 받는다.
④ 사립학교 교원연금제도는 사립학교 사무직원에게는 적용되지 않는다.

70 다음 중 의료보험에 대한 설명으로 옳지 않은 것은?

① 직종별 자영업자는 임의적용대상이다.
② 국민보건의 회복 · 유지 · 증진에 목적을 둔다.
③ 1963년 처음 법으로 제정되어 1989년에 전국민이 혜택을 받게 되었다.
④ 사용자의 무과실책임의 원칙에 따라 보험료가 징수된다.

③ 공공부조제도

☞ 정답 및 해설 P.40

1 2015년 7월부터 시행될 예정인 개정 「국민기초생활 보장법」의 내용으로 옳지 않은 것은?

2015. 3. 14 사회복지직

① 수급자 선정기준으로 기준중위소득을 활용한다.
② 모든 법정급여의 수급자 선정기준은 동일하다.
③ 교육급여는 교육부장관의 소관으로 한다.
④ 자활센터의 사업 수행기관에 사회적 협동조합이 추가될 근거를 마련하였다.

2 복지활동에 있어 주체의 성격이 다른 하나는?

2014. 3. 22 사회복지직

① 인보관(Settlement House)
② 우애협회(Friendly Society)
③ 구민법의 작업장(Workhouse)
④ 자선조직협회(Charity Organization Society)

3 국민기초생활보장법령상 용어에 대한 설명으로 옳지 않은 것은?

2014. 3. 22 사회복지직

① "수급자"란 「국민기초생활보장법」에 따른 급여를 받을 수 있는 자격을 가진 사람을 말한다.
② "부양의무자"란 수급권자를 부양할 책임이 있는 사람으로서 수급권자의 1촌의 직계혈족 및 그 배우자를 말한다.
③ "조건부수급자"는 자활에 필요한 사업에 참가할 것을 조건으로 생계급여를 지급받는 사람이다.
④ "소득인정액"이란 개별가구의 소득평가액과 재산의 소득환산액을 합산한 금액을 말한다.

4 우리나라 공공부조 제도의 특성에 대한 설명으로 옳은 것은?

2010. 5. 22 상반기 지방직

① 1971년에 「생활보호법」 제정으로 공공부조의 기틀을 마련하였다.
② 「국민기초생활보장법」에서 급여를 신청할 수 있는 자는 수급권자와 사회복지전담공무원으로 한정한다.
③ 「국민기초생활보장법」에서는 최저생활보장 및 자활 조성을 제도 시행의 주요 목적으로 한다.
④ 공공부조 지출을 위한 주된 재원은 조세와 보험료로 충당한다.

5 「국민기초생활보장법」의 설명으로 옳지 않은 것은?

2009. 5. 23 상반기 지방직

① 소득인정액이라 함은 개별가구의 소득평가액과 재산의 소득환산액을 합산한 금액을 말한다.
② 최저생계비라 함은 국민이 건강하고 문화적인 생활을 유지하기 위하여 소요되는 최소한의 비용을 말한다.
③ 부양의무자라 함은 수급권자를 부양할 책임이 있는 자로서 수급권자의 2촌의 직계혈족 및 그 배우자를 말한다.
④ 재산의 소득환산액이라 함은 보장기관이 급여의 결정 및 실시 등에 사용하기 위하여 개별가구의 재산가액에 소득환산율을 곱하여 산출한 금액을 말한다.

6 긴급복지지원제도에 대한 설명으로 옳지 않은 것은?

2009. 4. 11 행정안전부

① 위기상황에 처한 사람을 신속하게 지원하기 위한 제도이다.
② 2006년 3월부터 시행된 한시적인 제도이다.
③ 국민기초생활보장 수급권자를 대상으로 한다.
④ 생계지원, 의료지원, 주거지원, 사회복지시설 이용 지원 등을 제공한다.

7 사회복지의 급여를 현금과 현물로 구분할 경우, 현금급여에 비해 현물급여가 가지는 장점은?

2009. 4 . 11 행정안전부

① 선택의 자유를 극대화할 수 있다.
② 운영비용을 절감할 수 있다.
③ 용도 외 사용을 막아 목표달성에 효과적일 수 있다.
④ 사회적 낙인을 줄일 수 있다.

8 국민기초생활보장제도에 관한 설명으로 옳지 않은 것은?

2007. 4. 14 중앙인사위원회

① 주무부처는 보건복지부이며, 직접적인 시행은 지방자치단체에서 담당한다.
② 대상자 선정 기준으로 연령, 근로능력 여부를 설정하였다.
③ 저소득층의 최저생활을 법적으로 보장하는 권리의 성격을 강조하고 있다.
④ 과거 생활보호제도와 비교하여 주거급여가 신설되었다.

9 「국민기초생활보장법」에 대한 설명으로 옳지 않은 것은?

2006. 5. 7 경상북도

① 생활이 어려운 자에게 필요한 급여를 행하여 이들의 최저생활을 보장하고 자활을 조성하는 것을 목적으로 한다.

② 국민이 건강하고 문화적인 생활을 유지하기 위하여 소요되는 최소한의 비용을 최저생계비라 한다.

③ 「국민기초생활보장법」에 의한 급여의 결정 및 실시 등에 사용하기 위하여 개별가구의 재산가액에 소득환산율을 곱한 것을 소득인정액이라 한다.

④ 「국민기초생활보장법」에 의한 급여는 세대단위로 지급하여야 하나 특히 필요하다고 인정하는 경우에는 개인을 단위로 하여 행할 수 있다.

10 다음의 빈칸에 들어갈 말로 옳은 것은?

2004. 6. 13 서울특별시

> 「국민기초생활보장법」에서 수급조건은 부양의무자와 (　　)이다.

① 소득인정액　　　　　　　　② 소득환산액
③ 소득평가액　　　　　　　　④ 최저생계비
⑤ 실제소득

11 자산조사가 공공부조의 원리 중에 가장 밀접한 원리에 해당하는 것은?

2001. 3. 25 울산광역시

① 보충성의 원리　　　　　　② 자립조장의 원리
③ 무차별성의 원리　　　　　④ 최저생활보장의 원리
⑤ 국가책임의 원리

12 2000년 10월 1일부터 시행된 「국민기초생활보장법」은 기존의 시혜성 보호에서 탈피하여 국민의 생존권을 법으로 보장하는 권리성 급여로 전환되었다. 다음 급여 중 「국민기초생활보장법」에서 신설된 급여는 무엇인가?

2000. 7. 23 서울특별시

① 생계급여　　　　　　　　② 교육급여
③ 자활급여　　　　　　　　④ 해산급여
⑤ 주거급여

13 「국민기초생활보장법」상의 기본원리 중 복지대상자가 국가의 보호를 받기 전에 자신의 능력을 최대한 활용하고 부양의무자 중에 보호를 우선적으로 받은 후에 그래도 생활상에 곤란에 처한 경우 생활보장을 받는다는 원리를 의미하는 것은?

2000. 7. 23 서울특별시

① 최저생활보장의 원리   ② 국가책임의 원리

③ 무차별평등의 원리   ④ 보충성의 원리

⑤ 사회적 형평성의 원리

14 「생활보호법」에서 「국민기초생활보장법」으로 바뀐 내용으로 옳지 않은 것은?

2000. 6. 11 경기도

① 모든 대상자에게 생계급여를 지급하되 근로능력자는 자활관련사업에 참여조건부로 지급하도록 되어 있다.

② 인구학적 연령에 제한을 둔다.

③ 국가의 의무와 시민의 권리로 법적 성격이 바뀌어 수급자, 수급권자로 나뉜다.

④ 근로능력자 가구별 자활지원계획 수립을 통한 자활지원을 한다.

15 다음 중 공공부조의 원칙에 대한 설명으로 옳지 않은 것은?

2000. 11. 5 경상남도

① 공공부조는 헌법에 보장된 인간다운 생활을 할 권리를 구체화하는 공적인 원조프로그램이다.

② 공공부조의 수혜대상자가 자신의 자산과 근로능력을 최대한 활용하고, 부양의무자의 부양을 우선적으로 받도록 하며, 다른 법에 의한 보호를 받은 후에도 생활상의 곤란을 겪는 경우에 비로소 행해지는 보충적인 제도이다.

③ 공공부조프로그램을 실시하기 위해 필요한 재원은 일반조세수입으로 충당한다.

④ 공공부조는 국민의 생활안정을 목표로 하고 있고 특히 일반국민이 대상이 된다.

⑤ 공공부조는 획일적이라기보다는 자산조사와 상태조사 결과에 따라 유자격 대상자를 구분해 서로 다른 혜택을 제공하고 있다.

16 **다음 중 최저생계비에 관한 설명으로 옳지 않은 것은?**

2000. 11. 5 경상남도

① Leyden방식은 상대적 생계비의 대표적인 산출방식이다.
② 반물량방식은 식료품 마켓바스켓에 엥겔계수의 역수를 곱하여 산출하는 방식이다.
③ 절대적 최저생계비는 나라마다 다를 수 있다.
④ 보건복지가족부장관은 최저생계비를 매년 9월 1일까지 공포하여야 한다.
⑤ 전물량방식은 기초생활필수품을 조사하여 이에 대한 최저 지출비를 모두 합하여 산출하는 방법이다.

17 **다음 중 「국민기초생활보장법」의 내용으로 옳은 것은?**

① 소득인정액이 최저생계비 이하인 자가 수급권대상자로서 급여를 받을 수 있다.
② 임차료 보조, 주거수리비는 생계급여에 해당한다.
③ 근로능력이 있는 자는 급여를 받을 수 없다.
④ 중앙생활보장위원회는 최저생계비를 책정한다.

18 **다음 중 자산조사에 대한 설명으로 옳지 않은 것은?**

① 보충성 급여에서 중요성이 부각된다.
② 급여자에게 낙인감을 줄 수 있어 신청을 기피할 우려가 있다.
③ 급여자의 자원평가에 있어서 개인의 욕구를 규명할 수 있다.
④ 행정비용은 절약할 수 있으나 욕구파악의 객관성 확보는 어렵다.

19 **다음 중 공공부조의 일반적 재원은?**

① 수혜자의 보험료　　　　　　　② 국가의 보조금
③ 성금　　　　　　　　　　　　　④ 조세수입

20 다음 중 국민기초생활 보호제도에 대한 설명으로 옳지 않은 것은?

① 의료급여는 80%를 국가가 지원하도록 하였다.
② 수급권자의 권리성과 사회적 책임을 강조하였다.
③ 생계급여는 수급자의 가구원 수와 소득을 고려하여 지급한다.
④ 저소득층의 주거환경 개선을 유도하기 위해 주거급여를 신설하였다.

21 다음 중 공공부조의 원리가 아닌 것은?

① 국가책임의 원리
② 개인책임의 원리
③ 보충성의 원리
④ 최저생활보장의 원리

22 다음 중 공공부조의 특성에 해당되지 않는 것은?

① 급여의 양을 예상하기 어렵다.
② 욕구와 자산조사를 필요로 한다.
③ 정부의 일반조세로 재원조달이 된다.
④ 공공부조는 강제적 성격이 강하다.

23 사회보험과 공공부조의 비교 설명 중 옳지 않은 것은?

① 사회보험은 노동능력이 있는 사람을 위한 제도이고, 공공부조는 생활무능력자를 위한 제도이다.
② 사회보험은 낙인감을 주지 않지만, 공공부조는 낙인감을 주기 쉽다.
③ 사회보험과 공공부조 모두 자산조사를 필요로 한다.
④ 사회보험은 능력주의에 기초하지만, 공공부조는 평등주의에 바탕을 둔다.

24 우리나라에서 실시되는 공공부조의 내용이 아닌 것은?

① 기초생활보장사업
② 국가보훈사업
③ 의료보험사업
④ 이재민 구호사업

25 다음 중 자산조사의 단점이라고 볼 수 없는 것은?

① 비경제적(시간·돈·인력)이다.
② 공공부조기금의 적절한 운용을 통해 조세부담을 줄인다.
③ 개인의 권리나 존엄성이 침해되기 쉽다.
④ 개개인의 욕구를 결정하기가 곤란하다.

26 빈곤에 대해 치료적이며 최종적인 사회복지제도는?

① 연금 　　　　　　　　　　　② 공공부조
③ 사회복지서비스 　　　　　　④ 의료보험

27 다음 중 자산조사에 대한 설명으로 옳지 않은 것은?

① 공적부조에 필수적인 요소이다.
② 개인의 욕구를 파악할 수 있다.
③ 행정비용이 절약된다.
④ 신청자가 소유한 자원을 조사하고 확인·평가하여 급여액을 결정하는 데 도움을 준다.

④ 사회복지서비스

☞ 정답 및 해설 **P.42**

1 사회복지 전달체계 구축의 원칙에 해당되지 않는 것은?

2014. 3. 22 사회복지직

① 연속성

② 접근성

③ 책임성

④ 수익성

2 사회복지서비스 정책의 최근 변화 경향으로 옳은 것만을 모두 고르면?

2014. 4. 19 안정행정부

> ㉠ 서비스 대상 인구가 보편적 방향으로 확대되고 있다.
> ㉡ 서비스 재원은 점차 일반조세로 일원화되고 있다.
> ㉢ 서비스 공급기관이 다양화되면서 공공부문이 서비스를 직접 공급하는 역할 비중이 커지고 있다.
> ㉣ 서비스 재정지원방식은 서비스 구매계약(POSC)이나 바우처(voucher) 제공방식보다 시설보조금 (subsidy) 방식이 급속히 확대되고 있다.

① ㉠

② ㉠㉡

③ ㉠㉣

④ ㉠㉡㉢㉣

3 사회복지 전달체계에 대한 설명으로 옳지 않은 것은?

2011. 5. 14 상반기 지방직

① 고용지원센터의 원스톱 서비스(one-stop service)는 통합성의 원칙을 고려한 것이다.

② 사회보험이나 공공부조의 경우 서비스 성격상 공공조직 또는 사적조직이 제공할 수 있다.

③ 서비스 장소의 위치, 서비스 사용시 사회적 낙인의 여부 등은 접근성에 영향을 미치는 요소이다.

④ 사회복지 전달체계는 사회복지정책에서 제공하는 급여 또는 서비스를 제공하는 조직적 장치를 말한다.

4 다음에 해당하는 사회복지서비스 조직의 문제를 지칭하는 개념은?

2010. 5. 22 상반기 지방직

> 사회복지서비스 조직들은 보다 유순하고 성공 가능성이 높은 클라이언트를 선발하고, 비협조적이거나 어려울 것으로 예상되는 클라이언트들을 배척할 수 있다. 이는 한편으로 개별 서비스 조직들이 외부 환경과의 관계 속에서 생존 가능성을 극대화하는데 필요한 전략으로 간주되지만, 전체 사회적 관점에서는 사회복지서비스의 책임성을 낮춘다는 점에서 사회적 병폐가 된다.

① 레드 테이프(red tape)
② 서비스 과활용(over-utilization)
③ 매몰 비용(sunk cost) 효과
④ 크리밍(creaming) 현상

5 사회복지서비스 전달체계는 사회복지서비스의 공급자와 클라이언트를 연결시키기 위한 조직적 장치라 할 수 있다. 전달체계가 갖추어야 할 주요 원칙에 대한 설명으로 옳지 않은 것은?

2008. 4. 12 행정안전부

① 지속성의 원칙 : 개인의 문제를 해결하는 과정에서 필요한 사회복지서비스를 중단 없이 받을 수 있도록 하여야 한다.
② 포괄성의 원칙 : 인간의 욕구와 문제는 다양하고 복잡하기 때문에, 사회복지서비스는 이러한 문제들을 동시에 대응할 수 있도록 구성·제공되어야 한다.
③ 전문성의 원칙 : 사회복지서비스는 그 양과 질에 있어서 클라이언트의 욕구충족에 충분할 정도로 제공되어야 한다.
④ 통합성의 원칙 : 클라이언트의 문제는 매우 복합적이고 상호 연관되어 있기 때문에 관련 기관들의 사회복지서비스를 연계·통합하여 제공하도록 하여야 한다.

6 사회복지서비스에 대한 설명으로 옳지 않은 것은?

2006. 3. 19 대구광역시

① 비경제적 보장을 주요 내용으로 한다.
② 대상자를 보편적, 평균적 사람으로 상정, 접근한다.
③ 사회적 기능의 회복을 유지, 향상시키는 것을 목적으로 한다.
④ 환경에 대한 과학적 지식, 기술을 가진 전문가 역할이 중요하다.

7 사회복지서비스 전달체계의 원리에 대한 내용 중 옳지 않은 것은?

2004. 6. 13 서울특별시

① 적절성의 원리 – 사회복지서비스의 양과 질 및 제공기관이 클라이언트의 문제해결과 서비스 목표달성에 충분하여야 한다.

② 포괄성의 원리 – 사회복지서비스는 여러 대상을 모두 포함하여야 한다.

③ 책임성의 원리 – 사회복지조직은 사회복지서비스를 제공토록 인가받았기 때문에 서비스에 효율성, 효과성이 있어야 한다.

④ 접근용이성의 원리 – 사회복지서비스는 수급자격이 있는 사람들이 지리적·사회적·심리적 장애물이 없이 접근할 수 있어야 한다.

⑤ 평등성의 원리 – 특별한 경우를 제외하고 연령·성별·지역 등에 관계없이 수급자격이 있는 사람에게 평등하게 하여야 한다.

8 공적 사회복지관 및 시설에 관한 사항으로 옳지 않은 것은?

2000. 7. 23 서울특별시

① 광범위한 대상과 지역에 실시할 수 있다.

② 재원조달이 안정적이다.

③ 사회적 요구에 민감하다.

④ 불필요한 사업에도 불구하고 지속하는 경우가 있다.

⑤ 항상 법적 근거를 가지고 시행하게 된다.

9 사회복지서비스의 제원칙에 속하지 않는 것은?

① 통합화　　　　　　　　　② 선별화

③ 책임성　　　　　　　　　④ 전문화

10 다음 중 사회복지서비스의 주요 대상은?

① 빈곤계층의 요보호자　　　② 근로자

③ 농어민　　　　　　　　　④ 연금보호대상자

11 대상, 재원, 프로그램과 서비스 및 방법의 차원에서 우선 순위를 두어야 한다는 사회복지서비스의 원칙은?

① 서비스의 통합화   ② 서비스의 제도화

③ 서비스의 선별화   ④ 서비스의 전문화

12 다음 중 사회복지서비스에 포함되지 않는 것은?

① 노인복지   ② 아동복지

③ 노숙인   ④ 의료보호

13 사회복지서비스 제공의 측면에서 적합한 행정이념이 아닌 것은?

① 평등성의 원칙   ② 적절성의 원칙

③ 포괄성의 원칙   ④ 개인 중심의 원칙

14 공공부문 사회복지서비스 전달체계의 문제점이 아닌 것은?

① 사회복지전문인력이 부족하여 개별화된 전문적인 서비스 제공에 한계가 있다.
② 사회복지관련 위원회의 활동이 미약하다.
③ 복지서비스의 자율성과 능동성이 결여되었다.
④ 일반주민의 이해부족과 참여의식의 저조로 인해 주민욕구에 부응하는 서비스 개발의 한계가 있다.

15 다음 중 사회복지서비스에 대한 설명으로 옳지 않은 것은?

① 전문 사회복지사에 의한 전문서비스가 요구된다.
② 종류도 아동복지, 노인복지, 부녀복지, 장애인복지 등이 있다.
③ 기본적으로 고려할 요소는 재정과 서비스 전달뿐이다.
④ 사회적으로 불우하고 열세한 위치에 있는 아동, 노인, 부녀 및 장애인 등을 대상으로 적합한 프로그램과 시설을 제공한다.

5 기타 사회정책

☞ 정답 및 해설 P.44

1 다음 중 소득분배정책이란?

① 소득분배 불평등도를 축소하기 위해서 정부가 개입하는 형태
② 소득분배 불평등도를 축소하기 위해서 정부가 개입을 포기하는 형태
③ 소득분배 평등을 위해서 노동자 권리를 향상시키는 노동정책
④ 소득분배 평등을 위해서 시장경제에 대한 정부개입을 포기하는 형태

2 다음 중 최저임금제의 의의로 볼 수 없는 것은?

① 노동시간의 단축
② 부녀자와 노령자 취업의 증대
③ 근로자의 조직화
④ 소년근로자의 임금 인상

3 다음 중 고전적 자유주의자들의 주요 주택정책은?

① 주택보조금제도의 철폐
② 사적 임대주택의 사유화
③ 도시토지의 국유화
④ 임대자의 법적보호조치

4 최저생활을 유지하는 데 필요한 소득에 미달되는 소득수준을 빈곤이라고 보는 입장은?

① 절대적 빈곤
② 상대적 빈곤
③ 주변적 빈곤
④ 환경적 빈곤

5 소득재분배를 위한 상품시장에의 국가의 개입으로 합리적이지 못한 것은?

① 특별소비세 감소
② 독과점가격의 규제
③ 수입품에 관세 부과
④ 생활필수품에 보조금 지급

6 다음 중 고용정책의 궁극적인 목표는?

① 완전고용 　　　　　　　② 경제성장대책
③ 경제개발 　　　　　　　④ 국민경제수준 향상

7 다음 중 노사협의제도의 특성으로 부적합한 것은?

① 노사협의는 관계의 분규적 요소보다 통합적 요소, 즉 협력을 지향한다.
② 노사협의는 기업의 민주화를 지향하는 데 그 의의가 있다.
③ 노사협의는 기업 내의 문제해결을 위한 쌍방의 직접적 관계이다.
④ 노사협의는 노동조합과 기업경영자 또는 그 대표들간의 간접적 관계라 할 수 있다.

8 다음 중 소득불평등도가 확대될수록 경제 전체의 저축이 증가하여 경제성장을 촉진시킨다는 이론은?

① 자본소요론 　　　　　　② 자본축적론
③ 의욕저하론 　　　　　　④ 기본수요론

9 빈곤의 원인을 개인의 동기결여에서 찾는 이론은?

① 낙인이론 　　　　　　　② 신갈등이론
③ 갈등이론 　　　　　　　④ 기능이론

10 다음 중 교육에 있어 자유주의자들의 주장은?

① 개인의 능력에 따른 교육기회 제공
② 교육에 대한 기회균등의 권리 보장
③ 자원재분배를 통한 교육불평등 해소
④ 기회균등이란 교육의 결과를 의미

11 최저임금제에 대한 다음 설명 중 옳지 않은 것은?

① 최저임금제의 기원은 뉴질랜드이다.
② 국가가 임금결정에 개입하는 형태를 취한다.
③ 실태생계비 방식은 최저생계비 계산에 있어 비현실적이다.
④ 자본주의 국가가 시행하는 사회정책의 본질에 근거를 두고 있다.

12 빈곤의 원인을 사회구조적인 관점에서 찾는 이론은?

① 낙인이론
② 기능이론
③ 인적자본이론
④ 갈등이론

13 근로자의 기본적 욕구충족의 여하에 따라서 경제성장이 촉진된다는 이론은?

① 자본축적론
② 의욕저하론
③ 자본소요론
④ 기본수요론

14 실업률이 높은 경제에서 소득분배를 개선하는 데 가장 효과적인 방법은?

① 재정정책
② 산업정책
③ 금융정책
④ 고용기회 확대

15 빈곤의 사회적 원인과 비교적 거리가 먼 것은?

① 사회보장제도의 미발달
② 고질적인 신분의 세습화
③ 저소득층 자녀의 교육기회의 제한
④ 농촌에 있어서의 경작규모의 영세성

16 다음 중 소득재분배정책이 경기침체를 가져온다고 보는 이론은?

① 자본축적론
② 의욕저하론
③ 자본소요론
④ 기본수요론

17 다음 중 하위문화이론에서의 빈곤의 원인이 아닌 것은?

① 미래지향성의 부족   ② 적절한 가정환경의 손상
③ 낮은 생산성   ④ 인간다운 상호교류의 결여

18 다음 중 루이스(Lewis)의 빈곤문화의 특징에 속하지 않는 것은?

① 심리적으로 무기력하고 의타심, 열등감이 팽배해 있다.
② 빈곤의 외적 원인이 해소되어도 그들에게 뿌리박힌 생활양식 때문에 빈곤은 다음 세대에서도 순환된다.
③ 기존의 정치, 경제, 사회제도에 대한 효과적인 참여가 결여되어 있다.
④ 가정붕괴로 인한 모계중심의 가정형태가 된다.

19 다음 중 우리나라 주택정책의 문제점이 아닌 것은?

① 임대료와 관리비 부담능력이 있어 전대 또는 매매할 가능성이 없다.
② 주택가격과 임대료가 높다.
③ 주택이 양적으로 부족하며, 엄청난 재정부담이 든다.
④ 주택단지의 슬럼화가 예상되며, 주거환경개선이 어렵다.

20 다음 중 소득분배정책에 대한 설명으로 옳은 것은?

① 소득분배의 평등을 위해서 노동자 권리를 향상시키는 노동정책이다.
② 소득분배의 평등을 위해서 시장경제에 대한 정부개입을 포기하는 형태이다.
③ 소득분배 불평등도를 축소하기 위해서 정부가 개입하는 형태이다.
④ 소득분배 불평등도를 축소하기 위해서 정부가 개입을 포기하는 형태이다.

사회복지방법론

① 사회복지일반론

☞ 정답 및 해설 **P.47**

1 우리나라 사회복지사 윤리강령에 명시된 내용으로 옳은 것만을 모두 고른 것은?

2015. 3. 14 사회복지직

> ㉠ 사회복지사는 인본주의·평등주의 사상에 기초하여, 모든 인간의 존엄성과 가치를 존중하고 천부의 자유권과 생존권의 보장활동에 헌신한다.
> ㉡ 사회복지사는 클라이언트의 지불능력에 상관없이 서비스를 제공해야 하며, 이를 이유로 차별대우를 해서는 안 된다.
> ㉢ 사회복지사는 동료의 클라이언트에게도 상시적으로 상담을 제공하며 전문적 관계를 맺어야 한다.
> ㉣ 사회복지사는 필요한 사회서비스를 개발하기 위한 사회정책의 수립·발전·입법·집행에 적극적으로 참여하고 지원해야 한다.

① ㉠
② ㉠㉢
③ ㉠㉡㉣
④ ㉠㉡㉢㉣

2 다음의 상황에서 사회복지사 A가 직면한 윤리적 딜레마는?

2015. 4. 18 인사혁신처

> 종합사회복지관에 근무하는 사회복지사 A는 방과 후 프로그램을 운영하고 있다. 방과 후 프로그램을 이용하는 아동 B의 결석이 잦아, 사회복지사 A는 이 문제에 대한 상담을 위해 가정방문을 하였다. 사회복지사 A는 가정방문을 통해 아동 B의 실직한 아버지와 도박중독인 어머니, 그리고 치매 증상을 보이는 할아버지를 만나게 되었다. 사회복지사 A는 이러한 상황 속에서 어떠한 문제에 먼저 개입해야 할지 결정하기가 쉽지 않은 상황에 직면하였다.

① 다중 클라이언트체계의 문제
② 가치 상충
③ 충성심과 역할 상충
④ 힘과 권력의 불균형

3 2001년 개정된 우리나라 사회복지사 윤리강령의 전문에 명시하고 있는 기본이념에 해당하는 것만을 모두 고른 것은?

2014. 3. 22 사회복지직

㉠ 인간의 존엄성	㉡ 평등과 자유
㉢ 사회 정의	㉣ 문화적 다양성

① ㉠㉡
② ㉠㉡㉢
③ ㉠㉡㉣
④ ㉠㉡㉢㉣

4 다음 글에 해당하는 사회복지사의 역할은?

2014. 3. 22 사회복지직

> 다양한 기관, 조직, 시설에서 제공하고 있는 적합한 서비스에 클라이언트를 연결하고 서비스를 활용하도록 조정함으로써 개인과 가족에게 지속적으로 서비스를 제공한다. 또한 다양한 욕구를 지닌 클라이언트의 기능을 최적화하기 위해서 공식적, 비공식적 지원망을 창조하고 조정한다.

① 옹호
② 아웃리치
③ 중재
④ 사례관리

5 우리나라 「사회복지사 윤리강령」에 규정된 내용으로 옳은 것은?

2011. 4. 9 행정안전부

① 사회복지사는 사회복지사의 권익옹호를 최우선의 가치로 삼고 행동한다.
② 한국사회복지협의회는 사회복지윤리위원회를 구성해야 한다.
③ 사회복지사는 기관의 정책과 사업 목표의 달성을 위해 노력함으로써 기관에게 이익이 되도록 해야 한다.
④ 사회복지사는 문서·사진·컴퓨터 파일 등의 형태로 된 클라이언트의 정보에 대해 비밀보장의 한계·정보를 얻어야 하는 목적 및 활용에 대해 구체적으로 알려야 하며 정보공개 시에는 동의를 얻어야 한다.

6 사회복지실천모델에 대한 설명으로 옳은 것은?

2011. 4. 9 행정안전부

① 심리사회모델은 클라이언트가 자신의 내적 갈등을 이해하고 통찰하도록 하기 보다는 클라이언트에게 필요한 자원을 제공, 발굴하며 옹호하는 환경적 요소에 치중한다.
② 위기개입모델은 클라이언트의 인격을 성장시키거나 변화시키는데 1차적 목표를 두며 단기적인 접근, 과거 탐색에 초점을 둔다.
③ 임파워먼트모델은 사회복지사와 클라이언트가 협력적인 파트너십을 기반으로 문제해결과정에 함께 참여한다.
④ 과제중심모델은 클라이언트가 명확하게 인식하고 있는 특정문제에 초점을 두기 때문에 조언, 환경적 개입과 같은 기술을 사용하지 않는다.

7 사회복지실천기술에 대한 설명으로 옳은 것은?

2011. 4. 9 행정안전부

① 명료화기술은 클라이언트의 메시지가 추상적이거나 혼란스러운 경우 보다 구체적으로 표현하도록 클라이언트에게 요청하는 것을 말한다.
② 사회복지사의 자기노출은 클라이언트가 사회복지사를 진솔한 인간으로 인식할 수 있도록 가능한 자주 사용하는 것이 좋다.
③ 재보증(reassurance)기술은 클라이언트의 말한 내용과 행동 또는 말한 내용들 간에 일치되지 않는 부분이 있을 경우 클라이언트 메시지의 불일치된 내용을 지적할 때 사용하는 기술이다.
④ 사회복지사는 초기단계부터 문제원인과 관련하여 사회복지사가 생각한 초기 가설에 대해 클라이언트와 허심탄회하게 활발히 논의해야 한다.

8 사회복지실천에 대한 설명으로 옳은 것은?

2011. 5. 14 상반기 지방직

① 핀커스와 미나한(Pincus & Minahan)은 사회복지실천에서 중요한 3가지의 초점체계로 자연체계, 공식체계, 인간체계 등을 강조하고 있다.
② 통합적 접근은 정신 역동적 측면의 이해를 포함한다.
③ 통합적 접근에서는 개인의 심리역동을 설명하는 행동주의 이론도 적용된다.
④ 사회복지실천방법은 프로이드가 창시한 심리사회적 모델의 도입으로 발달하였다.

9 다음 글이 설명하는 사회복지사의 윤리적 책임은?

2011. 5. 14 상반기 지방직

> 사회복지사는 문제해결 과정에서 클라이언트 스스로 자신의 목표를 수립할 수 있도록 도움을 제공해야 한다.

① 클라이언트의 사생활 및 비밀 보장
② 클라이언트에 대한 수용
③ 클라이언트의 자기결정 존중
④ 클라이언트의 개별적 다양성 존중

10 생태체계론에 대한 설명으로 옳은 것은?

2011. 5. 14 상반기 지방직

① 체계론과 심리사회적 모델을 결합한 것이다.
② 체계는 투입과 산출과정에서 절대적으로 안정된 항상성을 유지하려는 경향이 있다.
③ 단선적 인과론에 입각하여 문제의 원인을 찾는다.
④ 변화를 위한 방법으로 다양한 이론과 전략을 수용한다.

11 사회복지사가 수행하는 역할에 대한 설명으로 옳지 않은 것은?

2011. 5. 14 상반기 지방직

① 조력자(enabler)의 역할은 클라이언트 개인의 강점이나 자원을 찾아내도록 도와주는 것이다.
② 조정자(coordinator)의 역할은 클라이언트가 시의적절한 방식으로 서비스를 제공받도록 서비스를 연결·조정하는 것이다.
③ 옹호자(advocator)의 역할은 사회복지사가 개입목표의 달성을 위해 클라이언트의 입장을 대변하고 변호하는 것이다.
④ 중재자(mediator)의 역할은 사회복지실천의 목표를 달성하기 위해 가능한 모든 자원과 클라이언트를 연결시키는 것이다.

12 우리나라의 사회복지사 윤리강령에서 제시되지 않은 것은?

2010. 5. 22 상반기 지방직

① 사회복지사는 인본주의와 평등주의 사상에 기초한다.
② 사회복지사는 클라이언트와의 직무수행 과정에서 얻은 정보를 최대한 공개하기 위해 노력해야 한다.
③ 사회복지사는 소속기관의 성장발전을 위해서도 노력해야 한다.
④ 사회복지사는 사회정의를 증진시키기 위한 사회정책의 수립과 집행을 요구하고 옹호해야 한다.

13 사회복지실천에서 다음을 주로 하는 사회복지사 역할은?

2010. 5. 22 상반기 지방직

> 개인이나 가족이 그들 자신의 욕구를 파악하고 문제를 명확히 규명하며, 스스로 문제를 해결할 수 있는 능력을 개발하고 필요한 자원을 찾아낼 수 있도록 돕는다.

① 중개자(broker)
② 옹호자(advocate)
③ 조력자(enabler)
④ 중재자(mediator)

14 사회복지사의 윤리강령을 가장 잘 설명하고 있는 것은?

2009. 5. 23 상반기 지방직

① 우리나라에서 유일한 전문직 윤리강령이다.
② 다른 사람을 원조하기 위한 전문적인 활동과 기술을 제시하고 있다.
③ 사회복지사들이 지켜야 할 전문적 행동기준과 원칙을 기술해 놓은 것이다.
④ 사회복지의 윤리가 일반 사회의 가치관과 어느 부분에서 상충되는지를 설명하고 있다.

15 사회복지실천에서 클라이언트와 관계를 형성하기 위한 기본원칙을 설명한 것으로 옳은 것은?

2009. 4. 11 행정안전부

① 개별화 : 모든 클라이언트는 개별적인 욕구를 가진 존재로 존중되어야 한다.
② 의도적 감정표현 : 클라이언트에 대한 사회복지사의 감정을 의도적으로 표현해야 한다.
③ 통제된 정서적 관여 : 클라이언트가 지나치게 감정적으로 흐르지 않도록 도와야 한다.
④ 수용 : 클라이언트가 지닌 부정적이거나 비정상적인 모든 측면들을 용서하고 허용해야 한다.

16 다음은 사회복지실천기술 중 어떤 유형의 의사소통기술인가?

2007. 4. 14 중앙인사위원회

> 자신의 상황이나 능력에 대해 회의하고 있는 클라이언트에게 신뢰를 전달함으로써 자신감을 회복, 향상시키는 것

① 환기법
② 격려
③ 재보증
④ 직면

17 다음 중 '환경 속의 인간'에 초점을 두고 클라이언트로 하여금 과거 혹은 현재의 경험과 관련된 내적 갈등을 이해하고 통찰함으로써 자신의 문제를 해결하도록 돕는 것을 강조하는 사회복지실천모델은?

2007. 4. 14 중앙인사위원회

① 기능주의적 모델
② 심리사회적 모델
③ 행동수정 모델
④ 과제중심 모델

18 면접에 대한 설명으로 옳지 않은 것은?

2006. 3. 19 대구광역시

① 사회복지사는 좋은 질문을 하기 위해 질문법을 알아야 한다.
② 사회복지사의 좋은 면접은 적절한 해석에 의해 가치를 발휘한다.
③ 사회복지사는 클라이언트의 비언어적 표현보다는 언어적 표현에 더 민감해야 한다.
④ 면접은 단순한 대화가 아니라 복지 대상자를 돕기 위해 사용되는 목표 지향적 활동이다.

19 클라이언트에 대한 비밀보장의 제한 경우가 아닌 것은?

2001. 3. 25 울산광역시

① 지역사회 전체에 좋지 않은 영향을 미치는 경우
② 클라이언트가 타인에게 영향을 미치는 경우
③ 사회복지기관에 대한 지대한 권리를 침해한 경우
④ 비밀보장을 해주지 않아도 클라이언트에게는 어떠한 나쁜 영향도 미치지 않는 경우
⑤ 클라이언트가 워커에게 미치는 영향이 아주 심각한 경우

20 비밀보장의 원리의 설명 중 옳지 않은 것은?

2000. 7. 23 서울특별시

① 비밀보장은 클라이언트의 기본권리에 의거하는 것이다.
② 비밀보장의 의무는 기관 내의 모든 직원이 함께 하여야 한다.
③ 비밀보장은 클라이언트의 효과적인 관계 형성을 위하여 필요한 것이다.
④ 비밀보장에 대한 클라이언트의 권리는 절대적인 것이다.
⑤ 비밀보장은 그 자체가 목적이 아닌 클라이언트의 권리보호를 위한 수단이다.

21 다음 중 사회복지의 정의와 거리가 먼 것은?

2000. 7. 23 서울특별시

① 사회적 결함을 보완하는 사회적 노력의 총체이다.
② 사회사업은 자선사업이다.
③ 인간관계에 관한 과학적 지식과 기술을 필요로 한다.
④ 개인과 집단 및 지역사회가 그들의 욕구를 충족할 수 있도록 돕는 과정이다.
⑤ 인간을 돕는 방법으로 전문적이다.

22 다음 중 사회사업 의료모형의 대상으로 옳은 것은?

① 개인의 내적 결함
② 개인과 환경
③ 환경에서 오는 문제해결
④ 사회적 갈등에서 오는 문제

23 사회복지방법론에 있어서 기능주의 발전에 기여한 학자는?

① M. Richmond
② S. Freud
③ O. Rank
④ Piaget

24 다음 중 사회복지사의 역할이 아닌 것은?

① 전문가
② 분석가
③ 계획가
④ 변화매개자

25 사회복지사와 클라이언트 관계가 어긋난 것은?

① 통제된 정서적 관여　　　　　② 심판적 태도

③ 의도적 감정표현　　　　　　④ 비밀보장

26 산업화 과정 속에서 개인의 욕구를 존중하고, 사회화의 필요성을 가장 많이 주장한 방법론은?

① 케이스 워크　　　　　　　　② 그룹 워크

③ 지역사회조직　　　　　　　　④ 사회정책

27 사회사업을 "인간관계의 기술은 art이다."라고 주장하는 것과 관계가 있는 것은?

① 자연과학보다 뒤떨어진다.

② 종합적인 학문이다.

③ 비합리성을 포함한다.

④ 추상성을 강조한다.

28 사회사업의 발생동기에 대한 시대적 순서로 옳은 것은?

① 종교적 동기 – 반사회적 동기 – 인도적 동기 – 복합적 동기

② 인도적 동기 – 종교적 동기 – 반사회적 동기 – 복합적 동기

③ 복합적 동기 – 인도적 동기 – 반사회적 동기 – 종교적 동기

④ 반사회적 동기 – 종교적 동기 – 인도적 동기 – 복합적 동기

29 프리들랜더(W.A. Friedlander)의 사회사업에 대한 견해에 대한 내용으로 옳은 것은?

① 원조활동이고 사회적 또는 비이익적 활동이며 연락활동이다.

② 인간관계에 있어 과학적 지식과 기술에 기초한 전문적 서비스이다.

③ 광범위한 사회생활에 있어 구호 · 보호 · 복지를 증진하기 위한 사회적 시책이다.

④ 사람들이 자조자립할 수 있도록 원조하는 과학적인 방법을 사용하여 다양한 자원들을 욕구에
대응하게 하는 기술이다.

30 다음 중 급진적 모델에서 사회사업의 대상은?

① 갈등　　　　　　　　　　② 부적응
③ 가난　　　　　　　　　　④ 좌절감

31 다음 내용 중 현대적 의미에서의 사회사업은?

① 인간의 사회적 욕구와 사회문제에 대한 서비스이다.
② 소득·보건·교육·주택과 같은 기본적 욕구가 결핍되어 있는 것을 도와주는 것이다.
③ 개인적 빈곤뿐만 아니라 집단·사회적 빈곤도 그 대상으로 포함하며, 이는 사회적 책임이라
　고 여긴다.
④ 사회제도의 결함으로 초래된 사회문제를 해결하고자 하는 사회적 시책이다.

32 사회사업의 모형 중 연결이 잘못된 것은?

① 전통적 – 자유방임주의 – 부조 – 빈곤
② 심리적 – 자유주의 – 치료 – 좌절감
③ 사회적 – 마르크스주의 – 개혁 – 적응
④ 급진적 – 마르크스주의 – 혁명 – 갈등

33 사회사업의 본질을 인간의 충분한 능력을 개발하고 만족스러운 관계성과 생활수준을 획득하기 위한 서비스로 본 학자는?

① Devine　　　　　　　　② H. Stroup
③ A. Dunham　　　　　　④ W.A. Friedlander

34 다음 중 심리적 모형에서 사회사업의 대상은 무엇인가?

① 갈등　　　　　　　　　　② 부적응
③ 치료　　　　　　　　　　④ 좌절감

35 다음 중 전문사회사업 방법론에 속하지 않는 것은?

① 임상사회사업
② 집단사회사업
③ 지역사회조직에 의한 원조
④ 재해구조사업

36 다음 중 사회복지의 궁극적 목적에 대한 내용으로 알맞은 것은?

① 정신 · 신체적 건강을 강화시키고 보건에 깊이 관여한다.
② 인간관계를 개선시켜 사회적 기능을 수행하도록 한다.
③ 자유를 만끽하는 사회를 만든다.
④ 경제적 · 문화적 자원을 개발하여 일반적 생활수준을 완화시킨다.

37 다음 중 사회복지의 철학과 관계가 가장 먼 것은?

① 기회의 균등
② 자기결정
③ 사회적 연대성 책임
④ 자선행위

38 사회복지사가 클라이언트의 감정을 이해하고 적절히 반응하는 행동의 원리는?

① 수용
② 의도적 감정표현
③ 통제된 정서의 관여
④ 비심판적 태도

39 사회복지의 구체적 기능으로 옳지 않은 것은?

① 사회적 기능의 회복
② 자원의 제공
③ 사회문제의 예방
④ 사회문제의 발견

40 다음 중 사회복지의 정의로서 가장 합당한 것은?

① 비형평의 시정, 불우계층의 조건 개선, 약한 자에 대한 원조의 제공을 목적으로 한다.

② 개인의 복지향상을 목적으로 국가가 제공하는 서비스로서 개인의 욕구충족을 시켜주는 데 그 목적이 있다.

③ 인간을 중심을 하는 활동으로서 사회적 관계의 붕괴나 상호작용에서 입은 손상의 요인을 통제·제거하여 개인의 사회적 기능 향상에 그 목적이 있다.

④ 사회문제와 그것에 대한 사회적 대처의 한 방법이다. 욕구의 범주에 따라 상이한 자원의 통제력에 영향을 주는 것이다.

41 클라이언트의 비밀보장에 대한 설명으로 옳지 않은 것은?

① 사회복지사는 클라이언트로부터 모든 정보에 대해 무조건적으로 비밀을 보장해 주어야 한다.

② 기관 내에서 업무상 비밀을 밝혀야 할 경우에는 비밀을 공유하게 된 모든 사회복지사들이 비밀보장의 의무를 져야 한다.

③ 비밀보장의 권리가 클라이언트의 다른 권리와 상충될 때에는 두 권리를 비교하여 더 중요하다고 판단되어지는 권리를 옹호한다.

④ 클라이언트와 타인의 권리가 충돌했을 때 양 권리를 비교하여 그 중에서 중요한 권리를 택해야 한다.

42 다음 중 비심판적 태도를 클라이언트로 하여금 인지하도록 하는 데 있어 장애적 요소로 볼 수 없는 것은?

① 선입관이나 편견　　　　　② 성급한 결론
③ 분류화　　　　　　　　　④ 이해

43 다음 중 개별화에 대한 내용으로 옳은 것은?

① 클라이언트가 표현하는 감정에 대한 워커의 의식적이고도 적절한 정서상의 반응이다.

② 클라이언트의 선택과 결정에 있어서 그 자유와 권리를 최대한 사용하도록 해야 한다.

③ 각 클라이언트의 독특한 자질을 인정하고 이해하는 것이며 보다 나은 적응을 하도록 상이한 원리와 방법을 적용하고 조력한다.

④ 문제 혹은 욕구발생의 원인에 대해서 클라이언트의 유무죄나 책임정도를 개별적으로 심판하게 되는 것을 배제한다.

44 다음 중 전이에 대한 설명으로 옳지 않은 것은?

① 정신분석에서 도입된 개념이다.
② 무의식의 동기를 반영하고 있다.
③ 정화를 가능하게 하는 것이나 그 자체에 치료적 의미가 있는 것은 아니다.
④ 클라이언트의 전이에 대해 사회사업가 자신이 전이를 일으키는 것을 역전이라 한다.

45 다음 중 면접의 목적을 설명한 것으로 옳은 것은?

① 피면접자를 이해하고 문제해결을 돕는다.
② 피면접자와의 면접을 통하여 사회문제를 파악한다.
③ 상담을 통하여 피면접자의 용기를 북돋아준다.
④ 상담을 통하여 피면접자의 불안감을 해소시켜 준다.

46 다음 중 수용에 대한 내용으로 옳은 것은?

① 클라이언트가 표현하는 감정에 대한 워커의 의식적이고도 적절한 정서상의 반응이다.
② 보다 나은 적응을 위해 그에 알맞은 상이한 원리와 방법을 활용한다.
③ 특수한 역할관계를 수반하게 된다.
④ 사회복지사가 클라이언트의 장 · 단점이나 감정 · 태도나 행동 등을 포함해서 그의 있는 그대
　 로를 이해하고 다루는 것이다.

47 다음에서 면접의 특성이라고 할 수 없는 것은?

① 한정적이며 계획적이다.
② 과정지향적이다.
③ 특수한 역할관계에 기초한다.
④ 전후관계(context)나 장(setting)을 갖는다.

48 원활한 면접을 하기 위한 방법에 속하지 않는 것은?

① 관찰　　　　　　　　　　　② 경청
③ 비판　　　　　　　　　　　④ 효과적인 질문

49 다음 중 지지적 치료의 방법이 아닌 것은?

① 관심　　　　　　　　　② 수용
③ 격려　　　　　　　　　④ 현물지급

50 의도적인 감정표현의 목적으로 볼 수 없는 것은?

① 심리적 지지를 해준다.
② 클라이언트로 하여금 자신의 문제를 더욱 명백하고 객관적으로 볼 수 있게 한다.
③ 클라이언트와 그의 문제를 더욱 적절히 이해할 수 있다.
④ 부정적 감정을 발산함으로써 심리적 긴장상태를 유지하게 한다.

51 다음 중 자기결정의 원리에 대한 한계로 옳지 않은 것은?

① 사회기관의 능력과 허용의 범위
② 클라이언트의 신체·정신적 능력의 범위
③ 도덕적 허용의 범위
④ 경제적 허용의 범위

52 다음 중 수용의 장애요인이 아닌 것은?

① 불충분한 지식　　　　　② 재보증
③ 과잉동일시와 비수용　　④ 수용과 승인간의 혼동

53 클라이언트가 감추고 있는 무의식적인 동기를 자신의 의식을 표현으로 끌어내는 원조기술의 형태는?

① 해석　　　　　　　　　② 면접
③ 통찰　　　　　　　　　④ 자기인식의 개발

② 개별사회사업론

☞ 정답 및 해설 P.52

1 사회복지실천기술에 대한 설명으로 옳지 않은 것은?

2015. 3. 14 사회복지직

① 바꾸어 말하기(paraphrasing) : 클라이언트가 말한 내용을 말의 뜻에 초점을 맞춰 재진술하는 것
② 해석(interpretation) : 클라이언트가 말한 내용과 행동 사이의 불일치를 지적하는 것
③ 명료화(clarification) : 클라이언트의 메시지가 추상적이고 애매모호할 때 구체화하는 것
④ 요약(summarization) : 클라이언트가 말한 내용을 축약하여 정리하는 것

2 과제중심모델에 대한 설명으로 옳지 않은 것은?

2015. 4. 18 인사혁신처

① 과제중심모델의 이론적 관점은 인본주의 철학을 중심으로 한다.
② 과제중심모델은 단기개입과 구조화된 접근을 강조한다.
③ 문제규명단계에서 클라이언트가 제시한 문제에 개입하기 위해서는 표적문제를 구체적으로 설정해야 한다.
④ 실행단계에서는 매 회기마다 클라이언트가 수행한 과제의 내용을 점검하고 상황에 따라 과제를 수정 보완해 나간다.

3 다음 설명에 해당하는 사회복지실천의 기본원칙은?

2015. 4. 18 인사혁신처

> 사회복지사가 각 클라이언트의 독특한 특성과 자질을 알고 이해하는 것으로, 클라이언트의 문제해결을 위해서 각기 다른 원리나 방법을 활용하는 것이다.

① 통제된 정서적 관여
② 개별화
③ 수용
④ 비심판적 태도

4 사례관리의 등장배경으로 옳지 않은 것은?

2015. 4. 18 인사혁신처

① 분산된 서비스 체계를 개선할 필요성
② 복잡하고 다양한 욕구를 지닌 클라이언트의 증가
③ 시설보호를 강조하는 시설화의 영향
④ 클라이언트와 그 가족에게 부과되는 과도한 책임을 완화할 필요성

5 알코올 중독자인 남편의 금주치료를 위해 부인이 사회복지사를 찾아왔을 경우, 콤튼(Compton)과 갤러웨이(Gallaway)의 6가지 사회복지 실천체계 중 이 남편에게 해당하는 체계는?

2014. 4. 19 안정행정부

① 행동체계
② 표적체계
③ 변화매개체계
④ 의뢰−응답체계

6 비에스텍(Biestek)이 언급한 사회복지실천 관계의 7대 원칙에 해당되지 않는 것은?

2010. 5. 22 상반기 지방직

① 클라이언트의 문제를 표준화하기 위해 노력해야 한다.
② 클라이언트를 심판하거나 비난하지 않아야 한다.
③ 클라이언트의 자기결정권을 존중해야 한다.
④ 클라이언트를 있는 그대로 인정하고 받아들여야 한다.

7 개별 사회서비스(personal social service)에 관한 설명으로 옳은 것은?

2007. 4. 14 중앙인사위원회

① 클라이언트의 욕구 차이에 따른 서비스의 조정이 이루어지지 않는다.
② 사회복지사와 클라이언트 간의 직접적인 대면접촉 없이 제공된다.
③ 개인, 가족, 집단의 보편적 욕구 충족이 목적이며, 개별적 욕구는 무시된다.
④ 신체적 · 정신적 재활과 기능향상을 위한 무형의 서비스라는 특징을 가진다.

8 다음에서 설명하고 있는 학자는?

2006. 3. 19 대구광역시

> 기본적으로 집단주의 입장을 취하면서 기능주의 입장을 받아들이고 진단주의 · 기능주의 개별사회사업을 통합하려는 시도를 하였으며, 개별사회사업을 문제해결과정으로 전개시켰다.

① 홀리스(Holis)
② 액터커(Aptekar)
③ 헌트(Hunt)
④ 펄만(Perlman)

9 다음 중 비에스텍의 7대 관계론에 해당하지 않는 것은?

2006. 3. 19 대구광역시

① 통합화
② 비밀보장
③ 개별화
④ 수용

10 다음에서 설명하는 개별사회사업의 과정은?

2005. 7. 17 서울특별시

> 클라이언트의 문제를 확인하고 그 문제해결을 위해 효과적이며 가치있는 자료를 수집하기 위한 단계이다.

① 초기
② 조사
③ 사정
④ 치료
⑤ 종결

11 비에스텍의 개별사회사업의 7가지 원칙 중 다음이 설명하는 것은?

2005. 7. 17 서울특별시

> 개별사회사업가가 클라이언트의 강점과 약점, 긍정적 · 부정적 감정, 건설적 · 파괴적 태도와 행동 등을 있는 그대로 받아들인다.

① 개별화
② 수용
③ 비판적 태도
④ 비밀보장
⑤ 의도적 감정표현

12 다음 중 콤튼과 갈라웨이의 문제해결모델에 대한 내용으로 옳지 않은 것은?

2004. 6. 13 서울특별시

① 통합적 방법론 모델이다.
② 사회적 체계는 변화매개체계, 클라이언트체계, 표적체계, 행동체계이다.
③ 사회복지사는 클라이언트와 협력하에 일을 한다.
④ 클라이언트와의 관계 외에도 사회복지사는 다른 체계와도 정서적 유대가 필요하다.
⑤ 펄먼의 문제해결모델에 체계이론을 도입하여 형성하였다.

13 다음 중 Perlman의 4P가 아닌 것은?

2004. 6. 13 서울특별시

① Person   ② Problem
③ Place   ④ Process
⑤ Position

14 다음 중 케이스 워크의 개념이 아닌 것은?

2001. 3. 25 울산광역시

① 개인과 환경과의 상호작용을 도모한다.
② 워커와 클라이언트간의 인간관계를 중요시한다.
③ 개인을 원조하는 핵심적인 전문활동이다.
④ 문제해결과정으로 본다.
⑤ 혼자의 힘으로 해결하기 어려운 집단 및 가족을 대상으로 한다.

15 개별사회사업을 사람들의 사회적 기능을 수행함에 있어서 자신의 문제를 효과적으로 대처하기 위해서 사회복지기관을 활용하는 과정이라고 주장한 학자는?

2000. 6. 11 경기도

① Perlman   ② Richmond
③ Freud   ④ Rank

16 개별사회사업에서 기능주의이론에 대한 내용으로 옳지 않은 것은?

2000. 7. 23 서울특별시

① 원조개념보다 치료개념을 중요시한다.
② 1930년대 펜실베니아 사회사업대학에서 개발하였다.
③ O. Rank이론에 근거하였다.
④ 기능주의는 개인의지(will)를 중요시한다.
⑤ 개인의 자율성과 동기를 중요시한다.

17 자선조직협회(COS)의 내용으로 옳지 않은 것은?

2000. 6. 11 경기도

① 산업혁명 이후 나타나는 사회문제를 해결하기 위해 빈곤의 원인이 국가책임에 있음을 강조하고 있다.
② 인간은 자립이 가능하다고 보고 자립의 실패를 환경적 요인보다는 빈곤자의 도덕적 개혁에 초점을 둔다.
③ 빈곤자의 환경조사를 통해 낙인감이나 수치심을 초래한다 할지라도 빈곤의 관점을 보수적인 성향이 강한 개인책임을 강조한다.
④ 빈곤에 대한 서비스 제공에 있어 원조의 대상자를 가치있는 자와 가치없는 자로 구분한다.

18 다음 중 케이스 워크의 설명으로 옳지 않은 것은?

2000. 6. 11 경기도

① 조정적이면서 예방적 사업이다.
② 전문가의 의도적·계획적 노력이 필요하다.
③ 과학적 지식과 예술적 노력이 요구된다.
④ 케이스마다 성격이 달라 개별적인 원리와 방법이 필요하다.

19 케이스 워크의 관계론에 관한 내용 중 옳지 않은 것은?

2000. 11. 5 경상남도

① 비심판적 태도 – 클라이언트의 문제 또는 욕구의 원인에 대하여 객관적으로 심판한다.

② 수용 – 가치있는 개인으로 인정받으려는 욕구에 대한 원리이다.

③ 통제된 정서적 관여 – 문제에 대한 공감적 반응을 얻으려는 욕구에 대한 원리이다.

④ 의도적인 감정표현 – 자기감정 특히 부정적인 감정을 자유로이 표현하려는 클라이언트의 욕구에 대한 태도이다.

⑤ 개별화의 원리 – 인간인 개인이어야 하며, 불특정한 인간으로서가 아니라 개별적 차이를 지닌 특정한 인간으로서 처우되어야 한다는 입장이다.

20 케이스 워커의 원조과정에 속하지 않는 것은?

① 사례발견   ② 아웃리치

③ 개별화   ④ 수용

21 원조방법 중 클라이언트의 불안과 긴장을 낮추고 자기생활을 워커에게 표현하도록 하는 모형에 알맞은 것은?

① 지지적 치료모형   ② 위기개입치료모형

③ 지시적 치료모형   ④ 환기치료모형

22 다음 중 개별사회사업의 특성이라고 볼 수 없는 것은?

① 기관의 기능을 중시한다.

② 개별적으로 이루어진다.

③ 개인과 그의 사회환경과의 상호작용이 중시된다.

④ 문제를 가진 개인만이 대상이 된다.

23 다음 중 개별사회사업가의 역할로서 옳지 않은 것은?

① 케이스에 있어 관계되는 필요한 자원을 중개해 주는 역할을 한다.

② 필요한 서비스의 상호 매개체역할을 한다.

③ 권리를 옹호하며 변호와 대변인의 역할을 한다.

④ 문제해결에 있게 되는 상황에 있어 감독·지시의 역할을 한다.

24 클라이언트의 문제를 이해하기 위한 사실의 수집단계는?

① 초기단계(intake) ② 조사단계
③ 사정(진단)단계 ④ 치료단계

25 다음 중 인테이크(intake) 과정에 대한 설명으로 옳은 것은?

① 사정 · 진단을 하는 데 필요한 기본자료를 수집하는 것이다.
② 문제해결을 위한 계획을 수립하는 것이다.
③ 문제해결을 위한 심리적 도움을 주는 것이다.
④ 욕구를 명백히 하고 기관에서 줄 수 있는 도움의 내용과 절차를 알려주는 것이다.

26 개별사회사업과정을 3단계로 볼 때 순서가 바르게 된 것은?

① 조사 – 접수 – 치료 ② 조사 – 치료 – 평가
③ 조사 – 면접 – 평가 ④ 조사 – 진단 – 치료

27 다음 중 사회화의 중요성을 강조하고 있는 학습이론에 기초를 둔 개별사회사업의 모형은 어느 것인가?

① 심리사회적 모형 ② 행동수정모형
③ 기능적 모형 ④ 문제해결모형

28 다음 중 환기법에 대한 설명으로 옳지 않은 것은?

① 직접적 치료방법의 하나이다.
② 단순히 클라이언트 감정의 자유로운 표현을 격려하는 과정이다.
③ 역전이현상에 대해 자유로울 수 있어야 한다.
④ 사회복지사의 적극적인 개입이 중요하다.

29 개별상담 실천시에 워커와 클라이언트 간의 관계에서 가장 중요한 요소는?

① 상호신뢰성 ② 면접회수
③ 상호 의사소통 관계 ④ 면접장소

30 개별사회사업에 대한 기능적 접근법의 설명으로 옳지 않은 것은?

① 원조보다 치료라는 용어를 더 강조한다.

② 클라이언트의 참여를 중요시한다.

③ 진단주의를 반대하고 있다.

④ 오토 랭크(Otto Rank)의 의지심리학의 영향을 받았다.

31 공식적인 사회사업분야에 가장 유용한 케이스 워크 모형은?

① 위기개입모형   ② 행동수정모형

③ 기능적 모형   ④ 문제해결모형

32 다음 중 위기개입모형의 특징으로 볼 수 없는 것은?

① 클라이언트의 노력을 강조한다.

② 최종단계에서 원조활동을 한다.

③ 클라이언트 문제의 감정에 초점을 둔다.

④ 시간제한적 요법으로 치료의 기간을 대략 5~8주로 한다.

33 다음 중 개별사회사업에 관한 설명으로 옳지 않은 것은?

① 인간욕구와 사회자원간의 조정기술이다.

② 1 : 1관계로 클라이언트를 돕는 사회적 서비스이다.

③ 문제를 사전에 개별적으로 예방한다.

④ 인간과 사회환경간에 개별적·의도적으로 조정한다.

34 다음 중 케이스 워크의 궁극적 목표는?

① 클라이언트의 갈등완화   ② 클라이언트의 인격발달

③ 클라이언트의 문제수용   ④ 클라이언트의 행동수정

35 다음 중 개별사회사업과정에서 지지적 치료법이 아닌 것은?

① 흥미와 관심을 표명한다.
② 안도감을 느끼게 하고 격려를 해준다.
③ 무의식적인 감정과 행동을 밝혀준다.
④ 특정의 구체적 서비스를 동반하는 환경조정을 한다.

36 리치몬드(Richmond)의 케이스 워크의 궁극적 목표에 속하는 것은?

① 클라이언트의 잠재적 소질 개발
② 성격의 발달
③ 사회환경의 무의식적 개발
④ 개인의 도덕성 개발

37 케이스 워크의 발달과정과 의의에 대한 설명으로 가장 거리가 먼 것은?

① C.W는 개인의 가치와 존엄성을 인정하는 이념적 측면과 개인의 Personality와 사회적 기능 수행 향상이라는 목적적 측면, 부적용의 치료재활의 기능적 측면, 지식과 기술을 갖추는 방법적 측면을 종합적으로 갖춘 사회사업방법론의 중요한 한 분야이다.
② 사회사업실천은 C.W, G.W, C.O를 대상으로 구분하지 않고 통합적으로 보는 관점이다.
③ 프로이드의 정신분석학이론은 개인의 내적 측면에 크게 의존하는 한계가 있으나 생활모형이라는 측면에서 과거상황분석에 기여한 바가 크다.
④ 펄먼(H. Perlman)은 케이스 워크를 4P의 개념으로 설명하고 있다.

38 다음 중 이솝우화에서 '배고픈 여우가 높이 매달려 있는 포도를 발견했으나 따먹을 수 없자 어차피 저 포도는 익지도 않아서 시어터진 것임에 틀림없을 거야…'라고 할 때 여우에 해당하는 방어기제는?

① 행동화 방어기제　　　　　　　　② 대치 방어기제
③ 합리화 방어기제　　　　　　　　④ 퇴행 방어기제

39 사회복지 실천과정 중 접수과정에서 행하는 일이 아닌 것은?

① 대상자의 욕구와 기관정책에 부합되는지 확인한다.
② 면접을 통해 자료를 수집하는 과정이다.
③ 클라이언트의 장점과 잠재성을 파악한다.
④ 워커가 케이스를 맡아 감당할 수 있는지를 결정하는 단계이다.

40 다음 중 개별사회사업의 주요 구성요소에 속하지 않는 것은?

① 평화　　　　　　　　　　　② 장소
③ 사람　　　　　　　　　　　④ 과정

41 개별사회사업을 개인과 그 사회환경간의 개별적인 의식적 조정을 통해서 그 사람의 인격발달을 도모
하는 제반과정이라고 규정한 사람은?

① 리치몬드　　　　　　　　　② 펄먼
③ 보어　　　　　　　　　　　④ 레젠버그

42 다음 중 개별사회사업의 특성으로 옳지 않은 것은?

① 치료적 입장보다 예방을 강조한다.
② 개별사회사업의 대상은 문제를 가진 개인과 가족이다.
③ 그 방법은 대상에 따라 달라지는 개별적인 것이다.
④ 개인과 그의 사회환경과의 상호작용을 중시하는 개인의 내면강화와 환경조정을 한다.

43 다음 중 케이스 워크의 일반적인 성격에 대한 설명으로 옳은 것은?

① 케이스 워크는 치료보다는 예방에 주안점을 두고 있다.
② 케이스 워크는 누구나 할 수 있는 사회사업분야이다.
③ 환경의 적응과 인격의 성장·발달을 돕기 위한 단기적 노력이다.
④ 케이스 워크와 클라이언트와의 인간관계가 중요시된다.

44 다음의 표현이 의미하는 것은?

> 문제에 대한 책임을 타인에게 돌리거나 자기자신의 비윤리적 욕망을 타인에게 귀속시키려는 것이다.

① 투사
② 부정
③ 억압
④ 반동형성

45 다음 중 기능주의의 이론에 해당되지 않는 것은?

① 치료보다 원조라는 용어를 강조한다.
② 클라이언트의 참여를 중요시한다.
③ 관찰되는 행동에 초점을 두고 바람직한 행동을 강화시킨다.
④ 진단주의를 반대하고 있다.

46 다음 중 기능주의학파의 사회복지의 목적은?

① 클라이언트가 건전한 사회적·개인적 생활조건을 구비하도록 영향을 미치는 것이다.
② 개인은 상황형태에 있어서 클라이언트의 고통과 역기능을 감소시키는 것이다.
③ 개인이나 가족이 현재 직면하고 있는 어려움을 처리하거나 해결하도록 돕는 것이다.
④ 클라이언트가 자신의 사고와 행동을 통제하기 위한 대처기제를 학습하는 것이다.

③ 집단사회사업론

☞ 정답 및 해설 P.57

1 집단사회복지실천에 대한 설명으로 옳지 않은 것은?

2011. 4. 9 행정안전부

① 집단사회복지실천모델 중 사회적 목표모델에서는 집단사회복지사가 집단내의 민주적 절차를 개발하고 유지하는 역할을 한다.
② 집단사회복지사는 집단 전체와 개별성원이 목적을 달성하도록 돕기 위해 중개자(broker), 중재자(mediator), 교육자(educator)의 역할을 수행할 수 있다.
③ 집단사회복지실천은 사회복지방법론 중의 하나이며 사회복지 전문직의 가치, 목적, 원리, 윤리에 기초한다.
④ 집단사회복지실천과정 중 중간단계는 집단구성원이 집단에 대한 불안과 긴장이 높은 시기이므로 사회복지사는 주로 신뢰할 수 있는 분위기를 확립하고 집단활동에 대한 동기와 능력을 고취시키는 데 중점을 둔다.

2 다음 중 집단사회사업의 내용으로 적합하지 않은 것은?

2000. 7. 23 서울특별시

① 집단은 개인의 성장 · 변화 · 발달의 수단이다.
② 집단은 개인, 집단, 지역사회의 성장 · 발달을 도모한다.
③ 집단경험과 집단역학을 중요시한다.
④ 아동, 청소년, 학교사회사업, 교정사회사업에 한정적으로 실시된다.
⑤ 개인문제를 집단을 매개체로 하여 치료한다.

3 다음 중 탐색과 시험단계에 속하지 않는 것은?

2000. 6. 11 경기도

① 투쟁적 리더를 중심으로 집단이 형성된다.
② 아직 갈등과 긴장이 남아 있어 의사소통의 개선이 요구된다.
③ 상호작용의 유형이 발달하고, 집단의 통제기제가 발달한다.
④ 집단의 목적이 분명해지고 활동은 목표지향적이다.

4 다음 중 집단발달순서가 바르게 제시된 것은?

2000. 7. 23 서울특별시

① 권한 및 통제단계 – 친밀전단계 – 친밀단계 – 이별단계 – 변화단계
② 친밀전단계 – 친밀단계 – 분화단계 – 권한 및 통제단계 – 이별단계
③ 친밀전단계 – 권한 및 통제단계 – 친밀단계 – 분화단계 – 이별단계
④ 권한 및 통제단계 – 분화단계 – 친밀전단계 – 친밀단계 – 이별단계
⑤ 분화단계 – 권한 및 통제단계 – 친밀단계 – 친밀전단계 – 이별단계

5 집단구성원간의 불안과 긴장이 높은 단계로 사회사업가가 집단의 목표를 보다 명확히 하고 집단과제를 분명히 해야 하는 집단발달단계는?

① 집단구성단계
② 오리엔테이션단계
③ 탐색과 시험단계
④ 문제해결단계

6 집단구성원간의 인간적인 유대관계가 생기며 불안과 긴장이 가장 높은 시기는?

① 준비단계
② 오리엔테이션단계
③ 탐색과 시험단계
④ 문제해결단계

7 집단사회사업의 공통적 특징 중 가장 관계가 적은 것은?

① 의도적이고 계획적인 과정이다.
② 집단역학과 집단경험을 중요시한다.
③ 집단의 문제를 개인을 매개로 진단 · 치료한다.
④ 민주적 시민 · 개인으로 성장 · 발달하도록 한다.

8 다음 중 집단사회사업의 장점으로 보기 어려운 것은?

① 문제취급시 워커와 1 : 1관계로 친밀성을 지속한다.
② 집단 내의 상호원조와 감정해소가 용이하다.
③ 집단구성원의 참여, 탈퇴, 경청이 용이하다.
④ 동료간의 소속감, 동료의식 등을 발전시키는 데 용이하다.

9 집단사회사업의 기본원칙과 거리가 먼 것은?

① 사회복지사와 집단성원간에 의도적인 원조관계를 수립한다.
② 인간관계나 사업의 성취에 있어 새로우면서도 상이한 기회를 제공한다.
③ 개인 및 집단과정에 대한 현재 진행적인 것에 대해 평가한다.
④ 사회복지사의 목적에 따라 프로그램을 조정·활용한다.

10 집단사회사업에서 프로그램을 가치있게 하기 위한 요건으로 볼 수 없는 것은?

① 인간중심적이어야 한다.
② 집단구성원의 관심과 욕구가 반영되어야 한다.
③ 구성원의 능력을 최대한으로 발휘할 수 있도록 해야 한다.
④ 사회복지사는 강력한 리더십을 발휘해야 한다.

11 집단사회사업의 발달과정에 대한 설명이다. 거리가 먼 것은?

① 1930년대에 최초로 집단지도과목이 설치되었다.
② 1940년대에 미국에서는 집단사회사업협회가 구성되었고, 집단사회사업의 활동영역이 확대되었다.
③ 정신분석개념이 집단지도에 도입되어 진단과 치료에 강조점을 두었다.
④ 19세기 후반에 영국과 미국에서 일어난 YMCA나 세틀먼트운동을 모체로 하고 있다.

12 집단사회사업의 프로그램에 대한 설명이다. 옳지 않은 것은?

① 집단구성원의 관심과 욕구를 고려해야 한다.
② 집단이 발달함에 따라 점차 복잡하고 수준이 높은 프로그램을 실시해야 한다.
③ 준비단계와 평가과정은 프로그램에 포함되지 않는다.
④ 집단구성원간의 상호작용을 촉진하고, 집단경험을 제공한다.

13 집단사회사업가사가 갖추어야 할 성품으로 옳지 않은 것은?

① 융통성
② 대인관계를 원만하게 맺는 능력
③ 창의성
④ 카리스마적 지도력

14 집단의 역동성에 대한 설명으로 옳지 않은 것은?

① 모든 집단은 존재하는 목적을 가진다.
② 집단에서 상호작용의 기초는 커뮤니케이션이다.
③ 집단의 목표는 집단의 활동에 영향을 미친다.
④ 커뮤니케이션이 비공식적이면 집단성원들의 문제해결이 쉬워진다.

15 집단사회사업의 목적으로 볼 수 없는 것은?

① 환경의 변화 ② 개인적 성장
③ 사회활동 ④ 지역복지의 향상

16 집단 종결시 사회복지사의 활동으로 옳지 않은 것은?

① 조기 종결한 회원에게는 추후 접촉을 통하여 필요한 경우 서비스를 더 받을 수 있도록 조처한다.
② 집단구성원들에게 집단의 종결시기를 미리 통보하지 않아야 한다.
③ 집단과 개인의 목적에 대한 철저한 평가가 실시되어야 한다.
④ 종결하기 전 성원들은 긍정적 감정과 부정적 감정을 나타나는데, 이를 잘 다루어야 한다.

17 집단사회사업의 기본원칙으로 거리가 먼 것은?

① 사회복지사는 집단을 위해서 문제를 해결해 주어야 한다.
② 개인은 고유한 장점과 단점을 가진 존재임을 수용한다.
③ 집단구성원간에 상호부조, 협조적 관계를 설립하도록 격려한다.
④ 대인관계와 성취에 있어 다양한 경험을 할 수 있는 기회를 제공한다.

18 집단사회사업에 대한 설명 중 거리가 먼 것은?

① 집단사회사업의 모델로는 사회적 목표모델, 치료적 모델, 상호작용적 모델이 있다.
② 가장 잘 알려진 이론적 근거로는 장(場)이론이 있다.
③ 집단을 통해 문제해결을 도모하는 사회사업의 한 방법론이다.
④ 기본적 요소로는 사람·문제·장소·과정 등이 있다.

19 집단사회사업의 일반적 성격으로 옳지 않은 것은?

① 집단을 중시하는 전문사회사업의 한 체계이며 방법론이다.
② 집단지도는 전문가의 도움으로 실행된다.
③ 집단 그 자체가 목적이며 개인보다 집단이 중요시된다.
④ 프로그램은 집단의 특성을 고려하여 의도적·계획적으로 준비·실행된다.

20 사회적 목표모델의 설명과 거리가 먼 것은?

① 사회적 목표를 강조한다.
② 사회복지사는 집단구성원과 사회간의 중개인 역할을 한다.
③ 청소년단체, 인보관운동 등에 의해서 발전하였다.
④ 절충적인 이론의 기초가 요구되며 프로그램 작성의 기술이 특히 요구된다.

21 다음은 치료적 모델의 설명이다. 가장 적당한 것은?

① 집단사회사업은 사회적 책임달성이라는 목적이 있다.
② 집단활동 이전에 집단목표를 설정하지 않는다.
③ 집단을 상호원조체계로 본다.
④ 문제를 가진 사람들에게 전문성을 발휘할 수 있는 영역이다.

22 집단사회사업에 있어 워커의 역할이 `집단구성원의 동일시 대상과 변화의 원동력을 제공하는 데 있다`고 한다면 그 역할은?

① 중심인물로서의 역할　　　　　② 상징적 역할
③ speaker로서의 역할　　　　　④ 동기조성과 자극의 역할

23 다음 중 집단종결시 나타나는 가장 보편적인 부정적 감정은?

① 퇴행행동   ② 거부

③ 슬픔   ④ 상실

24 다음 사회적 목표모델에 관한 설명으로 가장 적합한 것은?

① 개인의 목적을 성취하기 위한 수단으로서의 집단을 강조하며 개인의 선을 강조한다.

② 중재는 현실에 초점을 두고, 집단과 모든 인간관계의 범위 내에서 역기능 문제를 취급한다.

③ 집단과 개인의 상호작용관계를 가정함으로 상호작용모형이라고도 한다.

④ 이론적인 충실성에는 관계없이 모든 실무자나 소집단 내에 민주적 절차를 적용하고 수용하는 경향이 있다.

25 다음 중 집단사회사업의 기본요소에 포함되지 않는 것은?

① 목적   ② 장(場)

③ 개인   ④ 재원

26 다음 중 매개자의 역할이 강조되는 집단사회사업의 모델은?

① 상호작용적 모델   ② 치료적 모델

③ 사회적 목표모델   ④ 위기개입모델

27 다음 중 집단활동과정에서 사정의 활동으로 적당한 것은?

① 정보수집   ② 집단치료

③ 집단과정의 기록   ④ 집단의 종료

4 지역사회조직사업론

☞ 정답 및 해설 **P.59**

1 「협동조합기본법」에 대한 설명으로 옳지 않은 것은?

2014. 3. 22 사회복지직

① 협동조합 및 사회적협동조합의 최소 설립 인원은 5인 이상이며 시·도지사에게 신고하면 설립된다.

② 사회적협동조합은 비영리법인으로 한다.

③ 협동조합 조합원은 출자좌수에 관계없이 각각 1개의 의결권과 선거권을 가진다.

④ 협동조합 등 및 사회적협동조합 등은 투기를 목적으로 하는 행위와 일부 조합원 등의 이익만을 목적으로 하는 업무와 사업을 하여서는 아니 된다.

2 지역복지 실천모델에 대한 설명으로 옳은 것을 모두 고른 것은?

2011. 4. 9 행정안전부

> ㉠ 로스만(Rothman)의 '지역사회개발모델'에서는 지역사회내의 모든 집단들이 긍정적 변화를 위한 필수요소들이자 잠재적 파트너로 간주된다.
>
> ㉡ 웨일과 갬블(Weil & Gamble)의 '기능적 지역사회조직모델'에서는 공통의 관심사에 근거한 기능적 지역사회조직에 중점을 두어 사회적 이슈나 특정집단의 권익 보호 및 옹호를 목표로 삼고 있다.
>
> ㉢ 테일러와 로버츠(Tayler & Roberts)가 제시한 모델의 주된 특징은 후원자와 클라이언트 간의 의사결정 권한정도를 구체적으로 구분한 것이다.

① ㉠㉡   ② ㉠㉢

③ ㉡㉢   ④ ㉠㉡㉢

3 지역사회복지협의체에 대한 설명으로 옳지 않은 것은?

2010. 5. 22 상반기 지방직

① 관할 지역 안의 사회복지사업에 관한 중요 사항을 심의한다.

② 업무의 효율적 수행을 위해 지역사회복지협의체에 실무협의체를 둔다.

③ 사회복지업무를 담당하는 공무원은 지역사회복지협의체의 위원에 위촉될 수 있다.

④ 지역사회복지협의체는 시·군·구에만 둔다.

4 지역사회복지모델 중 사회계획모델과 사회행동모델에 대한 설명으로 옳지 않은 것은?

2008. 4. 12 행정안전부

① 사회계획모델은 주요 사회문제의 해결을 추구하지만, 사회행동모델은 기본 제고의 변화를 추구한다.
② 사회계획모델에서 사회복지사는 분석가와 계획가의 역할을 수행하지만, 사회행동에서는 대변자 및 행동가의 역할을 수행한다.
③ 사회계획모델은 지역사회 구성원들의 이해관계가 쉽게 조정 될 수 없다고 보지만, 사회행동모델은 조정 가능한 것으로 파악한다.
④ 사회계획모델에서 권력자는 전문가의 후원자 혹은 고용이지만, 사회행동모델에서는 수정되어야 할 외부의 표적이다.

5 지역사회시니어클럽(community senior club)에 관한 설명으로 옳은 것을 모두 고른 것은?

2007. 4. 14 중앙인사위원회

> ㉠ 자립형 노인 일자리 창출을 지원하는 역할을 수행하고 있다.
> ㉡ 노인이 서비스의 대상일 뿐만 아니라 프로그램의 주체가 된다.
> ㉢ 노인은 사회적 약자라는 노인관에 입각하고 있다.

① ㉠
② ㉠㉡
③ ㉡㉢
④ ㉠㉢

6 로스만(J. Rothman)이 제시한 지역사회복지실천모델 중 사회행동에 관한 설명으로 옳지 않은 것은?

2007. 4. 14 중앙인사위원회

① 사회복지사는 옹호자, 선동자, 협동자의 역할을 수행한다.
② 클라이언트집단이나 수익집단의 개념은 희생자이다.
③ 지역사회 내 권력관계와 자원 및 제도 변화를 활동의 목표로 삼는다.
④ 지역사회 주민 스스로의 활동 능력 배양을 통한 자조, 자립의 과정을 중시한다.

7 지역사회를 통한 복지의 실천에 대한 설명으로 적절한 것은?

2006. 3. 19 대구광역시

① 사회행동은 민주적 토의를 통한 문제해결을 중시한다.
② 지역사회개발은 대체로 권력관계의 재편성을 추구한다.
③ 개인의 요구와 자원간의 조정을 도모·유지하도록 조력함으로 개인의 욕구를 충족시켜준다.
④ 사회계획에서 지역주민보다 전문적 지식 있는 활동가가 더 중요하다.

8 다음 중 지역사회복지계획추구를 목표로 하지 않는 것은?

2006. 3. 19 대구광역시

① 지역의 조직화, 참여
② 재가복지, 시설복지의 분리
③ 보건, 의료, 복지, 노동 연계
④ 지역사회복지추구체계의 확립

9 지역사회복지협의체에 대한 설명으로 옳지 않은 것은?

2006. 5. 7 경상북도

① 기초자치단체와 광역자치단체 수준에서 설치한다.
② 지역사회복지계획을 심의하는 기능을 갖는다.
③ 공공부문과 민간부문이 함께 참여하는 기구이다.
④ 지역복지의 새로운 거버넌스로 발전이 가능하다.

10 다음 중 지역사회복지사업의 내용이 아닌 것은?

2002. 7. 31 인천광역시

① 조정의 원칙   ② 연대성의 원칙
③ 과정중심의 원칙   ④ 합의의 원칙
⑤ 능력 부여자로서의 역할에 관한 원칙

11 지역사회조직에서 워커의 전문적 역할을 강조하는 모형은?

2000. 6. 11 경기도

① 사회계획   ② 지역사회개발
③ 사회행동   ④ 지역개발

12 다음 중 사회복지공동모금의 장점이 아닌 것은?

2000. 6. 11 경기도

① 개별적 모금보다 지역사회의 참여를 확대시킬 수 있다.
② 모금비용이 적게 들고 사회복지기관들과 협력을 확대시킬 수 있다.
③ 개별기관의 특수성이 확보되고 분배의 과다경쟁이 있을 수 있다.
④ 개별기관이 모금의 중복성을 피하기 위해서 모금활동을 하지 않을 수 있다.

13 지역사회조직사업의 실천과정에서 다음의 과정에 옳은 것은?

2000. 11. 5 경상남도

> 사회문제의 파악 → 계획의 수립 → ( ) → 자원의 활용 및 동원 → 활동의 평가

① 장·단기목표 설정, 목표의 실현방법, 우선순위 결정이나 문제해결의 조직이나 기구 등을 강구하며, 필요경비의 내용이나 조달방법 등의 재정계획의 책정을 말한다.

② 지역사회를 위한 사회복지계획의 인식의 보급, 활동의 동기를 불어넣을 수 있는 홍보활동, 조직 내부의 상호협력관계를 유지·강화할 수 있는 조정활동 등이 전개되어야 한다.

③ 지역사회 내의 다양한 사회복지욕구에 관하여 지역실태조사, 앙케이트, 주민토론 및 좌담회를 통해 면밀히 검토·파악해야 한다.

④ 인적·물적·사회적 기타 각종 자원을 발굴하여 활용하고 동원해야 한다.

⑤ 목표의 성취정도를 평가함과 아울러, 활동수행과정에서 야기된 문제점을 원인별로 검토하여 수정함으로써 앞으로의 새로운 계획수립에 기여할 수 있다.

14 다음 중 지역사회조직의 내용이 다른 하나는?

① 과정보다는 과업을 중요시한다.
② 사회적 욕구를 파악하여 우선순위를 결정한다.
③ 사회적 욕구를 충족시키기 위하여 계획을 수립한다.
④ 지역사회의 자원을 효율적으로 조정·동원한다.

15 지역사회조직사업에 대한 설명으로 적당한 것은?

① 궁극적인 목표는 클라이언트와 그의 환경과의 조정을 도모하는 데 있다.
② 전문적 대인관계의 조정 및 인간관계에 관한 지식과 기능을 강조한다.
③ 계획적인 집단경험을 통해서 개인의 사회적 기능을 향상시키는 데 중점을 둔다.
④ 지역사회의 욕구를 충족하고 자원의 조정을 도모한다.

16 다음 중 사회운동의 지역사회활동의 목표는?

① 지역사회의 통합과 능력의 향상　　② 실재적 지역사회의 문제해결
③ 권력관계와 자원의 변경　　④ 주민들의 태도와 의식변화

17 지역사회사업가의 기본적인 업무라고 볼 수 있는 것은?

① 프로그램의 작성과 배포

② 참여의 증진과 호소

③ 계획의 수립과 변화

④ 사회적 요구를 해결하기 위한 자원의 동원

18 행동가 또는 대변자로서 사회사업가의 역할을 강조하고 있는 지역사회모델은?

① 지역사회개발　　　　　　　　　② 사회계획

③ 사회행동　　　　　　　　　　　④ 지역사회조직

19 사회행동모델에 있어 클라이언트 집단의 개념은?

① 정상인　　　　　　　　　　　　② 소비자

③ 희생자　　　　　　　　　　　　④ 장애자

20 사회계획이 가장 중요시하는 지역사회의 구조적 문제라고 볼 수 있는 것은?

① 지역사회의 아노미현상　　　　　② 소외현상

③ 지역사회의 주택문제　　　　　　④ 사회적 불평등

21 다음은 지역사회 문제해결의 과정이다. 순서가 바른 것은?

> ㉠ 자원의 활용과 동원의 단계　　　㉡ 계획의 수립단계
> ㉢ 활동의 평가단계　　　　　　　　㉣ 사실조사 파악의 단계
> ㉤ 실행의 촉진단계

① ㉠→㉢→㉤→㉡→㉣

② ㉡→㉣→㉠→㉤→㉢

③ ㉢→㉣→㉠→㉡→㉤

④ ㉣→㉡→㉤→㉠→㉢

22 사회행동에 대한 설명 중 옳지 않은 것은?

① 여론환기와 입법조치 및 사회운동의 과정이 된다.
② 집단 또는 단체행동을 필요로 한다.
③ 개인·집단의 요구이기보다는 대중적 요구에 호응하는 것이다.
④ 농촌지역이나 도시의 영세지역 개발을 위한 지역사회복지모델로 알맞다.

23 우리나라 지역사회복지의 발달에 대한 설명으로 옳지 않은 것은?

① 일제하 지역사회복지로는 농촌지역을 중심으로 한 인보관운동과 협동조합운동이 있다.
② 전통적인 민간 협동조직체로는 계, 두레, 향약 등이 있다.
③ 우리나라 지역사회복지는 미국과 일본의 영향을 많이 받았다.
④ 우리나라 지역사회개발은 주로 민간 주도하에 이루어졌다.

24 지역사회조직과 지역사회개발에 대한 관계를 설명한 것 중 옳지 않은 것은?

① 양자는 모두 지역사회욕구에 관심을 둔다.
② 지역사회개발은 전지역 주민을 대상으로 하나, 지역사회조직은 때로 아동·청년, 노인 등 특수집단을 대상으로 하기도 한다.
③ 양자는 모두 문제해결에 관심을 둔다.
④ 지역사회조직사업은 지역사회개발보다 그 방법과 기술에 있어 더 광범위하다.

25 지역사회조직사업의 목적으로 옳지 않은 것은?

① 자아인식과 사회적 소속감을 증진시킨다.
② 지역사회 내의 여러 집단간의 협동관계를 수립한다.
③ 지역주민의 적극적인 참가를 유도한다.
④ 지역사회의 자원을 효율적으로 조정·동원한다.

26 다음 중 사회운동에 대한 설명으로 옳은 것은?

① 문제해결의 활동단위는 지역사회 전체로 본다.
② 사회사업가는 변화의 매개자, 문제해결을 돕는 조력자의 역할을 한다.
③ 투쟁과 경쟁을 목표달성의 수단으로 사용한다.
④ 개인과 집단들간의 의견교환과 토의가 중요하다.

27 다음 중 지역사회개발에 대한 설명으로 옳지 않은 것은?

① 지역사회조직사업의 한 모델이다.
② 민주적인 절차, 자발적인 협동, 지도자의 개발, 교육 등이 중요시된다.
③ 과업의 완수가 중요시되며 사회문제해결을 그 목표로 삼는다.
④ 과정중심적이며 개인이나 지역사회의 성장에 목표를 둔다.

28 지역사회개발 프로그램은 최우선적으로 누구에 의해 형성 · 실천되어야 하는가?

① 지역주민   ② 지역전문가
③ 지방자치단체   ④ 지역사회 지도자

5 사례관리론

☞ 정답 및 해설 P.62

1 사례관리에 대한 설명으로 옳은 것을 모두 고른 것은?

2011. 5. 14 상반기 지방직

> ㉠ 클라이언트에 대한 직접적인 개입기술 및 옹호·연계·협력·조정 등의 간접적 개입기술을 필요로 한다.
> ㉡ 사정(assessment)과정에서 클라이언트의 욕구 및 참여보다는 사회복지사의 전문성이 더 우선시 된다.
> ㉢ 다양하고 복합적인 욕구를 가진 클라이언트를 대상으로 한다.
> ㉣ 클라이언트에 대한 시설보호와 치료적인 접근을 강조한다.

① ㉠㉢
② ㉠㉡㉢
③ ㉡㉣
④ ㉡㉢㉣

2 사례관리 서비스의 특성으로 옳지 않은 것은?

2011. 4. 9 행정안전부

① 클라이언트의 사회적 기능과 독립을 극대화하기 위하여 보호의 연속성을 중시한다.
② 사례관리자의 직접적 개입에는 클라이언트와 서비스 제공자의 연결, 기관 간의 조정 등이 있다.
③ 개별적인 실천기술과 지역사회 실천기술을 통합한 형태이다.
④ 개입과정에서 클라이언트의 참여와 자기결정을 촉진시킨다.

3 사례관리의 등장배경이 아닌 것은?

2009. 4. 11 행정안전부

① 다양한 문제와 욕구를 가진 클라이언트의 증가
② 탈 시설화의 영향
③ 복잡하고 분산된 서비스 연계의 필요성 증가
④ 클라이언트에 대한 직접적 서비스의 필요성 증가

4 다음 중 사례관리에 대한 설명으로 옳지 않은 것은?

2000. 7. 23 서울특별시

① 복잡하고 다양한 클라이언트를 대상으로 한다.
② 클라이언트의 생활기술을 증진시키는 데 역점을 둔다.
③ 만성질환자, 노인, 장애인 등을 주 대상자로 한다.
④ 서비스를 효율적 방법으로 전달하여 서비스의 질을 높여준다.
⑤ 클라이언트에게 직접적 서비스를 주는 데 주력한다.

5 다양하고 복합적인 욕구를 가진 클라이언트를 대상으로 전문적 워커가 클라이언트의 욕구를 충족시키고 사회적 기능을 향상시키기 위하여 클라이언트에게 공공, 민간자원의 연결과 조정을 하는 사회복지실천방법은?

2000. 11. 5 경상남도

① case work
② group work
③ community organization
④ case management
⑤ clinical social work

6 클라이언트의 '문제나 결핍'보다는 클라이언트의 '내적 혹은 외적 자원'을 더욱 강조하고 활용하는 실천이론은?

2008. 4. 12 행정안전부

① 클라이언트 중심 모델
② 강점관점 모델
③ 문제해결 모델
④ 긍정적 관점 모델

7 다음 중 사례관리기법에 대한 설명으로 옳은 것은?

① 인간행동에 관한 이론적 측면보다는 인간의 자신 및 타인과의 관계를 추구한다.

② 개인이나 가족의 불균형상태를 전문적 원조를 받아 회복하려는 기술활동이다.

③ 클라이언트 사례자를 기록하여 관리함으로써 후에 다른 사회사업가가 활용할 수 있도록 하는 활동이다.

④ 클라이언트가 갖고 있는 문제를 중심으로 여러 가지 서비스를 연계하여 복합적인 문제해결을 도모하는 서비스활동이다.

8 다음 중 통합적 방법론의 특징이 아닌 것은?

① 사회사업의 개입은 인간 개인과 환경의 양면적 상호작용에 초점을 둔다.

② 클라이언트의 참여와 자기결정을 극대화할 것을 강조한다.

③ 클라이언트의 잠재능력을 인정한다.

④ 과거의 심리내적인 정신역동적 면을 강조한다.

⑥ 사회사업조사론

1 다음 설명에 해당하는 조사방법은?

2015. 3. 14 사회복지직

> 일정 기간 동안 동일한 응답자에게 동일한 주제에 대해 시차를 두고 반복하여 행하는 조사

① 패널(panel) 조사
② 설문(survey) 조사
③ 횡단(cross sectional) 조사
④ 추이(trend) 조사

2 사회복지조사방법에서 초점집단 인터뷰(Focus Group Interview)에 대한 설명으로 옳은 것만을 모두 고른 것은?

2015. 3. 14 사회복지직

> ㉠ 집단구성원 간의 활발한 토의와 상호작용을 의도적으로 강조한다.
> ㉡ 조사결과의 외적 타당성이 높다.
> ㉢ 응답자들을 통제한 상태에서 질문에 대한 명확한 답변을 도출할 수 있다.
> ㉣ 참여자들이 직접적 대면관계 없이 반복적 의견개진 방식으로 합의적 견해를 도출하는 데 유용하다.

① ㉠
② ㉠㉣
③ ㉡㉢
④ ㉡㉢㉣

3 다음 사례에 해당하는 표집방법은?

2015. 4. 18 인사혁신처

> 성인의 정치의식을 조사하기 위하여 소득을 기준으로 최상, 상, 하, 최하로 구분한 다음, 각각의 계층이 모집단에서 차지하고 있는 비율에 맞추어 1,000명의 표본을 4개의 소득계층별로 무작위 표집하였다.

① 체계적 표집
② 층화표집
③ 할당표집
④ 단순무작위표집

4 다음 제시문 〈보기 1〉의 의문사항이 발생하였을 때, 〈보기 2〉의 조사 방법이 바르게 연결된 것은?

2014. 3. 22 사회복지직

〈보기 1〉

㉠ 이번 사항은 위원들의 합의가 중요한데 의견을 조사하면서 의견 일치에 도달할 수 있도록 하는 방법은 없을까?

㉡ 실험 설계처럼 완벽하지 않지만, 독립변수 조작과 외적 변수 통제가 가능하고 비교집단을 설정할 수 있는 상황인데 어떤 방법이 좋을까?

㉢ 베이비부머들의 은퇴 시기가 다가오는데 이들의 노후 준비 상황이 매년 어떻게 변하는지를 알 수 없을까?

〈보기 2〉

㉮ 초점 집단 인터뷰	㉯ 델파이 기법
㉰ 비실험 설계	㉱ 유사실험 설계(준실험 설계)
㉲ 횡단적 조사 설계	㉳ 종단적 조사 설계

	㉠	㉡	㉢
①	㉮	㉰	㉲
②	㉮	㉱	㉳
③	㉯	㉰	㉳
④	㉯	㉱	㉳

5 사회복지조사방법에서 외적 타당성(external validity)에 대한 설명으로 옳지 않은 것은?

2014. 4. 19 안정행정부

① 조사 반응성(research reactivity)이 높을수록 외적 타당성이 높다.
② 연구표본, 환경 및 절차의 대표성이 높을수록 외적 타당성이 높다.
③ 외적 타당성을 확보하기 위해서는 플라시보 효과(placebo effect)를 통제해야 한다.
④ 외적 타당성이란 조사의 연구결과를 다른 조건의 환경이나 집단으로 일반화할 수 있는 정도를 말한다.

6 사회복지조사방법에 대한 설명으로 옳지 않은 것은?

2011. 4. 9 행정안전부

① 실험디자인(experimental design)은 인과관계 검증에 유리한 높은 내적 타당성을 갖는다는 장점이 있다.

② 유사실험디자인(quasi-experimental design)에는 시계열디자인(time-series design)과 비동일통제집단 디자인(non-equivalent control group design)이 있다.

③ 질적조사방법에서는 연구자의 주관이 개입되지 않은 완전한 객관적인 관찰이라는 것은 불가능하다고 믿기 때문에 조사자와 조사대상자의 주관적인 인지나 느낌, 해석 등을 정당한 자료로 간주한다.

④ 델파이기법(delphi technique)은 단일한 사례를 대상으로 개입의 효과성을 측정하는데 유용하지만 불명확한 미래 사건에 대한 예측도구로서는 유용성이 낮다.

7 사회복지조사에서 활용하는 자료수집의 방법에 대한 설명으로 옳지 않은 것은?

2010. 5. 22 상반기 지방직

① 델파이 방법은 일반인들의 폭넓은 의견 수렴에 유리하다.

② 우편설문 방법은 민감한 질문에 대한 익명성 보장에 유리하다.

③ 대면 면접 방법은 심층탐구(probing)를 수행하는데 유리하다.

④ 관찰 방법은 조사대상자의 비언어적 행동 자료를 추출하는데 유리하다.

8 자료수집방법 중 조사대상자의 나이가 어려 구두표현의 능력이 없는 경우에 적합한 방법은?

2009. 5. 23 상반기 지방직

① 관찰법　　　　　　　　② 면접법
③ 표현법　　　　　　　　④ 질문지법

9 다음 중 변수 수준이 다른 하나는?

2006. 3. 19 대구광역시

① 근무일수　　　　　　　② 나이
③ 만족도　　　　　　　　④ 수입

10 사회적 단위로서 개인, 가족, 문화집단, 전체지역사회에 대해 상세히 조사·연구하고 케이스 워크, 그룹 워크에 많이 사용되는 조사법은?

2000. 7. 23 서울특별시

① 사례연구법   ② 개별적 단체조사법
③ 집단의 일시조사법   ④ 통계적 실태
⑤ 일시적 표본조사법

11 일련번호를 붙인 목록이나 표집틀에 입각하여 표본의 크기에 따라 표집간격을 산출하는 무작위로 하나를 추출한 후 표집간격에 따라 표본 수만큼 표본을 추출하는 방법은?

2000. 7. 23 서울특별시

① 층화표집방법   ② 계통적 표집방법
③ 단순무작위 표집방법   ④ 편의표집방법
⑤ 집략표집방법

12 지역사회조사에서 있어 각종 통계분석방법을 이용하여 저소득층의 빈곤을 연구했던 학자와 관련이 없는 사람은?

2000. 6. 11 경기도

① Le Play   ② C. Booth
③ Townsend   ④ Spencer

13 사회조사에서 시간의 흐름 때문에 발생하는 조사대상집단의 특성 변화로서 내적 타당성을 위협하는 요인은?

2000. 11. 5 경상남도

① 성숙요인   ② 역사요인
③ 상실요인   ④ 회귀요인
⑤ 검사요인

14 다음과 같은 표본추출방법은?

2000. 11. 5 경상남도

> 모집단을 구성하고 있는 구성요소들이 자연적인 순서 또는 일정한 질서에 따라 배열된 목록에서 매 k번째의 구성요소를 추출하여 형성한 표본이다.

① 할당표본　　　　　　　　　　② 계통적 표본
③ 층화표본　　　　　　　　　　④ 집락표본
⑤ 단순무작위표본

15 한 사람의 인간, 한 가족, 한 집단이라고 하는 사회적 단위를 다각적인 시각에서 집중적으로 관찰하는 것으로 개별사회사업에서 주로 이용되는 사회복지조사방법은?

2000. 11. 5 경상남도

① 양적 조사　　　　　　　　　　② 통계조사
③ 전수조사　　　　　　　　　　④ 사례연구
⑤ 표본조사

16 다음 중 사회복지조사에 관한 설명으로 옳은 것은?
① 신뢰도가 높으면 타당도가 높다.
② 측정에서 타당도란 동일한 대상을 반복적으로 측정할 때 같은 결과를 가져오는 것이다.
③ 표본추출의 목적은 표본의 특성을 추론하기 위함이다.
④ 분석단위를 집단에서 개인으로 변경할 때 나타나는 오류를 생태적 오류라고 한다.

17 다음 중 A지역의 노인의 욕구파악을 위한 조사방법으로 알맞은 것은?
① 사례연구　　　　　　　　　　② 설명적 조사
③ 기술적 조사　　　　　　　　　④ 내용분석조사
⑤ 실험설계조사

18 다음 항목 중 조사방법에 따른 조사유형이 다른 것은?
① 면접조사　　　　　　　　　　② 설문지조사
③ 시청자조사　　　　　　　　　④ 전화인터뷰조사

19 사회사복지조사의 성격으로 옳지 않은 것은?

① 사회적 필요성을 이해한다.　　　　② 사회개량적 성격이 있다.

③ 사회혁명을 목적으로 한다.　　　　④ 사회복지활동의 효과를 측정한다.

20 다음 중 사회복지조사에 대한 설명으로 옳지 않은 것은?

① 사회복지조사는 사회개량적 성격을 가지고 있다.

② 사회복지조사는 점차 사회문제나 사회병리에 대해 중점을 두고 있다.

③ 개별사회사업이나 집단사회사업에서는 사례조사법이 중요시된다.

④ 자료수집방법으로는 관찰법, 질문법, 문헌연구법 등이 있다.

21 사회복지조사 대상의 규모가 비교적 큰 경우 적당한 조사방법은?

① 사례조사　　　　　　　　　　　② 통계조사

③ 표본조사　　　　　　　　　　　④ 욕구조사

22 다음 중 사회복지조사의 단계를 바르게 나열한 것은?

> ㉠ 자료의 분석　　　　　㉡ 자료의 수집
> ㉢ 주제의 선정　　　　　㉣ 조사계획의 수립
> ㉤ 문제의 정립　　　　　㉥ 자료의 처리
> ㉦ 가설의 설정　　　　　㉧ 일반화

① ㉢→㉤→㉦→㉣→㉥→㉡→㉠→㉧

② ㉢→㉤→㉦→㉣→㉡→㉥→㉠→㉧

③ ㉣→㉢→㉤→㉦→㉡→㉥→㉠→㉧

④ ㉣→㉤→㉢→㉦→㉡→㉥→㉠→㉧

23 사회복지조사가 가장 먼저 실시된 나라는?

① 영국　　　　　　　　　　　　　② 미국

③ 독일　　　　　　　　　　　　　④ 프랑스

24 다음 중 비확률표집법에 속하는 것은?

① 충화표집　　　　　　　　② 단순무작위 표집법
③ 계통적 표집법　　　　　　④ 우연적 표집법

25 다음 중 일반적으로 조사표의 회수율이 가장 낮은 조사법은?

① 개별면접조사법
② 배포조사법
③ 집합조사법
④ 우송조사법

26 다음 중 개별면접조사법에 대한 설명으로 옳지 않은 것은?

① 조사표의 회수율이 높다.
② 오기·불기를 예방할 수 있다.
③ 시간과 경비가 적게 든다.
④ 조사원이 조사대상자를 직접 방문하고 회답을 받아 기록한다.

27 다음 중 사회복지조사론의 성격이 아닌 것은?

① 사회개량적 성격을 가진다.
② 기초조사적 성격을 가지지 못한다.
③ 사회사업실천의 효과성을 측정한다.
④ 사회사업 문제해결을 위한 욕구조사가 필수적이다.

28 다음 중 욕구조사의 목적으로 옳지 않은 것은?

① 예산할당기준을 마련하기 위한 자료수집
② 책임성 이행정도를 찾아내기 위한 자료수집
③ 현재 수행 중인 사업의 평가에 필요한 보조자료수집
④ 지역사회기관간의 상호협조상황을 파악하기 위한 자료수집

29 조사표 작성방법에 관한 다음 내용 중 옳은 것은?

> ㉠ 질문에 응답자가 이해하지 못하는 전문용어나 어려운 말을 사용하는 것은 피하는 것이 바람직하다.
> ㉡ 응답을 어떤 방향으로 유도하는 질문을 포함시킴으로써 기대했던 결과를 얻을 수 있도록 고안한다.
> ㉢ 일반적으로 응답선택의 수는 많으면 많을수록 좋다.
> ㉣ 질문항목의 순번은 조사표 작성자의 주관적인 판단이 들어가는 것을 피하기 위해 뽑기와 같은 방법에 의해 결정해야 한다.

① ㉠㉢   ② ㉡㉢
③ ㉡㉣   ④ ㉢㉣

30 사회조사에 있어서 질문지 작성이나 질문의 배열에 관한 다음 내용 중 옳지 않은 것은?

① 평이한 표현을 사용하고, 회답자 전원이 대부분 이해할 수 있는 언어나 문장표현을 사용해야 한다. 어려운 전문용어, 특정계층·집단 밖에 쓰지 않는 용어는 피한다.
② 최초의 질문은 되도록 대답하기 쉽고 지장이 없는 질문을 둔다. 간단한 질문이나 구체적인 질문을 되도록 앞에, 어려운 질문이나 추상적인 질문, 심리적 저항을 일으킬 가능성이 있는 질문은 되도록 뒤에 두는 것이 좋다.
③ 일정방향에 회답을 유도하게 되는 질문은 피한다.
④ 질문의 배열은 응답자의 자연스러운 의식의 흐름에 맡기는 것이 아니라 이것을 막아 멈추게 하여 본심을 이끌어 내도록 한다.

사회복지서비스분야론

1 가족복지

☞ 정답 및 해설 P.67

1 「가정폭력범죄의 처벌 등에 관한 특례법」에 규정된 내용으로 옳지 <u>않은</u> 것은?

2011. 4. 9 행정안전부

① 누구든지 가정폭력 범죄를 알게 된 때에는 이를 수사기관에 신고할 수 있다.

② 판사는 피해자 또는 가정구성원의 주거, 직장 등에서 300미터 이내의 접근금지와 같은 임시조치를 할 수 있다.

③ 검사는 가정폭력사건을 수사한 결과 행위자의 성행교정을 위하여 필요하다고 인정하는 때에는 상담조건부 기소유예를 할 수 있다.

④ 진행 중인 가정폭력범죄에 대하여 신고를 받은 사법경찰관리(司法警察官吏)는 즉시 현장에 임하여 폭력행위의 제지, 행위자·피해자의 분리 및 범죄수사, 피해자의 가정폭력관련상담소 또는 보호시설 인도(피해자의 동의가 있는 경우에 한함) 등의 조치를 취해야 한다.

2 「건강가정기본법」에서 명시하고 있는 '건강가정사업'의 내용으로 옳지 <u>않은</u> 것은?

2010. 4. 10 행정안전부

① 가족단위 복지증진

② 이혼예방 및 이혼가정지원

③ 성별분리에 근거한 가족관계의 확립

④ 가족단위의 시민적 역할증진

3 최근 급증하는 이혼율, 저출산율, 가정폭력, 아동 및 노인유기 등 가족해체 및 가정기능의 악화 등 사회문제에 대응하기 위해 2004년 제정된 법은?

2006. 3. 19 대구광역시

① 건강가정기본법　　　　　　　　② 건강가정육성법

③ 가족복지법　　　　　　　　　　④ 가족지원법

4 가족치료의 제반 모델에 대한 설명으로 옳지 않은 것은?

① 구조적 가족치료는 가족을 재구조화(restructuring) 함으로써 가족이 적절한 기능을 수행할 수 있도록 돕는다.

② 해결중심적 가족치료는 부정적이고 바람직하지 않은 행동을 없애는 것보다 긍정적 행동을 증가시키는 것을 강조한다.

③ 경험적 가족치료는 가족 내 의사소통을 명확화하는데 초점을 두며, 주요 기법으로는 대처질문, 기적질문, 척도질문이 있다.

④ 전략적 가족치료는 인간의 부적응적 행동에 대한 원인보다는 증상행동의 변화에 초점을 둔다.

5 다음 중 가족치료 실천모형의 특징으로 옳지 않은 것은?

2001. 7. 29 서울특별시

① 전략적 모형은 문제해결의 방법보다 문제의 원인을 밝히는 데 주력한다.

② 행동주의 모형은 가족 상호간의 보상교환을 늘리며 서로간의 조화와 적응을 갖추어 노력한다.

③ 보웬모형은 미분화된 자아의 분화에 초점을 둔다.

④ 정신분석학적 모형은 문제의 원인으로 개인 내적인 심리의 파악에 초점을 두어 구조적(체계) 모형과는 상치되는 양상을 보인다.

⑤ 경험적 모형은 가족 구성원 개인의 참된 나를 깨닫도록 한다.

6 가족치료모형으로 가족내 각 성원으로 하여금 보다 나은 자아분화, 미분화된 가족자아 집합체에 적정한 모형은?

2000. 7. 23 서울특별시

① 보웬모형
② 정신역동모형
③ 구조적 모형
④ 의사소통모형
⑤ 전략적 모형

7 가족복지기관이 공적부조나 가족치료 등의 직접 원조를 통해 가족기능을 발휘하도록 원조하는 가족복지기능은?

① 의뢰적 기능
② 조정적 기능
③ 개발적 기능
④ 회복적 기능

8 다음 중 액커맨(Ackerman)이 정의한 가족개념과 일치하는 것은?

① 가족은 공동의 거주, 경제적 협력, 생식의 특성을 갖는 집단이다.

② 가족은 대면적 접촉과 친밀감이 강한 1차 집단이다.

③ 가족이란 성장과 경험, 그 상호충족과 실패를 경험하는 단위이며, 내외로부터 받는 각종 영향에 미묘하게 적응하는 유연성 있는 단위이다.

④ 가족은 결혼에 의하여 이루어지며 법적 유대, 경제적·종교적 권리와 그 외의 다른 권리와 의무, 애정·존경 등의 다양한 심리적 감정으로 결합되어 있다.

9 다음 중 가족복지에 대한 내용으로 옳지 않은 것은?

① 가족복지의 기능에는 의뢰적·조정적·개발적·회복적 기능이 있다.

② 가족문제의 분석법으로서 가장 총체적인 것은 역동적 분석접근방법이다.

③ 현대의 가족복지는 가족 내의 문제를 개개인의 문제로 독립해 접근한다.

④ 가족의 행복을 유지시키고 가족생활을 보장하는 사회적 제노력을 가족복지라 한다.

10 다음 중 가족의 기능과 가장 관계가 먼 것은?

① 성적 욕구 충족　　　　　　　② 자녀출산과 자녀양육

③ 재화의 생산　　　　　　　　④ 정서적 지지

11 가족 전체를 대상으로 하여 가족 전체가 가족으로서의 기능을 발휘하는 데 역점을 두는 가족복지기능은?

① 의뢰적 기능　　　　　　　　② 조정적 기능

③ 개발적 기능　　　　　　　　④ 회복적 기능

12 다음 중 가족치료의 개념에 대한 내용으로 옳은 것은?

① 가족을 한 단위로 보고 가족 내에 존재하는 역기능적인 요소들을 수정 또는 변화시킴으로써 가족의 원기능을 회복시켜 주는 것이다.

② 개인의 행동변화를 촉진시키는 데 그 목적을 두고 있다.

③ 사회사업의 한 방법으로서 집단에 속하는 개인이 프로그램활동을 통해 상호작용을 지도하는 전문가의 도움으로 그들의 필요와 능력에 따라 타인과의 관계나 성장의 기회를 경험하게 한다.

④ 직무상의 관계로 인해 획득한 클라이언트에 대한 비밀상황은 누설해서는 안된다.

13 가족복지기능을 지역사회활동과 연관시켜 생각해 볼 때 가장 밀접한 관계가 있는 것은?

① 의뢰적 기능   ② 조정적 기능
③ 개발적 기능   ④ 통합적 기능

14 가족구조를 변화시킴으로써 체계 내의 개인의 경험이 변화를 가져오게 하고, 가족간의 명확한 경계 수립과 하위체계의 개방화를 치료의 목적으로 하는 치료모형은?

① 미누친(Minuchin)모형   ② 의사소통모형
③ 사티어(Satir)모형   ④ 보웬(Bowen)모형

15 가족치료모형 중 의사소통모형의 특성이 아닌 것은?

① 동일시, 전이, 자기노출, 통찰 등의 기법을 중요시한다.
② 이중구속, 가족규칙 등이 중요한 대상이 된다.
③ 가족의 의사소통의 문제를 해결하고자 한다.
④ 가족의 상호체계상에서 생기는 역기능상의 문제를 해결하고자 한다.

16 자신과 타인 간의 대인관계에 있어 대인갈등을 상호교류를 통해 해결하려는 대표적인 모형은?

① 조하리(Johari)의 창 모형   ② 장(field)이론
③ 미시간(Michigan)모형   ④ 고착효과모형

2 아동복지 및 청소년복지

☞ 정답 및 해설 P.69

1 「영유아보육법」에 규정된 내용으로 옳지 않은 것은?

2015. 3. 14 사회복지직

① "영유아"란 7세 미만의 취학 전 아동을 말한다.
② "보육"이란 영유아를 건강하고 안전하게 보호·양육하고 영유아의 발달 특성에 맞는 교육을 제공하는 어린이집 및 가정양육 지원에 관한 사회복지서비스를 말한다.
③ 보건복지부장관은 이 법의 적절한 시행을 위해 보육실태조사를 3년마다 하여야 한다.
④ 보건복지부장관은 어린이집 원장과 보육교사의 자질 향상을 위한 보수교육을 실시하여야 한다.

2 「청소년복지 지원법」상 청소년 복지시설에 해당하지 않는 것은?

2015. 4. 18 인사혁신처

① 청소년 수련관
② 청소년 쉼터
③ 청소년 자립지원관
④ 청소년 치료재활센터

3 「아동복지법」에서 명시하고 있는 아동학대 신고의무자에 해당하는 자만을 모두 고르면?

2014. 4. 19 안정행정부

㉠ 초·중등학교 교직원	㉡ 의료인
㉢ 사회복지 전담공무원	㉣ 학원의 강사

① ㉠㉡㉢
② ㉠㉢㉣
③ ㉡㉢㉣
④ ㉠㉡㉢㉣

4 입양에 대한 설명으로 옳은 것은?

2014. 4. 19 안정행정부

① 아동의 권리보호를 위해 입양기관을 통하지 않은 입양은 금지되어 있다.
② 입양기관의 장은 국내에서 양친이 되려는 사람을 찾지 못하였을 경우에 한하여 국외입양을 추진할 수 있다.
③ 입양을 하면 친부모는 법적으로 아동에 대한 권리는 포기해야 하지만 의무가 없어지는 것은 아니다.
④ 「입양특례법」에 따르면 입양기관의 장은 입양이 성립된 후 3년 동안 사후서비스를 제공해야 한다.

5 아동복지에 대한 설명으로 옳은 것만을 모두 고르면?

2014. 4. 19 안정행정부

> ㉠ 국가 또는 지방자치단체 외의 자는 아동복지시설을 설치할 수 없다.
> ㉡ 가정위탁지원센터의 장 및 아동복지시설의 장은 보호하고 있는 15세 이상의 아동을 대상으로 매년 개별 아동에 대한 자립지원계획을 수립해야 한다.
> ㉢ 지역아동센터는 아동의 보호·교육, 건전한 놀이와 오락의 제공, 보호자와 지역사회의 연계 등 아동의 건전육성을 위하여 종합적인 아동복지서비스를 제공하는 시설을 말한다.
> ㉣ 시장·군수·구청장은 아동의 친권자가 친권을 남용할 경우 아동의 복지를 위하여 필요하다고 인정할 때에는 친권을 제한할 수 있다.

① ㉠
② ㉡㉢
③ ㉢㉣
④ ㉡㉢㉣

6 카두신(Kadushin)은 아동복지서비스를 지지적, 보충적, 대리적 서비스로 구분하였다. 같은 종류의 서비스로만 묶은 것은?

2011. 5. 14 상반기 지방직

> ㉠ 부모교육서비스　　㉡ 위탁보호서비스
> ㉢ 보육서비스　　㉣ 가족상담서비스
> ㉤ 입양서비스　　㉥ 시설보호서비스

① ㉠㉡㉥
② ㉠㉢㉣
③ ㉡㉢㉤
④ ㉡㉤㉥

7 보육시설에 대한 설명으로 옳지 않은 것은?

2010. 4. 10 행정안전부

① 사업주가 직장보육시설을 설치하여야 하는 사업장은 상시 여성근로자 300명 이상 또는 상시 근로자 500명 이상을 고용하고 있는 사업장이다.

② 영유아란 6세 미만의 취학 전 아동을 말한다.

③ 국공립 보육시설 외의 보육시설을 설치 · 운영하고자 하는 자는 시장 · 군수 · 구청장에게 신고하여야 한다.

④ 가정보육시설의 정원은 상시 영유아 20인 이하이다.

8 「아동복지법」에 명시된 아동학대 신고의무자에 해당되지 않은 자는?

2010. 4. 10 행정안전부

① 학원의 운영자 　　　　　　　　② 사회복지전담공무원

③ 경찰관 　　　　　　　　　　　　④ 소방 구급대의 대원

9 다음 내용은 카두신(Kadushin)이 제시한 아동복지 서비스의 어느 유형인가?

2009. 5. 23 상반기 지방직

① 지지적 서비스 　　　　　　　　② 보충적 서비스

③ 보편적 서비스 　　　　　　　　④ 대리적 서비스

10 아동복지서비스 중 대리적 서비스에 해당하지 않는 것은?

2006. 3. 19 대구광역시

① 가정위탁 　　　　　　　　　　　② 시설보호

③ 입양 　　　　　　　　　　　　　④ 영유아보육사업

11 학대를 받거나 적절한 보호 · 감독을 받을 수 없는 아동을 대상으로 한 아동복지서비스는?

2006. 5. 7 경상북도

① 프로텍티브서비스 　　　　　　　② 집단프로그램

③ 탁아보호서비스 　　　　　　　　④ 케이스 워크서비스

12 다음 중 아동복지의 기본적 원칙이 아닌 것은?

2002. 7. 31 인천광역시

① 권리와 책임의 원칙   ② 전문성의 원칙
③ 보편성과 선별성의 원칙   ④ 개발적 기능의 원칙
⑤ 통합성의 원칙

13 다음 중 아동학대 예방을 위한 행정 · 정책적 측면이 아닌 것은?

2001. 3. 25 울산광역시

① 신고를 의무화한다.
② 아동학대방지 긴급전화를 설치 · 운영한다.
③ 아동학대 가정의 강제적 치료를 한다.
④ 지역사회의 예방을 위한 홍보를 한다.
⑤ 지역사회의 부모교육프로그램을 마련 · 지원한다.

14 아동복지 중 지지적 서비스가 아닌 것은?

2000. 6. 11 경기도

① 미혼부모가정을 위한 복지서비스 및 Home-maker 서비스가 해당된다.
② 가족복지사업의 일환으로 가정 내에 머물면서 상담서비스를 받는다.
③ 근로아동을 위한 근로아동복지서비스 영역이 해당된다.
④ 부모와 아동이 그들 각자의 책임을 효율적으로 수행할 수 있도록 능력을 지원강화하는 서비스이다.

15 다음 중 보육시설에 관한 설명으로 옳지 않은 것은?

① 국공립 외의 보육시설을 설치할 경우 보건복지가족부 장관에게 신고하여야 한다.
② 직장보육시설은 여성 상시 근로자가 300인 이상 또는 근로자 500인 이상을 고용한 경우 설치한다.
③ 국공립보육시설은 도시 저소득 주민 밀집지역 및 농어촌지역에 우선 설치한다.
④ 가정보육시설은 상시 영유아 20인 이하이다.

16 아동의 지지적 서비스에 해당하지 않는 것은?

① 부모가 자녀를 양육하는 데 어려움이 있을 경우이다.

② 학대유기아동을 보호해야 하는 경우이다.

③ 부모가 자신의 역할에 대해 아무런 만족을 느끼지 못하는 경우이다.

④ 형제간의 갈등으로 가정이 불화목한 경우에 해당된다.

17 연령에 따른 설명 중 옳은 것은?

① 영유아는 6세 미만의 취학 전 아동을 말한다.

② 아동은 20세에 달한 자를 말한다.

③ 노인은 60세 이상을 말한다.

④ 고령자는 50세 이상을 말한다.

18 「아동복지법」상 아동복지시설에 속하지 않는 것은?

① 아동상담소 ② 아동입양위탁시설

③ 공동생활가정 ④ 자립지원시설

19 다음 중 우리나라의 영유아보육사업에 대한 내용으로 옳지 않은 것은?

① 생활보호 저소득자녀 우선 입소

② 보육비용은 학부모가 전액 부담

③ 1991년 제정

④ 개인도 설치·운영 가능

20 다음 중 아동의 특성과 관계없는 것은?

① 민감성 ② 적응성

③ 미성숙 상태 ④ 독립적

21 다음 중 어린이집에 속하지 않는 것은?

① 가정어린이집
② 민간어린이집
③ 직장어린이집
④ 보육협동어린이집

22 다음 중 현행 입양정책과 관계가 먼 것은?

① 우리나라의 현대적 입양제도는 6 · 25 동란 이후 전쟁고아들을 위한 대책으로 실시되었다.
② 1976년 「입양특례법」의 고아의 해외입양에 관한 업무는 허가받은 입양알선기관만이 할 수 있다.
③ 1988년부터 입양가정에 대해 부양가족수와 관계없이 소득세 인적공제혜택이 부여되고 있다.
④ 양부모의 연령이 종래 50세에서 55세 이하로 상향조정되었다.

23 「아동복지법」상 보호를 필요로 하는 아동이 아닌 것은?

① 보호자로부터 유기된 아동
② 보호자가 아동을 양육하기에 부적당한 경우
③ 학습능력이 떨어지는 아동
④ 보호자가 아동을 양육할 능력이 없을 때

24 아동복지에 있어서 지지적 서비스에 대한 것과 관계없는 것은?

① 아동의 욕구를 해결하기 위하여 가정에서 부모의 능력을 지원 · 강화하기 위한 것이다.
② 아동복지의 실제적 또는 초기의 문제를 다루는 일차적 방어선이다.
③ 아동들이 자신의 가정에 머물러 살면서 받을 수 있는 서비스이다.
④ 기관은 자녀 또는 부모의 역할 · 기능을 맡게 되므로 책임이 무거워진다.

25 **다음 중 Home-maker service를 바르게 설명한 것은?**

① 유기나 학대받는 아동을 위하여 도움을 제공하는 특수한 아동복지서비스이다.

② 가정이 위기에 처했을 때 그 가사 전반을 돌보게 하여 건전한 가족생활을 유지하고자 하는 서비스이다.

③ 아동이 자신의 가정을 완전히 떠나서 다른 가족에 의해서 아동을 보호하는 서비스이다.

④ 낮 동안에 그들의 부모가 아닌 타인에 의해서 보호를 받아야 하는 아동들에게 주어지는 서비스이다.

26 **아동을 위한 1차적인 보호육성대책으로 비교적 관계가 먼 것은?**

① 부모교육 ② 가족상담제도

③ 진학기회 확대 ④ 가정대리보호제도

27 **우리나라 어린이집의 내용과 다른 것은?**

① 국공립어린이집은 국가나 지방자치단체가 설치·운영하는 어린이집이다.

② 부모협동어린이집은 보호자들이 조합을 결성하여 설치·운영하는 어린이집이다.

③ 가정어린이집은 법인이 가정이나 그에 준하는 곳에 설치·운영하는 어린이집이다.

④ 직장어린이집은 국가나 지방자치단체의 장이 소속 공무원을 위하여 설치·운영하는 어린이집을 포함한다.

28 **다음 중 아동복지행정의 대상으로 가장 적합한 것은?**

① 14세 이하의 빈곤아 ② 18세 이하의 고아

③ 20세 이하의 고아 ④ 어린이와 소년의 연령층에 있는 모든 아동

29 **현행 「영유아보육법」의 내용 중 옳지 않은 것은?**

① 영유아라 함은 6세 미만의 취학 전 아동을 말한다.

② 직장보육시설의 설치대상은 상시 여성근로자 400인 이상 고용한 사업장이다.

③ 보호자라 함은 친권자·후견인 그 밖의 자로서 영유아를 사실상 보호하고 있는 자를 말한다.

④ 직장보육시설을 설치한 사업주는 50% 이상 비용을 보조해야 한다.

30 다음 중 청소년복지에 대한 설명으로 옳지 않은 것은?

① 비행청소년만을 지도 · 교육한다.
② 청소년 유해환경을 정비한다.
③ 사회적인 교육과 훈련기회를 제공한다.
④ 건전한 여가와 오락활동을 위한 시설을 확충한다.

31 현행 입양제도에 관한 설명 중 옳지 않은 것은?

① 절차 중심의 입양제도를 더욱 강화하고 있다.
② 입양의 대상을 아동복지서비스 대상으로 정하고 있다.
③ 요보호아동에 대하여 가정보호 우선의 원칙과 국내입양을 촉진하도록 정하고 있다.
④ 입양이 곤란하거나 파양이 된 아동에 대하여 시설보호하도록 정하고 있다.

32 현행 우리나라의 아동학대에 관한 내용 중 거리가 먼 하나는?

① 누구나 신고해야 하는 신고의무화를 마련하였다.
② 신고불이행에 대하여 처벌은 받지 않는다.
③ 정신적 · 정서적 학대영역도 해당된다.
④ 상담전문요원을 두고 있다.

③ 노인복지

☞ 정답 및 해설 **P.73**

1 우리나라 사회복지 관련 용어들에 대한 설명으로 옳은 것은?

2014. 3. 22 사회복지직

① 노년부양비는 전체 인구 중 65세 이상 인구의 비율이다.
② 전체 인구 중에서 65세 이상 노인 인구가 차지하는 비율이 14 %에 도달한 사회는 고령사회에 해당한다.
③ 노령화지수는 경제활동 인구 중 65세 이상 인구의 비율이다.
④ 제1차 베이비붐 세대는 1970년대 경제성장기에 태어난 세대이다.

2 다음 제시문 〈보기 1〉의 대화에 적합한 〈보기 2〉의 이론을 올바르게 연결한 것은?

2014. 3. 22 사회복지직

〈보기 1〉

㉠ "요즘에 은퇴하고 쉬는 게 뭐가 나쁜가? 나이 들면 신체적으로 약해지니까 직장생활 그만하고 쉬는 게 사회적으로도 개인적으로도 이롭지."
㉡ "나이가 들어도 건강한 사람은 여전히 왕성하게 사회생활을 할 수 있네. 아무래도 사회활동을 하면 보람도 있고 내가 아직 가치 있는 사람이라는 느낌도 생기고 말이야."
㉢ "하지만 사회에서 노인들을 대하는 것이 어디 우리 어릴 적만 하던가? 쓸모없는 노인네 취급하지. 자식들도 분가해서 따로 살고 말이야."
㉣ "돈이 많아서 자식들한테 용돈도 자주 주고 건강해서 손자들 키워주면 대우가 다르잖아. 스마트폰이나 인터넷 검색을 잘해서 맛집 정보라도 알려주면 자식들도 고맙다고 외식도 시켜준다고 하던데."

〈보기 2〉

(가) 성공적 노화이론	(나) 교환이론
(다) 분리이론	(라) 현대화이론
(마) 활동이론	

	㉠	㉡	㉢	㉣
①	(다)	(가)	(나)	(라)
②	(다)	(마)	(라)	(나)
③	(라)	(가)	(다)	(나)
④	(라)	(마)	(다)	(나)

3 노인장기요양보험에 대한 설명으로 옳은 것은?

2014. 4. 19 안정행정부

① 일정한 소득 이하인 경우에만 급여를 신청할 수 있다.
② 비영리법인만이 노인장기요양서비스를 제공할 수 있다.
③ 국민연금공단의 장기요양등급판정위원회에서 요양등급을 판정한다.
④ 신체·정신·성격 등의 사유로 가족 등으로부터 장기요양을 받아야 하는 자에게 현금급여를
　지급할 수 있다.

4 「노인복지법」에 규정된 노인학대의 정의에 해당하는 것을 모두 고른 것은?

2011. 4. 9 행정안전부

㉠ 신체적 폭력	㉡ 성적 폭력
㉢ 방임	㉣ 경제적 착취

① ㉠㉡
② ㉠㉡㉢
③ ㉠㉡㉣
④ ㉠㉡㉢㉣

5 우리나라의 노인복지에 대한 설명으로 옳지 않은 것은?

2011. 5. 14 상반기 지방직

① 노인문제의 대상이 재가노인일 경우 가족의 노인보호 기능을 강화시켜주는 서비스가 중요하다.
② 노인문제 해결에 있어서 노인 개인의 책임 및 사회보장의 한계성을 인식하는 것이 필요하다.
③ 노인문제는 다른 어떤 연령층의 문제보다 단기적인 대비가 예방적 차원에서 요구된다.
④ 노인복지정책에서 가족책임주의의 강조가 연금보험과 같은 사회보장제도의 발전을 지연시켰다.

6 노인장기요양보험에 대한 설명으로 옳은 것을 모두 고른 것은?

2011. 5. 14 상반기 지방직

㉠ 제도운영에 소요되는 재원은 장기요양보험료, 국가지원, 이용자 일부부담금으로 구성된다.
㉡ 제도의 관리운영기관은 국민건강보험공단이다.
㉢ 65세 이상 노인 중 일정소득 이하의 노인에게 요양급여를 제공한다.
㉣ 대상자에게 제공되는 장기요양급여는 재가급여, 시설급여, 세제혜택급여로 구분된다.

① ㉠㉡
② ㉠㉡㉢
③ ㉡㉣
④ ㉠㉡㉣

7 노인장기요양보험제도의 내용으로 옳지 않은 것은?

2009. 5. 23 상반기 지방직

① 노인 등이 가족과 함께 생활하면서 가정에서 장기요양을 받는 재가급여를 우선적으로 제공하여야 한다.

② 노인 등의 심신 상태나 건강 등이 악화되지 아니하도록 의료서비스와 연계하여 장기요양급여를 제공하여야 한다.

③ 재가급여의 경우 당해 장기요양급여비용의 100분의 20을, 시설급여의 경우 당해 장기요양급여비용의 100분의 15를 수급자가 부담하여야 한다.

④ 노인 등의 심신상태·생활환경과 노인 등 그 가족의 욕구·선택을 종합적으로 고려하여 필요한 범위 안에서 장기요양급여를 적정하게 제공하여야 한다.

8 「노인장기요양보험법」에서 제시하고 있는 급여제공의 기본원칙으로 옳지 않은 것은?

2010. 4. 10 행정안전부

① 장기요양급여는 노인 등이 온전한 심신상태를 유지하여 일상생활을 혼자서 수행할 수 있도록 노인성질환 예방급여를 제공하여야 한다.

② 장기요양급여는 노인 등이 가족과 함께 생활하면서 가정에서 장기요양을 받는 재가급여를 우선적으로 제공하여야 한다.

③ 장기요양급여는 노인 등의 심신상태나 건강 등이 악화되지 아니하도록 의료서비스와 연계하여 이를 제공하여야 한다.

④ 장기요양급여는 노인 등의 심신상태·생활환경과 노인 등 및 그 가족의 욕구·선택을 종합적으로 고려하여 필요한 범위 안에서 이를 적정하게 제공하여야 한다.

9 「노인복지법」에서 정한 노인의료복지시설이 아닌 것은?

2010. 5. 22 상반기 지방직

① 노인요양시설 　　　　　　　　② 노인휴양소
③ 노인전문병원 　　　　　　　　④ 노인요양공동생활가정

10 노인이 혼자서 일상생활에 필요한 동작을 어느 정도 할 수 있는지를 가늠하기 위해 ADL(activities of daily living)과 IADL(instrumental activities of daily living)이라는 개념이 사용되고 있다. IADL에 해당하는 것은?

2008. 4. 12 행정안전부

① 물건사기 　　　　　　　　　　② 목욕하기
③ 집안 내 걷기 　　　　　　　　④ 화장실 사용하기

11 「노인복지법」에서 규정하고 있는 노인복지시설에 관한 설명으로 옳지 않은 것은?

2007. 4. 14 중앙인사위원회

① 노인전문병원은 노인복지시설에 포함된다.
② 노인복지시설의 종류에는 노인주거복지시설, 노인의료복지시설, 노인여가복지시설, 재가노인복지시설, 노인보호전문기관이 있다.
③ 노인여가복지시설에는 노인복지관, 경로당, 노인교실 등이 있다.
④ 재가노인복지시설은 방문요양서비스, 주·야간보호서비스, 단기보호서비스, 방문목욕서비스, 그 밖의 서비스를 제공한다.

12 다음 중 노인문제의 등장배경이 아닌 것은?

2001. 3. 25 울산광역시

① 노인에 대한 가치관의 변화이다.
② 핵가족과 같은 가족제도의 변화에 기인한다.
③ 노인들의 정치발언의 영향력이 커졌다.
④ 산업화에 따른 기술이나 지식에 대한 적응력 저하 때문이다.
⑤ 사회경제적 변화에 따른 노인들의 사회적 역할이 감소하였다.

13 노인인구가 7.1%에 달하면 UN이 분류하는 어떤 군에 속하게 되나?

2000. 6. 11 경기도

① 유년사회　　　　　　　　　② 성년사회
③ 고령화사회　　　　　　　　④ 초고령사회

14 노인복지시설 중 「노인복지법」상의 시설이 아닌 것은?

2000. 6. 11 경기도

① 주간보호서비스　　　　　　② 단기보호서비스
③ 장기보호서비스　　　　　　④ 방문요양서비스

15 노인의 4가지 곤란(4苦)과 비교적 거리가 먼 것은?

2000. 11. 19 충청남도

① 병고　　　　　　　　　　　② 노동
③ 빈곤　　　　　　　　　　　④ 고독
⑤ 무위

16 노인에 대한 이론 중 분리이론에 대한 설명으로 옳은 것은?

① 노인은 신체적으로 노화되는 것을 받아들이고 사회로부터 분리되는 것을 원한다.
② 노인이 은퇴 후 사회활동과 교제를 통하여 심리적 만족감과 생활의 만족감을 높일 수 있다.
③ 노년에는 지식과 기술이 퇴화되어 노인을 새로이 훈련시키기보다는 젊은이들로 인해 강제적으로 분리되는 것이다.
④ 노년기 사회에서 본의 아니게 분리되면 소외감과 박탈감을 느낄 수 있다.

17 우리나라 노인복지정책의 이념과 방향이 아닌 것은?

① 선 사회보장 후 가정보호　　　　② 취업기회 확충
③ 재가복지사업　　　　　　　　　④ 노인공경의식 양양

18 우리나라 노인복지정책의 이념과 거리가 먼 것은?

① 경로효친　　　　　　　　　　　② 시설보호
③ 선 가정 후 시설　　　　　　　　④ 재가복지 확충

19 현대사회에서의 노인정책으로 가장 합당한 것은?

① 극빈 노인에 대한 구빈대책이다.
② 양로사업의 대상은 부양가족이 없는 소수의 노인이다.
③ 노인의 사회생활에 있어 제반 기본적 욕구의 충족을 사회적으로 보장하는 일반적 대책이다.
④ 노령퇴직 등으로 삶의 보람을 상실한 노인을 대상으로 하는 공적부조가 주류를 이룬다.

20 다음 중 노인의 특성과 관계가 먼 것은?

① 기억력의 쇠퇴가 심해진다.
② 심리적으로 안정된다.
③ 과거지향적 · 회상적이다.
④ 보수적이고 경직성을 보이며 고집스럽다.

21 노인문제에 대한 목표 설정 시 고려되어야 하는 원칙과 거리가 먼 것은?

① 존엄성, 독립성, 안정성을 유지하여야 한다.
② 선택의 자유를 제공하여야 한다.
③ 새로운 지식의 획득, 보급 및 적용이 필요하다.
④ 국민 전체의 복리에 앞서 노인이라는 특수집단의 이익을 경주해야 한다.

22 노인복지정책의 기본원칙에 해당되지 않는 것은?

① 존엄성의 원리
② 전체성의 원리
③ 관망성의 원리
④ 개별성의 원리

23 다음 노인복지대책으로서 그 성격이 다른 하나는?

① 노인복지센터 설치
② 가사보조원 파견
③ 노인휴양관 설치
④ 취업알선

24 다음 중 노인인구에 대한 설명으로 옳지 않은 것은?

① 노인의 절대인구는 감소하고 있다.
② 노인인구의 증가는 비생산 활동인구의 증가를 의미한다.
③ 선진복지국가의 노인인구는 전체 인구의 10%를 웃돈다.
④ 노인인구의 증가는 사회적 의존인구층의 증가를 의미한다.

25 노인문제의 발생원인이라 볼 수 없는 것은?

① 인구구성의 변화
② 산업화
③ 가족제도의 변화
④ 양로사상

26 「노인복지법」상의 노인여가복지시설이 아닌 것은?

① 노인복지관
② 경로당
③ 노인교실
④ 노인대학

27 다음 중 노인문제의 주요 특성과 무관한 것은?

① 심신의 건강 상실   ② 사회적 역할 상실
③ 경제적 수입의 상실   ④ 결연기회의 상실

28 노인복지정책의 기본전제에 해당되지 않는 것은?

① 사회성의 원리   ② 현실성의 원리
③ 선별성의 원리   ④ 주체성의 원리

29 다음 중 노인복지센터(senior center)의 활동으로 옳지 않은 것은?

① 노령으로 인하여 독자적으로 생활하기 어렵거나 가정사정이 특별한 경우에 있는 노인을 대상으로 한다.
② 노인의 정서적 안정, 인격적 성장 및 그들의 장점이나 관심을 적극적으로 발전시키고자 한다.
③ 새로운 기술의 학습, 넓은 지식의 획득, 언어, 역사, 문학 등에 대하여 교육을 실시한다.
④ 주기적인 건강진단, 질병에 대한 조기발견, 보건강의, 토의, 의료보호의 권장 등의 서비스활동이 있다.

30 다음 중 성질이 다른 하나는?

① 노인공동작업장   ② 고령자 고용촉진제도
③ 노인인력은행   ④ 경로연금제도

31 다음 중 고령화사회(aging society)를 구분하는 기준은?

① 국민 전체인구 중에서 65세 이상의 인구가 7% 이상의 비율을 차지한다.
② 국민 전체인구 중에서 65세 이상의 인구가 14% 미만의 비율을 차지한다.
③ 국민 전체인구 중에서 65세 이상의 인구가 14% 이상의 비율을 차지한다.
④ 국민 전체인구 중에서 65세 이상의 인구가 20% 이상의 비율을 차지한다.

32 다음 중 노인복지시설로만 구성된 것은?

① 노인대학, 노인연금회관, 노인인력은행
② 양로원, 노인요양원, 노인복지관
③ 노인식당, 노인정, 경로당
④ 노인직업소개소, 노인연금회관, 의료보험회사

33 노인의 대인관계나 보상관계 교환에서 불균형을 초래한다는 점에서 노령으로 인한 교환자원 가치의 변동과 권력의 감소를 이익강화의 대책으로 보는 이론은?

① 교환이론
② 분리이론
③ 활동이론
④ 노령계층화이론

34 노인문제의 원인을 설명하는 교환이론적 관점에서 거리가 가장 먼 것은?

① 상호의존성 약화
② 노인의 생산성 약화
③ 노인의 낙후된 지식
④ 재산소유 및 통제권 약화

35 노인복지정책의 기본방향으로 옳지 않은 것은?

① 노후건강보호체계를 확립한다.
② 노인취업기회의 확대와 여가선용기회를 제공한다.
③ 선 사회보장의 확립과 후 가정보호체계를 확립한다.
④ 지역사회의 자율적 복지시책을 강화한다.

36 노인복지정책에서 재가복지서비스 프로그램의 목표로 적합한 것은?

① 신체적 · 정신적으로 건전한 노인들이 가족이나 지역사회 내에 머무르도록 한다.

② 노인보호에 대한 국가책임을 가족에게 위임한다.

③ 신체적 · 정신적으로 항상 보호가 필요한 사람들을 가족의 보호 아래 둔다.

④ 노인들이 이웃에게 해를 끼치지 않도록 거택에 수용 · 감시한다.

37 노인을 위한 지지적 관계망 형성을 위한 이론적 배경으로 가장 알맞은 것은?

① 상호성이론   ② 기대이론

③ 정신분석학이론   ④ 역할이론

4 장애인복지

☞ 정답 및 해설 P.78

1 장애인복지에 관한 설명으로 옳은 것만을 모두 고른 것은?

2015. 4. 18 인사혁신처

> ㉠ 재활모델은 장애인의 문제를 장애인 당사자가 가장 잘 이해하고 있다는 관점을 취한다.
> ㉡ 장애범주는 각 국가의 정치적, 사회적, 경제적, 문화적 환경에 따라 차이가 있다.
> ㉢ 청각장애 및 언어장애는 신체 내부기관 장애에 해당한다.
> ㉣ 선진국의 경우에는 일반적으로 저개발 국가들에 비하여 장애인의 범위가 포괄적이다.

① ㉠㉢
② ㉠㉣
③ ㉡㉢
④ ㉡㉣

2 우리나라의 장애인복지법령에 따른 장애 유형은 크게 신체적 장애와 정신적 장애로 구분되는데, 이러한 방법으로 장애의 범주화를 시도할 때 장애의 성격이 다른 것은?

2014. 3. 22 사회복지직

① 정신장애
② 뇌병변장애
③ 지적장애
④ 자폐성장애

3 장애인의 역량을 강화하기 위해 '권한부여(empowerment)모델'을 적용할 경우, 적합하지 않은 것은?

2014. 4. 19 안정행정부

① 사회복지사는 대화를 통해 장애인의 상황, 욕구 및 강점 등을 파악한다.
② 사회복지사와 장애인은 협력적인 파트너십을 기반으로 하여 문제해결과정에 참여한다.
③ 사회복지사는 장애인이 보유하고 있는 자원을 사정하여 바람직한 결과를 위한 계획을 작성한다.
④ 사회복지사는 장애인이 직면한 문제를 해결할 수 있도록 장애인이 처해 있는 환경을 변화시켜 준다.

4 장애인복지 모델에 대한 설명으로 옳지 않은 것은?

2011. 5. 14 상반기 지방직

① 시민권모델(civil rights model)에서는 장애인을 '장애로 인해 사회적인 불이익을 당하는 사람'으로 본다.
② 복지모델(welfare model)은 장애 유형에 따른 적합한 재활서비스의 제공을 강조한다.
③ 시민권모델(civil rights model)은 장애인의 의료적 재활을 최우선적 목표로 한다.
④ 복지모델(welfare model)은 장애인을 보호의 대상으로 강조한다.

5 우리나라 「장애인복지법」에 규정된 내용으로 옳지 않은 것은?

2011. 4. 9 행정안전부

① 장애인 종합정책을 수립하고 관계 부처간의 의견을 조정하며 그 정책의 이행을 감독·평가하기 위하여 국무총리 소속하에 장애인정책조정위원회를 둔다.

② 지방행정기관의 장은 해당 기관의 장애인정책을 효율적으로 수립·시행하기 위하여 소속공무원 중에서 장애인정책조정관을 지정해야 한다.

③ 장애인복지 관련 사업의 기획·조사·실시 등을 하는 데에 필요한 사항을 심의하기 위해 지방자치단체에 지방장애인복지위원회를 둔다.

④ 장애인정책조정위원회는 장애인복지 향상을 위한 제도개선과 예산지원, 장애인 고용촉진정책의 중요한 조정, 장애인 이동보장 정책조정 등에 관한 사항을 심의·조정한다.

6 장애에 대한 설명으로 옳은 것은?

2011. 5. 14 상반기 지방직

① 세계보건기구가 분류한 장애는 손상(impairment), 능력장애(disability), 사회적 배제(social exclusion)이다.

② 장애의 개념에서 신체적 잔존기능을 최대화시키고자 하는 것은 심리사회적 관점이다.

③ 현재 우리나라 「장애인복지법」은 장애의 유형을 지체장애, 시각장애, 청각장애, 언어장애, 정신지체장애로 분류한다.

④ 장애의 개념 규정에서 환경적 요인들이 점차 강조되는 추세이다.

7 「장애인복지법」에 근거하여 국가나 지방자치단체가 지급할 수 있는 급여에 해당하는 것을 모두 고른 것은?

2010. 4. 10 행정안전부

㉠ 장애수당	㉡ 장애아동수당
㉢ 보호수당	㉣ 장애연금

① ㉠㉡㉢
② ㉠㉢
③ ㉡㉣
④ ㉠㉡㉢㉣

8 교통사고로 양다리가 절단된 사람이 탁월한 컴퓨터 프로그래밍기술을 소유하고 있음에도 불구하고, 직업을 구하기 힘든 상황에 대한 설명으로 가장 적절한 것은?

2008. 4. 12 행정안전부

① 걷기 기능의 손상과 관련된 일차적 장애에 관한 설명이다.
② 장애로 인한 직업 수행 능력이 저하되었음을 의미한다.
③ 신체 손상의 극복을 위한 재활 훈련서비스의 중요성을 의미한다.
④ 사회적 장애, 즉 사회적 차원의 3차적인 장애를 의미한다.

9 다음 중 장애인의 복지시설로 볼 수 없는 것은?

2006. 5. 7 경상북도

① 장애인 거주시설
② 장애인 직업재활시설
③ 장애인 의료재활시설
④ 장애인 정서장애아보호시설

10 다음 중 장애인의 분류유형이 아닌 것은?

2001. 3. 25 울산광역시

① 시각장애   ② 청각장애
③ 지체장애   ④ 언어장애
⑤ 정서장애

11 세계보건기구의 장애인의 분류 중 해당사항이 아닌 것은?

2000. 6. 11 경기도

① 기능손상   ② 신체적 혼란
③ 사회적 불리   ④ 기능저하

12 다음 중 장애인복지의 이념으로 옳지 않은 것은?

2000. 11. 5 경상남도

① 장애인복지의 이념으로 정상화와 사회통합이 있다.
② 정상화란 장애인이 지역사회 내에서 정상적인 사회생활의 주류에 동참할 수 있도록 하는 것을 의미한다.
③ 사회통합은 정상화의 개념에 기반을 두고 장애인들이 지역사회 내에서 하나의 인격체로서 일반인과 같은 대우를 받으면서 함께 생활하게 함으로써 그러한 상호작용의 결과로 이루어지는 사회적 효과를 의미한다.
④ 장애인복지의 중심이 되는 재활이란 장애인에게 의료적·사회적·교육적·직업적 훈련을 통합적·협동적으로 실시함으로써 각 개인에 대하여 가능한 한 최대한의 기능 회복을 부여하는 것이다.
⑤ 재활이란 사회적 책임을 강조하는 인도주의를 기본철학으로 하여 모든 장애를 제거함으로써 시설에 복귀시키는 데에 그 목표를 둔다.

13 다음 중 장애인복지에 대한 내용으로 옳지 않은 것은?

① 「장애인복지법」은 1981년에 제정되었다.
② 「장애인고용촉진 및 직업재활법」에서는 장애인의 편의증진에 대한 기준을 제시하고 있다.
③ 장애인복지 심의관은 장애인복지정책을 담당한다.
④ 상시 근로자 50인 이상을 고용한 사업주는 그 근로자의 총수의 100분의 5의 범위에서 의무고용률 이상에 해당하는 장애인을 고용해야 한다.

14 다음 중 「장애인복지법」상 장애인복지시설에 속하지 않는 것은?

① 장애인을 전문적으로 상담·치료·훈련하거나 장애인의 일상생활, 여가활동 및 사회참여활동 등을 지원하는 시설
② 장애인을 입원 또는 통원하게 하여 상담, 진단·판정, 치료 등 의료재활서비스를 제공하는 시설
③ 일반 작업환경에서는 일하기 어려운 장애인이 특별히 준비된 작업환경에서 직업훈련을 받거나 직업 생활을 할 수 있도록 하는 시설
④ 장애인이 필요한 치료·상담·훈련 등 편의를 제공받고 그에 소요되는 모든 비용을 시설 운영자에게 납부하여 운영하는 시설

15 다음 중 UN에서 제시한 장애유형으로 옳은 것은?

① 기능상실(impairment) – 기능장애(disability) – 사회적 장애(handicap)
② 장애(disorder) – 사회적 장애 – 기능적 장애
③ 상실(injury) – 장애(disorder) – 기능장애
④ 기능장애 – 정신적 장애 – 사회적 장애

16 다음 내용 중 장애인복지에서 정상화란?

① 장애는 결손기능이나 잔재기능이 아니고 장애를 포함한 전인격이다.
② 장애인도 한 사람의 인간으로서 보통의 생활환경 속에서 생활해야 한다.
③ 장애인은 교육을 통해 잔존기능을 계발해야 한다.
④ 장애인들도 일반인과 같은 평등한 기회가 주어져야 한다.

17 재활사업에 있어 개별지도론을 적용함으로써 얻을 수 있는 장점이라고 할 수 없는 것은?

① 자신의 신체장애를 바로 수용하게 한다.
② 자아의 적응능력을 강화하게 한다.
③ 문제해결능력을 강화시킨다.
④ 외부와 연대책임의식을 고무시킬 수 있다.

18 다음 내용 중에서 난청(hard of hearing)이란?

① 작은 말을 듣는 데 다소 지장이 있는 상태
② 보통 말을 듣는 데 다소 지장이 있는 상태
③ 일상생활에서 청각을 사용할 수 없는 상태
④ 큰 소리만 들릴 수 있는 일상생활에 현저한 장애가 되는 병적인 상태

19 다음 중 장애인고용촉진공단의 업무가 아닌 것은?

① 장애인의 고용에 관한 정보수집
② 장애인에 대한 적성검사 및 직업지도
③ 장애인의 재활치료
④ 장애인 직업훈련원 운영

20 장애에 대한 설명 중 옳지 않은 것은?

① 장애인이라 함은 신체적·정신적인 결함으로 인하여 장기간에 걸쳐 일상생활 또는 사회생활에 상당한 제약을 가진 자를 말한다.
② 정신박약이란 일반적으로 지적 발달이 불충분하든가 불완전한 것을 의미한다.
③ 뇌성마비는 뇌병변장애인에 속한다.
④ 양안의 시력이 0.2 이하일 때는 시각장애인에 속한다.

21 다음의 설명 중 옳지 않은 것은?

① 특수교육은 장애종류, 장애정도에 따라 교육시설과 교육내용이 달라진다.
② 미취학연령에 있는 장애아에게는 조기특수교육이 매우 필요하다.
③ 장애아를 일반아동과 분리하여 교육해야 한다.
④ 특수교육의 목적은 장애아가 가지고 있는 잠재능력을 계발하는 것이다.

22 다음 중 재활의 원칙으로 볼 수 없는 것은?

① 재활은 장애 초기부터 실시되어야 한다.
② 재활과정에서 필요하면 언제나 의료관리가 따라야 한다.
③ 충분한 주의와 검토를 거친 후에 평가에 임해야 한다.
④ 재활계획 수립에 있어서는 현재보다 미래가 신중히 고려되어야 한다.

23 다음 중 재활사업의 기본철학은?

① 인도주의　　　　　　　　　② 자유주의
③ 개인주의　　　　　　　　　④ 이상주의

24 다음 중 재활에 있어 가장 중심적인 역할을 하는 것은?

① 교육재활　　　　　　　　　② 직업재활
③ 사회재활　　　　　　　　　④ 의료재활

25 다음 중 그룹홈에 대한 설명으로 옳지 않은 것은?

① 소수의 정신지체인들이 지역사회 내에서 공동으로 생활하는 곳으로 장애인들에 의해 자치적으로 운영된다.
② 직접 경험을 통하여 정신지체인에게 일상생활기술과 지역사회의 적응력을 기르기 위한 훈련을 제공한다.
③ 지역사회에서 선택적으로 살아가는 정신지체인들의 생활거점이다.
④ 입거자의 생활은 기본적으로 개인생활이다.

26 다음 시력의 장애 정도를 판별할 때 약시의 기준은?

① 시력이 전혀 없는 상태
② 장애자의 눈에 광선을 조명했을 때 이를 인식할 수 있는 상태
③ 눈 앞에서 손가락을 움직였을 때 이를 알아볼 수 있는 정도
④ 일반 활자는 읽을 수 없으나 시력으로 일상생활을 할 수 있는 상태

27 직업재활의 과정을 순서대로 나열한 것은?

㉠ 직업재활상담	㉡ 직업훈련
㉢ 직업소개	㉣ 직능평가
㉤ 직업 전 훈련	㉥ 추후지도

① ㉠→㉡→㉢→㉤→㉥→㉣
② ㉠→㉣→㉤→㉡→㉢→㉥
③ ㉢→㉤→㉣→㉡→㉠→㉥
④ ㉣→㉠→㉤→㉡→㉢→㉥

28 다음 중 현행 장애의 종류로 옳은 것은?

① 지체장애, 시각장애, 청각장애, 언어장애, 지적장애, 뇌병변장애, 정신장애, 자폐성장애, 신장장애, 호흡기장애, 심장장애, 안면장애, 간장애, 간질장애, 장루·요루장애
② 지체장애, 정서장애, 시각장애, 청각장애, 정신지체장애, 뇌병변장애, 정신장애, 발달장애, 신장장애, 심장장애, 정신박약장애, 간장애, 안면장애, 호흡기장애, 위장장애
③ 청능장애, 지체장애, 시각장애, 언어장애, 정신지체장애, 뇌병변장애, 정신장애, 발달장애, 신장장애, 심장장애, 장루장애, 간질장애, 간장애, 안면장애, 호흡기장애
④ 청능장애, 지체장애, 시각장애, 언어장애, 정신질환장애, 뇌병변장애, 정신장애, 발달장애, 신장장애, 심장장애, 간장애, 간질장애, 호흡기장애, 정신박약장애, 장루·요루장애, 안면장애

29 장애인 복지조치의 내용으로 옳지 않은 것은?

① 예방복지조치를 한다.
② 자립지원복지조치를 한다.
③ 여건향상복지조치는 여건상 이행하지 못하고 있다.
④ 의료재활, 교육재활, 직업재활, 사회재활복지조치를 한다.

30 다음 중 장애인복지정책의 방향으로 옳지 않은 것은?

① 장애발생의 예방
② 재활사업의 확충
③ 일반인과 분리 · 보호육성 확대
④ 장애인, 가정, 지역사회 및 국가의 협력강화

31 다음 중 장애인 재활사업의 기본원칙으로 보기 어려운 것은?

① 장애인의 공동생활 조직체계의 강화가 필요하다.
② 적응과 취업을 위해 사회인식과 지지가 요구된다.
③ 장애인의 욕구에 따른 특수성을 이해하고 보편적 서비스를 해야 한다.
④ 재활사업은 지속된 일관적 사업으로서 공동사업이어야 한다.

32 다음 중 장애인직업재활실시기관에 속하지 않는 것은?

① 장애인 직업재활시설　　　　　② 장애인 점자도서관
③ 장애인복지단체　　　　　　　④ 장애인복지관

5 여성복지

☞ 정답 및 해설 P.81

1 여성주의 사회복지실천에 대한 내용으로 옳은 것을 모두 고른 것은?

2011. 5. 14 상반기 지방직

> ㉠ 여성문제를 개인 내적인 측면에서 찾는 것이 아니라 사회구조적인 측면에서 파악한다.
> ㉡ 여성주의 사회복지실천에서는 클라이언트가 자기 내부에서 변화의 가능성을 찾도록 권한을 부여하는 것에 초점을 둔다.
> ㉢ 여성문제의 주요 요인은 여성의 자원과 권력의 결핍이므로 사회복지사는 여성 클라이언트와의 관계에서 전문가적 권위를 행사해야 한다.
> ㉣ 여성주의 사회복지실천에서는 여성문제의 원인을 남성의 가부장적 특성과 여성의 권력 결핍에 서만 기인하는 것으로 본다.

① ㉠㉡
② ㉠㉡㉢
③ ㉠㉡㉣
④ ㉢㉣

2 어느 자치단체가 '저소득층 가정의 6세 이하 어린이와 임산부에게 영양과 문화생활을 제공할 계획'이라고 한다. 이 경우와 가장 밀접하게 관련되는 복지이념은?

2008. 4. 12 행정안전부

① 기회의 평등
② 결과의 평등
③ 비례적 평등
④ 수량적 평등

3 다음 중 여성복지의 개념이 아닌 것은?

2001. 3. 25 울산광역시

① 양성의 평등에 준거를 두고 있다.
② 여성에 관한 사회 전반을 포함한다.
③ 선별적 개념에서 보편주의 성격을 가진다.
④ 불우하거나 학대받는 여성만을 대상으로 한다.
⑤ 미혼, 기혼을 가리지 않고 전체 여성을 대상으로 한다.

4 다음 중 「한부모가족지원법」상 한부모가족복지시설이 아닌 것은?

① 계속지원복지시설 ② 한부모가족복지상담소

③ 부자가족복지시설 ④ 미혼모자가족복지시설

5 다음 중 미혼모 발생의 예방책이 아닌 것은?

① 올바른 성교육 ② 건전한 여가활동

③ 미혼모시설 및 입양사업의 확대 ④ 근로청소년회관 사업의 확충

6 다음 중 여성복지에 대한 내용으로 옳은 것은?

① 미·기혼의 모든 여성에 관한 복지 전반을 포함한다.

② 미혼모를 대상으로 한 복지사업이다.

③ 빈곤·결손가정 출신의 미혼여성에 관한 복지사업이다.

④ 빈곤계층의 미·기혼여성에 관한 복지 전반을 말한다.

7 「한부모가족지원법」에서 규정한 복지급여의 내용에 해당되지 않는 것은?

① 생계비 ② 의료비

③ 아동교육지원비 ④ 아동양육비

8 다음 부녀복지에서 거택적 서비스의 방법으로 옳지 않은 것은?

① 생활부조 ② 모자원시설 입소

③ 생업자금의 저리대부 제도 ④ 취업알선

9 한부모가족에 대한 조사·지도·시설입소 등에 관한 상담업무를 수행하는 기관은?

① 한부모가족복지상담소 ② 모자보호시설

③ 모자자립시설 ④ 여성복지관

10 다음 중 한부모가족복지상담원의 업무가 아닌 것은?

① 한부모가족에 대한 신상 및 고충상담
② 보호대상자의 실태조사 및 통계작성
③ 모자가족에 대한 직업교육
④ 피보호자의 일시 보호

11 다음 중 한부모가정의 요건에 해당되지 않는 것은?

① 배우자와의 사별
② 배우자와의 이혼
③ 신체장애는 있으나 노동능력이 있는 남편을 가진 여성
④ 배우자로부터 유기된 자

12 다음 중 모자복지센터의 가장 적합한 운영방식은?

① 시설수용을 필요로 하는 모자가족을 입소시켜 사회적 적응능력과 자립기반을 확립하게 한다.
② 공영주택 분양, 보건진료혜택 등 서비스가 제공될 수 있다.
③ 모자가정을 위한 보건 · 육아 · 영양 · 교육상담을 실시하고, 생업지도프로그램을 계획 · 실시할 수 있다.
④ 오락이나 휴양을 위한 편의를 제공하여 정신위생에 이바지할 수 있게 된다.

13 다음 중 한부모가족복지에서 가족지원서비스가 아닌 것은?

① 가사 서비스
② 가족 관계 증진 서비스
③ 부양 서비스
④ 성장 서비스

14 다음 중 위기해소라는 모 · 부자복지의 원칙에서 볼 때 가장 적합한 서비스는?

① 직업보도
② 상담서비스
③ 모자원사업
④ 탁아시설

15 다음 중 근로여성이 겪는 어려움으로 볼 수 없는 것은?

① 가사와 직장노동의 이중부담
② 직장에서의 여성차별
③ 남성의 권위주의적 태도
④ 여성전문직의 증가

16 다음 중 미혼모 발생의 심리적 요인에 해당되는 것은?

① 가족기능의 약화
② 성윤리의 변화
③ 부모의 혼인관계 장애
④ 동료 집단문화의 영향

17 한부모가족복지에 있어 고려해야 할 사항으로 관계가 적은 것은?

① 자립기반의 조성
② 위기해소
③ 생활조직체계의 강화
④ 모자가정의 분리성

18 「한부모가족지원법」에 규정한 복지 자금의 대여에 관한 내용에 해당되지 않는 것은?

① 아동교육비
② 의료비
③ 주택자금
④ 생계비

19 한부모가족복지실시상의 원칙에 해당하지 않는 것은?

① 필요즉응의 원칙
② 생활조직체계 강화의 원칙
③ 모·부자일체성의 원칙
④ 위기해소의 원칙

20 「한부모가족지원법」에서 설명하는 용어의 뜻이 옳지 않은 것은?

① 한부모가족 : 모자 또는 부자가족

② 청소년 한부모 : 20세 이하의 모 또는 부

③ 아동 : 18세 미만의 자

④ 모자가족 : 모가 세대주인 가족

21 다음 중 한부모가정의 복지급여대상자의 보호기간은?

① 6개월 ② 1년

③ 2년 ④ 3년

6 교정복지

☞ 정답 및 해설 P.84

1 다음 중 비행소년에 대한 비강제적 제도로서 형의 집행유예, 선고유예, 가석방 처분을 받고 퇴소한 소년들이 받는 서비스는?

2002. 7. 31 인천광역시

① 갱생보호
② 치료감호
③ 보호관찰
④ 지역사회보호
⑤ 시설보호

2 청소년 비행 또는 범죄를 재사회화시키는 분야는?

2000. 6. 11 경기도

① 아동복지
② 교정복지
③ 산업복지
④ 의료복지

3 다음 중 교정복지의 영역에 속하지 않는 것은?

① 교도소 프로그램의 개발
② 보호관찰제도의 실시
③ 가석방제도
④ 가정법원의 설치

4 다음 중 교정사회복지사의 역할과 거리가 먼 것은?

① 교정 대상자의 사회관계를 조사해서 그들의 생활을 지도·교육한다.
② 법제 규제를 받고 있는 클라이언트를 대신해서 일부의 특수한 행위를 대행하기도 한다.
③ 클라이언트의 조속한 정상활동이 필요한 개인·단체기관과 접촉하고 가능한 자원을 동원·활용한다.
④ 대상자의 행동규제를 최대한 준수하면서 워커가 지니고 있는 전문적 기술을 최대한 억제한다.

5 다음 중 보호관찰처분 전에 사회복지사가 하게 되는 역할이 아닌 것은?

① 보호자의 역할
② 치료자의 역할
③ 사회적 중재자의 역할
④ 지도 · 감독하는 역할

6 비행소년의 일시보호기간 중 그들에 관한 세부자료를 수집하고, 법원에 통고하며, 적절한 오락이나 종교적 서비스를 제공하는 것은?

① 소년경찰제도
② 소년분류심사원제도
③ 소년원제도
④ 보호관찰

7 다음 중 청소년비행의 특징으로 볼 수 없는 것은?

① 즉흥성
② 향락성
③ 반항심
④ 고의성

8 재범을 방지하고 범죄자의 경제적 기반을 조성하려는 것은?

① 보호관찰제도
② 소년원제도
③ 갱생보호제도
④ 보호관찰

9 소년법의 규정에 관한 내용으로 틀린 것은?

① 소년이란 19세 미만인 자를 말한다〈제2조〉.
② 장기소년원 송치 처분은 14세 이상의 소년에게만 할 수 있다〈제32조〉.
③ 형벌 법령에 저촉되는 행위를 한 10세 이상 14세 미만인 소년은 소년부의 보호사건으로 심리한다〈제4조〉.
④ 사회봉사명령의 보호처분은 14세 이상의 소년에게만 할 수 있다〈제32조〉.

10 다음 중 소년원에 대한 설명으로 옳지 않은 것은?

① 법무부 소속의 특수교육시설이다.
② 비행청소년을 수용하여 사회재적응훈련을 담당한다.
③ 교육적 기능보다는 사법적 기능이 강하다.
④ 소년원의 교육과정은 입원자교육, 기본교육, 사회복귀교육 등 3단계로 구분된다.

11 다음 중 송치된 소년을 수용하여 교정교육을 담당하는 곳이 아닌 것은?

① 소년교도소　　　　　　　　② 소년원
③ 소년직업보도소　　　　　　④ 소년분류심사원

12 다음 중 갱생보호위원에 대한 개념으로 옳은 것은?

① 법무부 장관이 위촉하는 민간독지가
② 법무부 장관이 위촉하는 교정시설근무자
③ 교정시설에 근무하는 사회사업가
④ 국무총리가 임명하는 민간독지가

13 다음 중 소년경찰의 활동으로 옳은 것은?

① 소년비행의 조기발견
② 비행소년의 지도교육
③ 요보호소년의 보호조치
④ 소년비행의 개별적인 원인분석

14 다음 중 보호관찰의 대상이 아닌 것은?

① 만기출소한 자
② 형의 집행유예를 선고받은 자
③ 가석방 또는 가퇴원한 자
④ 「소년법」에 의하여 보호처분을 받은 자

15 비행소년에 대한 사회봉사명령제도의 실시는 사회복지목적과 관련시켜 본다면 다음 어느 기능적 요소에 해당하는가?

① 재사회화 요소 ② 심판적 요소
③ 낙인적 요소 ④ 배상적 요소

16 다음 중 청소년 비행의 질적인 변화추이로서 옳지 않은 것은?

① 조직폭력화 ② 개별성
③ 집단화 ④ 흉악화

17 교정복지활동에 있어서 사회복지사의 역할로 볼 수 없는 것은?

① 클라이언트의 생활에 책임이 있는 개인, 집단, 기관을 움직여서 그의 자원을 활용하여 조정을 모색한다.
② 잔혹한 보호관찰대상 범죄인에 대하여 사회로부터 격리를 시켜 조치를 명령한다.
③ 교정과정에 있어 클라이언트의 행동을 규제하여 치료하도록 한다.
④ 클라이언트의 가치관에 영향을 미치는 문화유형을 변용·조정한다.

18 교정복지활동에 있어 불가피하게 사회복지 기본가치가 무시되는 내용은?

① 비밀보장의 원칙 ② 자기결정의 원칙
③ 개별화의 원칙 ④ 통제된 정서적 관여의 원칙

7 정신 · 의료사회복지

☞ 정답 및 해설 **P.85**

1 정신보건사회복지에 대한 설명으로 옳지 않은 것은?

2014. 4. 19 안정행정부

① 보건복지부장관은 정신보건전문요원의 자격증을 교부할 수 있으며, 정신보건전문요원은 정신보건사회복지사 · 정신보건임상심리사 및 정신보건간호사로 구분된다.
② 정신보건사회복지사는 정신질환자에 대한 개인력 조사 및 사회조사, 정신질환자와 그 가족에 대한 사회사업지도 및 방문지도 등을 업무로 한다.
③ 정신질환자사회복귀시설은 정신질환자를 정신의료기관 및 정신요양시설에 입원(입소)시키지 아니하고 사회복귀촉진을 위한 훈련을 행하는 시설을 말한다.
④ 정신보건사회복지사 수련제도가 시행되고 있으며, 정신보건사회복지사는 1급, 2급, 3급으로 구분되어 있다.

2 「정신보건법」에 명시된 정신보건전문요원을 모두 고른 것은?

2010. 5. 22 상반기 지방직

㉠ 정신보건의사	㉡ 정신보건임상심리사
㉢ 정신보건간호사	㉣ 정신보건사회복지사

① ㉠
② ㉠㉣
③ ㉡㉢
④ ㉡㉢㉣

3 「정신보건법」의 기본 이념으로 옳지 않은 것은?

2009. 4. 11 행정안전부

① 모든 정신질환자는 인간으로서의 존엄과 가치를 보장받는다.
② 모든 정신질환자는 최적의 치료를 받을 권리를 보장받는다.
③ 모든 정신질환자는 보호자의 동의에 의한 입원이 권장되어야 한다.
④ 미성년자인 정신질환자에 대하여는 필요한 교육을 받을 권리가 보장되어야 한다.

4   다음 중 의료사회사업의 내용이 아닌 것은?

2001. 3. 25 울산광역시

① 의사나 의료팀에 대한 원조서비스를 제공한다.
② 지역사회의 제자원을 활용한다.
③ 심리사회적 치료자로서의 역할을 수행한다.
④ 클라이언트의 입원·퇴원과정에서 사회복지기술을 활용한다.
⑤ 의료팀의 일원으로 활동하는 종합병원 중심의 사회사업이다.

5   지역사회의 의료사회사업의 주요 내용으로 볼 수 없는 것은?

① 모자보건사업   ② 전염병 관리
③ 환경위생   ④ 관련 사회사업가 훈련

6   의료사회사업이 제일 먼저 시작된 나라는?

① 영국   ② 프랑스
③ 독일   ④ 미국

7   의료사회사업시 활용되는 기술로서 옳지 않은 것은?

① 사회조사의 기술(면접의 기술)
② 환자의 병명을 정확히 진단하는 기술
③ 개인과 집단에 적용하는 기술
④ 관계직종이나 지역집단과의 연락에 관계되는 기술

8   의료사회복지사의 본질적 기능이라고 할 수 없는 것은?

① 병원 내의 프로그램 계획과 정책 결정에의 참가
② 무료진료의 적격 여부 사정
③ 환자의 재활이나 예방적인 활동 증진
④ 환자의 입원과 퇴원수속 대행

9 현대 의료사회사업의 근원으로 최초의 부인봉사원이 활동하게 된 것은?

① 웨슬리(Wesley)의 런던 무료진료소

② 1893년 뉴욕의 인보관운동

③ 1895년 런던의 왕립무료병원

④ 1902년 존·홉킨스 대학의 여자 의대생들의 자원봉사활동

10 의료사회복지사의 일반적 역할로서 옳지 않은 것은?

① 자원 동원자의 역할

② 서비스 조정자의 역할

③ 심리적·사회적 치료자의 역할

④ 경제적 원조자의 역할

11 병원 내 의료사회사업에서 가장 직접적인 서비스는?

① 환자의 제반 가족적·사회적 관계나 기능에 대해 해석하고 평가할 수 있는 전문적 지식을 통해 의료에 기여한다.

② 환자의 정서적 불안을 해소시킬 수 있는 면접이나 가족에 대한 지도 등을 담당한다.

③ 환자와 관계있는 사람들과 연락 및 경제적 원조 등을 담당한다.

④ 의료에 관련된 사회조사에의 참가나 지역사회서비스에의 관여를 통해서 전문적 지식이나 경험을 활용한다.

12 「정신보건법」상 정신보건전문요원으로 알맞게 묶은 것은?

① 정신보건사회복지사, 정신보건임상심리사, 정신보건치료사

② 정신보건사회복지사, 정신보건간호사, 정신보건임상심리사

③ 정신보건임상복지사, 정신보건임상간호사, 정신보건치료사

④ 정신보건임상복지사, 정신보건임상간호사, 정신보건상담사

13 다음 중 병원 내에서 이루어지는 의료사회사업의 기능이 아닌 것은?

① 의료팀과의 협동

② 사회사업과 관련된 훈련장

③ 환자와 가족에 대한 서비스 제공

④ 치료계획의 수립

14 다음 중 일반 의료사회복지사의 임무로서 옳지 않은 것은?

① 퇴원계획을 수립하고 사후지도를 수행한다.
② 환자가 병원의 의료자원을 적극적으로 이용할 수 있도록 돕는다.
③ 지역주민을 대상으로 가족계획, 공중보건에 대한 교육을 실시한다.
④ 환자의 개인적인 정보를 수집하여 의료진의 환자에 대한 이해를 돕는다.

15 지역사회 정신건강센터의 주요 기능이 아닌 것은?

① 입원환자의 보호
② 개방병원의 환자보호
③ 응급환자의 치료
④ 퇴원환자의 보호

16 다음 중 의료환자의 심리적 특징이라 볼 수 없는 것은?

① 사회에 대한 분노
② 불안과 공포
③ 타인에 의존적
④ 건강상태에 대한 지나친 걱정

17 다음 중 정신의학팀에서의 사회사업가의 역할은?

① 약물 처방에 의한 병의 치료와 병리에 중점을 둔다.
② 환경적 지역사회자원을 활용하여 환자의 잠재능력의 강화와 개발에 역점을 둔다.
③ 심리검사를 통하여 환자의 지적 수준과 발육 단계별 상태 그리고 특수능력 및 결함을 평가하여 치료방향을 설정한다.
④ 개인에게 행동을 수정해 주고 개인의 이해를 통해 상담과 직업지도까지 알선해주는 역할을 수행한다.

18 다음 중 환자의 심리사회적 문제나 빈곤환자의 치료비 문제 등을 대상으로 전문적 서비스를 펼치는 사회사업은?

① 지역의료사회사업
② 정신의료사회사업
③ 일반의료사회사업
④ 재활의료사회사업

19 지역사회 정신의학에서 사용되는 원칙으로 옳지 않은 것은?

① 지역사회자원을 최대로 활용한다.

② 클라이언트에게 단순하고 즉각적인 서비스를 제공해야 한다.

③ 자문이나 간접적인 지원보다는 환자와의 직접적 접촉에 많은 시간을 할애해야 한다.

④ 질병에 대한 인식의 증대와 질병의 조기발견은 예방에 많은 도움이 된다.

20 정신보건전문요원의 역할에 대한 설명으로 옳지 않은 것은?

① 치료팀의 활동에 참여해 조사 · 진단 · 계획 · 치료 및 사후보조에 있어 수평적 입장에서 활동한다.

② 이용가능한 제자원과 지역사회자원의 매개역할을 한다.

③ 정신의료사회사업가의 일차적인 역할은 의학적 치료를 수행하는 데 있다.

④ 가족들로 하여금 환자에게 고용 · 주택 · 재정적 자원 및 보호를 제공할 수 있도록 개별적으로 노력한다.

21 다음 중 정신의료사회복지사의 역할로서 옳지 않은 것은?

① 환자가 입원 중인 기관과 환자간의 매개체 역할을 한다.

② 환자와 그 가족에게 도움이 되는 사회자원을 안내한다.

③ 환자와 그 가족에 관한 정보를 획득하여 치료적 프로그램에 이용한다.

④ 조사 · 진단 · 치료에 있어서 정신과의사의 지시에 따라 활동에 참여한다.

22 개별사회사업적 정신치료에서 비교적 경증환자에 대해 시도될 수 있는 요법은?

① 가족치료　　　　　　　　　　② 격리치료

③ 통찰치료　　　　　　　　　　④ 보호감호치료

23 다음 중 정신의료기관에서 사회복지사가 하는 주된 역할은?

① 신체적 보호
② 각종 심리검사
③ 정신의학적 치료
④ 클라이언트의 사회에 대한 적응력 회복에 원조

24 다음 중 정신의학분야에 사회복지사가 최초로 팀 워커로 참여하게 된 것은?

① 서울시립아동상담소 ② 국립정신병원
③ 서울대학교 학생지도 연구소 ④ 연세대 세브란스병원

25 사회복지기관이 아니면서도 전문사회복지사들이 많이 참여하고 있는 영역은?

① 교정사회사업 ② 산업사회사업
③ 학교사회사업 ④ 의료사회사업

26 다음 중 의료사회복지사의 직무내용에 속하지 않는 것은?

① 환자의 입원과 퇴원계획 수립
② 의료사회사업 서비스를 위한 욕구의 사정
③ 의료제도의 입안 및 시행계획의 수립
④ 지역사회 의료활동을 위한 계획수립과 조정활동

⑧ 산업복지 및 학교사회복지

☞ 정답 및 해설 P.88

1 다음 글이 설명하는 학교사회복지실천모델은?

2011. 4. 9 행정안전부

> 학교제도가 학생들의 부적응과 학업미성취의 원인이 된다고 보고 학생이 사회적·교육적 기대에 적절하게 부응하는 데 장애가 되는 학교의 역기능적인 규범과 조건을 변화시키고자 하는 것으로 주된 개입의 초점은 학교환경이다.

① 학교변화모델　　　　　　　　② 지역사회학교모델
③ 사회적 상호작용모델　　　　　④ 전통적 임상모델

2 우리나라 학교사회복지와 관련된 설명으로 옳은 것은?

2009. 5. 23 상반기 지방직

① 학교사회복지사의 역할은 중재자보다 결정자 역할이 법적으로 보장되어 있다.
② 학교사회복지의 적용은 학생의 교육목표를 원조하는데 개입의 초점을 두어야 한다.
③ 교육과학기술부는 교육복지투자우선지역사업의 하나로 지역사회교육전문가를 학교에 배치하였는데, 이들은 모두 사회복지사들이다.
④ 학교사회복지는 취약학생이나 부적응 학생만을 대상으로 서비스를 제공한다.

3 다음 중 학교사회복지모델이 아닌 것은?

2004. 6. 13 서울특별시

① 전통적 임상모델　　　　　　　② 상호작용모델
③ 전략적 치료모델　　　　　　　④ 학교변화모델
⑤ 지역사회모델

4 다음 중 산업복지에서 복지의 지표가 아닌 것은?

① 생활지표　　　　　　　　　　② 복지수준
③ 평균수명　　　　　　　　　　④ 생활의 질

5 다음 중 산업복지사의 역할이 아닌 것은?

① 변화자　　　　　　　　　② 조직자

③ 중재자　　　　　　　　　④ 탐구자

6 다음 중 직업복지에 대한 비판으로 부적합한 것은?

① 형평의 원칙에 위배된다.　　　　② 직종간 상대적인 박탈감을 조장한다.

③ 긍정적 차별을 조장한다.　　　　④ 국민총화 내지는 사회통합을 저해한다.

7 다음 중 산업복지의 기능으로 옳지 않은 것은?

① 인간관계 관리　　　　　　② 노사관계의 개선과 안정화

③ 노동력 이동　　　　　　　④ 기업의 사회적 책임 수행

8 현대의 복지개념을 고용인을 대상으로 한 직업복지까지로의 확대를 주장한 자는?

① R. Titmuss　　　　　　　② C. Mitchell

③ F. Feldman　　　　　　　④ N. Ackerman

9 학교사회복지의 전문영역으로 보기 힘든 것은?

① 심리학적인 도움　　　　　② 정신의학적인 도움

③ 출석문제의 해결　　　　　④ 질병진단과 치료에의 도움

10 다음 중 산업복지의 성격으로 옳지 않은 것은?

① 기업주와 자문을 통해서 생산성 향상과 노사갈등을 사전에 예방한다.

② 공장이나 직장에서 개인, 집단, 지역사회의 부적응과 관련되는 문제들을 대상으로 한다.

③ 산업사회의 기능에 관한 원칙은 사회사업의 일반적 기능을 기업에 적용하는 것이다.

④ 기업의 경영관리에 있어 중립적인 입장보다는 주도적으로 노사의 관계에 관여한다.

11 직업사회복지사의 역할로서 가장 옳은 것은?

① 임금이나 문제에 대해 원조한다.
② 부적응 근로자를 상담을 통해 원조한다.
③ 임금이 아닌 비임금, 정신적 활동을 포함한다.
④ 근로환경의 개선이나 임금, 계획하고 추진하는 활동을 의미한다.

12 학교에서의 사회복지실제를 위해 개입표적을 설정하기 위한 가장 적절한 관점은?

① 병리학적 관점   ② 낙인적 관점
③ 생태학적 관점   ④ 기능적 관점

13 다음 중 학교사회복지에서의 기능이 아닌 것은?

① 환경조성의 기능
② 문제해결의 기능
③ 민주적 시민이 되도록 돕는 기능
④ 학교생활의 정서적 · 지적 · 사회적 기능 증진

14 학교사회복지사의 역할에 해당하지 않는 것은?

① 프로그램 개발자로서의 역할
② 전문적 임상사회사업가로서의 역할
③ 교육적 전문가로서의 역할
④ 지역의 사회자원을 활용하는 조정자로서의 역할

15 학교사회복지의 주된 기능으로 보기 어려운 것은?

① 민주적 시민의식 배양   ② 학교생활의 정서적 · 사회적 적응 고취
③ 교육적 환경 조성   ④ 교육행정의 계획 수립

9 재가복지 및 자원봉사론

☞ 정답 및 해설 P.89

1 다음 중 자원봉사활동의 기본적 원칙에 해당하지 않는 것은?

2002. 4. 28 서울특별시

① 비조직성   ② 무보수성
③ 자아실현성   ④ 공공성
⑤ 민주성

2 자원봉사자에게 가장 중요한 원리로서 거리가 먼 것은?

2001. 3. 25 울산광역시

① 사회성   ② 자발성
③ 공공성   ④ 민주성
⑤ 개혁의지

3 다음 중 자원봉사활동에 관한 내용으로 옳지 않은 것은?

2000. 7. 23 서울특별시

① 기본적 인권에 기반을 둔다.
② 사회제도와 사회개혁에 역점을 둔다.
③ 시민적 성격을 견지한다.
④ 공공성과 사회성을 가져야 한다.
⑤ 민주주의 정신과 방법을 존중한다.

4 다음 중 재가복지서비스에 포함되지 않는 것은?

2000. 6. 11 경기도

① 방문간호   ② 가사지원서비스
③ 시설보호   ④ 식사서비스

5   **자원봉사활동에 관한 내용 중 옳지 않은 것은?**

2000. 6. 11 경기도

① 기본적 인권에 기반을 둔다.
② 사회제도와 사회혁신에 역점을 둔다.
③ 공공성과 사회성을 가져야 한다.
④ 민주주의의 정신과 방법을 존중한다.

6   **자원봉사활동의 원칙에 대한 설명 중 옳지 않은 것은?**

① 공공성과 사회성을 가져야 한다.
② 시민적 성격을 견지해야 한다.
③ 활동에 있어서 민주주의 정신과 방법을 존중한다.
④ 사회제도를 개발하고 개혁하는 데 초점을 둔다.
⑤ 활동의 중심은 기본적 인권의 존중에 둔다.

7   **자원봉사활동의 원칙이라고 볼 수 없는 것은?**

① 자원봉사활동은 사회제도의 혁신에 초점을 두어야 한다.
② 자원봉사활동은 그 기초를 인간애에 두어야 한다.
③ 자원봉사활동은 민주주의 정신에 기초하여야 한다.
④ 자원봉사활동은 시민정신에 기초하여야 한다.

8   **다음 중 자원봉사활동에 속하지 않는 것은?**

① 기본공동체를 강화시키는 활동이다.
② 인간교육 및 복지교육을 위한 훈련의 장이다.
③ 아동위원, 복지위원은 자원봉사성격을 지닌다.
④ 무보수가 원칙이므로 실행에 있어 교통편의 점심제공을 하지 않는다.

9 다음 중 자원봉사의 성질로 옳지 않은 것은?

① 자발성 ② 민간성

③ 여가의 선용성 ④ 보상성

10 다음 중 자원봉사활동의 역할로서 옳지 않은 것은?

① 인간화 역할 ② 자선적 역할

③ 민주화의 역할 ④ 문제해결의 동반자적 역할

11 다음 중 자원봉사자의 역할로서 옳지 않은 것은?

① 사회자원의 재분배에 기여한다.

② 부적합한 사회화 과정의 개선과 그 원조에 기여한다.

③ 민주적 가치와 실천방안을 조기에 정착할 수 있도록 기여한다.

④ 사회의 비인간적 요소와 분위기를 보다 인간적으로 전환하도록 기여한다.

12 자원봉사활동을 촉진시키기 위한 고려사항이라고 할 수 없는 것은?

① 상담과 조언 또는 배경조정활동이 요구된다.

② 정보의 제공 또는 정비가 필요하다.

③ 물질적 보상을 주도록 노력해야 한다.

④ 기능에 대한 조정활동이 필요하다.

시험 전에 꼭 풀어봐야 할 문제

정답 및 해설

1. 사회복지의 개념

1 ④

④ 제도적 개념에 따른 사회복지의 특성이다.

2 ④

④ 제도적 개념의 사회복지는 사회문제의 발생 원인에 있어 사회의 책임을 강조한다. 개인의 책임을 강조하는 것은 잔여적 개념의 사회복지이다.

※ 잔여적 개념과 제도적 개념의 사회복지

잔여적 개념	제도적 개념
개인의 욕구는 비정상적인 것으로 간주한다.	개인의 요구는 산업화로 인해 필연적으로 발생한다.
문제가 되는 상황은 긴급 상황 또는 위기 상황이다.	문제 상황은 복잡한 현대사회에서 항상 나타난다.
개인이 가진 자원이 모두 소진된 이후에야 사회복지가 제공된다.	사회복지는 문제가 심각해지기 전에 제공된다.
사회복지에는 낙인이 뒤따른다.	사회복지에 낙인은 없다.
사회복지는 문제를 일시적으로 완화시킬 뿐이며, 최후로 기댈 수 있는 자선이나 사회로서 가급적 단기간에 종결한다.	사회복지에는 예방과 재활이 제도화되어 있으며, 항구적으로 제공된다.

3 ④

④ 자유주의는 빈곤 등 사회적 위험 등을 사회적 책임보다는 개인의 나태나 게으름과 같이 개인적 책임으로 간주함으로써 국가의 시장개입을 반대하는 이념이다.

4 ③

①②④ 사회복지사업법에서 제시된 사회복지사업에 관한 법률이다.

※ 사회복지사업법
- ㉠ **정의**: 사회복지사업이란 다음의 각 법률에 따른 보호·선도(善導) 또는 복지에 관한 사업과 사회복지상담, 직업지원, 무료 숙박, 지역사회복지, 의료복지, 재가복지(在家福祉), 사회복지관 운영, 정신질환자 및 한센병력자의 사회복귀에 관한 사업 등 각종 복지사업과 이와 관련된 자원봉사활동 및 복지시설의 운영 또는 지원을 목적으로 하는 사업을 말한다〈사회복지사업법 제2조〉.
- ㉡ **법률의 종류**: 국민기초생활보장법, 아동복지법, 노인복지법, 장애인복지법, 한부모가족지원법, 영유아보육법, 성매매방지 및 피해자보호 등에 관한 법률, 정신보건법, 성폭력방지 및 피해자보호 등에 관한 법률, 입양특례법, 일제하 일본군위안부 피해자에 대한 생활안정지원 및 기념사업 등에 관한 법률, 사회복지공동모금회법, 장애인·노인·임산부 등의 편의증진 보장에 관한 법률, 가정폭력방지 및 피해자보호 등에 관한 법률, 농어촌주민의 보건복지증진을 위한 특별법, 식품기부 활성화에 관한 법률, 의료급여법, 기초연금법, 긴급복지지원법, 다문화가족지원법, 장애인연금법, 장애인활동 지원에 관한 법률(시행일 2011.10.5), 노숙인 등의 복지 및 자립지원에 관한 법률(시행일 2012.6.8), 보호관찰 등에 관한 법률(시행일 2011.11.5), 장애아동 복지지원법, 발달장애인 권리보장 및 지원에 관한 법률

5 ③

③ 낮은 목표효율성은 보편적 프로그램의 단점이다.

※ 선별주의 프로그램
- ㉠ 장점: 비용효과성, 목표효율성을 기할 수 있다.
- ㉡ 단점
  - 급여대상자가 엄격한 자격기준과 선정절차로 스티그마를 느낄 가능성이 있다.
  - 부정수급자가 발생할 수 있다.
  - 과다한 행정비용 발생으로 운영효율성이 저하될 수 있다.
  - 보편주의 프로그램에 비해 정치적인 기반이 협소하다.
  - 수급자와 비수급자 간의 통합이 저해될 수 있다.

6　②

② 자유방임주의는 개인의 자유, 능력, 노력을 중시하고 경제성장과 부의 극대화에 큰 가치를 부여하며 계약과 합의에 있어서 개별적 선택을 강조한다. 따라서 주택이나 소득, 교육 등의 수준에 차이가 나는 것을 당연시하여 불평등한 사회현상을 옹호하게 된다.

7　②

① 사회보장은 질병·노령·장애·실업·사망 등의 사회적 위험으로부터 모든 국민을 보호하고 빈곤을 해소하며 국민생활의 질을 향상시키기 위해 제공되는 사회보험·공공부조·사회복지서비스 및 관련 복지제도를 뜻한다.
③ 사회사업은 실천을 강조하고 특정대상에 대한 치료적, 사후적, 소극적 지식과 기술, 전문 활동을 뜻하며, 사회복지는 이상을 강조하고 불특정대상에 대한 예방적, 사전적, 적극적인 제도나 정책을 뜻한다.
④ 사회안전망은 대량실업, 재해, 전시 등 국가위기 상황에서 국가가 국민에게 기초생활을 보장해 주어 안정된 사회생활을 하도록 만드는 보호조치로 공공 사회안전망과 민간 사회안전망으로 구분한다. 민간 사회안전망은 공공의 부족한 부분을 보완하기 위해 사회복지단체, 시민단체, 종교단체, 직능단체들에 의해 전개되고 있다.

8　②

사회제도와 주된 기능
㉠ **가족** : 사회화
㉡ **종교** : 사회통합
㉢ **경제** : 생산 – 분배 – 소비
㉣ **정치** : 사회통제
㉤ **사회복지** : 상호부조

9　④

④ 사회민주주의에서의 사회적 가치에 관한 설명이다.
※ **기든스의 「제3의 길」** … 기든스는 1998년에 발간된 「제3의 길」이라는 저서를 통해 사회민주주의와 신자유주의를 대신할 새로운 정치이념을 '제3의 길'로 명명하였다. 시장경제를 수용하면서도 능동적인 정부의 역할을 강조하고 있으며, 정부의 역할을 인정하면서도 활력 있는 시민사회를 강조한다. 또한 정부, 기업, 시민사회 간의 협력관계를 중시하였다. 경쟁력과 부의 산출을 중시하는 '신혼합경제'를 옹호하며, 베버리지 시대의 소극적 복지수급자와는 대조적으로 적극적인 복지시민의 위상정립에 정책의 초점을 맞추고 있다.

10　②

사회민주주의는 평등, 자유, 우애를 중심적인 사회가치로 하여, 국민최저선의 설정, 기회평등의 촉진, 취약자에 대한 적극적 차별의 시행을 통해 과도한 불평등을 감소시킬 수 있다고 본다. 불평등을 인정하지 않는 것이 아니라 과도한 불평등을 억제하고 국민의 복지욕구를 충족시켜 주기 위해서 최저생활과 기회균등을 보장해 주어야 한다는 것이다. 또한 조세정책 등 적극적이고 보편적인 복지정책을 통해 사회자원의 재분배가 이루어져야 한다고 본다.

11　④

핀커스와 미나한(Pincus & Minahan)의 사회복지실천의 목적
㉠ 개인의 문제해결 및 대처능력 향상
㉡ 개인을 사회자원과 서비스 및 기회를 제공해주는 체계와 연결
㉢ 체계를 효과적이고 인도적으로 운영하도록 장려 및 촉진
㉣ 사회정책의 개발 및 발전에 공헌

12　①

① '사회복지 실천'의 목적이다.
※ **사회복지 평가의 목적**
㉠ 프로그램의 계획이나 과정상의 환류적 정보 제공
㉡ 기관운영의 책임 이행
㉢ 프로그램 기획 및 개발에 필요한 지식과 정보 획득
㉣ 이론의 형성에 기여
㉤ 서비스 전달 체계의 개선
㉥ 합리적인 자원배분

13　④

전통적으로 사회복지의 개념형성에 영향을 끼친 것은 사회문제, 사회적 욕구, 사회적 위험과 관련이 있다. 사회복지가 인적자본을 유지시켜 경제발전에 기여하는 사회적 투자기능도 하지만 간접적이므로 ④가 답이 된다.

14　④

④ 한정적 개념으로서의 사회복지는 가족 또는 시장기구를 통하여 복지욕구를 충족하지 못한 사회구성원을 지원하기 위한 공적노력을 의미한다.

15 ②

② 사회보험은 그 재정을 예측하기 용이하나 공공부조는 수입과 지출 총액을 예측하기 어렵다는 특징이 있다.

16 ④

윌렌스키와 르보의 사회복지활동을 특정짓는 기준
㉠ 목적상 이윤을 배제한 비영리여야 한다.
㉡ 지속적, 체계적으로 그들을 원조하는 사회적인 후원과 책임이 따라야 한다.
㉢ 사회복지주체는 사회적으로 승인된 공식적 조직체여야 한다.
㉣ 통합적 관점에서 다양한 전문적 서비스를 제공해야 한다.
㉤ 인간의 생존 영위를 위한 소비적 욕구 충족에 관심을 가져야 한다.

17 ③

사회복지의 목적
㉠ **인간다운 생활의 보장**
• 생계를 유지할 수 있는 기본적 수준의 의식주 보장에서 상대적인 삶의 수준을 고려하는 측면으로 변화하고 있다.
• 1919년 바이마르 헌법에서 최소의 생활을 영위할 수 있는 권리인 생존권에 대해서 처음으로 규정하였다.
• 대한민국 헌법 제34조 제1항에서는 "모든 국민은 인간다운 생활을 할 권리를 갖는다."라고 규정하고 있다.
㉡ **자립적 생활 추구**
• 개인이 타인에게 의존하지 않고 스스로의 삶을 영위할 수 있도록 한다.
• 개인의 능력에 따라 가능성을 개발할 수 있도록 돕는다.
• 프리드랜더의 가치관 : 개인존중의 원리, 기회균등의 원리, 자기결정의 원리, 상부상조의 원리
㉢ **사회통합**
• 사회 구성원 간의 결속력을 갖도록 한다.
• 이타주의와 박애정신을 바탕으로 모든 국민이 사회에 협조적으로 살아갈 수 있도록 한다.

18 ②

㉢ 개인과 가족의 노력과 활동은 사회복지의 개념에 포함된 속성이 아니다.
㉣ 재화와 서비스의 효율적 생산, 배분, 소비는 경제학적 개념이다.

19 ③

윌렌스키와 르보(Wilensky and Lebeaux)는 현대적 의미에서 사회복지의 범주에 속하는 활동들이 다른 활동들과 구분되는 기준을 다음의 다섯가지로 제시하고 있다.
㉠ 공식적 조직
㉡ 사회적 후원과 사회적 책임성
㉢ 이윤동기의 부재
㉣ 기능적 보편성
㉤ 인간의 소비욕구에 대한 직접적 관심

20 ④

④ 잔여적 이념에 대한 설명이다.

21 ①

① 자발적 차원에서 사회적 차원(공공성)으로 변화하였다.

22 ④

④ 최저조건의 급여수준을 최적조건으로 전환시킨다.

23 ③

③ 한정적 의미의 사회복지개념이다.

24 ①

종래의 사회복지의 개념은 사회부조, 자선사업, 인보사업이었으나 현대적 개념으로서 사회복지의 개념은 사회보장, 사회사업, 사회봉사, 사회정책, 사회계획을 의미한다.

25 ③

③ 개인적 개혁에서 사회적 개혁으로 발전해왔다.

26 ③

오늘날 사회봉사의 개념은 점차 전체 국민의 최적 욕구를 해결하기 위한 정부의 노력으로 발전하는 경향이 있다.

27 ③

한정적 사회복지와 제도적 사회복지

구분	한정적(보충적)	제도적(구조적)
생활 책임관	개인책임	사회책임
시대 배경	근대자유사회(전산업 사회)	현대복지사회
대상 및 결정방법	정상적인 생활을 영위하지 못하는 사람	• 모든 국민 • 보편원칙
처방 (기술 및 정책수단)	• 임시구제 • 개별화 • 공적부조	• 제도적 조치 • 표준화 • 사회보험 또는 일반적 급부

28 ①

사회복지는 제도나 정책의 목적적 개념을 중시하고 있으나, 사회사업은 사회복지의 운영에 대한 실질적·전문적 활동면을 중시한다. 즉, 사회사업은 주로 민간에 의한 자발사업이다.
① 국가에 의한 강제사업은 사회정책을 의미한다.

29 ③

현대적 사회복지개념에는 사회보장, 사회사업, 사회봉사, 사회정책, 사회계획 등이 포함되며 인보사업은 인도주의적 동기에서 빈민지역에 거주하며 실제적 조사를 통해 실태를 파악하고 구제의 필요가 있는 자들을 원조하는 등의 자선을 베푸는 활동으로 전통적 사회복지개념이라 할 수 있다.

30 ①

① 복지국가가 형성되고 시민권이 확립되기 이전의 사회의 경제기구로부터 탈락한 빈곤층을 권리로서가 아닌 은혜를 베푸는 입장에서 구제하기 위한 여러가지 사회적 제도를 말한다.

31 ④

④ 티트머스(R.M. Titmuss)의 사회정책에 대한 정의이다. 티트머스는 사회정책을 사회복지제도라고 하였는데, 이외에도 사회정책은 유익한 것을 목적으로 하며, 경제적 목적뿐만 아니라 비경제적 목적까지 포함한다고 하였다.

32 ③

③ 전통적인 의미의 사회복지는 상호부조, 자선사업, 인보사업을 말하며 사회사업, 사회봉사, 사회정책, 사회계획 등은 현대적 의미의 사회복지이다.

33 ③

③ 피드백은 새로운 정책 및 프로그램의 제안이다.

34 ①

② 인간관계의 문제를 조정하는 전문적 기술을 말한다.
③ 사회적 욕구나 문제를 해결하기 위한 국가정책이다.
④ 질병, 실업, 세대주의 사망, 노령 및 폐질 그리고 우연한 사고에 대비해 사회입법으로 보장하기 위한 계획이다.

35 ①

① 생활책임관은 개인책임관이다.

36 ④

사회복지사는 인간조직의 시스템과 환경간의 경계에 개입하여 활동범위를 정하였다.

37 ②

로마니신(J. Romanyshyn)은 사회복지를 개인과 사회 전체의 복리증진에 직접적인 관심을 기울이는 모든 형태의 사회적 개입이라 하여, 복합적 개념으로 사회복지를 보았다.

38 ②

투입은 인력, 급여, 시설, 기관 등 에너지를 말하며 건강진단은 투입된 자원의 활용, 즉 프로세스(과정)에 해당된다.
※ 투입(자원에너지) → 프로세스(과정 : 자원의 활용) → 산출(목표 달성) → 피드백(평가)

39 ②

① 인간의 환경 내에서 사회적 상황관계의 적응에 관심을 둔다.
③ 사회적 요구에 대한 서비스이자 사회문제에 대한 대책으로 사회적 평등과 보장을 증진시키는 정부역할의 총체이다.
④ 민간에 의한 서비스로서 자원봉사활동을 의미한다.

40 ①

① 자발성에서 공공성으로 변화되고 있다.

41 ④

혼합복지의 개념은 복지국가위기론에 대두된 영역이다. 즉, 공공영역과 민간영역이 혼합적 복지제공을 강조하므로 사회복지서비스의 민영화 정책과 밀접함에 따라 최광의적 사회복지개념과 거리가 멀다.

2. 사회복지의 구성

1 ④

매슬로우(Maslow)의 욕구 5단계

성장욕구, 자기완성	**자아실현 욕구**	체험, 끊임없는 자기능력 발휘 욕구
자기발전, 성장, 정신적 가치 욕구	**자기존중 욕구**	지위, 존경, 인정 받고자 하는 욕구
사랑, 애정욕구	**사회적 욕구**	사회적 소속감, 친교욕구
위험감소, 외부 세계설명 욕구	**안전욕구**	치안 욕구
식욕, 성욕 등 생존본능	**생리적 욕구**	탈출, 호기심, 학습욕구

2 ③

사회문제 … 어떤 현상이 사회적 가치에서 벗어나는 것을 말하며 그 사회적 가치란 기능주의나 갈등주의 등에 따라 다르게 작용하는 가치 지향적인 개념이다.

3 ④

④ 클라이언트의 문제와 욕구에 대한 다차원적인 조사는 조사단계에서 이루어진다.
※ **일반적인 사회복지실천 과정의 단계**
　㉠ **초기단계** : 접수(intake), 자료수집, 사정, 계획
　㉡ **중간단계** : 개입(계획의 실행)
　㉢ **종결단계** : 종결 및 평가

4 ②

시장실패의 요인
㉠ **외부효과의 문제** : 외부효과가 존재하면 시장은 자원을 효율적으로 배분하는 역할을 하지 못하므로 국가의 개입이나 규제가 필요하다.

㉡ **공공재의 문제** : 공공재는 국가가 생산하여 불특정 다수인이 혜택을 보는 재화로서, 비배제성·비경합성·비시장성의 속성을 지니므로 그 충분한 공급을 위하여 국가가 개입하게 된다.
㉢ **불완전정보문제** : 거래에 참여하는 양쪽 중 한쪽만 정보를 가지고 있을 경우에는 정보의 편재로 시장이 효율적으로 작동할 수 없기 때문에 국가개입이 요구된다.
㉣ **불완전경쟁문제** : 소수생산주체에 의해 과점체제가 형성되는 경우 이들에 의하여 상품가격이 좌우되므로 이에 대한 규제의 필요성에 의해 국가개입이 요구된다.
㉤ **소득분배의 불공평성** : 시장메커니즘은 능률성을 추구하므로 소득분배를 보장할 수 없다. 그러므로 빈부 격차의 심화를 완화시키기 위해 국가는 규제를 통하여 경제적 약자의 생존권을 보호해야 한다.

5 ③

① 규범적 욕구　② 감지된 욕구　④ 비교적 욕구
※ **브래드쇼(Bradshow)의 사회적 욕구이론**
　㉠ **규범적 욕구** : 전문가, 행정가, 사회과학자들이 욕구의 상태를 규정하는 것으로, 미리 바람직한 욕구충족의 수준을 정해놓고 이 수준과 실제 상태와의 차이에 의하여 욕구의 정도를 규정하거나 최고의 욕구수준을 정해놓고 실제 상태와의 차이에 의하여 욕구의 정도를 규정하는 것이다.
　㉡ **감지된 욕구** : 욕구상태에 있는 당사자의 느낌에 의해 인식되는 것인데, 이것은 어떤 욕구상태에 있는지 또는 어떤 서비스를 필요로 하고 있는지 물어서 파악하는 욕구이다.(= 느낀 욕구, 느껴진 욕구, 감촉적 욕구)
　㉢ **표현적 욕구** : 감지된 욕구가 실제의 욕구충족 행위로 나타난 것이며, 수요라고도 할 수 있다.(= 표출된 욕구, 표현된 욕구)
　㉣ **비교적 욕구** : 어떤 서비스를 받고 있는 사람들과 비슷한 특성을 갖고 있으면서도 서비스를 받지 않고 있는 사람들을 욕구상태에 있는 것으로 규정하는 것을 말한다.(= 상대적 욕구)

6 ④

행동체계도 목적이나 상황에 따라 클라이언트 체계와 중복될 수 있다.
※ **행동체계** … 주로 사회복지사가 변화노력을 달성하기 위하여 서로 상호작용하는 사람들을 말한다. 서로 다른 수많은 행동체계들이 존재하기도 하지만, 행동체계들은 클라이언트에게 도움을 주는 변화를 가져오기 위해 사회복지사가 활동하는 이웃, 가족, 또는 타인들을 말한다.

7 ②

할당의 원칙
귀속적 욕구 보상 진단적 구분 자산조사에 대한 욕구
보편주의 ◄─────────────────► 선별주의

8 ①

학자에 따른 욕구의 분류
㉠ 매슬로우(Maslow)의 욕구단계이론 : 생리적 욕구,
 안전의 욕구, 사랑의 욕구, 존경의 욕구, 자아실
 현의 욕구
㉡ 브래드쇼(Bradshow)의 욕구인식의 기준에 따른 분류
• 규범적 욕구 : 미리 바람직한 욕구충족의 수준을
 정해놓고 이 수준과 실제상태와의 차이에 의하여
 욕구의 정도를 규정하는 것
• 감지적 욕구 : 욕구상태에 있는 당사자의 느낌에
 의해 인식되는 것
• 표현적 욕구 : 감지적 욕구가 실제의 욕구충족 추
 구행위로 나타난 것
• 비교적 욕구 : 어떤 서비스를 받고 있는 사람들과
 비슷한 특성을 갖고 있으면서도 서비스를 받지 않
 고 있는 사람들을 욕구상태에 있는 것으로 규정하
 는 것

9 ④

④ 사회문제를 예전에 병리관점에서 파악하던 것을
강점관점에서 파악하고 있다.

10 ②

사회복지정책의 자격요건 가운데 가장 기본적인 인
간 존엄성, 평등가치 실현에 근본이 되는 것은 한 나
라 또는 한 지역의 거주여부이다.
※ 사회복지정책의 자격요건
 ㉠ 거주여부, 거주기간, 시민권
 ㉡ 인구학적 조건
 ㉢ 기여
 ㉣ 근로능력

11 ③

노인의 4고, 베버리지 5악, 사회보장의 정의
㉠ 노인의 4고 : 질병, 고독, 빈곤, 무위
㉡ 베버리지 5악 : 빈곤, 무지, 질병, 불결, 나태
㉢ 사회보장의 정의 : 질병, 장애, 노령, 실업, 사망
 등의 사회적 위험으로부터 모든 국민을 보호하고
 빈곤을 해소하며 국민생활의 질을 향상시키기 위
 하여 제공되는 사회보험, 공공부조, 사회복지서비
 스 및 관련 복지제도를 말한다.

12 ④

개인주의 이념과 기능주의적 이론적 관점에서 사회
문제는 사회적 기준에서 벗어난 일탈행위로 일부의
문제들에게만 적용할 수 있다. 예를 들면 청소년범
죄, 범죄 등의 문제는 목표에 도달하는 수단이 사회
적 또는 문화적으로 비합법적이거나 비도덕적인 것
에 해당하므로 개인과 사회제도에서의 기능적으로
적응하지 못한 상태에 해당한다. 물론 빈곤도 기능주
의 이론적 관점에서 볼 때 사회의 일반적인 생활상
태에서 벗어난 일탈적인 상태에 해당하지만 탈선행
동이 더 정확한 것으로 파악해야 할 것이다.

13 ①

① 기능주의 관점은 사회문제의 원인이 개인과 사회
제도의 일부에 있는 것으로 본다. 즉, 일반적으로 정
신질환은 자본주의 체계 속에서 개인적 측면이 강조
되고 있다.

14 ④

고대사회로 갈수록 개인의 문제로 인한 기본욕구의
불충족은 개인의 책임을 강조하였다. 그러나 현대사
회는 다수가 공통의 문제를 가지고 있어 개인의 문
제로 해결할 수 없을 때 사회가 공동의 힘 내지 집
단적 원조체계로 해결하는 문제이다. 그래서 이를 사
회구조적 문제로서 사회적 위험, 비복지(diswelfare)
로 칭한다. 그러므로 개인문제와 사회문제가 완전히
구별 내지 대별될 수는 없다.

15 ④

한정적 개념의 사회복지대상은 한정된 약자나 요보
호자이며, 광의의 대상은 사회구성원 전부이다.

16 ④

④ 경제발전과 더불어 생활수준이 향상되면서 질 높
은 서비스의 요구가 급증하여 민간영리부문이 차지
하는 역할이 점차 커지고 있으며, 현행 사회복지사업
법에서 사회복지서비스 민영화의 일환으로 많은 변
화를 가져오도록 규정하고 있어 관련된 사항이 많다
고 볼 수 있다.

17 ②

사회복지의 대상
㉠ 사회적 요구 : 일반적으로 개인적인 문제로서 생활
 의 질과 관계된다.
㉡ 사회적 문제 : 다수가 문제로 인식하거나 강력한
 집단의 가치가 위협받을 때 발생한다.

18 ③

사회사업은 주로 민간의 자발사업에 의존하므로 그 재원도 헌금인 경우가 대부분이다.

19 ③

사회복지의 재원
㉠ **공적 사회복지활동의 재원** : 국세, 지방세에 의한 소득세, 소비세, 사회보험기여금, 이자세와 특별세, 기타의 수취금과 차용금 등
㉡ **사적 사회복지활동의 재원** : 기관의 회비, 종교단체의 기부금, 기관수입금, 각종 모금, 사회심리적 재원, 자원봉사 등

20 ①

사회복지의 제도적 모형은 사회복지의 광의적 개념으로서 사회정책, 사회보장의 책임이 국가에 있고, 전국민을 대상으로 한다.
② 공적인 산업복지 ③ 민간복지 ④ 민간기업복지

21 ④

로마니신(J. Romanyshyn)의 사회복지체계로서의 기능
㉠ **사회적 급여체계** : 소득, 의료, 주택 등의 시장분배를 지원하거나 대체하는 것으로 공적부조와 사회부조, 사회보험, 공공주택의 공급 및 의료의 사회화 등이 있다.
㉡ **사회적 서비스** : 가족과 교육제도를 지원하고 대체하는 것으로서 본질적으로 인간의 변화에 관심을 두며 원만하게 사회화 기능을 수행할 능력과 자원을 갖도록 조력한다.
㉢ **사회적 행동** : 그 관심은 체계변화에 있다. 사회행동가는 자원을 늘리고 역할구조와 세력분포를 바꾸어 문제를 예방하고 기회를 확대하는 노력을 한다.

22 ④

사회복지의 대상은 정상적인 일반생활의 수준에서 탈락 · 낙오되었거나 그 우려가 있는 개인 또는 가족이다. 이것은 디바인(T. Divine)의 이른바 3D인 빈곤(Destination), 질병(Disease), 비행(Delinquency)의 형태로 나타난다. 디바인은 3D 중에서 빈곤, 그 중에서도 '번영 속의 빈곤'을 중시했으며 현대 빈곤의 책임은 그 책임이 사회에 있다고 주장하였다.

23 ②

상부상조의 기능이란 개인 스스로 문제를 해결할 수 없을 때 사회구성원간에 서로 도와주는 기능을 말한다.
※ **프리들랜더(W.A. Friedlander)의 사회복지의 기본적 가치관**
　㉠ **개인존중의 원리** : 모든 사람은 인간으로서의 가치, 품위를 가진다.

㉡ **자발성 존중의 원리** : 개인이 무엇을 요구하며 그것을 어떻게 존중할 것인가를 스스로 결정할 권리가 있다(자기결정의 원리).
㉢ **기회균등의 원리** : 모든 인간은 개인의 능력에 따라 균등한 기회를 가진다.
㉣ **사회연대의 원리** : 모든 사람은 자기 자신, 가족 및 사회에 대해 상호책임을 가진다(상부상조의 원리).

24 ②

브래드쇼(J. Bradshaw)는 사회복지에 대한 사회적 요구로서 느낀 요구는 개인의 결핍에서 오는 요구이고, 표현된 요구는 수요가 되는 요구이며, 규범적 요구는 전문가가 어떠한 상황을 규정한 요구이고, 비교의 요구는 지역적 정의에 기초한 요구라는 것이다.
①③④ 모두 부분적으로는 사회복지대상에 포함될 수 있으나 사회복지의 대상이 되는 가장 중요한 요구는 표현된 요구이다.

25 ①

사회복지는 개인존중의 원리나 자기결정의 원리를 중시한다는 점에서 개인주의적 입장을 강하게 반영하고 있다고 볼 수 있다.

26 ①

공적 · 사적 사회복지의 특성

구분	공적 사회복지	사적 사회복지
장점	• 세금이 재원이 되므로 안정적이다. • 보편적이고 계속적인 서비스를 제공함으로써 국민의 최저생활을 보장할 수 있다.	• 조직의 운영이 탄력적이다. • 국가에 대해 대상자의 입장에서 대변 · 비판한다. • 수혜대상자의 자존심을 유지해 준다. • 대상자의 욕구에 따라 독립적 · 전문적 · 유동적이며 신속한 대체가 가능하다. • 독창적인 서비스프로그램의 개발이 가능하다.
단점	• 운영조직의 관료적 성격이 강하여 탄력성이 결여되어 획일적이다. • 법적 · 재정적 제약으로 인해 새로운 욕구에 신속히 대응할 수 없다. • 서비스 수요자에게 보호대상자라는 부정적 이미지를 갖게 만든다. • 변화에 대해 거부감을 나타낸다.	• 재원 확보가 불확실하다. • 지속적인 서비스 제공 및 운영에 차질이 발생하기 쉽다. • 자선적인 측면에 그치기 쉽다. • 선별적인 서비스만을 제공한다.

27 ②

4D는 빈곤, 의존, 질병, 비행이다.

28 ④

사회복지재원은 소득세, 소비세, 사회보험기여금 기타 수취금과 차용금 등 조세로 구성되며 이 중 가장 큰 비중을 차지하는 것은 기여에 따른 급여를 원칙으로 하는 사회보험의 기여금이다.

29 ③

① 생산·분배·소비의 기능(경제제도)
② 사회화의 기능(가족제도)
④ 사회적 통합의 기능(종교제도)

30 ③

국가가 사회복지의 주체인 경우에는 사회정책과 사회보장이 적합하다.

31 ③

사회복지의 형태
㉠ **개인** : 박애사업, 상호부조
㉡ **가족** : 가족복지, 재가복지
㉢ **부락** : 인보사업, 혼상계
㉣ **교회** : 자선사업
㉤ **직장** : 기업복지, 공제회
㉥ **지역사회** : 지역사회사업, 공동모금
㉦ **국가** : 사회정책, 사회보장

◀ 3. 사회복지의 모형과 가치관

1 ④

④ 신우파는 반집합주의 성향을 가지고 있지만, 신우파의 중심 사회가치는 자유, 개인주의, 불평등이다. 평등을 최고의 가치로 여기는 것은 민주적 사회주의이다.

2 ③

사회복지에서의 보편주의…모든 국민을 대상으로 하고 사회문제에 대한 사회적 책임을 강조하면서 국가의 시장 개입을 찬성하는 제도적 개념을 말한다.

3 ④

쓰레기통 모형…문제, 해결방안, 선택기회, 정책결정 참여자 등의 요소가 우연히 모이면 정책결정이 이루어진다.

※ **정책결정 모형**

합리모형	고도의 합리성을 전제로 비용편익 분석 등을 통해 가장 합리적인 최선의 정책 대안을 선택한다.
만족모형	제한된 합리성을 전제로 여러 대안 중에서 가장 만족스러운 대안을 선택한다.
점증모형	정치적 합리성을 전제로 다원주의 사회에서 다수가 선호하는 정치적 실현 가능성이 높은 대안을 선택한다.
혼합모형	합리모형과 점증모형의 결합을 통한 종합적인 합리성을 전제로 하며 근본적인 내용은 합리적으로 선택하고, 세부적인 내용은 점증적으로 선택한다.
최적모형	경제적 합리성과 초 합리성(직관, 판단, 통찰력)의 조화를 강조한다.
쓰레기통모형	문제, 해결방안, 선택기회, 정책결정 참여자 등의 요소가 우연히 모이면 정책결정이 이루어진다.

4 ③

① 심리사회모델의 주요한 이론적 배경은 정신역동이론이다.
② 클라이언트 스스로 문제를 인식하게 하고 클라이언트의 자기결정권을 강조하는 것은 과제중심모델에 해당한다.
④ 클라이언트의 행동변화를 위한 체계적인 개입을 강조하며 변화 목표를 명확하게 설정하고 개입과정을 모니터링·기록·평가하는 것을 중요시하는 것은 행동주의모델에 해당한다.

5 ①

②③ 페이비언주의에 대한 설명이다.
④ 마르크스주의에 대한 설명이다.

6 ④

①②③ 보충적 모형
④ 제도적 모형

※ 보충적 모형과 제도적 모형

구분	보충적 모형 (잔여적 모형)	제도적 모형
특징	• 가족과 시장의 보완적 기능 • 정부의 역할 최소화 • 한정된 취약계층을 대상 • 개인주의, 간섭받지 않는 자유, 시장경제원칙을 기본가치로 두고 자본주의 정신에 충실	• 사회의 정상적인 주요제도로 기능 • 정부의 역할이 극대화 • 다수국민을 대상 • 빈곤으로부터의 자유, 평등의 구현, 우애를 기본가치로 둠

7 ①

사회복지 이념체계 ⋯ 조지와 윌딩은 1994년에 복지국가를 둘러싼 논쟁과 관련된 정치 이데올로기를 여섯 가지로 구분하여 논의하고 있다.
㉠ **신우파** : 오일위기 이후 공공복지를 공격하면서 등장, 고전적 자유주의가 부활하기 시작하였으며 자유, 개인주의, 불평등을 가치로 내세운다.
㉡ **중도노선** : 기본적으로 시장경제를 선호하나 시장경제가 항상 원활하게 작동하지 않는다는 입장을 취하며 실용적 성격으로 자유, 개인주의, 경쟁적 사기업을 신봉한다.
㉢ **사회민주주의** : 중도노선과 마르크스주의의 중간적 성격을 지니며 복지국가가 민주주의의 정치적 권리와 자유시장의 한계 사이를 조정하는 힘이라고 생각한다. 평등, 자유, 우애를 사회적 가치로 내세운다.
㉣ **마르크스주의** : 복지국가를 자본주의국가의 한 형태로 해석하며, 자유, 평등, 우애를 중시한다.
㉤ **페미니즘** : 성차별적인 정치권력의 결과에 초점을 맞춘 새로운 관점이며 여성에 대한 불공정한 대우, 과중한 돌봄 노동부여, 빈곤의 여성화 경향 등에 비판을 제시한다.
㉥ **녹색주의** : 지구의 미래를 배려할 수 있는 탈산업화사회에서 등장하였으며 복지국가의 급여와 서비스를 경제성장과 소비증가의 산물로 인식하여 지구환경의 심각한 문제로 간주한다.

8 ③

기여에 따라 급여를 배분하는 것으로, 이를 흔히 공평이라고 하는 것은 비례적 평등이다.
※ **평등**
㉠ **수량적 평등** : 평등의 개념 가운데 가장 적극적인 것으로, 모든 사람을 똑같이 취급하여 사람들의 욕구나 능력의 차이에 상관없이 사회적 자원을 똑같이 분배하는 것을 의미한다(＝ 산술적 평등, 결과의 평등).
㉡ **비례적 평등** : 개인의 욕구, 능력, 기여 등에 따라 사회적 자원을 상이하게 배분하는 것으로, 흔히 공평(equity)이라고 한다.
㉢ **기회의 평등** : 평등의 개념 가운데 가장 소극적인 것으로, 결과를 얻을 수 있는 과정상의 기회만을 똑같이 해주는 것을 의미한다. 따라서 과정상의 기회만 평등하다면 그로 인한 결과의 불평등은 아무런 상관이 없다.

9 ④

에스핑 – 안데르센(Esping – Andersen)의 복지국가 유형화 기준
㉠ 개인의 복지가 시장에 의존하지 않고도 충족될 수 있는 탈상품화의 정도
㉡ 국가와 사회계층제의 형태
㉢ 시장 및 가족과의 관계

10 ①

슘페테리안 워크페어 국가의 특징
㉠ 다품종 소량생산
㉡ 신보수주의 영향
㉢ 노동의 유연성 강조
㉣ 국가개입의 축소
㉤ 기술중심의 사회

11 ②

㉡ '인지행동 모델'에서 엘리스(Ellis)의 합리정서치료에 관한 설명이다.
㉤ '인지행동 모델'의 일반적인 원칙 중 하나이다.

12 ③

생활모델 ⋯ 저메인과 기터맨(Germain & Gitterman)이 생태체계이론의 관점을 통합하여 최초로 소개한 이론으로, 유기체로서의 개인이 그를 둘러싸고 있는 환경과 어떻게 적응관계를 유지하는가에 주요 관심을 둔다. 인간의 욕구와 문제를 인간과 환경간의 상호 교환의 산물로 볼 것을 강조한다. 생활모델의 실천 목적은 개인과 환경, 특히 인간의 욕구와 환경자원 간의 적응수준을 향상시키는 것이다.

13 ③

프로이드의 정신분석학은 내제된 무의식적 충동과 같은 근본적인 문제원인의 해결에 집중한다.
※ **과제중심 모델** ⋯ 과제중심 모델은 단기 개입, 구조화된 접근, 클라이언트의 자기결정권에 대한 강조, 클라이언트의 환경에 대한 개입 강조, 개인의 책무성에 대한 강조를 특성으로 한다.

14 ①

① 과제중심모델은 단기모델에 해당한다.

15 ③

인지행동모델 … 인지과정의 연구로부터 도출된 개념과 함께 행동주의와 사회학습이론으로부터 나온 개념들을 통합 적용한 것이다. 이는 문제를 일으키는 잘못된 가정과 사고의 유형을 확인, 점검하고 재평가하여 수정하도록 격려하고 원조하도록 하는 것으로 이에는 행동치료, 인지치료, 합리정서치료, 현실치료, 인지행동치료 등이 속한다.

16 ⑤

① 티트머스는 보완적 복지모델, 산업적 성취수행모델, 제도적 재분배모델로 구분하였다.
② 마샬은 민주주의(정치), 자본주의(경제), 복지국가(사회)의 복지모형을 규정하였다.
③ 파커는 자유방임형, 사회주의형, 자유주의형, 사회민주주의형으로 구분하였다.
④ 미쉬라는 제도적 형태, 규범적 형태, 보완적 형태로 복지모형을 나누었다.

17 ④

George & Wilding의 복지모형
㉠ **반집합주의(자유방임주의)**
• 기본적 가치 : 소극적 자유, 불평등, 개인주의
• 정부개입 부정적 : 복지국가 반대
㉡ **소극적 집합주의(수정자유주의)**
• 기본적 가치 : 소극적 자유, 불평등, 개인주의
• 정부개입 조건부 인정 : 복지국가 찬성(실용주의와 인도주의)
㉢ **페이비안 사회주의(사회민주주의)**
• 기본적 가치 : 평등, 자유, 우애
• 정부개입 적극 인정 : 복지국가 적극 찬성
㉣ **마르크스주의(사회주의)**
• 기본적 가치 : 경제적 평등, 적극적 자유
• 정부개입 적극 인정 : 복지국가 적극 반대(자본주의 전면 거부)

18 ②

복지다원주의란 수혜자 주변의 활용 가능한 복지자원을 발견·활용·강화해야 하는 것이다.

19 ②

파커(J. Parker)의 복지모형(이데올로기의 차이에 따른 구별)
㉠ **자유방임형** : 개인주의에 기초하여 경제성장과 부의 극대화에 가치를 둔다. 즉, 시장경제체제에서 계약과 선택을 강조하며 국가는 최소 개입을 해야 한다고 본다.
㉡ **사회주의형** : 시장체제를 악으로 규정하고 거부하며 적극적인 국가개입을 허용한다. 경제적·정치적 평등과 공동권을 강조하고 능력보다 요구에 따른 자원배분을 주장한다.
㉢ **자유주의형** : 생활기회와 개인적 자유, 기회구조의 배분방법으로서 시장의 필요성을 인정한다. 스스로 부양할 수 없는 사람에 대한 최저수준을 보장하는 수준에서 국가의 개입을 허용한다.
㉣ **사회민주주의형** : 평등·자유·우애·인도주의의 가치를 강조하며 기존의 시장제도는 불평등을 제거하지 못한다는 판단하에 시장제도를 수정한 형태이다. 국가는 공동선의 구현자이며 산업사회의 문제와 욕구에 대한 실용적 반응으로 빈곤을 제거하는 역할을 해야 한다고 본다.

20 ④

가족과 시장이 정상적인 기능을 수행하지 못할 때 이의 보완적 기능을 사회복지가 담당하고 있는 경우로 인간의 복지가 가족과 시장 및 자유로운 경제활동으로 이루어지지 못할 때 일시적으로 개입하는 경우를 보완적 모형이라 한다.

21 ②

급여, 서비스의 운영원칙이 모든 사람의 평등에 근거하여 모든 사람이 평등하게 급여를 받을 자격을 가진다는 조건을 충족하는 것이 보편주의인데, 그렇지 못할 경우 선별주의가 된다.

22 ④

반집합주의(자유주의적 이념)
㉠ 반집합주의자들이 주장하는 기본적인 가치는 자유, 개인주의, 불평등이며 시장에서 발생하는 빈곤과 불평등을 자연스럽고 바람직한 것으로 받아들인다.
㉡ 사회란 개인의 자발적 협동과 경쟁에 기초하여 형성되어야 하며 국가의 역할은 최소한에 머물러야 한다.
㉢ 국가는 문제가 되지 않을 정도의 최소의 개입과 보완적인 역할을 수행해야 한다고 보아 복지국가를 반대하는 입장을 취한다.
㉣ 대표적인 학자로는 Hayek, Friedman, Powell이 있다.

23 ③

사회복지의 기본가치

㉠ **개인존중의 원리** : 모든 사람은 인간으로서 가치, 품위, 존엄을 가진다.

㉡ **기회균등의 원리** : 모든 인간은 개인의 능력에 따라 균등한 기회를 가진다.

㉢ **사회연대의 원리** : 사람은 자기 자신, 가족 및 사회에 대해 책임을 진다.

㉣ **자발성 존중의 원리** : 개인이 무엇을 요구하며 그것을 어떻게 충족할 것인가를 자기 스스로 결정할 권리를 가진다.

㉤ 계승되어야 할 가치관으로는 인간존중의 사상, 자유와 평등사상, 복지국가의 목표, 상부상조의 공동체 인식, 국가적 효율성 등이 있다.

24 ①

제도적 모형은 국가가 적극적으로 개입함으로써 복지가 구현될 수 있는 모델이다.

25 ①

② 페이비안 사회주의는 적극적 자유·평등을 사회의 중요한 가치로 보고 불평등 요소가 있는 시장경제를 대폭 수정해야 한다는 입장이다.

③ 마르크스주의는 복지국가를 사회주의로 가는 중간단계로 보지 않으며 오히려 자본주의를 강화하는 역할을 한다는 입장이다.

④ 소극적 집합주의는 기본적으로 시장경제를 인정하고 시장실패를 보충하는 의미로서 복지국가를 인정하며 국가가 국민 최저수준을 보장해야 한다는 입장이다.

26 ②

①③④ 보충적 모형(선별주의)
② 제도적 모형(보편주의)

27 ④

① 윌렌스키(Wilensky)와 르보(Lebeaux)
② 조지(George)와 윌딩(Wilding)
③ 파커(J. Parker)
※ **티트머스(R.M. Titmuss)의 사회복지모형**
　㉠ **보완적 모형** : 사적 시장이나 가족 및 공적부조나 요보호대상자에 해당한다.
　㉡ **산업적 업적성취모형** : 사회복지의 주요 역할을 경제의 부수적 차원(시녀적 모델)으로 보기 때문에 개인의 욕구는 자신이 경제적으로 기여한 업적에 기반하여 충족되어야 한다.

㉢ **제도적 재분배모형** : 사회복지제도는 사회의 구조적 불평등을 보상하기 위해 어느 정도 욕구원칙에 기반해야 한다(욕구원리, 사회평등의 원리, 재분배체계들의 총합에 기반).

28 ④

①② 사회주의형 　③ 자유방임형

29 ③

산업적 업적달성모형

㉠ 생산성 중심의 사회구성(업적, 신분향상, 작업수행)을 목표로 한다.
㉡ 사회복지에 있어 기능주의적 입장을 취한다.
㉢ 사회복지를 경제성장의 수단으로 사용한다.

30 ②

파커(J. Parker)의 사회복지모형

㉠ **자유방임형** : 단순한 개인주의에 기초하여 있고 경제성장과 부의 극대화에 큰 가치를 부여하며 모든 종류의 계약과 합의에 있어서 개별적 자유선택을 강조한다. 또한 소득과 부, 교육, 의료서비스 및 사회보호형태는 생산제도에 의해 좌우되고 또한 그것이 빈민 보호와 부자 억제를 막론하고 최소의 국가 개입하의 개별적 교환력에 좌우된다. 빈곤의 대책은 절대적 개념에서 나오게 된다.

㉡ **사회주의형** : 자원의 배분이 능력보다는 요구에 기초하며 정치·경제·사회적 활동에 참여하기 위해 질적 가치와 공동권리를 강조하며 무엇으로부터의 자유가 아닌 대상에 대한 자유이다. 정부는 누구든지 적극적 선택을 할 수 있도록 제공하고 예방활동보다는 쾌적한 기준의 제공에 필요한 환경조성의 책임을 지게 된다.

㉢ **자유주의형** : 자유방임과 사회주의의 중간형태로 시장을 가치와 개인적 지위 및 사회적 배분자로서 중시하며 공동사회의 생활기준과 관련되는 최저기준의 보장책임이 정부에 있게 된다.

31 ②

조지(George)와 파커(J. Parker)의 사회복지모형 비교

George의 사회복지모형	Parker의 사회복지모형
반집합주의	자유방임형
소극적 집합주의	수정자유주의형
페비안적 사회주의	사회민주주의

32 ④

미쉬라의 사회복지모형
㉠ 경험학파(사회행정)
㉡ 시민권
㉢ 수렴이론(기술주의)
㉣ 기능주의
㉤ 마르크스주의

33 ④

제도적 모형… 사회복지서비스가 일차적 기능으로서 제도적으로 수행되는 경우를 말한다. 즉, 국가가 적극적으로 개입함으로써 복지가 구현될 수 있는 모형이다.
④ 보충적 모형이다.

4. 사회복지와 사회사업

1 ②

② 산업재해, 질병, 노후 등에 대처하는 남성 가장의 사회적 위험은 테일러-구비(Taylor-Gooby)가 말한 새로운 사회적 위험이 아닌 과거의 사회적 위험이다.
※ **테일러-구비**(Taylor-Gooby)의 **사회적 위험 분류**
　㉠ **과거의 사회적 위험** : 공업화와 도시화로 인한 빈곤문제, 산업재해와 질병의 위험, 실업ㅂ과 노후의 위험 등에 대처하는 남성 가장을 중심으로 하는 문제를 말한다.
　㉡ **새로운 사회적 위험** : 후기 산업사회로 경제 사회적 구조가 변화하면서 적응하기 힘든 사람들이 처한 문제를 말한다.
　• 노동구조가 남녀평등의 방향으로 변화되면서 특히 가정과 직장에서 아동들에 대한 보육, 노인들에 대한 보호 등의 어려움을 감내해야 하는 저 숙련 여성 노동자들의 사회적 위험
　• 노령화에 따른 사회적 보호의 수요 증가 및 연금과 건강 서비스의 비용 증가로 인한 노인들의 사회적 위험
　• 기술발전으로 인해 노동시장에서 비 숙련직이 감소하고 국제 간 노동 이동의 가능성이 증대됨에 따라 교육과 고용의 연계로 인한 저 교육 노동자들의 사회적 배제 문제
　• 민영화와 복지 축소로 인한 사적(私的) 서비스 부문의 팽창은 비효과적인 규제 기준 설정의 가능성과 그에 따른 일반 시민들의 불만스러운 선택을 야기할 수 있다.

2 ②

② 비스마르크는 채찍 정책으로 1878년 사회주의 탄압법을 제정하여 사회주의 세력을 억압하는 한편, 당근 정책의 일환으로 사회적 위험으로부터 노동자 계급에 대해 국가가 최저생활을 보장하는 사회보험법(질병보험법, 산재보험법, 노령연금법)을 도입하였다.

3 ⑤

사회복지와 사회사업의 비교

구분	사회복지	사회사업
목적	바람직한 사회 (환경지향적)	바람직한 인간 (인간지향적)
대상	일반적	개별적
성격	예방적 · 사전적 · 적극적 · 생산적	치료적 · 사후적 · 소극적 · 소비적
어의	이상적	실천적
기능	제도적 · 정책적	지식적 · 기술적
실천	고정적	역동적

4 ③

서구 복지국가의 경험을 통한 사회복지의 국민통합에의 기여(효과)
㉠ 산업화의 결과로 생긴 새로운 계급인 봉급생활자의 물질적 안정이 성취되었다.
㉡ 산업화의 결과로 생긴 노동자 계급의 폭력적 갈등이 평화적 방법주의로의 해결을 모색하게 되었다.
㉢ 산업화의 기본이 되는 건강한 노동력을 공급받을 수 있게 되었다.
㉣ 사회보장제도는 사회성원간에 공동체의식을 개발하고, 사회적 책임을 고양하며, 사회적 통합에 기여하였다.
㉤ 사회보험은 국민적 효율성을 증진시키고, 민간자원의 낭비를 예방하였다.
㉥ 복지정책은 인간의 존엄성과 시민권을 제고시켰으며, 민주주의의 발전에 기여하였다.
㉦ 복지서비스는 인간생활의 질을 풍부하게 하여 이타심을 조장하였다.

5 ③

③ 사회사업은 역동적, 사회복지는 고정적이다.

6 ②

② 사회사업의 특성이다.

7 ④

④ 사회사업을 의미한다.

8 ①

① 실천적 측면에서 사회복지는 고정적이고, 사회사업은 역동적이다.

9 ③

③ 각 분야의 전문성을 갖는 것은 사회사업이다.

10 ②

협의적 사회복지개념으로서 사회사업은 실천중심적, 과학적 지식과 기술적 측면을 강조한다. 반면에 광의적 사회복지개념은 이상적인 면, 불특정다수적, 제도적·정책적 측면을 강조한다.

11 ④

사회복지와 사회사업의 개념적 특성
㉠ 제도적 체계 대 기술적 체계
㉡ 예방과 방빈의 목적 대 구빈과 치료의 목적
㉢ 적극적, 사전적 대 소극적, 사후적
㉣ 고정적·거시적 측면 대 역동적·미시적 측면

12 ②

①③④ 사회사업 ② 사회복지
※ **사회복지와 사회사업의 속성**

사회복지	사회사업
• 사회적 시책에 의한 제도적 체계, 예방·방빈에 목적을 둔다.	• 전문적 사회사업에 의한 기술적 체계, 치료, 구빈에 목적을 둔다.
• 개인, 집단, 국가에 의해 수행된다.	• 개인 또는 집단, 기관에 의해 수행된다.
• 적극적·생산적·조직적·일반적이다.	• 소극적·사후적·소비적·선별적이다.
• 이상적인 면을 강조한다.	• 실천적인 면을 강조한다.
• 제도적·정책적이며 거시적이다.	• 지식과 기술적인 측면을 강조하며 미시적이다.
• 고정적이다.	• 역동적이다.

1 ④

④ **확산이론** : 한 나라의 사회복지 정책이 다른 나라에 영향을 미친다는 데 초점을 맞춘 이론으로 긴밀한 관계에 있는 국가나 인접한 국가 간의 제도가 서로 닮아간다는 이론이다.

2 ②

복지다원주의의 특징
㉠ 복지공급형태의 다양성
㉡ 서비스 이용자의 선택권 확대
㉢ 제3섹터의 강조
㉣ 시민참여에 의한 정책결정

3 ③

① 경제발전이 이루어짐에 따라 사회복지도 발전하게 된다는 이론이다. 수렴이론 혹은 기술결정론이라고도 한다.
② 사회복지정책의 산출이 제집단의 요구를 반영한 것이 아니라 독립된 위치에 있는 정부 관료제 등 국가가 문제를 인식하고 대안을 찾는 일련의 정책과정으로 보는 이론으로, 스카치폴 등이 대표적인 학자이다.
④ 사회복지의 확대에 있어 좌파정당과 노동조합의 영향을 강조한 이론이다.

4 ①

① 아들러는 인간의 발달은 5세경에 거의 형성되며 그 이후에는 근본적인 변화가 없다고 가정한다.
※ **아들러의 개인심리이론의 기본가정**
㉠ 인간은 독특하고, 더 이상 분해할 수 없으며, 자아 일치적이고, 통합된 실체다
㉡ 발달이란 완전한 것을 향상 능동적인 노력, 즉 성장을 위한 노력이다
㉢ 유전, 문화적 압력이나 본능적 욕구는 발달에 영향을 미치는 요인이긴 하지만 대부분의 발달은 개인의 능동적 선택에 의하여 이루어진다.
㉣ 발달은 5세경에 거의 형성되며, 이후에는 근본적인 변화가 없다.
㉤ 개인은 환경을 주관적으로 파악하고, 이러한 주관적 신조나 믿음에 따라 행동한다.

ⓗ 자아는 창조적 힘을 가지고 있으며, 열등에 대한 보상과 미완성을 극복하고 완성을 추구하고자 하는 성향을 지니고 있다.
ⓘ 심리적 건강은 개인이 우월성을 추구하는 과정에서 환경적 방해를 어느 정도 극복하느냐와 사회적 관심정도에 달려 있다.
ⓙ 치료과정은 보다 지시적이며, 치료자는 능동적 참여자다.

5 ③

③ 사회양심이론에 관한 설명이다.
※ **사회양심이론** … 사회복지의 발달을 어떤 인구집단의 집단적인 사회양심의 축적이라는 맥락에서 이해하여야 한다고 보았으며, 인간이란 이타주의적 본능을 가지고 있기 때문에 자신의 자녀뿐만 아니라 친척·친구·이웃들도 보호하고 싶어한다고 설명한다.

6 ②

노사협의, 재임용, 성과배분제, 경영참가는 자존의 욕구에 해당하며, 소득보장은 생존의 욕구, 안전과 안정의 욕구, 자존의 욕구에 모두 포함될 수 있다.
④번의 경우 자아실현의 욕구과 자존의 욕구에 모두 중복될 수 있는 내용이므로 주의하여야 한다.
※ **매슬로우(Maslow)의 욕구체계에 따른 산업복지의 내용**

욕구체계	산업복지의 내용
생존의 욕구	보수(기본급), 고용, 작업조건, 주거비보조, 의료보험, 산재보험, 고용보험, 직업안정, 직업훈련, 최저임금제 등
안전과 안정의 욕구	안전한 작업조건 및 환경, 고용안정, 산재보험, 고용보험, 노령연금, 공제, 소득보장, 근로자 재산형성, 건강진단 등
소속과 애정의 욕구	우정, 친교, 친목활동, 집단 결성, 장기 근속 등
자존의 욕구	사회적 인정, 직함, 직위, 명예, 제안, 참여, 노사협의, 경영참가, 소득보장 등
자아실현의 욕구	도전적인 직무, 성취, 능력발전, 승진, 직무확대, 제안제도, 장려금 등

7 ③

③ 노동자 계급을 대변하는 정치적 집단의 정치적 세력이 커질수록 복지국가가 발전한다사회민주주의 이론에 해당한다.

※ **산업화 이론**
ⓐ 경제 발전함에 따라 사회복지는 자연적으로 함께 발전된다고 주장
ⓑ 산업화는 노동력의 상품화를 크게 증가시키고 이로 인해 발생되는 문제 해결에 국가가 적극 나설 수밖에 없다.
ⓒ 산업사회에서는 새롭고 전문적인 기술이 중시되며 이를 위해 국가가 적극 개입하게 되었다.

8 ③

③ 사회복지의 갈등주의적 관점이다.

9 ①

사회복지의 기술적 접근방법에서 사회복지는 고도의 전문적 지식과 기술을 지닌 사회사업가의 원조하에 이루어지고, 이는 개별사회사업, 집단사회사업, 지역사회사업, 사회행동 등이다.

10 ③

사회복지의 통합적 접근은 정책적 접근방법과 전문적(기술적) 접근방법의 중간적 의미의 사회복지로 사회해체의 결과로 생긴 사회문제를 예방·치료하기 위한 것이다.

11 ④

④ 정책적 접근법에 대한 내용이다.

12 ①

통합주의(신갈등주의)의 사회사업은 지역사회조직과 직업복지를 강조하고, 기능주의는 가족치료와 상담사업, 갈등주의는 사회행동과 혁명을 강조하였다.

13 ③

③ 어떠한 접근법에 있어서도 클라이언트의 감정을 중요시하지 않고서는 풀어나갈 수가 없다. 무엇보다도 클라이언트의 감정은 중요시되어야 한다.

14 ④

기능주의적 관점에서 사회사업은 가족치료, 상담사업이다.

15 ①

체계이론 … 1950년대 L.V. Bertalanffy에 의하여 기초가 마련된 후 모든 학문영역에 있어서 여러 가지 요소를 전체로서 파악하는 사고의 틀을 제공해 왔다. 여기서 체계란 상호작용이 이루어지고 있는 여러 가지 요소로 된 장(set)으로서 어떤 부분들의 연합과 통합으로 이루어진 구조, 작용, 개념을 말한다. 이 이론은 사회복지 실천에 유효한 이론적 관점을 제공해 왔으며 사회사업은 사람과 환경간의 상호작용에 관계하여 그들의 생활의 과제와 열망 등을 실현하는 데 초점을 두어야 한다고 보았다.

16 ②

② 갈등주의적 관점은 사회적 불평등을 대상으로 하며, 사회해체를 대상으로 하는 것은 통합주의적 관점이다.

17 ③

③ 갈등주의적 관점이다.

18 ③

이론적 관점에서 본 사회정책
㉠ 기능주의 : 완전고용, 실업보험
㉡ 갈등주의 : 최저임금제, 법정노동시간제
㉢ 통합주의 : 사회보장, 노사협의

19 ③

제시된 내용은 통합주의적 관점으로 노사협의와 사회보장이 사회정책이다.

20 ②

정책적 접근법에 의하면 사회문제와 사회복지는 역사적·사회적 존재 형태이므로 사회제도의 결함으로 생긴 문제를 해결할 수 있는 대책으로 보는 견해이다. 사회봉사, 사회개발, 사회개혁, 사회정책이 정책적 접근법에 해당된다.

21 ③

③ 갈등주의적 관점에 대한 내용이며 신갈등주의(통합주의)적 관점은 입법과 정책수립을 통하여 갈등을 수용하려는 것을 주장한다.

22 ②

② 사회사업의 전통적 방법이나 심리요법을 중요시하는 것은 기능주의 관점이다.

1. 우리나라의 사회복지역사

1 ②

② 「생활보호법」의 제정(1961) → 사회복지법인에 대한 법적 근거 마련(1970) → 사회복지전문요원제도 시행(1987) → 정신보건전문요원으로서 정신보건사회복지사 자격제도의 도입(1995)

2 ④

「영유아보육법」(1991) → 「사회보장기본법」(1995) → 「국민건강보험법」(1999) → 「노인장기요양보험법」(2007)

3 ③

③ 산업재해보상보험 - 의료보험(국민건강보험) - 국민연금 - 고용보험 - 노인장기요양보험 순서로 발전하였다.

4 ②

㉠ 국민기초생활보장제도(2000)
㉡ 사회복지통합관리망(2010)
㉢ 긴급복지지원제도(2006)
㉣ 사회복지사 1급 국가시험(2003)

5 ②

① 1960년에는 「공무원연금법」이 1961년에는 「생활보호법」, 「재해구호법」, 「아동복리법」이 제정되었다.
② 1989년에 노인복지법이 개정되어 가정봉사원 파견사업이 노인복지사업으로 규정되어 정부에서 보조금을 받을 수 있는 근거를 마련하였다.

6 ④

④ 구황은 흉년 등으로 말미암아 굶주림에 **빠진** 빈민(貧民)을 구제하는 일로 진휼, 진대, 고조, 견감, 원납, 시식사업 등이 있다.

7 ①

② 노인복지법 : 1981년 6월 5일 제정
  장애인복지법 : 1981년 제정된 심신장애자복지법을 1989년 12월 30일 전문 개정하여 장애인복지법으로 변경
③ **국민기초생활보장법** : 1961년 12월 30일에 제정된 생활보호법을 2000년 10월 국민기초생활보장법으로 대체
④ **노인장기요양보험법** : 2007년 4월 27일 제정, 2008년 7월 1일 시행

8 ④

④ 사회복지시설 허가제는 2000년 이전부터 시행되었으며, 평가제도는 1987년에 법제화되어 1998년부터 시행되었다.
② 국민기초생활보장법은 2000년 10월 시행되었다.

9 ②

② 사회복지사 자격증 제도는 사회복지사업종사자라는 명칭으로 1970년대 최초로 도입되었으며 사회복지사로 명칭이 개정되면서 사회복지사 1급, 2급, 3급으로 분류된 것은 1983년이다.

10 ②

② 「사회복지사업법」은 1970년도에 제정되었으며 「사회보장기본법」은 1995년도에 제정되었다.

11 ④

자휼전칙
㉠ 조선후기의 가장 대표적인 아동복지 관련법령으로서 정조 7년(1783)에 반포된 유기아, 행걸아의 구제에 관한 법령으로 윤음(綸音)을 내려 사목(事目)을 정하고 혜휼(惠恤)의 길을 열어 그 시행방법을 규정케 하였다.
㉡ 요구호아동의 구휼에 있어 개인 · 민간의 책임보다 국가의 책임과 역할을 다소 인정한 것이다.
㉢ 국한문으로 인쇄하여 서울을 비롯한 전국에 반포하여 시행토록 하였다.

ⓔ 정조의 전교와 보호전반에 대한 9개의 절목으로 구성되어 있다.
ⓜ 9절목
- 나이와 구제기간
- 행걸아 구제에 있어 1차적으로 친족책임의 원칙
- 행걸아 구제방법
- 유기아의 발견과 보고 절차
- 유기아 구휼에 있어 유모제도
- 행걸아, 유기아 입양과 추거(본래의 연고지로 찾아가는 것)
- 의복과 의료시혜
- 지방에서의 절차와 재정
- 행걸아, 유기아에 대한 식이법과 낭관에 의한 사후감독

12 ①

5·16 군사정변의 비정통성을 극복하기 위해 구호적·전시적으로 사회복지 관련입법이 내용과 실시여부를 떠나 형식적으로 많이 제정되었다.

13 ①

창제 … 삼국의 공통된 구제제도로 가장 오래된 일반적인 구제제도이다. 이는 본래 전쟁시에 필요한 군곡을 확보하기 위하여 설치한 것이었으나 갑작스런 재해나 질병이 발생했을 때에는 왕명을 받아 비축한 양곡을 빈민에게 방출하였다.
② 고려시대의 구제제도
③ 고려시대의 의료구호기관
④ 조선시대의 지역적 자치단체

14 ②

② 방재는 수재에 대비한 제방축조 등 국가적 차원의 자연재해대비책이다.

15 ②

삼국시대의 구제활동 … 관곡지급, 사궁구휼, 조조감면, 대곡자모구면, 왕의 책기감선, 역농방재 등을 실시하였으며 강력한 통치제도가 확립되었다.

16 ③

① 임시구빈기관(예종 : 재난시 빈민구휼과 병자치료)
② 예종 때 대비원이나 제위보의 보완
③ 충목왕 때 유아를 보호·양육하는 관설영아원
④ 충목왕 때 천재지변에 의한 재난진휼

17 ②

② 조선 정조 때의 법령으로 유기아 및 부랑 걸식아에 대한 보호법령을 공포·실시한 내용을 담고 있다.
※ **고려의 5대 진휼사업**
ⓐ **은면지제** : 개국, 즉위, 불사, 경사, 난후 등 기타 적당한 시기에 왕이 결채 또는 조조를 탕감하거나 부역자에게 조조를 감해주는 각종의 은전이 실시되었다.
ⓑ **납속보관제** : 구휼재정의 부족을 보충하기 위하여 일정 관직을 주고 금전을 상납받는 것이다.
ⓒ **수한질여진대제** : 이궁재민에게 각종의 물품과 의료, 주택 등을 급여하는 사업으로서 의원과 약물을 배치하여 질병을 치료하고 행려자에게 숙박도 제공하였다.
ⓓ **환과고독진대제** : 빈곤하여 자활할 수 없는 홀아비, 과부, 고아 및 자식 없는 노인의 4궁을 우선적으로 진휼하였다.
ⓔ **재면지제** : 천재지변 또는 전쟁과 질병 등으로 인한 이재민 등의 조세, 부역 및 형벌 등을 전부 또는 일부를 감면해 주는 것이다.

18 ④

예종 4년(1109)에 중앙에 처음으로 설치되어 구휼행정을 총괄 관장했다.

19 ④

동서대비원 … 환자치료나 빈민구제를 위주로 기한자, 노인, 고아, 환과고독 등도 수용하여 진휼하였으며 오늘날의 병원과 복지원을 겸한 기관이다.

20 ③

③ 기로소(耆老所)는 태조 3년(1394년)에 경성의 중부에 처음 설치된 것으로 70세 이상의 노인을 입소시켜 잔치를 열어 주는 노인구제활동을 담당하였다.

21 ④

조선시대 구제제도의 법적 기초 … 조선시대의 대표적인 법전인 경국대전의 이전·호전·예전·병전에 구제제도에 대한 규정이 기록되어 있다.
ⓐ **이전(吏典)** : 의료구제기관으로서 혜민서와 활인서를 두는 규정이 있고, 80세 이상의 노인직조에 대해서는 1계급 승진의 특전을 부여하는 규정이 있다.
ⓑ **호전(戶典)** : 호전에는 지방관리의 궁민진휼의 구제책임에 관한 규정이 있으며, 경성과 각 지방에 상평창을 두어 백성들의 경제생활을 돕도록 하고 수군과 지방관리들은 흉년에 대비하여 소금과 해초를 준비할 것 등을 규정하고 있다.

ⓒ 예전(禮典) : 예전에는 경로, 혼비보조, 노인과 고
아에 대한 수양 및 의과관급, 의약규제 등이 규
정되어 있다.
ⓔ 병전(兵典) : 병전에는 면역(免役), 구휼의 제도를
규정하고 있다.

22 ④

① 덕업상권(德業相勸) : 좋은 일을 서로 권장한다.
② 과실상규(過失相規) : 잘못된 일을 서로 꾸짖는다.
③ 예속상교(禮俗相交) : 올바른 예속을 서로 나눈다.
④ 환난상휼(患難相恤) : 재난과 어려움에 처해 있을 때
서로 돕는다.

23 ②

② 빈민구제의 책임은 왕에게 있으나 그 일차적 책
임은 지방관에 있었다.
※ 조선시대의 구빈구제원칙
ⓐ 왕의 책임주의 : 백성 중 한 사람이라도 빈궁에
처하게 하는 것은 치자(治者)의 책임이며 행정
의 오점이라는 주의이다.
ⓑ 신속구제의 원칙 : 구제는 시기를 놓치게 되면
효과가 감소하고 실정에 맞지 않으면 악폐를
수반한다는 원칙으로 신속성을 중요시한다.
ⓒ 국비우선의 원칙 : 구제의 재원은 국비에서 우선
적으로 충당하고, 구제대부에 의해서 발생한
이익으로 이를 보충한다는 원칙이다.
ⓓ 현물주의 : 구제는 우선적으로 생명연장에 필수
적인 식료품을 공급하는 것이 기본이다.
ⓔ 중앙감독의 원칙 : 구제행정에 대한 일차적인 책
임은 전적으로 지방관에게 일임하며, 중앙정부
는 구호관계의 조서나 법을 제정하고 지방구호
행정에 대한 지도·감독만 한다.

24 ③

자휼전칙
ⓐ 조선후기의 가장 대표적인 아동복지관련 법령이다.
ⓑ 정조 7년에 반포된 유기아, 행걸아의 구제법령이다.
ⓒ 요보호아동의 구휼에 있어 개인과 민간의 책임보
다 국가의 책임과 역할을 다소 인정한다.
ⓓ 정조의 전교와 보호 전반에 대한 9개의 절목으로
구성되었다.
ⓔ 유기아 또는 부랑아 대책에 있어 서구의 엘리자베
스 구빈법(1601)의 취지와 비슷하다.

25 ②

자휼전칙 … 걸식아동의 구제방법을 규정한 것으로 정
조 7년(1783) 기아·걸인이 많으므로 그 구제의 시행
방법을 규정하여 널리 주지시키기 위하여 한글로 번
역하여 경향 각지에 반포하였다.

26 ④

①② 민간차원에서 큰 일이나 불행을 치루고자 할
때 지역주민들간의 상부상조한 관행이다.
③ 5가구를 1통으로 조직하여 인보상조와 연대책임의
원칙하에 각 구역 내의 치안을 유지하고 복리를
증진시키며 지방행정이 운영을 돕게 하는 인보(隣
保)제도이다.
④ 이재민 또는 빈궁민에게 유무상으로 양곡이나 미역,
소금, 면포 등을 급여하거나 대출한 구휼사업이다.

27 ①

북선개척사업은 1932년에 시작된 화전민 대책사업으
로서 그들을 정착시켜 농민화하려는 데 목적이 있었
다. 그러나 결과적으로 화전민을 착취하고 그들의 빈
곤만 더해 주었다.

28 ①

ⓐ 고구려 고국천왕 16년(194)에 만들어진 것으로 흉
년이나 춘궁기에 곡식을 백성들에게 대부해 주었
다가 풍작 때에 다시 갚게 하는 제도이다.
ⓑ 조선 정조 7년(1783)에 반포된 유기아, 행걸아의
구제에 관한 법령이다.
ⓒ 고려 광종 14년(953)에 설치된 것으로서 빈민구제
사업과 이재민구조사업을 실시하였다.
ⓓ 조선 세종 때에 설치된 빈민구제기관이다. 인조 4
년(1626년)에 진휼청으로 명칭을 바꾼 뒤 전국에
구호양곡을 방출하고 급식을 실시하는 등의 진휼
사업을 실시하였다.
ⓔ 조선 태조 때 경성의 동부와 서부에 2개를 설치하
여 처음에는 동서대비원이라 하였으나 태종 14년
(1414)에 동서활인서로 명칭이 바뀌었다. 이는 경
성 내의 환자를 구휼하는 책임을 맡아 관장하였다.

29 ③

① 조선시대 ② 식민시대 ④ 1950년 동란 직후

30 ④

④ 고려시대의 구제사업에 해당한다.

31 ③

③ 「고용보험법」은 1993년에 제정되었다.

32 ①

① 조선구호령은 1944년 3월부터 적용되었으나 체계
적이고 통일된 구호사업을 실시하지는 못하였으며,
구빈목적이라기보다 전시체제하에서 식민지 통치를
보다 강화하고 효율성을 높이기 위해 실시된 것이다.

※ 조선구호령
　　㉠ 의의 : 모자보호법과 의료보호법을 가미시킨 근
　　　　대적 의미를 둘 수 있는 공적부조의 출발로 볼
　　　　수 있음
　　㉡ 구호대상 : 원칙적으로 65세 이상자, 13세 이하의
　　　　아동, 임산부, 불구ㆍ폐질 기타 정신 또는 신체
　　　　장애로 인해 노동을 하기에 지장이 있는 자
　　㉢ 급여내용 : 생활, 의료, 생업, 조산, 장제부조
　　　　등 5개 부문

33 ②

일제시대의 구호사업
　㉠ **은사금 이재구조기금 관리규칙**(1914) : 이재민들을 위
　　해 식량이나 의류, 의료비 등을 지원하고자 한 기
　　금충원대책이었으나 그 정도가 미미했다.
　㉡ **은사진휼자금 궁민구조규정**(1916) : 폐질, 중병자나
　　무의탁 노유병약자들을 대상으로 식량급여만을 통
　　해서 궁민을 구조하고자 했다.
　㉢ **행려병인 구호자금 관리규칙**(1917) : 무의탁 행려병
　　자들을 규칙에 의거 구호소를 설치하고 구호했다.
　㉣ **방면위원제도**(1927) : 빈민의 생활실태를 조사하고
　　그 개선과 향상을 위해 노력하고 조사활동을 통해
　　사회결함을 예방ㆍ보정함을 목적으로 했다.
　㉤ **조선구호령**(1944) : 일반적인 구호에 관한 법으로
　　모자보호법과 의료보호법을 부분적으로 첨가한 근
　　대적 공적부조의 성격을 띠었다.

34 ④

1945년 해방 후 3년간 미군정기간 동안 사회사업정
책 및 구호에 관한 여러 각서가 우리말로 후생민보에
발표되어 조선구호령과 함께 사용되었다. 이 때 공공
구호를 요하는 자는 65세 이상된 자, 6세 이하의 부
양할 아동을 가진 자(母), 13세 미만의 아동, 불치의
병으로 신음하는 자, 분만시 원조를 구하는 자, 육체
적ㆍ정신적 결함이 있는 자로 규정되어 있다.

35 ④

④ 미군정시기에는 아동복지분야에서 많은 발전을 이
루었다. 아동의 노동을 보호하고, 과중한 노동으로부
터 아동의 건전한 성장을 보장하기 위해 1946년에는
아동노동법규를, 1947년에는 미성년자노동보호법을 제
정하였다.

36 ②

산업재해보상법(1963) → 의료보험법(1963) → 국민연
금법(1986) → 영유아보육법(1991)

37 ④

④ 깊이 있는 연구와 검토 없이 사회복지 관계법률이
제정되었기 때문에 당시의 사회적 상황이나 정부의
재정능력 부족으로 실제로 실시된 법률은 극소수에
불과하였다.

38 ③

③ 시설보호 중심에서 재가복지 중심으로 그 내용이
점차 변화되고 있다.

2. 서구의 사회복지역사

1 ③

③ 베버리지 보고서에는 정액급여, 정액기여의 원칙
을 제시하였다.

2 ②

① 최초로 빈민구제에 대한 국민의 책임을 명시했다
　는 점에서 근대적 사회 복지의 출발점이었다. 그
　전까지 빈민들을 구제하는 책임은 교구의 교회가
　졌으나 이 법의 발효 이후 지방기금으로 지방관
　리에 의한 지방 빈민에 대한 구빈 행정의 원칙이
　세워졌다.
③ 작업장 법에서 추구하는 원내구조 중심에서 일부
　원외구조를 도입한 법이다. 원외구조를 시행 시
　전문가가 반드시 필요하게 된다. 자원봉사자 성격
　을 가졌던 빈민감도관이 아닌 유급직 구빈 사무원
　을 고용하였다. 이것이 바로 현재의 사회복지 전
　담공무원의 시초이다. 토마스 길버트법의 특징은
　일을 못하는 노동자들에게 현금 급여를 제공했다
　고 하는데 이것이 지금의 실업수당의 모습이다.
④ 빈민의 소속교구를 명확히 하고 도시유입 빈민을
　막기 위해서 재정되었다. 이 법에 의해 정주는 출
　생, 결혼, 도제, 상속 등에 의해서 결정되었다.

3 ①

② 영국의 자선조직협회는 시대적 상황을 극복하고
　서비스의 효과적인 제공을 위해 찰머스(T. Chalmers),
　데니슨(E. Denison), 힐(O. Hill), 로크(C. Loch)
　등이 창설한 민간협회이다.

③ 1935년에 제정된 사회보장법은 사회보험 프로그램 (연방 노령보험체계, 연방과 주가 함께 하는 실업 보산제도), 공공부조 프로그램(노령부조, 요보호맹 인부조, 요보호 아동부조 등)을 위해 연방이 지원 하는 제도), 보건 및 복지 서비스 프로그램(모자 보건서비스, 장애아동을 위한 서비스, 아동복지서 비스, 직업재활 및 공중보건 서비스 등)으로 구성 되어있다.
④ 열등처우의 원칙은 구빈법으로 구제받는 빈민의 상 태는 구제받지 않는 최하층 노동자보다 낮은 수준 이어야 한다는 것이다.

4　②

㉠ 엘리자베스 구빈법은 공공부조의 효시로 구빈행 정을 담당하는 행정기관을 수립하고, 빈민의 범주 화에 따른 대상별 처우를 분류하여 구빈세를 징 수하는 등 구빈대책을 강구하였다.
㉣ 베버리지는 국민들로부터 빈곤을 추방하는 데 있 어 강제적인 사회보험을 제도적 기반으로 두었으 며 이에 포괄되지 못하는 경우에 대비하여 국민부 조의 장치를 마련했다. 국가가 제공하는 사회보장 의 목표는 국민최저선의 달성이었으며, 국민최저 선을 넘어서는 욕구에 대해서 사보험이나 개인적 차원의 저축문제로 남겨놓았다.

5　①

① 인보관 운동은 실업자의 증가, 인구의 도시집중화 에 따라 슬럼가가 생기는 등 사회가 새로운 도시문제 로 시달리게 되자 이 문제를 해결하기 위해 일어난 운동으로 문제를 갖고 있는 지역사회로 들어가 빈민 과 함께 거주하면서 주변 환경의 개선과 빈민의 도덕 적 교화에 힘써야 한다는 믿음을 갖고 있던 사람들에 의해 주도되었다.

6　④

① **정주법** : 빈민의 자유로운 이동을 금지하기 위해 교구와 귀족들의 압력으로 제정된 법이다.
② **작업장법** : 노동능력이 있는 빈민을 고용함으로써 작업장에서의 노동을 통해 그들의 근로의욕을 강 화시키고, 국가적인 부의 증대에 기여하고자 만들 어진 법이다.
③ **길버트법** : 작업장에서의 빈민의 비참한 생활과 착 취를 개선할 목적으로 제정되었다.

7　①

고전적인 사회민주주의가 강조한 것이 케인즈적 경 제개입과 복지정책이다. 「3의 길」에서 기든스는 사 회민주주의와 신자유주의의 장점을 결합하고 단점을 시정하려고 시도하였다.

8　①

열등처우의 원칙(Principles Of Less Eligibility) … 1834년 영국의 신구빈법(New Poor Law)에서 처음 도 입된 것으로 사회복지의 급여수준이 노동시장에 있어 최하의 임금수준보다 낮아야 한다는 원칙이다.

9　②

㉠ 길버트법(1782년)
㉡ 정주법(1662년)
㉢ 작업장테스트법(1722년)
㉣ 스핀햄랜드법(1795년)

10　②

② 인보관 운동의 창시자는 바네트 목사이다.

11　③

베버리지 보고서의 사회보장 6원칙
㉠ 정액급여의 원칙
㉡ 갹출의 원칙
㉢ 적용범위의 포괄성 원칙
㉣ 급여적절성
㉤ 행정책임통합 원칙
㉥ 대상자의 분류 원칙

12　③

베버리지보고서의 정식 명칭은 사회보험과 관련사업 (Social Insurance and Allied Services)으로 1945 년 영국은 노동당이 집권하여 완전고용정책을 중심 으로 산업국유화정책과 사회보장제도의 구체화를 통 하여 '요람에서 무덤까지'라는 복지국가의 골격을 갖 추게 되었다.

13　③

③ 최초의 인보관은 영국의 Toynbee Hall(1884)이다.

14　④

스핀햄랜드법 … 식품의 가격과 자녀의 수에 따라 등 급화하여 최저생활기준에 미달하는 임금의 부족분을 보조해주는 것으로, 오늘날 가족수당 또는 최저생활 보장의 기반이 되었다.

15　②

② 구빈법은 종래의 무차별적 자선이나 처벌이 아니라, 구분에 따라 처우하는 선별적인 급여를 원칙으로 하였다.

16 ①

① 구빈법으로부터 구제받는 빈민의 상태는 구제받지 않는 최하층 노동자보다 생활이 낮은 수준이어야 한다는 열등처우의 원칙은 개정 구빈법에서 실시되었다.

17 ②

② 미국의 공적부조제도이다.

18 ②

② 구빈법은 종래의 무차별 자선이나 처벌이 아니라 구분에 따라 처우하는 선별적인 급여를 원칙으로 하였다.

19 ①

비스마르크의 사회보험정책 3가지
㉠ 1883년의 질병보험
㉡ 1884년의 노동재해보험(산재보험)
㉢ 1889년의 노령폐질보험(연금보험)

20 ①

베버리지(W. Beveridge)는 빈곤(want), 무지(ignorance), 질병(disease), 나태(idleness), 불결(squalor)을 사회의 5대악이라고 보았다.

21 ④

④ 로마사회는 빈민에 대해 부정적이어서 구빈사업 또한 미비하였다. 정부에 의해 실시된 무료급식은 고도의 정치성을 띤 것이었고, 개별적으로 실시했던 구빈사업도 개인의 자기과시적인 성격이 강하였다.

22 ④

영국 사회보장제도의 5가지 프로그램
㉠ 사회보험의 통일적 · 포괄적 및 적절한 프로그램
㉡ 첫아이 후 병든 아이들에 대한 주당급여의 아동수당(後에 가족수당이라 함)
㉢ 경제위기에 있어서 대중실업을 예방하기 위한 공공사업에 의하여 완전고용의 유지
㉣ 사회보험급여에 의하여 충분한 보호를 받지 못하는 사람을 지원하기 위한 전국적 프로그램으로서 공적부조
㉤ 전인구에 대한 무료의 포괄적인 건강 및 재활서비스

23 ①

희년제 … 유태사회에서 매 50년마다 노예를 해방시키거나 원래의 소유주에게 재산을 환원하는 제도로서 부의 재분배효과를 꾀하는 대단히 혁명적 성격의 구조적 복지사업이다.

24 ④

1970년대 서구 사회는 장기적 경제불황의 위기상황 속에서 복지국가에 대한 비판과 함께 재정지출의 과부담, 자원배분의 비효율성, 급여의 부적절성, 자본축적과 정당화의 구조적 모순 등에 대한 재평가가 이루어졌다.

25 ④

세계 최초의 구빈법은 영국의 엘리자베스 구빈법(1601)으로 보고 있다.

26 ①

튜터왕조의 구빈법(1388) → 엘리자베스 구빈법(1601) → 정주법(1662) → 길버트법(1782) → 스핀햄랜드법(1795)의 순이다.

27 ④

④ 유태사회는 전체적 · 집단적 성격이 강해 구빈은 권리로서 도움을 받을 수 있었다. 더욱이 빈민이 비판의 대상이 되는 것이 아니라 구빈할 수 있는 개인이나 사회가 얼마나 자선을 했느냐에 따라 비판의 대상이 되었다.

28 ③

③ 베버리지는 사회보험 및 관련 서비스에 관한 정부부처간 조사위원회의 위원장이었다.

29 ②

② 길버트의 제안으로 제정된 최초의 빈민구제위원회법이다.

30 ③

자선조직협회의 의의
㉠ 방문구제를 통해 현대적 의미의 사회사업방법론을 확립하였다.
㉡ 자선활동을 전문적 사회사업으로 승화시켰다.
㉢ 자의적이고도 선발적인 구제사업을 조정 · 합리화하였다.

31 ③

1662년 빈민의 자유로운 이동을 금지하는 법령이 제
정되었고, 정주법의 시행으로 새로운 이주자들이 있을
경우 이들을 전 거주지로 돌아가게 하는 권한이 치
안판사에게 주어졌다. 따라서 이 법은 1795년 새 이
주자들이 실질적인 구호신청을 할 때까지는 이전의
거주지로 강제추방될 수 없도록 개정되었다.

32 ④

④ 요보호신청자의 종류나 거주지에 관계없이 균일
한 처우를 받을 수 있도록 중앙위원회의 빈민구제
업무관리를 통하여 행정의 전국적 통일을 기하였다.

33 ②

사회보험의 주요 원칙
- ㉠ **균일급여의 원칙**(the principle of flat-rate of
  subsistence benefit) : 보편성의 원칙에 따라 모
  든 국민에게 평등하게 최저한도의 소득을 보장한
  다는 원칙이다.
- ㉡ **균일갹출의 원칙**(the principle of flat of contribution)
  : 보험료도 소득의 다과(多寡)에 상관없이 일률적
  으로 갹출한다는 원칙이다.
- ㉢ **관리·운영통합의 원칙**(the principle of unification
  of administrative responsibility) : 사회보장의 모
  든 부문별 행정·운영을 일원화하여 통합한다는
  원칙이다.
- ㉣ **급여의 적절성 보장의 원칙**(the principle of adequacy
  of benefit) : 급여의 종류와 수준이 최소한 인간다운
  생활을 영위하는 데 적절해야 한다는 원칙이다.
- ㉤ **적용범위 포괄성의 원칙**(the principle of
  comprehensiveness) : 기본적 생활욕구의 충족을
  위해 사회보장의 모든 분야에서 급여가 고르게
  이루어져야 한다는 원칙이다.
- ㉥ **대상의 분류화의 원칙**(the principle of classification)
  : 노동연령의 여섯 계층을 피용자, 자영업자, 가
  정주부, 노동연령 미달자, 정년 퇴직자 등으로 나
  눈 다음 계층별 대책을 수립하여야 한다는 원칙
  이다.

34 ③

베버리지 보고서는 사회보장계획의 성공을 위한 3가
지 전제조건을 아동수당(children allowance), 국민
보건서비스(national health service), 완전고용(full
employment)이라고 설명하고 있다.

35 ②

엘리자베스 구빈법의 현대적 의의
- ㉠ 구빈에 대한 사회, 국가의 책임을 인정하였다.
- ㉡ 구체적 시행을 위한 법적 장치를 인정하였다.
- ㉢ 실행을 위한 통일적 행정기구를 설치하였다.
- ㉣ 국고(세금)에서 재원을 충당하였다.
- ㉤ 빈민을 구분하여 대책을 강구하였다.
- ㉥ 요보호아동을 공적으로 보호하였다.

36 ③

③ 공공의 구빈정책을 반대하고 순수 민간의 구제노
력을 적극 지원하였다.
- ※ **자선조직협회**(COS : 1869)
  - ㉠ 영국 런던에서 창립되었으며 중복구빈을 없애
    기 위한 여러 자선활동의 조정, 환경조사 및
    적절한 원조제공을 하였다.
  - ㉡ COS는 순수한 민간단체로서 빈민에 대한 과학
    적 조사는 선구적이었으나, 자조의 개인주의적
    윤리를 지나치게 강조했다는 비판을 받았다.
  - ㉢ COS는 공공의 구빈정책에 반대입장을 표명하
    고 사적 자선거부, 자원봉사활동 등 순수 민간
    의 구제노력을 강제 지지하였다.

37 ①

① 우애방문원이 직접 각 세대를 방문하였다.

38 ②

② 시민이 아닌 부랑자에게는 필요한 여비를 주어
그의 본적지로 송환할 것을 주장하였다.
- ※ **비베스의 구빈책** … 시 지역을 여러 교구로 나눈
  뒤 빈민가정의 생활실태를 조사하게 하여 일할
  수 있는 사람, 치료와 요양을 받아야 할 사람, 구
  빈원에 수용하여야 할 사람으로 구분하였다.

39 ②

② 엘리자베스 구빈법에 해당한다.

40 ①

① 서비스의 효과적 제공을 촉진하기 위해서 자선조
직협회는 방문자를 통해 개별적 조사를 행했으며, 이
를 통해서 적절한 도움을 주게 되었다.

41 ④

④ 종래의 사회사업에서 사회복지로 전환되고 전국
민을 대상으로 하는 사회복지가 가능하게 된 것은
1960년대 이후 일본경제가 급속히 성장하고, 복지 6
법체제가 완성되면서부터이다.

1. 사회복지행정

1 ②

① 기존 사업과 새로운 사업을 구분하지 않고 매년 모든 사업의 타당성을 영기준에서 엄밀히 분석해 예산을 편성하는 제도를 말한다.
③ 자금소유의 목표와 이들의 달성을 위해 제안되는 여러 계획비용, 그리고 각 계획하에서 수행되는 성과와 작업의 양적측정자료가 표시되는 예산을 말한다.
④ 정부의 장기적인 계획 수립과 단기적인 예산편성을 유기적으로 결합시킴으로써 자원배분에 관한 의사결정을 합리적으로 행하고자 하는 예산제도를 말한다.

2 ③

③ 지방정부에 의한 전달체계는 중앙정부에 비해 프로그램의 지속성과 안정성이 떨어진다.
※ **지방정부에 의한 전달체계의 장단점**
　㉠ 장점
　• 지역주민의 욕구에 민감하고 신속하게 대처할 수 있다.
　• 지방의 특색에 맞는 프로그램 개발이 용이하다.
　• 사회복지 정책과 프로그램의 결정과정에 지역민들의 참여도가 높다.
　• 지방정부간의 경쟁으로 인하여 재화의 가격과 질적 측면에서 유리하다.
　㉡ 단점
　• 서비스 제공을 위한 재원확보가 중앙정부보다 어려울 수 있다.
　• 프로그램의 지속성과 안정성이 떨어진다.
　• 각 지방 간의 서비스 격차로 인하여 사회통합에 불리하고 불평등이 초래된다.
　• 규모의 경제 효과가 중앙정부보다 낮으므로 효율성에서 떨어진다.

3 ②

㉠ 사회복지관은 정치 활동, 영리 활동, 특정 종교 활동 등에 이용되지 않게 중립성이 유지되어야 한다.
㉢ 지역사회연계사업, 지역욕구조사, 실습지도는 사회복지관의 지역조직화 기능 중 복지네트워크 구축에 해당한다.

4 ①

② 점증적이고 효율성을 중시하며 관리기능이 강해 관리자에게 유리한 방식으로 과정중심의 예산이다.
③ 전년도 예산이 주요 근거가 되고 점증적이며 통제기능이 강해 회계담당자에게 유리한 방식으로 투입중심의 예산이다.
④ 구체적인 프로그램 실행계획을 통한 장기적인 계획을 전제로 하며 기획기능이 강해 기획자에게 유리한 방식으로 산출중심의 예산이다.

5 ②

사회복지 행정조직의 특성(하젠펠드)
㉠ 조직의 원료는 인간이고 사용하는 기술이 불확실하며 다양하다. 또한 변화·혁신에 대한 저항이 크다.
㉡ 기관 직원과 클라이언트의 상호작용이 핵심적인 활동이며, 일선 성원들의 활동이 중요하다.
㉢ 목표가 애매모호하고 효과성과 효율성의 척도가 거의 없어 결과 평가에 대한 논란이 많다.
㉣ 전문가와 사회적 환경에 의존하고, 조직적 과정을 통해 사회복지서비스가 전달된다.
㉤ 공공의 이익을 위해 물질적·비물질적·사회적 후원을 받는다.
㉥ 외부 공공 민간조직과 연관되어 활동하며 외부 재정원천에 주로 의존하여 가치와 이해관계에서 갈등이 야기될 수 있고, 환경과의 관계에 많은 어려움이 발생된다.

6 ①

구조주의 모형은 갈등이 문제를 노출시키며 그에 따라 해결책을 찾게 함으로써 사회적 기능을 달성할 수 있다고 본다.
② 조직 내에서 사회적 요소에 관한 연구의 결과와 경험에 기초한다.
③ 분업과 가장 단순한 형태로의 과업분류를 강조하였으며, 그밖에 통제의 통일을 강조하였다.
④ 조직에 있어 사람들의 육체적 능력의 중요성을 강조하였다.

7 ④

④ **논리모델** : 프로그램의 투입, 전환, 산출, 성과의 상호관련성을 강조하여 프로그램 설계에서 평가까지 일관된 형태로 진행되는 과정을 자세히 서술하는 모델이다.
① **PERT 모델** : 비정형적인 신규사업이나 비반복사업의 성공적 달성을 위한 경로계획 또는 시간공정관리기법으로서 관계망분석을 말한다.
② **TQM(총체적품질관리)** : 고객만족을 위한 서비스 품질 제고를 1차적 목표로 삼고 구성원의 광범위한 참여하에 조직의 과정·절차·태도를 지속적으로 개선하여 나가려는 고객지향적인 총체적 품질관리철학이다.
③ **MBO(목표관리)** : 목표를 중시하는 민주적·참여적 관리기법의 일종으로 동태적이고 종합적인 조직관리체제이다.

8 ①

사회복지 행정이념
㉠ **효과성** : 욕구충족 또는 문제해결에 있어서 어느 정도 유효를 거둘 수 있는가를 의미
㉡ **효율성** : 최소의 자원과 비용으로 최대의 효과를 얻는 것을 의미
㉢ **공평성** : 동일한 욕구를 가진 대상자는 공평한 대우를 받아야 함을 의미
㉣ **편익성·접근성** : 서비스 대상자는 손쉽게 서비스를 이용할 수 있어야 함을 의미

9 ④

과학적 관리론 … 근로자의 근로능력을 높이고 능률을 증진하는 합리적인 작업관리의 방법으로 테일러 시스템이라고도 한다. 작업과정의 능률을 최고로 향상시키기 위해 시간연구와 동작연구를 기초로 노동표준량을 정하고 임금을 작업량에 따라 지급하여 노동생산성을 높이고 조직적 태업을 방지하며, 임금문제 해결, 고임금, 저노무비 등 노사쌍방의 만족을 기하는 이론이다.

10 ②

사회복지사업에 관한 업무를 담당하게 하기 위하여, 시·도, 시·군·구 및 읍·면·동 또는 복지사무전담기구에 사회복지 전담공무원을 둘 수 있다〈사회복지사업법 제14조 제1항〉.

11 ①

① 국가 또는 지방자치단체 외의 자가 시설을 설치·운영하고자 하는 때에는 보건복지부령으로 정하는 바에 따라 시장·군수·구청장에게 신고하여야 한다〈사회복지사업법 제34조 제2항〉.

12 ⑤

사회복지행정의 과정
㉠ **기획** : 행정가가 수행하여야 할 첫 번째 과정으로 목표의 설정, 목표의 달성을 위한 과업 및 활동, 과업수행방법의 결정이 이루어짐
㉡ **조직** : 작업의 할당이 규정되고 조정되는 공식적 구조를 설정하며, 기관의 구조는 정관의 규정이나 운영지침서에 기술
㉢ **인사** : 사회복지조직의 목적을 달성하기 위하여 인적 자원을 최대한 활용하는 관리활동으로 충원, 선발, 임용, 오리엔테이션, 승진, 평가 및 해임의 7가지 과정으로 나눌 수 있음
㉣ **지시** : 행정책임자는 기관을 효과적으로 지시하는 지도자로서의 능력을 갖추어야 함
㉤ **조정** : 기관들이 수행하는 다양한 부분들을 상호관련시키는 기능으로, 행정가가 그의 조정기능을 유지하기 위해 실시하는 광범위한 방법은 위원회의 창설 및 활용
㉥ **보고** : 대상자의 개별사례기록, 인사기록, 위원회 활동기록 등을 포함하는 기관활동의 보고과정
㉦ **재정** : 기관의 운영에 필요한 재원을 합리적이고 계획적으로 동원·배분하고, 이를 효율적으로 사용하고 관리하는 과정으로 예산편성 – 예산집행 – 회계 – 재정평가의 절차로 이루어짐
㉧ **평가** : 기관에서 설정한 목표에 비추어 전반적인 활동결과를 사정하는 과정

13 ③

③ 정책위주로 추진되었다.

14 ①

사회복지 전담공무원의 임무
㉠ 국민기초생활보장 수급권자의 조사 및 결정에 수반되는 제반사항
㉡ 보호금품의 지급 등 국민기초생활보장 수급권자의 생계보호를 위한 업무

ⓒ 직업훈련, 생업자금융자, 취업알선 등 국민기초생
활보장 수급권자의 자립지원을 위한 업무
ⓔ 국민기초생활보장 수급권자에 대한 개별상담 및
사후관리
ⓜ 기타 국민기초생활보장 수급권자를 위한 후원금품
의 모집 및 후원자의 알선

15 ④

④ 민간전달체계가 유리하다.

16 ④

④ 사회복지서비스는 조직을 통해 제공되고 사회복
지조직은 점차 규모가 확대됨과 동시에 복잡화되기
때문에 환경과의 상호적 관계를 유지 · 발전시켜야
한다.

17 ③

복지행정에서 가장 고려되어야 할 가치는 윤리와 도
덕성이다.

18 ④

④ 제시된 내용은 권한위임의 원칙에 해당하며, 지도
력의 원칙이란 행정가는 목적달성 및 전문적 서비스
의 제공면에서 기관의 지도력에 대한 중요한 책임을
수행한다는 것이다.

19 ②

클라이언트의 요구는 예측할 수 없으므로 복지활동
에 있어서 책임한계를 분명히 해야 한다.

20 ④

④ 클라이언트의 행동은 돌발적이고 예측불가능하다.

21 ②

② 수평의 원리는 비공식적 조직의 특징에 해당된다.
※ **공식관료적 조직의 특징**
　ⓞ **관할범위의 원리** : 행정적 효과는 리더의 관할영역
　　을 5~6인 정도로 제한함으로써 증진시킬 수 있다.
　ⓛ **동질성의 원리** : 동일 성질의 업무는 동일인이나
　　동일 하부조직에 맡겨야 한다.
　ⓒ **계층의 원리** : 각자의 맡은 책임의 정도에 따라
　　의무가 결정된다.
　ⓔ **전문화의 원리** : 행정적인 효과는 사업의 세부적
　　분류로 증진될 수 있다.

22 ③

③ 공식적 조직의 특성에 속한다.

23 ①

복지행정의 대상과 범위
ⓞ **정책적 측면**
　• 사회보장제도 : 사회보험, 공적부조, 사회복지서비스
　• 복지관련부분 : 공중위생, 고용, 주택, 교육
ⓛ **관리기술적 측면** : 조직, 인력, 재원, 사회복지방법 등

24 ①

① 사리의 사회복지행정의 특징에 해당하지도 않으
며 일반적으로 사회복지행정은 이윤추구 및 가격관
리를 목적으로 하지 않는다.
※ **사리(Sarri)의 사회복지행정의 특징**
　ⓞ 사회복지행정의 대상자는 투입(input)인 동시
　　에 산출(output)이다.
　ⓛ 사회복지행정은 카운슬링 · 집단사회사업 · 개별
　　사회사업 등 인간관계기술에 크게 의존하며 이
　　에 따라 전문가의 개입이 요청된다.
　ⓒ 사회복지행정은 높은 비율의 비일상적인 사건
　　에 직면한다. 긴장상태에 처한 대상자의 행동
　　은 돌발적이고 예측할 수 없을 때가 많다.

25 ②

② 이사회는 기관의 서비스를 지역사회에 설명하여
줄 중대한 책임이 있다.

26 ③

사회복지의 운영방법
ⓞ **보편주의와 선별주의 정의** : 보편주의란 어떤 급여 ·
　서비스의 운영원칙이 "모든 사람은 평등하게 급여를
　받을 자격을 가진다."는 조건을 충족하는 것을 말
　하며, 그렇지 못했을 때에는 선별주의라고 한다.
ⓛ **보편주의적 운영방법**
　• 대상자에게 특정의 자격 또는 조건을 부여하지 않
　　는 것이 서비스의 공급을 행사할 때의 원칙이다.
　• 공평성 · 편익성의 측면에서 적합하나 효과성 · 효
　　율성에서는 문제가 있다.
ⓒ **선별주의적 운영방법**
　• 대상자에 대한 수급자격, 조건 등을 붙여 서비스
　　를 제공하는 것이다.
　• 유한의 자원을 효율적으로 분배하기 위한 적합한
　　방법이기 때문에 사회복지분야에서 광범위하게 채
　　택하고 있다.
　• 공적부조에서 볼 수 있으며 자산조사(means test)
　　를 실시하여 보호대상자를 결정한다.
　• 효과성 · 효율성에는 우월한 특징이 있으나, 공평성 ·
　　접근성에서 보면 문제가 제기된다.

27 ③

지도자의 능력
㉠ 가능한 모든 관련된 사실들을 검토한 후에 합리적인 결정을 내리는 능력
㉡ 기관의 목적에 대한 능동적 관심과 그것을 달성하려는 헌신적 태도
㉢ 다른 직원의 공헌을 칭찬하고 기관에서의 그들의 지위향상을 도와주는 능력
㉣ 책임과 권한을 효과적으로 위임하는 능력
㉤ 개인과 집단의 창의성을 고취하는 능력

28 ①

인사행정은 사회복지조직의 목적을 달성하기 위하여 인적자원을 최대한 활용하는 관리활동으로 충원·선발·임용·오리엔테이션·승진·평가 및 해임의 7가지 과정으로 나누어진다.

29 ②

② 민간복지기관은 공공복지기관에 비해 행정적 융통성이 많으며, 신속한 의사결정이 이루어지므로 환경적 변화나 대상자의 욕구에 민감하게 대응하여 새로운 프로그램을 개발하고 평가하여 보급하는 일을 하는 데 필요하다.

※ 공·사 복지기관의 비교

구분	공공복지기관	민간복지기관
목적	공적, 사회정책지향적, 통치제 지향적	사적, 사회사업지향적, 공동체 지향적
근거	공권력	자원
수행자	공무원	민간인
재원	정부예산(조세)	기부금
이윤동기	불가	부분적 허용
융통성	경직적	탄력적

30 ③

사회복지행정은 대상자에게 의타심을 조장하는 종전의 자선사업과는 근본적으로 다르며, 단순한 구호, 육성, 갱생의 조치가 아니다. 서비스를 받는 자가 정상적인 사회인으로 참여하도록 하고 사회문제의 예방과 복지증진을 의도하고 있다.

31 ②

사회복지행정의 필요성
㉠ 사회로부터 인가된 사회복지조직의 책임성 이행을 위해서 필요하다.
㉡ 조직에 변화를 가하여 조직이 보다 효과적이고 효율적으로 목표를 달성하기 위해서는 독자적인 지식체계가 필요하다.
㉢ 사회복지서비스는 조직을 통해 제공되고 사회복지조직은 점차 규모가 확대됨과 동시에 복잡화되기 때문에 이를 관리·운영하기 위해서는 별도의 지식과 기술이 필요하다.
㉣ 사회복지조직에 투입되는 공적 자원의 효율적이고 효과적인 사용을 도모하기 위해서 필요하다.
㉤ 사회복지조직이 환경과의 상호교환적 관계를 유지·발전시키기 위해서 필요하다.
㉥ 사회복지조직의 종사자, 특히 사회사업가는 조직의 관리운영에 관여할 뿐만 아니라 조직의 주요관리업무를 수행해야 한다.
㉦ 확대된 범주의 사회복지적 기능을 실현하기 위해서는 공식적이고 체계적인 조직들을 통한 실천활동들이 필요하게 된다.

32 ①

지역사회복지관 … 지역주민의 통합과 이를 위한 지역주민의 욕구 해결, 지역사회 문제의 해결, 지역사회자원의 확보, 서비스간의 조정 모색 등의 기능을 수행하며, 제시된 역할 외에도 레크레이션센터로서의 역할, 직업안정센터로서의 역할, 자원동원의 역할 등이 있다.

33 ②

사회복지행정은 전국민 모두가 포함된다.

34 ③

트렉커(Trecker)의 사회복지행정의 기본원칙 … 사회사업가치의 원칙, 지역사회와 대상자 요구의 원칙, 문화적 장면의 원칙, 기관목적의 원칙, 의도적 관계의 원칙, 기관총체성의 원칙, 전문적 책임의 원칙, 참가의 원칙, 커뮤니케이션의 원칙, 지도력의 원칙, 계획의 원칙, 조직의 원칙, 권한위양의 원칙, 조정의 원칙, 자료활용의 원칙, 변화의 원칙, 평가의 원칙, 성장의 원칙

35 ④

사회복지 운영방법
㉠ 보편주의 : 대상자에게 서비스를 공급할 때 특정자격이나 조건을 부여하지 않는 것으로 공평성, 편익성, 접근성의 이념을 강조한다.
㉡ 선별주의 : 대상자에게 서비스를 공급할 때 특정한 자격 또는 조건을 부여하는 것으로 효과성, 효율성의 이념 강조한다.

36 ③

③ 지역사회와 지역사회 내의 개인의 요구는 항상 사회기관의 존립 및 프로그램 제공의 기반이 되는 것이다.

37 ①

사회복지행정의 과정(POSDCoRBE)
㉠ **기획(Planning)** : 행정가가 수행하여 할 첫 번째 과정으로 목표의 설정, 목표의 달성을 위한 과업 및 활동, 과업수행방법의 결정이 이루어진다.
㉡ **조직(Organizing)** : 작업의 할당이 규정되고 조정되는 공식적 구조를 설정하며, 기관의 구조는 정관의 규정이나 운영지침서에 기술된다.
㉢ **인사(Staffing)** : 사회복지조직의 목적을 달성하기 위하여 인적자원을 최대한 활용하는 관리활동으로 충원·선발·임용·오리엔테이션·승진·평가 및 해임의 7가지 과정으로 나눌 수 있다.
㉣ **지시(Directing)** : 행정책임자는 기관을 효과적으로 지시하는 지도자로서의 능력을 갖추고 있어야 한다.
㉤ **조정(Coordinating)** : 기관들이 수행하는 다양한 부분들을 상호 관련시키는 기능으로 행정가가 그의 조정기능을 유지하기 위해 실시하는 가장 광범위한 방법은 위원회의 창설 및 활용이다.
㉥ **보고(Reporting)** : 대상자의 개별사례기록, 인사기록, 위원회활동기록 등을 포함하는 기관활동의 보고과정이다.
㉦ **재정(Budgeting)** : 기관의 운영에 필요한 재원을 합리적이고 계획적으로 동원·배분하고, 이를 효율적으로 사용하고 관리하는 과정으로 예산편성·예산집행·회계·재정평가의 절차로 행해진다.
㉧ **평가(Evaluating)** : 기관에서 설정한 목표에 비추어 전반적인 활동결과를 사정하는 과정이다.

38 ②

② 시장·군수·구청장은 읍·면·동의 사회복지사업을 원활하게 수행하도록 하기 위하여 읍·면·동에 복지위원을 위촉하여야 한다〈사회복지사업법 제8조 제1항〉.

39 ②

펄먼(Perlman)의 사회복지기관의 이상적 기능
㉠ **초입기능(entry functions)** : 복지대상자에게 이용 가능한 기구의 홍보와 교육활동
㉡ **책임기능(accountability functions)** : 복지대상자의 문제에 이용 가능한 자원을 물색하여 복지대상자가 활용할 수 있도록 조직하는 책임 수행
㉢ **서비스 제공기능(provision of services)** : 개별지도사업, 재활서비스, 법률구조사업, 재정부조 등을 위해 지역사회의 타기관과 협력

㉣ **계획 및 통제기능(planning and control functions)** : 복지대상자의 욕구를 파악하여 욕구충족을 위해 지역사회의 타기관과 협력

40 ①

② 사회복지관은 「사회복지관 설치운영규정」에 기초한다.
③④ 각종 사회복지법인 및 시설은 「사회복지사업법」에 기초한다.

2. 사회복지정책과 사회계획

1 ④

길버트와 테렐의 사회복지정책 분석틀 … 크게 4가지 질문(누가 급여를 받는가?, 무엇을 받는가?, 어떻게 급여를 받는가?, 누가 급여를 지불하는가?)을 통해 사회복지정책 분석의 기본 틀을 제시하고 있다.

2 ②

① 코포라티즘 ③ 사회양심론 ④ 확산이론

3 ⑤

사회복지정책의 분석틀
㉠ **대상체계(보험대상 및 수급대상)** : 급여 수급자격 요건으로는 거주 여부, 거주기간, 인구학적 조건, 기여의 여부, 근로조건, 수득수준 등이 있다.
㉡ **급여체계(보험자가 받는 급부의 형태 및 수준)**
  • 현금으로 제공되는 경우 : 국민연금, 질병보험의 질병수당, 산업재해보상의 장애수당, 실업급여, 공공부조, 아동수당, 주택수당 등을 들 수 있다.
  • 증서로 제공되는 경우 : 일정한 용도 내에서 수급자로 하여금 원하는 재화나 서비스를 자유롭게 선택할 수 있게 하는 방법으로, 상품권·식품권에서부터 의료보험증에 이르기까지 다양하다.
  • 기회로 제공되는 경우 : 기회는 무형의 급여로, 어떤 개인이나 집단에 대해 이전에는 부정되었던 급여에 대해서 접근을 가능하게 만드는 것이다. 예를 들어, 장애인에 대한 운전면허 교부조항을 변경하는 것과 같은 것이다.
㉢ **전달체계(급부의 전달경로)**
  • 지역사회적 맥락에서 사회복지급여를 공급하는 자들간의 조직적인 연계 및 공급자와 소비자들간의 조직적 연결을 의미한다.
  • 단일한 조직에 의한 활동이 아니라 조직과 조직 또는 조직과 클라이언트들이 상호연관되어서 서비스가 창출·공급되는 체계를 이룬다.

ⓔ **재원체계**(기여금의 충당 및 배분방법)
- 공공부문의 재원 : 조세로 구성되는 정부의 일반예산, 목적세 형태의 사회보장성 조세, 조세비용이 있다.
- 민간부문의 재원 : 사용자가 부담하는 경우의 재원, 자발적 기여에 해당하는 기여금, 기업이 출연한 재원 등이 있다.

4 ⑤

복지정책형성과정과 전문적 역할

단계	전문직의 역할
문제의 확인	직접적 서비스
정보의 수집 및 분석	조사
공공홍보	지역사회조직
정책목표 개발	기획
공중지지의 형성과 정당화	지역사회조직
Program 설계	기획
수행	행정과 직접적 서비스
평가와 사정	조사와 직접적 서비스

5 ③

지도감독의 기능
㉠ **교수기능** : 사회사업의 지식획득이나 기술향상, 자각심, 조직의 정책이나 서비스의 우선순위 등
㉡ **행정기능** : 의사소통, 책임성, 평가, 일의 분배, 정신적 지지와 지시, 지도, 협조 등
㉢ **지지적 기능** : 사기진작, 업수수행의 스트레스 감소 등
㉣ **조력기능** : 직원의 독려

6 ④

정책형성과정 … 직접적 서비스의 실천, 조사, 지역사회조직, 행정, 계획

7 ④

복지모형의 기본가치
㉠ **잔여적 모형** : 간섭을 받지 않을 자유, 개인주의, 시장경제원칙의 극대화, 빈곤의 책임
㉡ **제도적 모형** : 평등, 빈곤으로부터의 자유, 우애

8 ④

지도감독의 기본원칙
㉠ 활동에 대한 정리를 하라.
㉡ 옳게 지도하라.
㉢ 원칙과 선택을 위한 지식을 전달하라.
㉣ 이용가능하게 하고 규칙적으로 지도하라.
㉤ 필요할 때 요청하라.

9 ③

사회복지계획에서 사회복지사의 역할
㉠ 계획의 모든 단계에 적극적인 참여를 하여야 한다.
㉡ 목적설정을 돕는다.
㉢ 적절한 통계적 자료를 제공한다.
㉣ 사회조사에 적극 참여한다.
㉤ 효과적인 시민참가의 수단을 조언해야 한다.

10 ④

슈퍼비전(supervision) … 사회복지조직에 소속된 직원들이 지식과 기술을 잘 발휘할 수 있도록 상급직원이 하급직원에게 도움을 주는 활동을 말한다. 슈퍼비전의 주요 기능으로 Kadushin은 교수기능, 지지적 기능, 행정기능을 제시하였다. 이외에 자문적 기능, 조력적 기능을 추가하기도 한다. 하급자를 지도·원조할 수 있으며, 지지적 기능은 슈퍼바이저가 사회사업실천에서 학습한 각종 지지적 치료기법을 통해 침체된 하급자를 회복시켜줄 수 있기 때문에 중요한 기능으로 작용한다.

11 ①

사회정책은 거시적(매크로) 입장을 취하며 사회사업은 미시적(마이크로) 입장을 취한다.

1. 사회정책과 사회보장

1 ③

③ 사회보장수급권은 정당한 권한이 있는 기관에 서면으로 통지하여 포기할 수 있으며 사회보장수급권의 포기는 취소할 수 있다.〈사회보장기본법 제14조 제1항, 제2항〉
① 사회보장기본법 제9조
② 사회보장기본법 제10조 제2항, 제3항
④ 사회보장기본법 제12조

2 ①

사회복지사업법에서 사회복지 서비스를 제공할 때 복지급여 형태는 크게 현물, 현금, 증서·이용권 이렇게 세 가지로 나눌 수 있다. 이 중 현물은 현금에 비해 목표효율성(목적 달성)이 높고, 현금은 현물에 비해 선택의 자유가 높다. 그리고 이 두 가지 장점을 살린 제3의 급여형태가 증서(voucher) 또는 이용권이다.
※ 사회복지사업법 제33조의7(서비스 제공의 방법)
　㉠ 보호대상자에 대한 서비스 제공은 현물(現物)로 제공하는 것을 원칙으로 한다.
　㉡ 시장·군수·구청장은 국가 또는 지방자치단체 외의 자로 하여금 ㉠의 서비스 제공을 실시하게 하는 경우에는 보호대상자에게 사회복지서비스 이용권을 지급하여 국가 또는 지방자치단체 외의 자로부터 그 이용권으로 서비스 제공을 받게 할 수 있다.

3 ③

사회보장기본법 제4장 사회보장정책의 기본방향
㉠ **평생사회안전망의 구축·운영(제22조)** : 국가와 지방자치단체는 모든 국민이 생애 동안 삶의 질을 유지·증진할 수 있도록 평생사회안전망을 구축하여야 한다. 또한 국가와 지방자치단체는 평생사회안전망을 구축·운영함에 있어 사회적 취약계층을 위한 공공부조를 마련하여 최저생활을 보장하여야 한다.

㉡ **사회서비스 보장(제23조)** : 국가와 지방자치단체는 모든 국민의 인간다운 생활과 자립, 사회참여, 자아실현 등을 지원하여 삶의 질이 향상될 수 있도록 사회서비스에 관한 시책을 마련하여야 한다. 또한 국가와 지방자치단체는 사회서비스 보장과 제24조에 따른 소득보장이 효과적이고 균형적으로 연계되도록 하여야 한다.
㉢ **소득 보장(제24조)** : 국가와 지방자치단체는 다양한 사회적 위험 하에서도 모든 국민들이 인간다운 생활을 할 수 있도록 소득을 보장하는 제도를 마련하여야 한다. 또한 국가와 지방자치단체는 공공부문과 민간부문의 소득보장제도가 효과적으로 연계되도록 하여야 한다.

4 ③

사회복지사업이란 다음의 법률에 따른 보호·선도(善導) 또는 복지에 관한 사업과 사회복지상담, 직업지원, 무료 숙박, 지역사회복지, 의료복지, 재가복지(在家福祉), 사회복지관 운영, 정신질환자 및 한센병력자의 사회복귀에 관한 사업 등 각종 복지사업과 이와 관련된 자원봉사활동 및 복지시설의 운영 또는 지원을 목적으로 하는 사업을 말한다〈사회복지사업법 제2조〉.
㉠ 국민기초생활 보장법
㉡ 아동복지법
㉢ 노인복지법
㉣ 장애인복지법
㉤ 한부모가족지원법
㉥ 영유아보육법
㉦ 성매매방지 및 피해자보호 등에 관한 법률
㉧ 정신보건법
㉨ 성폭력방지 및 피해자보호 등에 관한 법률
㉩ 입양특례법
㉪ 일제하 일본군위안부 피해자에 대한 생활안정지원 및 기념사업 등에 관한 법률
㉫ 사회복지공동모금회법
㉬ 장애인·노인·임산부 등의 편의증진 보장에 관한 법률
㉭ 가정폭력방지 및 피해자보호 등에 관한 법률
ⓐ 농어촌주민의 보건복지증진을 위한 특별법
ⓑ 식품기부 활성화에 관한 법률
ⓒ 의료급여법
ⓓ 기초연금법

ⓔ 긴급복지지원법
ⓕ 다문화가족지원법
ⓖ 장애인연금법
ⓗ 장애인활동 지원에 관한 법률
ⓘ 노숙인 등의 복지 및 자립지원에 관한 법률
ⓙ 보호관찰 등에 관한 법률
ⓚ 장애아동 복지지원법

5 ①

① 수급자의 욕구충족에 필요한 재화가 아닌 다른 곳에 오용될 위험이 있어 목표효율성이 낮다.

※ **현금급여와 현물급여**
　　㉠ **현금급여**
　　　• 화폐의 교환가치에 중점을 두고 개인의 선택의 자유를 강조한다.
　　　• 수급자의 자기결정원리와 소비자주권을 증진시킨다.
　　　• 관리가 편리하고 비용이 적게 들어 운영효율성이 높다.
　　　• 목표효율성이 낮다.
　　㉡ **현물급여**
　　　• 사용가치에 중점을 두고 소비행위에 대한 사회적 통제를 강조한다.
　　　• 규모의 경제를 이룰 수 있고 목표효율성이 높다.
　　　• 남용이나 오용의 문제가 크지 않고 대상자 선정 시 **효율성**을 높여 선호된다.
　　　• 효과의 명확성으로 정치적으로 선호된다.
　　　• 수급자 개인선택의 자유를 제한하고 관리비용이 많이 들어 운영효율성이 낮다.

6 ④

① 소득이 빈곤선이라는 절대수준에 미달하는 가구가 총 인구에서 차지하는 비율
② 빈곤선 이하에 있는 사람들의 소득을 모두 빈곤선 수준까지 끌어올리기 위해서 국민총생산의 몇 퍼센트의 소득이 필요한가를 보여주는 지표
③ 본인이 소득활동을 할 수 있음에도 이를 포기하고 얼마간에 받는 생계비에 의존하여 평생을 극빈자로 자처하며 안주하는 것
④ 빈곤을 이해하기 위해 새롭게 등장한 개념으로 협소한 관점에서 벗어나 재편되고 있는 경제구조와 정책변화, 특정 개인 및 집단에 대한 소외 등의 다양한 요인을 포함한다.

7 ①

② 사회복지정책에서 효율성은 크게 수단으로서의 효율성과 파레토(배분적) 효율성으로 나뉜다. 수단으로서의 효율성은 평등 목적을 달성하기 위해 국가가 시장에 개입하여 사회복지정책을 집행할 때 효율성 있게 하자는 것으로 시장에 대한 국가의 개입을 인정하고 있는 반면 파레토 효율성은 시장에서 자원의 효율적인 배분을 의미하는 것으로 주로 자유방임주의나 신자유주의 입장을 강조하므로 시장에 대한 국가개입을 반대한다. 따라서 사회복지정책에서는 수단으로서의 효율을 중시한다.
③ 사회복지정책에서의 효율에는 운영효율성과 목표효율성이 있는데 운영효율성은 정책을 운영하는 데 있어 얼마나 적은 비용을 사용하는가를 따지는 기준이고 목표효율성은 정책이 주목표로 하는 대상자들에게 그 정책에서 사용할 수 있는 자원들이 얼마나 집중적으로 주어졌는가를 판단하는 기준이다. 따라서 해당 보기는 운영효율성만을 나타내므로 틀린 답이 된다.
④ 해당 보기는 효과성 평가에 대한 내용이다. 효율성 평가는 최소한의 자원을 투입해서 최대한의 결과를 얻는 것을 말한다.

8 ③

사회적 배제 … 빈곤문제를 해결하기 위해 투자와 노력이 이루어져 왔음에도 불구하고 세계적으로 빈곤의 문제를 해결하지 못하고 오히려 풍요로운 경제하에서의 빈곤의 만성화와 세습화의 문제가 확대되는 경향을 보이자 유럽에서 '사회적 배제'라는 새로운 개념으로 빈곤을 포함한 전반적인 사회문제를 나타내는 빈곤과 불평등에 관한 새로운 접근법을 제시하고 있다.

9 ④

부의 소득세 … 소득수준이 면세점에 도달하지 않는 모든 저소득자에 대하여 면세점과 소득과의 차액의 일정비율을 정부가 지급하는 소득보장제도로서 보통 납세자에게 징수하는데 대하여 역으로 저소득자에게 지급하므로 부의 소득세라고 한다. 이 제도 하에서는 면세점, 즉 세금을 감면 받는 점 이상의 소득자에 대해서는 정상적으로 소득세를 과세하지만, 면세점 이하의 소득자에 대해서는 (−)의 세율을 적용하여 계산한 금액을 정부에서 지원하게 된다. 이 제도는 소득세와 사회보장제도 중 공공부조를 합한 것이 된다(= 역소득세).

10 ①

② 시·도지사는 제출받은 시·군·구의 지역사회보장계획을 지원하는 내용 등을 포함한 특별시·광역시·특별자치시·도·특별자치도(이하 "시·도"라 한다) 지역사회보장계획을 수립하여, 법에 따른 시·도사회보장위원회의 심의와 해당 시·도의회의 보고를 거쳐 보건복지부장관에게 제출하여야 한다. 이 경우 보건복지부장관은 제출된 계획을 사회보장위원회에 보고하여야 한다〈사회보장급여의 이용·제공 및 수급권자 발굴에 관한 법률 제35조 제3항〉.

③ 보건복지부장관 또는 시·도지사는 지역사회보장
계획의 내용이 대통령령으로 정하는 사유에 해당
하는 경우에는 시·도지사 또는 시장·군수·구
청장에게 그 조정을 권고할 수 있다. 이 경우 보
건복지부장관은 관계 중앙행정기관의 장의 의견
을 들을 수 있다〈사회보장급여의 이용·제공 및
수급권자 발굴에 관한 법률 제35조 제6항〉.
※ **지역사회보장계획의 내용**〈사회보장급여의 이용·
제공 및 수급권자 발굴에 관한 법률 제36조〉
　㉠ 시·군·구 지역사회보장계획은 다음 각 호의
　　사항을 포함하여야 한다.
　• 지역사회보장 수요의 측정, 목표 및 추진전략
　• 지역사회보장의 목표를 점검할 수 있는 지표(이
　　하 "지역사회보장지표"라 한다)의 설정 및 목표
　• 지역사회보장의 분야별 추진전략, 중점 추진사
　　업 및 연계협력 방안
　• 지역사회보장 전달체계의 조직과 운영
　• 사회보장급여의 사각지대 발굴 및 지원 방안
　• 지역사회보장에 필요한 재원의 규모와 조달 방안
　• 지역사회보장에 관련한 통계 수집 및 관리 방안
　• 그 밖에 대통령령으로 정하는 사항
　㉡ 시·도 지역사회보장계획은 다음 각 호의 사항
　　을 포함하여야 한다.
　• 시·군·구의 사회보장이 균형적이고 효과적으
　　로 추진될 수 있도록 지원하기 위한 목표 및
　　전략
　• 지역사회보장지표의 설정 및 목표
　• 시·군·구에서 사회보장급여가 효과적으로 이
　　용 및 제공될 수 있는 기반 구축 방안
　• 시·군·구 사회보장급여 담당 인력의 양성 및
　　전문성 제고 방안
　• 지역사회보장에 관한 통계자료의 수집 및 관리
　　방안
　• 그 밖에 지역사회보장 추진에 필요한 사항

11　④

① 현금 지급 방식에 비해 특정 서비스 이용에 대한
　장려나 통제를 하기 쉽다. 일정 부분 용도를 정
　하고 그 안에서만 선택이 이루어지도록 할 수 있
　기 때문이다.
② 소비자에게 많은 선택권을 부여하므로 보조금 방
　식에 비해 이용자의 권리가 강화된다.
③ 재화나 서비스 공급자들 간의 경쟁을 유발시켜 재
　화나 서비스의 질을 높이는데 기여할 수 있다.

12　④

바우처 … 생산자에게 보조금을 주는 대신에 저소득층
과 같은 특정계층의 소비자에게 구매권에 명시된 금
액만큼 특정재화나 서비스를 구매할 수 있는 지불수
단을 제공하는 방식이다. 빈곤계층에게 혜택이 돌아
가기 때문에 재분배적 수단을 가진다는 점과 소비자

들이 특정 재화나 서비스의 공급자를 자유롭게 선택
할 수 있는 기회를 확대시켜 준다는 장점이 있다.

13　①

① 바우처제도의 비용은 정부지원금과 본인부담금으
로 이루어져 있다. 또한 국민기초생화보장 수급자를
제외하고는 본인부담금이 거의 존재한다.

14　①

사회보장이라는 용어는 미국 루스벨트 대통령이 의
회에서 뉴딜정책을 설명하는 가운데서 비롯되었으며,
법률용어로 처음 등장한 것은 미국의 사회보장법이
고, 광의의 사회보장이라는 용어는 대서양헌장에서
사용되었다.

15　⑤

⑤ 가장 먼저 실시된 사회보험은 공무원연금(1960)이다.

16　①

① 공적부조가 먼저 시행되었다.

17　③

사회보장이라는 용어는 뉴딜정책에서 비롯되었으며, 법
률용어로는 미국의 사회보장법에서 처음 등장하였다.

18　③

생활보호법(1961년 제정) → 산업재해보상보험법(1963년
제정) → 의료보호법(1977년　제정) → 국민연금법(1986년
제정)

19　②

한시적 생활보호제도는 1997년 11월에 IMF의 발생으
로 실직자의 대량수요로 한시적으로 빈곤자를 보호
조치하였다.

20　③

사회보장이란 출산, 양육, 실업, 노령, 장애, 질병,
빈곤 및 사망 등의 사회적 위험으로부터 모든 국민
을 보호하고 국민 삶의 질을 향상시키는 데 필요한
소득·서비스를 보장하는 사회보험, 공공부조, 사회
서비스를 말한다〈사회보장기본법 제3조 제1호〉.

21　②

사회복지사업법의 영역 … 국민기초생활보장법, 아동복지법, 노인복지법, 장애인복지법, 한부모가족지원법, 영유아보육법, 성폭력방지 및 피해자보호 등에 관한 법률, 정신보건법, 성매매방지 및 피해자보호 등에 관한 법률, 입양특례법, 일제하 일본군위안부 피해자에 대한 생활안정지원 및 기념사업 등에 관한 법률, 사회복지공동모금회법, 장애인·노인·임산부 등의 편의증진 보장에 관한 법률, 가정폭력방지 및 피해자보호 등에 관한 법률, 농어촌주민의 보건복지증진을 위한 특별법, 식품기부 활성화에 관한 법률, 의료급여법, 기초연금법, 긴급복지지원법, 다문화가족지원법, 장애인연금법, 장애인활동 지원에 관한 법률, 노숙인 등의 복지 및 자립지원에 관한 법률, 보호관찰 등에 관한 법률, 장애아동 복지지원법

22　③

사회보장의 주요 원칙
㉠ 균일급여의 원칙
　　(the principle of flat-rate of subsistence benefit)
㉡ 균일갹출의 원칙
　　(the principle of flat of contribution)
㉢ 관리운영통합의 원칙
　　(the principle of unification of administrative responsible)
㉣ 급여의 적절성 보장의 원칙
　　(the principle of adequacy of benefit)
㉤ 적용범위 포괄성의 원칙
　　(the principle of comprehensible)
㉥ 대상의 분류화의 원칙
　　(the principle of classification)

23　①

① 국민의 최저생활을 보장한다.

24　②

② 산업재해보상보험제도는 근로자를 대상으로 그들이 작업 중이거나 업무수행 중에 재해를 입었을 때 본인과 그 가족을 보호하기 위하여 운영되는 제도이다.

25　②

①③④ 사회보장의 긍정적 기능에 해당한다.
② 사회보장의 부정적인 기능이다. 이외에도 사회보장의 부정적인 면으로는 근로의욕 저하, 사회보장 증가시 조세부담 증가, 방대한 사회보장제도의 유지에 따른 국민경제 발전의 압박요인 증가 등이 있다.

26　②

② 사회보험은 빈곤에 대처하는 사전조치적인 성격이 강하고, 공적부조는 빈곤화를 방지하는 사후조치적인 성격이 강하다. 따라서 사회보험은 보험료 불입이 필요하다.

27　④

사회보장제도의 운영원칙
㉠ **보편성** : 국가와 지방자치단체가 사회보장제도를 운영할 때에는 이 제도를 필요로 하는 모든 국민에게 적용하여야 한다〈사회보장기본법 제25조 제1항〉.
㉡ **형평성** : 국가와 지방자치단체는 사회보장제도의 급여 수준과 비용 부담 등에서 형평성을 유지하여야 한다〈사회보장기본법 제25조 제2항〉.
㉢ **민주성** : 국가와 지방자치단체는 사회보장제도의 정책 결정 및 시행 과정에 공익의 대표자 및 이해관계인 등을 참여시켜 이를 민주적으로 결정하고 시행하여야 한다〈사회보장기본법 제25조 제3항〉.
㉣ **연계성·전문성** : 국가와 지방자치단체가 사회보장제도를 운영할 때에는 국민의 다양한 복지 욕구를 효율적으로 충족시키기 위하여 연계성과 전문성을 높여야 한다〈사회보장기본법 제25조 제4항〉.

28　②

분배적 정의의 기준이 되는 가치
㉠ **생존권** : 육체적·정신적 생활에 대한 최저수준을 보장해야 한다.
㉡ **평등** : 사회는 모든 국민에게 사회의 재화와 기회를 똑같이 제공해야 한다.
㉢ **균등** : 공평성의 원리라고도 하며 사회에는 공정한 불평등이 있어야 한다.

29　②

베버리지 보고서의 사회보장
㉠ **개념** : 질병이나 실업 또는 부상으로 인해 소득이 중단되었을 때 그에 대처하고, 노령으로 인해 퇴직이나 타인의 사망으로 인한 부양 상실에 대비하며, 나아가 출생·사망 및 결혼 등에 관련된 특수한 지출을 보완하기 위한 소득보장을 의미한다.
㉡ **전제조건** : 아동수당, 완전고용, 포괄적인 의료봉사 등이 이루어져야 한다.

30　②

사회보장의 정의
㉠ **협의의 사회보장** : 사회보장, 공적부조, 사회복지서비스를 이른다.

ⓒ **광의의 사회보장** : 사회보험과 공적부조, 가족수당을 위시하여 사회복지서비스, 공해, 주택, 환경, 보건, 지역개발, 인구, 노동정책 등을 포괄한다.

※ 사회보장의 구성

구분	사회보험	공적부조	사회복지서비스
특징	생활위험에 대응하는 생활위험 급여제도	생활불능에 대응하는 생활불능 급여제도	각종 인적·시설적 서비스를 제공하는 제도
주체	정부(보험자)	정부(중앙이나 지방자치단체)	사회복지법인
대상	국민 전체	빈민	요보호자
내용	연금보험, 산재보험, 실업보험, 의료보험, 가족수당, 고용보험	생계보호, 의료보호, 교육보호, 자활보호, 장제보호, 해산보호	아동복지, 노인복지, 장애자복지, 부녀복지
재원	기여 또는 갹출금	조세	재정 보조금 또는 현금

31 ③

1929년부터 1932년까지 세계적인 대공황을 맞아 루즈벨트 정부는 뉴딜정책을 실시하여 공황을 극복하고자 하였다. 뉴딜정책의 일환으로 1935년 사회보장법(Social Security Act)을 제정하여 국민의 생활보장을 위한 사회보장제도를 도입하였다. 이 법은 두 종류의 사회보험과 세 종류의 특별부조 및 공공 사회복지활동으로 구성되었다.

32 ④

사회보장의 경제적 효과 … 소득격차 증대의 방지, 경기변동조절, 유효수요 창출, 연금제도로 인해 자금저축의 증가

33 ①

① 공공부조는 빈곤자나 생활무능력자 등을 대상으로 무갹출로서 일반적으로 수급자의 기여를 원칙으로 하여 기여도에 따라 급여가 지급되는 사회보험과는 달리 전적으로 정부의 일반조세수입을 통해 그 재정이 충당된다는 점이 특징이다.

34 ②

사회구조적 측면에서 사회보장의 필요성
ⓐ **연령구조의 노령화** : 연령구조가 점차 노령화되면서 노령인구에 대한 생활보장과 중년층의 고용문제 및 노후의 생활안정을 위한 사회보장제도의 필요성이 증대된다.

ⓑ **취업구조의 변화** : 실업과 산업재해발생률이 증가함에 따라 사회보장제도의 필요성이 증대된다.
ⓒ 소득과 임금격차의 심화로 사회보장제도의 필요성이 증대된다.
ⓓ 핵가족화, 가족규모의 축소로 친족부양기능이 감퇴되어 사회보장제도의 필요성이 증대된다.

35 ①

① 사회보장위원회의 위원장은 국무총리가 되고 부위원장은 기획재정부장관, 교육부장관 및 보건복지부장관이 된다〈사회보장기본법 제21조 제2항〉.

36 ④

사회보장의 최초의 용어사용은 1935년 미국의 사회보장법이다. 루즈벨트 대통령이 1934년 경제보장위원회를 마련, 경제보장법을 제정하여 의회에 제출했으나 통과되지 못하고 다음해인 1935년 사회보장위원회로 명칭을 바꾸고, 사회보장법으로 다시 제출하여 사회보장의 용어의 출현과 함께 현대적 개념인 사회보험·공적부조·보건복지서비스라는 광의적 개념으로 자리잡았던 것이다.

37 ②

사회보장 관련법규의 제정연도는 공무원연금법(1960), 생활보호법(1961), 산재보험법(1963), 의료보험법(1963), 사회복지사업법(1970), 의료보호법(1977), 국민연금법(1986), 영유아보육법(1991), 고용보험법(1993), 사회보장기본법(1995) 등이다.

2. 사회보험

1 ③

노인장기요양보험법 상 장기요양급여의 종류(제23조 참조)로는 재가급여(방문요양, 방문목욕, 방문간호, 주·야간 보호, 단기보호, 기타재가급여), 시설급여, 특별현금급여(가족요양비, 특례요양비, 요양병원간병비)가 있다.

2 ③

③ 위에 제시된 특징은 바우처 제도에 대한 내용으로 현재 고용보험제도의 구직급여와 관련하여 우리나라에서는 바우처 제도를 시행하고 있지 않다.

3 ②

㉣ 보험료 등의 고지 및 수납, 그리고 체납관리는 국민건강보험공단이 고용노동부장관으로부터 위탁을 받아 수행한다.〈고용보험 및 산업재해보상보험의 보험료징수 등에 관한 법률 제4조〉

4 ③

①② 수급권자는 18세 이상의 중증장애인으로서 소득인정액이 그 중증장애인의 소득·재산·생활수준과 물가상승률 등을 고려하여 보건복지부장관이 정하여 고시하는 금액(이하 "선정기준액"이라 한다) 이하인 사람으로 한다.〈장애인연금법 제4조 제1항〉

④ 부가급여는 연령에 따라 차등적으로 지급되지만(장애인연금법 시행령 제6조 별표1 참고) 기초급여는 연령에 따라 차등 지급되지 않는다. 다만 기초급여는 수급권자와 그 배우자가 모두 기초급여를 받는 경우(장애인연금법 제6조 제3항 참고)와 소득인정액과 기초급여액을 합한 금액이 선정기준액 이상이 되는 경우(장애인연금법 제6조 제4항 참고)에 일부 감액하여 지급할 수 있다.

5 ②

② 기초노령연금 : 65세 이상 저 소득노인에게 자산조사를 통하여 지급하는 공공부조에 해당한다.

6 ③

포괄수가제 ⋯ 우리나라는 보통 행위별 수가제를 원칙으로 하는데 행위별 수가제가 진료비 상승을 가져오는 문제를 보완하기 위하여 4개 진료과 7개 질병군(안과-백내장수술, 이비인후과-편도수술 및 아데노이드수술, 외과-항문수술·탈장수술·맹장수술, 산부인과-제왕절개분만·자궁 및 자궁부속기수술)에 대한 포괄수가제가 2012년 7월부터 강제로 시행되고 있다.

① 보험자 측과 의사단체 간에 국민에게 제공되는 의료서비스에 대한 진료비 총액을 미리 추계·협의하고 결정하고 이렇게 결정된 진료비총액을 지급하는 방식이다.

② 환자가 제공받은 의료서비스의 종류, 양 등 의료행위 항목에 따라 각각 가격으로 합산하여 요양급여비용을 산정하는 방식으로 과잉진료 또는 의료오·남용 증가, 심사 기관과의 마찰이나 심사과정의 행정비용의 증가 등의 단점이 있다.

④ 일정 수의 가입자가 특정 의료공급자에게 등록을 하고 의료공급자는 진료비를 등록자당 일정금액을 지불받는 방식으로 이는 등록자가 실제 진료를 받았는지 여부에 상관없이 진료비를 지급하게 되는 것이 원칙이다.

7 ③

㉡ 제도 성숙기에 자원이 활용이 가능한 것은 적립방식의 장점으로 적립기금을 경제발전에 활용할 수 있다. 반면 부과방식은 적립기금이 없으므로 경제발전에 활용할 수 없다.

※ **국민연금 재정방식에서의 적립방식과 부과방식의 특징 비교**

적립방식	부과방식
• 퇴직기간 비율이 낮은 경우에 유리하다.	• 노령 부양률이 낮은 경우에 유리하다.
• 재정안정, 인구구조 변화(노령화)에 강하다.	• 재정 불안정, 인구구조 변화(노령화)에 취약하다.
• 초기에 높은 보험료-후기에 낮은 보험료를 낸다.	• 초기에 낮은 보험료-후기에 보험료의 부담이 증가한다.
• 재정의 장기적인 예측이 곤란하다.	• 연금수리 추계가 불필요하다.
• 이자율이 높은 경우에 유리하다.	• 근로자 실질임금 수준이 높은 경우에 유리하다.
• 물가 상승 시 실질가치 보호가 곤란하다.	• 물가 상승 시 실질가치 보호가 가능하다.
• 시행당시 노령 보호가 곤란(초기에 연금 수급이 곤란)하다.	• 시행 당시 노령보호가 가능(초기에 연금수급이 가능)하다.
• 경제성장 결과 배분이 곤란하다.	• 경제성장 결과 배분이 가능하다.
• 투자 위험이 존재한다.	• 세대 간 계약 파기 가능성이 있다.

8 ③

부과방식 ⋯ 1년을 수지단위로 하여 매년의 급여 총액을 매년 조달하는 방식이며, 사회적 책임이 강하다. 투자위험에 노출될 가능성이 없고 연금의 수지 차이가 없어 기금관리 부족으로 인한 위험부담이 없으나, 세대 간의 부담배분이 불공정하게 될 가능성이 높고, 노후를 대비한 저축유인이 없고 정치적 위험이 있다.

9 ②

보험에 가입한 사람들이 사고를 방지하려는 노력을 줄이는 것은 '도덕적 해이'현상이다. 보험가입자가 보험을 믿고 방심하면 사고가 빈발해지게 되는 경우를 예로 들 수 있다.

※ **도덕적 해이 및 역선택**

㉠ **도덕적 해이** : 대리인으로 선임된 이후 대리인에 대한 감시의 결여를 이용하여 대리인의 권력을 남용하여 주인의 이익보다는 자신의 이익을 추구하거나 게으름을 피우는 사후손실을 말한다.

㉡ **역선택** : 대리인에 대한 정보부족으로 부적격자나 무능력자를 대리인으로 선임하게 되는 사전손실을 말한다.

10 ④

세대 간 재분배(intergeneration redistribution) …
현 근로세대와 노령세대, 또는 현 세대와 미래세대
간의 소득을 재분배하는 형태로 대표적인 제도는 공
적연금 제도를 들 수 있다.

11 ①

① 요양급여의 일부는 본인이 부담한다.
※ 보험급여〈국민건강보험법〉
　　㉠ **요양급여** : 가입자 및 피부양자의 질병·부상·
　　　출산 등에 대하여 요양급여를 실시한다.
　　㉡ **요양비** : 공단은 가입자 또는 피부양자가 긴급
　　　기타 부득이한 사유로 인하여 요양기관과 유사
　　　한 기능을 수행하는 기관에서 질병·부상·출
　　　산 등에 대하여 요양을 받거나 요양기관 외의
　　　장소에서 출산을 한 때에는 그 요양급여에 상
　　　당하는 금액을 그 가입자 또는 피부양자에게
　　　요양비로 지급한다.
　　㉢ **부가급여** : 공단은 요양급여 외에 임신·출산·
　　　진료비, 장제비·상병수당 기타의 급여를 실시
　　　할 수 있다.
　　㉣ **장애인에 대한 특례** : 공단은 「장애인복지법」에 의
　　　하여 등록한 장애인인 가입자 및 피부양자에게는
　　　보장구에 대하여 보험급여를 실시할 수 있다.
　　㉤ **건강검진** : 공단은 가입자 및 피부양자에 대하
　　　여 질병의 조기발견과 그에 따른 요양급여를
　　　하기 위하여 건강검진을 실시한다.

12 ②

② 가입기간이 10년 이상인 가입자 또는 가입자였던
자로서 55세 이상인 자가 대통령령으로 정하는 소득
이 있는 업무에 종사하지 아니하는 경우 본인이 희
망하면 제1항에도 불구하고 60세가 되기 전이라도
본인이 청구한 때부터 그가 생존하는 동안 일정한
금액의 연금(이하 "조기노령연금"이라 한다)을 받을
수 있다〈국민연금법 제61조 제2항〉.

13 ③

공적연금제도는 노령·폐질·사망 등을 포함한 사회적
사고로 인한 소득 중단·상실의 경우에 일정수준의
생활을 보장해 주기 위해 미리 보험료를 갹출하여
재정을 마련하였다가 사고 발생시 지급하는 소득보
장제도이다.
③ 공공부조제도에 대한 내용이다.

14 ②

산재보험의 급여종류
　㉠ **요양급여** : 산재로 인한 부상 또는 질병시 치료를
　　위한 급여로 요양비의 전액을 지불한다. 단, 3일
　　이내에 치유되는 부상 및 질병일 경우에는 산재보
　　험급여를 지급하지 아니하고 근로기준법에 의하여
　　사용자가 재해보상을 한다.
　㉡ **간병급여** : 업무상 보상 또는 질병치유 후 의학적으
　　로 상시 또는 수시로 간병이 필요하여 간병을 받
　　을 경우 현행 간병료에 준한 간병급여를 지급한다.
　㉢ **휴업급여** : 산재로 인한 휴업기간 중 소득보장을
　　위한 급여이다. 1일당 평균급여의 100분의 70을
　　지급, 단 요양급여와 마찬가지로 3일 이내라는 예
　　외규정을 두고 있다.
　㉣ **장해급여** : 재해로 인한 부상·질병의 치유에도 그
　　장해가 남아 있는 경우에 지급하며, 장해등급에
　　따라 연금이나 일시금으로 지급한다.
　㉤ **유족급여** : 재해근로자의 사망시 그 유가족이 받게
　　되는 보험급여로 연금 또는 일시금을 선택적으로
　　지급한다.
　㉥ **장의비** : 평균급여의 120일분에 해당하는 금액을
　　지급한다.
　㉦ **상병보상연금** : 요양급여 2년이 경과하고도 치료가
　　종료되지 않은 상태에서 폐질자로 판정이 된 경우
　　에 요양급여와 함께 지급된다.
　㉧ **특별급여** : 보험가입자의 고의·과실로 인한 재해
　　시 산재보험법에 의한 보상에 더하여 재해근로자
　　는 민법상 손해배상청구를 할 수 있는데, 이 손해
　　배상청구권에 갈음할 수 있도록 하기 위해 특별
　　급여제도를 도입하였다.

15 ①

산재보험(1963년 제정, 1964년 시행) → 의료보험(1963년
제정, 1977년 시행) → 국민연금(1973년 제정, 1986년
시행) → 고용보험(1993년 제정, 1995년 시행)

16 ③

③ 산재보험의 보험료율은 정해져 있지 않다. 우리나
라는 업종별 차등료율과 개별실적료율을 적용하면서
매년 노동부 장관이 재해의 정도에 따라 수개의 등
급을 발표하도록 되어 있다.

17 ①

① 국민연금의 재원은 갹출료(주된 재원), 2자 혹은
3자 부담으로 하고 있다.

18 ③

③ 이혼한 배우자는 과거의 배우자의 노령연금을 분할지급한다. 즉, 혼인기간이 5년 이상인 자가 이혼 후 60세에 달한 때에 노령연금액 중 혼인기간에 해당하는 연금액을 균등한 액으로 한다.

19 ③

③ 소득비례급여의 원칙은 개인이 기여한 정도에 따라 급여를 받는 것으로서 개인의 능력주의에 해당한다.

20 ②

①④ 국내에 거주하는 18세 이상 60세 미만의 국민은 국민연금의 가입대상이 된다. 다만, 「공무원연금법」·「군인연금법」 및 「사립학교교원연금법」의 적용을 받는 공무원·군인 및 사립학교교직원 기타 대통령령이 정하는 자는 제외한다.
③ 소관부처로는 정책결정은 보건복지부에서 관할하고 집행은 국민연금공단이 된다.

21 ②

② 비용은 사업주가 전액 부담하며 국가는 보험사업의 사무집행에 소요되는 비용을 부담한다.

22 ②

② 의료급여는 「기초생활보장법」에 의한 급여이다.
※ 「고용보험법」상의 급여 … 실업급여(구직급여, 취업촉진수당), 육아휴직급여, 출산전후휴가급여

23 ③

보편주의란 사회복지의 제도적 개념으로 수혜대상을 국민 전체로 보는 입장으로 사회보험은 보편주의 급부에 속한다. 반면, 생업자금융자와 같은 공적부조는 선별주의 급부에 해당한다.

24 ②

① 국민연금의 가입대상은 국내에 거주하는 18세 이상 60세 미만의 국민이다.
② 노령연금 수급자격이 최소 10년 이상이다.
③ 완전노령연금은 20년 이상 가입해야 한다.
④ 반환일시금은 가입자 또는 가입자였던 자가 가입기간이 10년 미만인 자가 60세가 된 때, 사망한 때, 국적을 상실하거나 해외로 이주한 때에는 본인이나 그 유가족의 청구에 의하여 지급받을 수 있다.

25 ①

국민연금의 적용대상은 국내 거주의 18세 이상 60세 미만의 모든 국민이다.

26 ①

실업보험의 2차적 목적
㉠ 경기대책의 효과
㉡ 사회비용의 할당에 대한 기여
㉢ 인력 효율화의 개선
㉣ 숙련 노동력의 유지
㉤ 고용안정을 위한 고용자에 대한 자극

27 ③

사회보험의 특성
㉠ **사회성**: 사회평등, 사회조화의 차원에서 생활의 위협에 대한 공동대처이다.
㉡ **보험성**: 공통된 위험에 대해 공동으로 부담한다.
㉢ **강제성**: 국가 개입을 통해 불균형적 생활격차를 완화하고 분배의 공정을 기한다.
㉣ **부양성**: 자금의 능력에 따라 부담한다.

28 ③

③ 불충분한 소득으로 인한 문제는 최저임금제에 의해 해소될 수 있다.
※ **사회보험의 필요성**
　㉠ **소득의 상실**: 장해로 인한 일할 능력의 상실, 노령에 의한 퇴직, 가장의 사망 등으로 소득을 잃게 되는 경우
　㉡ **예기치 못한 비용의 발생**: 갑작스런 질병에 의하여 정규 소득만으로 보충할 수 없는 비용이 발생할 경우
　㉢ **불안정한 소득**: 실업, 질병 등으로 인하여 정규적인 소득을 기대하기 어려운 경우

29 ④

④ 사회보험의 보험료는 소득수준에 따라 차등 부과되지만, 사보험은 위험정도·급여수준에 따라 부과된다. 또한 보험료의 징수방법에서는 사회보험의 경우 법률에 의거하여 강제징수하나, 사보험은 사적 계약에 따라 보험료를 징수하는 차이가 있다.

30 ①

고용보험은 현대 자본주의의 구조결합으로 생긴 구조적 실업사고를 대상으로 직업소개, 공공사업 및 취로사업 등과 같은 실업대책사업이 해결할 수 없는 실업자에 대한 근본문제를 사회보장적 측면에서 보완하는 데 그 의의가 있다.

31 ④

④ 자산조사를 실시하여 급여의 내용을 결정하는 것은 공적부조이다. 사회보험은 자산조사에 따라 급부가 변하지 않는 법적으로 보장된 급여이다.

32 ④

④ 의료보호는 공적부조에 속한다. 우리나라의 경우 공적부조에는 생계보호, 의료보호, 자활보호, 교육보호, 해산보호, 장제보호 등이 있다.
※ **사회보험제도** … 연금제도, 의료보험제도, 산재보험제도, 실업보험제도, 가족수당 등

33 ①

① 미국과 영국은 공적부조를 중시하며, 독일 · 프랑스 · 이탈리아 등은 사회보험을 중시한다.

34 ③

업무상의 재해 … 근로자가 사고를 당하여 사상한 경우 업무와 사고 사이에 인과관계가 있고, 사고와 근로자의 사상 사이에 인과관계가 있다고 인정되는 경우에 업무와 재해 사이의 상당인과관계가 있는 것으로 본다.
㉠ 취업 중의 재해
㉡ 출장 도중의 재해
㉢ 작업에 따르는 부수적 행위 중의 재해
㉣ 작업의 준비, 뒤처리 대기 중의 재해
㉤ 천재, 화재시의 긴급행위 중의 재해
㉥ 사업시설 내에서의 휴게 중의 재해
㉦ 통근 중에 사용자의 전용버스 이용 중의 교통사고

35 ④

사회보험의 성격 … 강제적용의 원칙, 소득의 최저수준 이상의 보장, 기여를 전제로 한 급여, 자산조사를 필요로 하지 않는 수준권리에 의한 급여, 추정된 필요에 따른 급여, 법에 의한 결정된 급여, 개인적 형평보다는 사회적 적절성을 강조, 적용대상의 포괄성

36 ①

실업보험 수혜대상자의 일반적 자격요건
㉠ 피보험자는 과거 일정기간의 취업경력 및 일정기간의 기여가 있어야 한다.
㉡ 비자발적 실업자로서 노동에 대한 의사와 능력이 있어야 한다.
㉢ 실직 후 일정한 대기기간이 있어야 한다.
㉣ 실업이 자발적이거나 부정행위, 취업거부, 노사분쟁 기타의 비적격 사유로 발생하였을 경우 자격이 상실된다.

㉤ 급여수급 중이라도 공공직업안내소의 취업알선 또는 직업훈련을 정당한 이유없이 거부할 때는 일시적 또는 영구적으로 급여가 중단된다.

37 ①

1963년 「산업재해보상보험법」 제정 당시에는 상시근로자 500인 이상인 「광업제조법」의 사업장을 대상으로 처음 실시되었다. 이후 계속적으로 대상을 확대 실시하여 오다 1986년부터는 5인 이상 사업장까지 확대되었고, 2000년 7월부터 상시근로자 1인 이상의 사업장까지 확대하여 실시되고 있다(위험률 · 규모 및 장소 등을 고려하여 대통령령으로 정하는 사업에 대하여는 이 법이 적용되지 않는다).

38 ③

① 모든 사업장의 근로자 및 사용자와 공무원 및 교직원은 직장가입자가 된다.
② 우리나라에서는 현물급여를 원칙으로 하고 있다.
③ 보건복지부에서는 국민건강보험 사무의 전반에 걸쳐 기획 · 총괄하고 관련기관들을 지시 · 감독하는 일을 한다.
④ 1989년 도시지역 의료보험 실시를 기점으로 전국민 의료보험화가 이루어졌다.

39 ②

② 근로자가 업무재해로 사망한 경우에 그 유족에게 지급되는 것은 유족급여이다. 유족의 선택에 따라 유족보상연금과 유족보상일시금이 지급된다. 장해급여란 재해업무로 인한 상병이 치유된 후 장해가 남아 있을 경우 장해의 정도에 따라 지급되는 급여를 말한다.

40 ①

「고용보험법」상 시행되고 있는 구직급여의 소정급여 일수는 가입자의 연령 및 피보험기간에 따라 90일(3개월)에서 240일(8개월)간 급여를 받을 수 있다.

41 ①

기본연금액은 개개인의 소득수준과는 관계없이 모든 가입자의 평균소득을 기초로 하는 균등부분과 가입자 개인의 가입기간 중의 소득수준에 의하여 산정되는 소득비례부분 및 가입기간에 의하여 계산되며 물가상승률에 따라 매년 조정된다.

42 ④

④ 공적연금제도는 사회보험으로서의 목적을 달성하기 위하여 규모면에서 전국적이어야 한다.

43 ②

사회보험의 수혜조건은 첫째, 사전의 노동이나 기여금에 의한 실적, 둘째, 특수한 사고(사망·실업·상해 등)이다.

44 ③

1952년 ILO 제35차 회의에서는 사회보험을 사고별로 분류하였다. 의료, 질병, 실업, 노령, 노동자재해, 가족수당, 출산, 불구·폐질, 유족(사망) 등의 9가지 생활사고로 분류하였는데 이는 가장 합리적이고 기본적인 분류방법으로 받아들여진다.
※ **사회보험의 방법론적 분류** … 사고별 분류, 재정부담별 분류, 경제주체별 분류, 급여종속별 분류, 급여성질별 분류, 급여기간별 분류, 대상계층별 분류

45 ②

② 비용은 원칙적으로 사업주가 전액 부담하고 국가는 보험사업의 사무집행에 소요되는 비용을 부담한다.

46 ④

「산재보험법」에 의한 보험급여에는 요양급여, 휴업급여, 간병급여, 유족급여, 장해급여, 장의비, 상병보상연금, 직업재활급여 등이 있다.

47 ②

영국은 세계 최초로 실업보험을 실시했는데, 1911년 사회보험 입법을 공포하고 이듬해인 1912년부터 시행하였다.

48 ②

② 노령에 의한 소득의 상실에 대한 사회보험으로서 연금보험과 의료보험이 있다.

49 ②

② 정책결정은 행정안전부에서, 집행은 공무원연금관리공단에서 한다.

50 ④

비스마르크 사회보험의 3부작 … 독일 비스마르크시대의 사회보험제도는 세계 최초로 실시된 것으로 질병보험(1883년), 재해보험(1884년), 노령보험(1889년)이 이에 속한다.

51 ①

의료보장제도는 크게 무상의료 서비스방식인 국가보건 서비스방식과 사회보험방식인 의료보험방식으로 대별된다.
㉠㉣은 의료보험방식에 대한 설명이고, ㉡㉢㉤은 국가보건 서비스방식에 대한 설명이다.

52 ②

① 고용보험의 보험료는 근로자(임금의 0.5%)와 사업주(임금총액의 0.9%~1.5%)가 공동으로 나누어 부담한다.
③ 구직급여는 퇴직 당시의 연령과 보험가입기간에 따라 90~240일 동안 평균임금의 50%를 지급하도록 하고 있다.
④ 1998년 10월부터 1인 이상의 근로자를 고용하는 모든 사업장은 의무적으로 고용보험에 가입하도록 되어 있다.

53 ②

사회보험의 제도적 한계
㉠ 개개인의 생활 전체에 대한 보장없이 특정한 보험사고에 대해서만 단편적인 급여가 이루어지고 있다.
㉡ 수지상등의 원칙의 적용으로 인해 급여내용에 있어서의 일정한 제한을 받게 된다.
㉢ 보험사고의 발생원인 자체를 예방할 수 없다.
㉣ 적용대상이 제한되어 있다.

54 ③

임의계속가입자 … 국민연금 가입자 또는 가입자였던 자로서 60세가 된 자, 전체 국민연금 가입기간의 5분의 3 이상을 대통령으로 정하는 직종에 종사하거나 종사하였던 근로자로 국민연금에 가입하거나 가입하였던 사람은 65세가 될 때까지 보건복지부령으로 정하는 바에 따라 국민연금공단에 신청하면 임의계속가입자가 될 수 있다.

55 ①

산재보험은 사업주가 보험료를 부담하고 피해 근로자와 그 가족의 생활보장적 기능을 강화한다.

56 ③

③ 우리나라는 원칙적으로 사회보험의 재원에 일반 세입이 부담하는 보험료율은 전무한 실정이다. 다만, 사회보험의 행정운영비로 일부 보조금은 지원하고 있다.

57　②

3층 이론 … 노후 빈곤을 예방하기 위한 소득보장체계는 3층 이론으로 유형화한다.
㉠ **1층 소득보장체계** : 국가에 의한 소득보장으로 국민연금, 공공부조, 사회수당, 경로연금 등이다.
㉡ **2층 소득보장체계** : 기업에 의한 소득보장으로 퇴직금, 기업연금, 단체보험 등이다.
㉢ **3층 소득보장체계** : 개인에 의한 소득보장으로 저축, 개인연금, 사보험 등이다.

58　④

④ 기업연금은 직장인의 퇴직 후 생활의 안정을 도모하기 위해 기업이 지급하는 연금으로 공적연금의 한계를 보충하기 위해 실시되었다.
※ **공적연금** … 퇴직연금, 노령연금, 유족연금, 폐질연금

59　①

① 1926년 뉴질랜드에서 처음 실시된 후 제2차 세계대전을 계기로 정착되었다.

60　④

④ 1988년 1월 1일 현재 45세 이상 60세 미만인 자가 가입기간이 5년 이상이 되는 때에는 일정한 금액의 연금을 지급한다.

61　③

③ 연금기여금은 대상의 소득정도에 따라 차등적용되고 있다.

62　①

분할연금 수급권자〈국민연금법 제64조 제1항〉 … 혼인기간(배우자의 가입기간 중의 혼인 기간만 해당)이 5년 이상인 자가 다음에 해당하게 되면 그때부터 그가 생존하는 동안 배우자였던 자의 노령연금을 분할한 일정한 금액의 연금을 받을 수 있다.
㉠ 배우자와 이혼하였을 것
㉡ 배우자였던 사람이 노령연금 수급권자일 것
㉢ 60세가 되었을 것

63　②

② 보험급여에 예방 · 재활에 대한 요양급여가 포함된다〈국민건강보험법 제39조〉.

64　③

③ 현재 보험료의 산정기준은 행위별수가제도가 적용된다.

65　④

산업현장에서 산업재해의 발생원인은 다양하다. 이 중에서 우리나라는 제조업에서 가장 많이 발생하고 있다. 재해율도 선진국보다 높아 전체인구 중 1.5%가 넘는 매년 약 2,500여 명이 사망하고 있는 실정이다. 이러한 높은 재해율의 가장 큰 원인으로는 안전불감증과 위험에 대한 인식의 부족, 안전교육의 부재를 들 수 있다.

66　③

③ 취업촉진수당제도는 실업급여에서 정하고 있는 규정으로서 고용안정사업과 무관하다.

67　④

④ 상병보상연금은 요양급여를 받은 근로자가 요양 개시 후 2년이 경과된 이후에 부상이나 질병이 완치되지 않을 경우에 휴업급여 대신 이 연금을 근로자에게 지급된다.

68　③

③ 고용보험에서는 특별한 사유가 있는 수급권자에게 소정급여 일수를 연장할 수 있도록 제도화하였다. 즉, 개별연장급여와 특별연장급여인데, 이들 모두 60일 범위 내에서 정하도록 규정되어 있다.

69　④

④ 사립학교 교원연금제도는 실시 초기에는 교원에게만 한정되었으나 1978년부터 사무직원도 적용된다.

70　④

④ 사용자 무과실책임은 산재보험에 해당한다.

1　②

② 각 급여에 따라 선정기준이 서로 다르다.
- 주거급여의 선정기준 : 기준 중위소득의 100분의 43 이상으로 한다. 〈국민기초생활 보장법 부칙-법률 제12933호, 2014. 12. 30 제7조 제3항〉
- 생계급여의 선정기준 : 기준 중위소득의 100분의 30 이상으로 한다. 〈국민기초생활 보장법 제8조 제2항〉
- 교육급여의 선정기준 : 기준 중위소득의 100분의 50 이상으로 한다. 〈국민기초생활 보장법 제12조 제3항〉
- 의료급여의 선정기준 : 기준 중위소득의 100분의 40 이상으로 한다. 〈국민기초생활 보장법 제12조의3 제2항〉

2　③

③의 구민법의 작업장은 영국에서 1722년 도입된 국가에 의한 공공부조 제도이며 나머지 보기들은 민간에 의한 활동들이다.
① 인보관(Settlement House) : 1884년 중류지식인들에 의한 활동
②④ 우애협회(Friendly Society) · 자선조직협회(Charity Organization Society) : 1869년 부유한 자선가들에 의한 활동

3　①

① 수급권자에 대한 설명이다.
※ 수급자 … 「국민기초생활보장법」에 따른 급여를 받는 사람

4　③

① 1961년에 생활보호법이 제정되어, 1962년에 시행되었다.
② 급여를 신청할 수 있는 자는 수급권자와 그 친족, 기타 관계인이다. 사회복지전담공무원도 급여를 필요로 하는 자가 누락되지 않도록 하기 위해 직권으로 급여를 신청할 수 있다.
④ 공공부조 지출을 위함 주된 재원은 조세(정부의 일반세입)로 충당한다.
※ 급여의 신청(국민기초생활보장법 제21조)
　㉠ 수급권자와 그 친족, 기타 관계인은 관할 시장·군수·구청장에게 수급권자에 대한 급여를 신청할 수 있다.

　㉡ 사회복지전담공무원은 이 법에 의한 급여를 필요로 하는 자가 누락되지 아니하도록 하기 위하여 관할지역 내에 거주하는 수급권자에 대한 급여를 직권으로 신청할 수 있다. 이 경우 수급권자의 동의를 구하여야 하며 이를 수급권자의 신청으로 볼 수 있다.

5　③

③ 부양의무자란 수급권자를 부양할 책임이 있는 자로서 수급권자의 1촌의 직계혈족 또는 그 배우자이다.

6　③

긴급복지지원제도 … 갑작스러운 위기사항으로 인해서 생계유지가 곤란한 저소득층에게 생계·의료·주거지원과 같은 필요한 복지서비스를 신속하게 지원하기 위해서 2006년부터 시행된 제도이다.

7　③

현물급여와 현금급여
㉠ 현물급여
- 장점
  - 정책 목표효율성을 높임
  - 물품평등주의
  - 필요 대상자에게 집중적 급여 가능
  - 정치적으로 선호
- 단점
  - 수급자에게 낙인감 조성 우려
  - 자원의 낭비 발생 가능
  - 보관·유통과정에서의 추가적 비용발생(낮은 운용효율성)
㉡ 현금급여
- 장점
  - 프로그램 운영비용의 최소화
  - 선택의 자유를 제공하고, 소비자의 주권을 높임
  - 수급자 효용의 극대화
  - 수급자의 존엄성 유지
- 단점
  - 낮은 목표효율성
  - 사회적 효용이 감소되는 경우 발생

8　②

개인의 재산(금융, 부동산 등) 및 수입 등과 부양의무자의 재산(금융, 부동산 등) 및 수입 등을 고려하여 선정여부를 결정한다.

9 ③

③ 소득환산액에 대한 설명이다.
※ **소득인정액** … 개별가구의 소득평가액과 재산의 소득환산액을 합산한 금액을 말한다.

10 ④

「국민기초생활보장법」에서 정하는 수급권자의 범위는 부양의무자가 없거나, 부양의무자가 있어도 부양능력이 없거나 부양을 받을 수 없는 자로서 소득인정액이 최저생계비 이하인 자이다.

11 ①

보충성의 원리 … 수급자가 최대한의 노력을 해도 최저한도의 생활을 유지할 수 없는 경우에 자산조사를 하여 최종적으로 부족분을 보충하는 원리를 말한다. 즉, 수급자가 자신의 생활의 유지 향상을 위해 그 소득, 재산, 근로능력 등을 활용하여 최대한 노력하는 것을 전제로 이를 보충, 발전시킴을 기본원칙으로 하고 있다. 따라서 이러한 부족분에 대한 사회복지전담공무원의 자산조사가 뒤따라야 한다.

12 ⑤

⑤ 수급자에게 주거안정에 필요한 임차료, 유지수선비 기타 대통령령이 정하는 수급품을 지급하는 것으로 「생활보호법」에서 없었던 급여로 「국민기초생활보장법」에서 신설되었다.
※ **급여의 종류** … 생계급여, 주거급여, 의료급여, 교육급여, 해산급여, 장제급여, 자활급여

13 ④

보충성의 원리 … 요보호대상자의 자산과 능력의 활용의무 및 사적부양 우선과 타법상의 부조 우선, 긴급보호 등을 규정하고 있다.
※ **공공부조의 기본원리** … 생존권보장의 원리, 국가책임의 원리, 최저생활보장의 원리, 자립조성의 원리, 무차별평등의 원리, 보충성의 원리

14 ②

② 「국민기초생활보장법」에서는 수급권자의 인구학적 기준을 철폐하여 모든 국민은 일단 빈곤하면 연령에 구분없이 급여를 제공한다.

15 ④

④ 공공부조는 생활이 곤궁하며 스스로 자립할 수 없는 사람들에게 국가의 자산으로써 생활곤궁자들을 빈곤에서 해방시키려는 국가의 사회보장정책의 하나이다.

16 ①

① Leyden방식(주관적 최저생계비 계측방식)은 일반인들에게 살아가는 데 필요한 최소의 소득이 얼마냐고 생각하는지를 주관적 응답과 실제소득을 변수로 사용한 회귀방정식을 이용하여 최저생계비를 구하는 방식이며, 상대적 최저생계비 계측방식은 소득(또는 지출)의 일정비율 이하에서 대다수가 누리는 생활형태로서 최저생활을 할 수 없다고 판단하여 이를 최저생계비로 보는 방식이다.

17 ①

② 임차료와 유지수선비는 주거급여에 해당한다.
③ 근로능력자는 자활관련사업에 연계하는 조건부로 지급한다.
④ 최저생계비는 보건복지가족부장관이 국민의 소득·지출수준과 수급권자의 가구유형 등 생활실태, 물가상승률 등을 고려하여 결정한다.

18 ④

④ 전문가에 의해 이루어져야 욕구파악에 객관성 확보가 유리하다. 즉, 개인의 욕구(need)를 객관적으로 파악할 수 있다. 그러나 전문가의 채용이 필수불가결하므로 행정비용 중 인건비의 증가를 가져온다.

19 ④

재원은 국가의 일반세입에 의해 조달된다.

20 ①

① 수급자 중 근로능력이 없는 자로만 구성된 세대는 1종, 그 외의 가구는 2종으로 구분하여 의료급여를 실시하고 1종 수급권자의 경우 의료비 전액을, 2종 수급권자의 경우는 일부 본인부담금을 제외한 비용을 국가가 지원하도록 하였다.

21 ②

공공부조의 기본원리
㉠ **생존권 보장의 원리** : 모든 국민은 건강하고 문화적인 최저한도의 생활을 영위할 권리와 인간으로서의 생존권을 가진다.
㉡ **국가책임의 원리** : 공공부조의 재원은 국민의 세금에 의해서 충당되는 것이므로 궁극적인 책임은 국가에게 있다.
㉢ **최저생활보장의 원리** : 인간으로서의 문화적인 생활 및 의미있는 생활을 영위할 수 있는 상태를 보장해 주어야 한다.
㉣ **자립조장의 원리** : 피보호자의 잠재능력을 개발·육성하여 피보호자 스스로의 힘으로 사회생활에 적응할 수 있게 해야 한다.
㉤ **무차별평등의 원리** : 모든 국민은 법률이 정하는 요건을 만족하는 한 누구나 차별없이 평등하게 법률의 보호를 받을 수 있다는 원리이다.
㉥ **보충성의 원리** : 요보호대상자의 자산과 능력의 활용의무 및 사적부양 우선과 타법상의 부조우선, 긴급보호 등을 규정하고 있다.

22 ④

공공부조의 특징
㉠ 공공부조는 저소득자나 생활곤궁자 등의 요보호대상자만을 그 대상으로 한다.
㉡ 공공부조의 급부조건은 빈곤정도를 심사하기 위한 자산조사와 신청자의 개별적 욕구조사라 할 수 있다.
㉢ 재원은 국가의 조세에 의해 충당된다.
㉣ 운영은 국가나 지방자치단체에서 담당한다.
㉤ 물질적 급여의 제공 이외에 전문사회사업 서비스(personal services)도 제공한다.
㉥ 현재의 공공부조제도에서는 법적 요구조건만 충족되면 신청자의 권리를 보장해 준다.

23 ③

사회보험과 공공부조

구분	사회보험	공공부조
재원	피고용자·고용주가 불입하는 보험료, 국가의 보조금	조세 수입
성격	• 노동능력이 있는 자를 위한 제도 • 자산조사는 불필요 • 낙인감을 주지 않음 • 사전조치적 성격 • 급여기간이 대체로 유한함	• 노동능력이 없는 자를 위한 제도 • 자산조사가 필요 • 낙인감을 줌 • 사후조치적 성격 • 급여기간이 대체로 무한함

24 ③

③ 의료보험은 사회보험에 속하고, 의료보호가 공공부조에 속한다.
※ **재해구호의 종류**
㉠ 수용시설의 제공
㉡ 급식 또는 식품, 의류, 침구, 학용품 기타 생필품의 급여
㉢ 의료 및 조산
㉣ 이재자의 구출
㉤ 이재 주택의 응급수리
㉥ 생업에 필요한 자금, 기구 또는 자재의 급여나 대여
㉦ 생업의 알선
㉧ 장사
㉨ 기타 보건복지가족부 장관이 지정하는 사항

25 ②

② 자산조사에는 많은 행정비용(시간, 돈, 인력)이 소비되는 단점이 있으나, 기금의 적절한 운영을 통한 조세부담의 감소는 장점에 해당한다.

26 ②

공공부조는 국가가 생활이 곤궁하여 스스로 자립할 수 없는 사람들에게 국가의 자산으로 부조를 제공함으로써 빈곤에서 해방시키려는 치료적이며 최종적인 정책수단이다.

27 ③

③ 자산조사를 실시하는 데는 많은 행정적 비용이 소모된다.

4. 사회복지서비스

1 ④

사회복지 서비스 전달체계 구축의 주요원칙 … 전문성의 원칙, 적절성의 원칙, 포괄성의 원칙, 지속성(연속성)의 원칙, 통합성의 원칙, 평등성의 원칙, 책임성의 원칙, 접근 용이성의 원칙 등

2 ①

   ⓛ 서비스의 재원은 점차 다양화되고 있다.
   ⓒ 서비스 공급기관이 다양화되면서 공공부문이 차지하는 비중이 점차 줄어들고 있다.
   ⓔ 서비스 재정지원방식은 시설보조금 방식보다는 서비스 구매계약이나 바우처 방식이 확대되고 있다.

3 ②

   ② 사회복지서비스 전달체계는 운영주체에 따라 공적 전달체계와 사적 전달체계로 구분할 수 있다. 공적(공공) 전달체계는 정부 또는 공공기관이 운영·관리하는 것을 뜻하고, 사적(민간) 전달체계는 민간이 직접 운영·관리하는 것을 뜻한다. 사회보험이나 공공부조는 공공조직이 제공한다.

4 ④

   ④ 크리밍(creaming) 현상 : 쉽고 성공 가능성이 높으며 유순한 클라이언트만 선별해서 받아들이는 현상이다. 이는 서비스 조직의 관료적 병폐의 하나이며, 비협조적이거나 어려울 것으로 예상되는 클라이언트를 배척하려는 것이다.
   ① 레드 테이프(red tape) : 당초 관청에서 공문서를 매는 데 쓰는 붉은 끈에서 유래된 말로, 관청식의 번거로운 형식주의를 지칭한다.
   ② 서비스 과활용(over-utilization) : 욕구에 해당되지 않는 사람들이 서비스를 이용하는 경우에 나타나는 것으로 대부분의 경우 수요자의 기대와 공급자의 기대가 맞지 않을 때 발생한다. 서비스의 과활용은 단순히 서비스 능력을 초과해서 서비스가 활용되는 정도를 의미하는 것이 아니라, 한 프로그램이 구상하고 의도했던 바가 개인들의 기대와 동기에 의해서 발생하는 '표현된 욕구'와 다를 수 있는 경우를 포괄해서 지칭한다.
   ③ 매몰 비용(sunk cost) 효과 : 자신의 그릇된 선택으로 다시 되돌리지 못하지만 자신이 지불한 비용이나 시간 때문에 현재에 틀린 결정을 하게 되며 지속되는 현상을 말한다.

5 ③

전문성의 원칙
   ㉠ 사회복지서비스의 핵심적인 업무는 반드시 전문가가 담당해야 한다.
   ㉡ 전문가란 자격요건이 객관적으로 인정된 사람이며 자신의 전문적 업무에 대한 권위와 자율적 책임성을 지닌 사람을 말한다.

6 ②

사회복지서비스의 개념과 대상
   ㉠ 개념 : 사회적으로 불우하고 영세한 위치에 있는 자들을 대상으로 전문적인 지식과 방법을 동원하여 문제를 해결함으로써 정상적인 사회인으로써의 권리와 의무를 수행하도록 하는 활동을 의미한다.
   ㉡ 대상 : 빈곤계층의 요보호 아동, 노인, 부녀 및 장애인 등(성별, 연령, 직업은 관계없음)

7 ③

사회복지서비스 전달체계의 원리
   ㉠ 전문성의 원칙 : 사회복지서비스 제공의 핵심 업무는 반드시 전문가가 담당해야 하는데, 여기서 전문가란 객관적으로 그 자격이 인정된 사람으로 자신의 전문적 업무에 대한 권위와 자율적 결정권 및 책임성을 지닌 사람을 말함
   ㉡ 적절성의 원칙 : 사회복지서비스는 그 양이나 질(質), 제공하는 기간 등이 적절하게 제공되어야 대상자의 욕구충족과 서비스의 목표달성 가능
   ㉢ 포괄성의 원칙 : 대상자의 다양한 욕구나 문제를 동시에 또는 순차적으로 해결하기 위해서 다양한 서비스가 제공되어야 함
   ㉣ 지속성의 원칙 : 한 개인이 필요로 하는 여러 가지 다른 종류의 서비스를 지역사회 내에서 계속적으로 제공받을 수 있도록 서비스들이 상호연계 필요
   ㉤ 통합성의 원칙 : 클라이언트의 문제는 많은 경우 복합적이고 상호 연관되어 있기 때문에 이러한 문제의 해결을 위한 서비스들도 서로 연관되어야 한다. 서비스가 통합적으로 제공되기 위해서는 한 행정책임자 아래 서비스들이 제공되고 서비스제공 조직들이 지리적으로 가깝고, 서비스 프로그램간 또는 서비스 조직간에 상호 유기적인 연계와 협조 체제가 갖추어져 있어야 한다.
   ㉥ 평등성의 원칙 : 기본적으로 성별·연령·지역·종교·지위 등에 관계없이 모든 국민에게 사회복지서비스를 제공하여야 함
   ㉦ 책임성의 원칙 : 사회복지조직은 국가가 사회복지서비스를 전달하도록 위임한 조직이므로 사회복지서비스의 전달에 대해 책임을 져야 함
   ㉧ 접근용이성의 원칙 : 사회복지서비스는 필요로 하는 사람이면 누구나 손쉽게 이용할 수 있어야 하므로 대상자가 접근하기 용이하여야 함

8 ③

   ③ 공적 사회복지관 및 시설은 기본적이고 보편적인 욕구충족에 1차적인 목표를 두고 있기 때문에 개인의 다양한 욕구충족이나 질 높은 서비스를 제공하지 못한다.

9 ③

사회복지서비스의 원칙
- ⊙ **통합성의 원칙** : 인간복지와 관계되는 제반 프로그램과 서비스는 통합적으로 상호 보완한다.
- ⓛ **제도화의 원칙** : 보편적인 서비스는 항구적인 제도화를 지향한다.
- ⓒ **전문성의 원칙** : 조직과 인격의 전문화를 통해 서비스도 전문화되어야 한다.
- ⓔ **선택성의 원칙** : 대상, 재원, 프로그램과 서비스 및 방법의 우선순위를 고려해야 한다.

10 ①

사회복지서비스는 사회적으로 불우하고 열세한 위치에 있는 자들을 대상으로 전문적인 지식과 방법을 동원하여 그들의 문제를 해결해줌으로써 정상적인 사회인으로서의 권리를 누리고 의무를 수행할 수 있도록 하는 활동이다. 그러므로 사회복지서비스의 대상은 빈곤계층의 요보호 아동, 노인, 부녀 및 장애인 등이다.

11 ③

서비스의 선별화 … 사회복지서비스의 우선순위 결정에는 인적 · 물적 · 재정적 자원이 영향을 미치게 되는데, 우선순위는 대상 · 재원 · 프로그램과 서비스 및 방법의 영역에서 고려되어진다.

12 ④

사회복지서비스는 노인복지, 부녀복지, 아동복지, 심신장애인복지, 노숙인보호 등이 있다.

13 ④

사회복지에서 서비스 제공시 기본단위는 가족 또는 가정이어야 한다.

14 ④

④ 민간부문 사회복지서비스 전달체계의 문제점에 해당한다.
※ **공공부문 사회복지서비스 전달체계의 문제점**
- ⊙ 사회복지와 관련된 정부부서의 난립이다.
  - 실무파악, 대상자의 파악, 복지정책 및 계획 수립의 구심점이 미약하다.
  - 부처간의 업무조정 및 협조가능성이 미온적이다.

- ⓛ 사회복지서비스의 이용률이 저조하고, 서비스 통합력이 결여되고 있다.
- ⓒ 사회복지전문인력이 부족하여 개별화된 전문적인 서비스 제공에 한계가 있다.
- ⓔ 복지서비스의 자율성과 능동성이 결여되었다.
- ⓜ 사회문제의 임기응변적인 대처와 문제에 대한 예방적 · 근원적 치료가 미흡하다.
- ⓗ 사회복지행정에 대한 전문성이 결여되어 있고, 사회복지행정의 최일선 기관은 행정안전부의 지방행정에 편입되어 있어 일관성 있는 정책구심점이 미약하여 사회복지정책 추진 및 신속성에 한계가 노정되고 있다.
- ⓢ 사회복지관련 위원회의 활동이 미약하다.

15 ③

③ 사회복지서비스를 구축하는 데 기본적으로 고려할 요소로서는 사회적 할당, 사회적 급부, 서비스 전달, 재정이다.

5. 기타 사회정책

1 ①

소득분배정책이란 소득분배 불평등도를 축소시키기 위해서 정부가 개입하는 형태이다.
※ **소득분배** … 시장기구를 통해서 결정되는 소득분배를 변경시키기 위해서 정부가 개입하는 구체적 형태이며, 기능적 분배와 계층별 분배가 있다.

2 ②

최저임금제는 사회보험의 급여수준 및 공적부조 기준의 개선에 기여한다는 점에서 매우 중요한 의의를 가지게 되며, 노동시간의 단축, 부녀 · 소년근로자의 임금 인상, 근로자의 조직화 등 노동정책과 근로자의 과세최저선의 설정 등과도 관련을 갖는다.

3 ①

고전적 자유주의자들은 주택을 경제재로 보고 정부의 주택에 대한 개입을 부정하고 있다. 즉, 주택정책 자체를 부정하는 것이다.
②③④는 주택을 사회재로 보는 입장인데, 특히 ③④의 경우 마르크스주의자들의 주장이다.

4 ①

빈곤의 개념
㉠ **절대적 빈곤** : 가장 고전적 개념으로 인간의 기본적인 생존욕구충족(최저생활유지)에 필요한 자원 및 소득이 부족한 상태나 조건을 말한다.
㉡ **상대적 빈곤** : 한 사회의 소득수준으로 볼 때 소득이 상대적으로 낮은 것을 말하며 이러한 계층을 빈곤층이라 한다. 현대사회의 특징이라 할 수 있는 경제·사회·문화생활의 향상이나 발전에서 나타나는 불평등 및 상대적 박탈감을 포함하는 개념이다.

5 ①

① 정부는 소득재분재를 위하여 상품시장에 개입하여 생필품의 경우 보조금 지급 등의 방법으로 가격을 낮추고, 사치품 등에는 특별소비세를 부과하여 가격을 상승시켜야 한다.

6 ①

고용정책 ··· 한 나라의 경제에 고용되어 있는 취업노동력을 최대한으로 유지하고 그들의 취업상의 안정성을 높이며, 나아가 고용 자체를 확대시키는 모든 정책으로 그 궁극적인 목표는 완전고용에 있다.

7 ④

④ 관계주체상의 특성으로서 단체교섭을 말한다. 노사협의는 기업주 또는 그 대표와 종업원간의 직접적인 관계이다.

8 ②

소득분배의 이론적 관점
㉠ **자본축적론** : 국민소득 중에서 고소득층이 차지하는 비율이 커질수록 경제 전체의 저축이 증가하고 자본축적이 증대되어 경제성장이 촉진된다는 이론이다. 즉, 소득분배가 악화될수록 경제성장이 촉진된다고 주장한다.
㉡ **자본소요론** : 소득불평등도가 축소될수록(소득분배가 강화될수록) 경제 전체의 소비의 자본집약도가 낮아지게 되어 주어진 자본으로 더 높은 수준의 소비수요를 충족시킬 수 있게 된다는 이론으로 소득분배의 개선을 강조한다.
㉢ **의욕저하론** : 정부가 소득분배정책을 강력하게 추진하게 되면 고소득층의 조세부담률이 높아지기 때문에 경제활동의욕이 감퇴되고 저소득층의 경우에도 정부로부터 상당한 경제적 혜택을 받게 되므로 경제활동의욕이 저하된다는 이론이다.
㉣ **기본수요론** : 소득분배의 강화로 근로자들의 기본적 욕구가 충족되면 건강상태 및 근로의욕이 향상되어 결과적으로 생산성 증대를 이룰 수 있게 된다는 이론이다.

9 ①

빈곤의 원인
㉠ **갈등이론** : 재산·권위·권력·지식·자원·기회 등의 비소유와 종속상태에서 빈곤의 원인을 찾는다(자원의 불평등).
㉡ **기능이론** : 가구주 또는 가구원의 사망, 질병, 불구, 노령, 저교육수준, 부적응 등이 빈곤의 원인이 된다(기능의 부적응).
㉢ **낙인이론** : 개인의 동기부족, 낮은 열망수준, 무절제, 게으름, 의타심, 부적응 등을 빈곤의 원인으로 생각한다.

10 ②

자유주의자들은 기회균등을 모든 사람들에게 공평하게 교육의 기회를 부여하는 것을 말하고 있는데, 이를 위해 인위적·귀속적 제약조건은 철폐되어야 한다고 하는 기능주의적인 관점을 취하고 있다.

11 ③

③ 실태생계비 방식이란 적정수의 가구에 대해 실지로 가계조사를 실시하여 생계비를 산출하는 것으로 현실적이라는 장점이 있다.

12 ④

빈곤에 관한 이론
㉠ **낙인이론** : 심리주의적(상호작용주의) 관점을 바탕으로 빈곤의 원인을 개인적 책임으로 돌린다.
㉡ **기능이론** : 빈곤의 원인을 개인적 책임이나 기능적 부적응에서 찾는다.
㉢ **갈등이론** : 빈곤의 원인을 사회구조적 차원에서 파악하여 사회적 책임으로 간주하는 구조주의적 관점을 가진다.
㉣ **안정이론** : 빈곤의 원인을 인간존재 자체의 불평등에 기인하는 것으로 파악하고, 빈민이 된 사람들은 빈곤한 생활을 참고 견뎌야 하며 자신보다 힘이 센 세력과 협동하는 것이 이롭다고 여기는 이론이다.
㉤ **기회이론** : 빈곤은 직업의 기회가 공평하게 제공되지 않기 때문에 발생한다고 본다.
㉥ **인적자본이론** : 빈곤의 원인이 낮은 생산성에 있다고 본다.
㉦ **하위문화이론** : 빈곤상태에 처하는 원인을 인간적인 상호교류의 결여, 미래지향성의 부족, 주위환경에 대한 몰이해, 적절한 가정환경의 손상 등으로 파악한다.

13 ④

소득분배와 경제성장과의 이론적 관계에 있어 ①②는 분배의 개선이 성장을 저해한다는 이론이고, ③④는 분배의 개선이 오히려 성장을 촉진한다는 이론이다. ④의 경우 근로자들의 기본적인 욕구가 충족되면 건강상태와 근로의욕이 높아지고, 따라서 생산성이 향상되므로 소득분배가 개선될수록 경제성장이 촉진된다는 결론이다.

14 ④

실업률이 높은 경제에서 소득분배를 개선하는 데 가장 효과적인 방법은 고용기회 확대정책이다.

15 ②

빈곤의 원인
㉠ **역사적 경험**
- 조선사회의 양반관료층의 농민착취
- 일제에 의한 식민지 착취 경제정책
- 해방 후 해외로부터의 귀환동포와 북한으로부터의 월남 난민
- 6 · 25전쟁 중의 난민 발생
- 1960년 이후 도시빈민층 형성
㉡ **사회적 요인**
- 영세농 출신 도시이주자의 취업기회 제한과 불안정성
- 농촌에 있어서의 경작규모의 영세성
- 사회보장제도의 미발달
- 저소득층 자녀의 교육기회 제한으로 인한 빈곤의 세습화

16 ②

② 소득재분배정책을 실시할 경우 고소득계층은 세금을 많이 내기 때문에 경제활동의 욕구가 감소되고 이와 반대로 저소득층의 사람들은 국가로부터 많은 혜택을 받기 때문에 근로에 대한 의욕을 상실하여 역시 경제활동의 욕구가 감소한다고 보았다.

17 ③

하위문화이론은 빈곤상태에 처하는 원인을 인간적인 상호교류의 결여, 미래지향성의 부족, 주위환경에 대한 몰이해, 적절한 가정환경의 손상 등으로 빈곤의 원인을 파악한다.
③ 빈곤은 낮은 생산성에 기인한다는 인적자본이론이다.

18 ②

② 밴필드(Banfield)의 빈곤문화론이다. 밴필드는 실업이나 질병 등의 빈곤의 외적 요인이 개선되어도 그 생활양식에 뿌리박힌 빈곤은 해소되지 않고 차세대로 계승 · 순환된다는 빈곤의 악순환을 주장하였다.

19 ①

① 임대료와 관리비의 부담능력이 없어서 전대 또는 매매할 가능성이 있다.

20 ③

소득분배정책은 소득분배 불평등도를 축소하기 위해 정부가 개입한다.

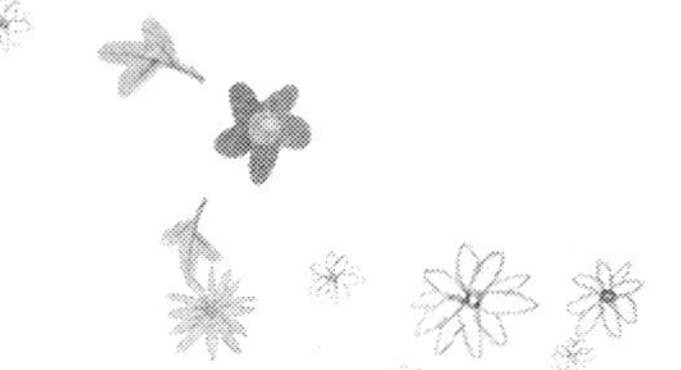

정답 및 해설 ······ 사회복지방법론

1. 사회복지일반론

1 ③

ⓒ 사회복지사는 적법하고도 적절한 논의 없이 동료 혹은 다른 기관의 클라이언트와 전문적 관계를 맺어서는 안 된다.
㉠ 사회복지사 윤리강령 전문에 나와 있다.
ⓛ 사회복지사 윤리강령 중 전문가로서의 자세에 대한 내용 중 하나이다.
㉣ 사회복지사 윤리강령 중 사회복지사의 사회에 대한 윤리기준의 내용 중 하나이다.

2 ①

① 잦은 결석을 하는 아동 B, 실직한 아버지, 도박 중독인 어머니, 치매 증상을 보이는 할아버지까지 개입해야 할 문제를 가진 클라이어트가 여러 사람이기 때문에 사회복지사 A는 윤리적 딜레마 상황에 직면해 있다.

3 ②

㉣ 문화적 다양성은 명시되어 있지 않다.
※ **사회복지사 윤리강령 전문**···사회복지사는 인본주의·평등주의 사상에 기초하여, 모든 인간의 존엄성과 가치를 존중하고 천부의 자유권과 생존권의 보장 활동에 헌신한다. 특히, 사회적·경제적 약자들의 편에 서서 사회정의와 평등과 자유와 민주주의 가치를 실현하는데 앞장선다. 또한 도움을 필요로 하는 사람들의 사회적 지위와 기능을 향상시키기 위해 저들과 함께 일하며, 사회제도 개선과 관련된 제반 활동에 주도적으로 참여한다. 사회복지사는 개인의 주체성과 자기결정권을 보장하는데 최선을 다하고, 어떠한 여건에서도 개인이 부당하게 희생되는 일이 없도록 한다. 이러한 사명을 실천하기 위하여 전문적 지식과 기술을 개발하고, 사회적 가치를 실현하는 전문가로서의 능력과 품위를 유지하기 위해 노력한다. 이에 우리는 클라이언트·동료·기관 그리고 지역사회 및 전체사회와 관련된 사회복지사의 행위와 활동을 판단·평가하

며 인도하는 윤리기준을 다음과 같이 선언하고 이를 준수할 것을 다짐한다.

4 ④

④ **사례관리** : 다양하고 복합적인 욕구를 가진 클라이언트에게 공식적, 비공식적인 지원망을 창조하고 조정하는 실천모델로써 보기에 나와 있는 옹호, 아웃리치를 포함하는 광범위한 개념이라 할 수 있다.
① **옹호** : 기존 제도로부터 클라이언트가 불이익을 받을 때 클라이언트를 위해 정보를 수집하고 요구사항을 분명히 함으로써 기존 제도에 도전토록 지도력을 발휘하는 적극적이고 직접적인 역할을 말한다.
② **아웃리치** : 표적인구에서 개별 클라이언트를 확인하고 서비스를 따로 찾지 않는 잠재적 클라이언트를 직접 찾아 나서는 것이다.
③ **중재** : 양자 간 논쟁에 개입하여 중립을 지키며 타협이나 차이점, 조정 및 상호 만족스러운 합의점에 도달하도록 이끄는 역할이다.

5 ④

① 사회복지사는 클라이언트의 권익옹호를 최우선의 가치로 삼고 행동한다.
② 한국사회복지협의회는 사회복지윤리위원회를 구성하여 사회복지윤리실천의 질적인 향상을 도모해야 한다.
③ 사회복지사는 기관의 정책과 사업 목표의 달성을 위해 노력함으로써 클라이언트에게 이익이 되도록 해야 한다.

6 ③

① 심리사회모델은 클라이언트들과 그들의 중요한 환경을 사정하는 데 있어서 치료자의 책임을 강조하고, 관련된 자료의 수집과 진단과정이 필수적이다.
② 위기개입모델은 극심한 스트레스 상황에 즉각적인 개입을 통해 단기 전문 원조를 제공하기 위한 모델로 사회복지사의 역할은 적극적이다. 필요한 서비스의 지원과 격심한 고통 후에 발생할 수 있는 심리적 붕괴현상의 예방에 관심을 둔다.

④ 클라이언트와 사회복지사가 표적문제의 우선성, 목
표설정에 대해 상호동의 후 구체적 목표를 달성하
도록 수행하게 될 과제를 상술한다.

7 ①

② 자기노출은 신중히 고려되어야 한다. 사회복지사
의 자기노출은 관심의 초점을 클라이언트로부터
사회복지사에게로 옮기고 도움이 필요한 클라이
언트에게는 별로 도움이 되지 않는다.
③ 직면에 대한 내용이다. 재보증이란 실제로는 현실
적이며 건전하게 그리고 사회적으로 수용될 수 있
는 결정과 사고방식, 느낌을 가지고 있음에도 불
구하고 자신을 믿지 못하는 클라이언트에게 효과
적으로 적용될 수 있는 기법이다. 이는 클라이언
트가 판단이나 문제 상황에서 자신의 결정을 유지
할 수 있도록 돕는 것이다.
④ 초기에는 래포(클라이언트와의 관계형성)형성을 통
해 클라이언트가 가지고 있는 문제를 이해하는 것
에 초점을 두어야 한다.

8 ②

① 핀커스와 미나한은 사회복지실천에서 4체계모델,
즉 변화매개체계, 클라이언트체계, 표적체계, 행
동체계를 통하여 포괄적인 관점에서 클라이언트의
문제를 사정할 수 있는 기초를 제공 · 강조한다.
③ 개인의 심리역동을 설명하는 이론은 정신분석이론
이다.
④ 프로이드가 창시한 것은 심리사회적 모델의 한 갈
래인 정신분석이론이다.

9 ③

③ 사회복지사의 클라이언트에 대한 윤리기준으로서,
사회복지사는 클라이언트에 대하여 인간으로서의 존
엄성을 존중해야 하며, 전문적 기술과 능력을 최대한
발휘해야 한다.

10 ④

① 생태학이론과 일반체계이론 두 개념을 포함한다.
② 체계는 투입과 산출과정에서 상대적으로 안정된
항상성을 유지하려는 경향이 있다.
③ 이전의 단선적이고 인과론적인 시각에서 통합적,
전체적, 역동적인 인간-환경 관계에 대한 시각으
로의 전환점을 제공하였다.

11 ④

④ 중재자의 역할은 서로 견해가 다른 개인이나 집
단이 의사소통을 통하여 타협하고 상황을 개선시킬
수 있도록 중립적 입장에서 조정하는 것이다.

12 ②

사회복지사는 클라이언트의 사생활을 존중하고 보호
하며, 직무 수행과정에서 얻는 정보에 대해 철저하게
비밀을 유지해야 한다.
① 사회복지사 윤리강령 전문
③ 사회복지사의 기관에 대한 윤리기준
④ 사회복지사의 사회에 대한 윤리기준

13 ③

① **중개자**(broker) : 클라이언트와 자원 및 서비스를
연결하는 역할로서 사례관리의 핵심적 기능을 수
행하고 클라이언트에게 법률적 도움이나 다른 필
요한 자원을 얻도록 도와주며, 지역사회의 다양
한 부분들이 상호 이익을 증진하기 위해 교류하
도록 돕는다.
② **옹호자**(advocate) : 사회정의를 지키고 유지하려는
목적으로 개인, 집단, 지역사회의 입장에서 직접
적으로 대변 · 보호 · 개입 · 지지하는 행동을 포함
한다.
③ **조력자**(enabler) : 개인이나 가족이 그들 자신의 욕
구를 파악하고 문제를 명확히 규명하며, 해결방안
을 탐색하고 전략을 선택하며 보다 효과적인 문제
해결능력을 개발하고 향상시키도록 돕는 역할을
한다.
④ **중재자**(mediator) : 기관이나 조직의 차원에서 자
원개발을 위한 관계망 내의 조직이나 집단을 모으
며, 공동의 목표나 문제해결을 위해 기관 간 또는
기간 내의 의사소통의 갈등이나 의견 차이를 중립
적 입장에서 조정하는 역할을 한다.

14 ③

① 우리나라의 전문직 강령에는 공직자 · 교직자 · 의
사 · 약사 · 변호사 윤리강령 등이 있다.
② 윤리강령은 전문직 실천 대상자들에게 기본 윤리
행위를 알리고 전문직의 비윤리적 행위에 대해 판
단할 수 있는 기준을 제시한다.
④ 윤리강령은 사회복지실천 현장에서 윤리적 갈등이
발생 시 지침과 원칙을 제공한다.

15 ①

② **의도적표현** : 클라이언트 자신이 가지고 있는 감정
가운데 부정적인 감정을 의도적으로 표현해야 한다.
③ **통제된 정서적 관여** : 사회복지사가 정서적인 관여
를 하고자 할 때 지나치게 감정적으로 흐르지 않
도록 유의한다.
④ **수용** : 클라이언트가 부정적이거나 비정상적인 모
든 측면들은 있는 받아들이는 것을 말한다.

16 ③

클라이언트에게 신뢰를 주고 자신감을 회복시켜주는 사회복지실천기술은 재보증이다.

17 ②

② 심리사회적 모델은 '상황 속의 인간'을 강조하는데 개인의 심리적 특성뿐만 아니라 신체적·환경적 내용까지 모두 고려하는 모델이다.

18 ③

③ 사회복지사는 클라이언트의 비언어적 표현에 민감해야 진술의 타당성을 확인할 수 있고 반응하기에 용이하다.

19 ④

비밀보장에 대한 클라이언트의 권리는 그 자신의 보다 높은 의무, 타인의 권리, 사회복지사의 권리, 사회복지기관의 권리, 지역사회의 권리에 의하여 제한될 수 있다.

20 ④

④ 비밀보장에 대한 클라이언트의 권리는 자신의 보다 높은 의무, 타인의 권리, 워커의 권리, 사회복지기관의 권리, 지역사회의 권리에 의하여 제한될 수 있다.

21 ②

② 자선사업은 종교적 동기가 반영되어 어려운 대상자에게 비과학적·중복적·임의적·비계획적·비의도적·비목적적 물질적 원조방식이다. 그러나 사회복지는 개인·집단·지역사회가 자신의 사회적 기능수행능력과 자신의 목적에 대한 사회조직을 유리하게 하는 작업을 향상시키거나 복원하는 것을 도와주는 전문적인 직업활동이다.

22 ①

의료적 모형의 핵심은 클라이언트를 질병자, 병리자로서 보고 이를 치료하고자 한다는 것이다. 따라서 워커는 이러한 클라이언트에 대하여 과거의 생활사(life history)를 조사하여 클라이언트의 내적 결함을 파악하여 내적인 힘이나 자아 및 퍼스낼러티를 강화하는 것이다. 이러한 의료적 모형의 약점은 클라이언트의 내적 결함을 지나치게 과거의 생활사를 통해 인과관계로서 단선론적 치료를 강조한다는 것이다.

23 ③

개별사업사업은 20세기 초 리치몬드(M. Richmond)에 의해 시작되어 1920년대에는 프로이드(Freud)의 정신분석이론을 도입한 진단주의파, 1930년대에는 랭크(O. Rank)의 이론을 도입한 기능주의파, 1950년대에는 양 파를 통합하려는 펄만(H. Perlman) 등의 절충주의파들에 의해서 전개되었다.

24 ④

변화매개자가 아니라 매개자의 역할을 한다. 매개자란 클라이언트의 요구와 서비스를 상호 매개(연결)해 주는 역할을 한다.

25 ②

사회복지사가 사회복지대상자를 돕기 위해서는 개별화, 의도적인 감정표현, 통제된 정서적 관여, 수용, 비심판적 태도, 자기결정, 비밀보장의 원리를 지켜야 한다.

26 ②

그룹 워크의 발달을 가져오게 되는 계기는 자본주의 산업화가 더욱 발전을 가져와 중류층의 지식층을 중심으로 제기되었다.

27 ②

사회사업학(sciences of social work)은 인간관계에서 비롯되는 각기 다른 대상자들에게 전문가에 의한 개별적이고 전문적인 원조기술활동이다. 서구의 사회사업학은 실천을 바탕으로 응용되면서 학문으로 자리잡았다. 그러나 우리나라의 경우 실천이 바탕이 아니라 학문이 현실에 응용화되는 현상이 나타나고 있다.

28 ①

사회사업의 발생동기단계
㉠ 제1단계 : 자선사업의 단계(종교적 동기)
㉡ 제2단계 : 구호사업의 단계(반사회적 동기)
㉢ 제3단계 : 사회사업의 단계(인도적 동기·전문직업적 동기)
㉣ 제4단계 : 사회복지사업의 단계(복합적 동기)

29 ②

① A. Dunham ④ H. Stroup

30 ①

급진적 모델에서 사회사업의 대상은 갈등이다.
※ **급진적 사회사업** … 사회개혁과 빈곤을 감소시키지
못하는 복지자본주의에 대한 환멸과 멸시를 기피
하는 전문사회사업에 대한 불신에서 사회사업의
비판이 일어났다.

31 ③

①② 사회복지에 대한 설명이다.
④ 사회복지의 정책적 접근에 대한 설명이다.

32 ③

사회사업의 모형

모형	대상	방법	이념	실제
전통적	가난	부조	자유방임	상호부조, 자선사업, 인보사업
심리적	좌절감	치료	자유주의	상담사업, 개별지도, 집단지도
사회적	부적응	개혁	민주주의	가족, 지역복지, 지역사회사업
급진적	갈등	혁명	마르크스주의	사회행동, 사회운동

33 ③

사회사업에 대한 학자들의 견해
㉠ A. Dunham : 사회사업이란 사회복지분야의 한 전
문직으로서 지역사회의 요구와 능력의 틀 안에서
사람들의 능력을 충분히 개발하고 만족스런 관계
성과 생활수준을 획득하기 위하여 그들을 도와주
는 전통적 서비스이다. 사회사업이 갖는 3대 특징
으로는 원조활동, 사회적(비익적) 활동, 연락활동
이 있다.
㉡ W.A. Friedlander : 사회사업이란 인간관계에 관한
과학적인 지식과 기술에 기반을 둔 전문직업적 봉
사활동이며, 개인이나 집단 속의 개인을 도와서
그들의 사회적 내지는 개인적 만족과 독립을 성취
하도록 하는 일이다.
㉢ H. Stroup : 사회사업이란 사람들이 자조 · 자립할
수 있도록 원조하는 과학적 방법을 사용하여 다양
한 자원을 개인적 · 집단적 · 사회적 요구에 대응케
하는 기술이다.
㉣ 미국사회사업가협회 : 사회사업은 개인 · 집단 · 지역
사회가 자신의 사회적 기능의 수행능력과 자신의
목적에 대한 사회조직을 유리하게 하는 작업을 향
상시키거나 복원하는 것을 도와주는 전문적인 직
업활동이다.

34 ④

심리적 모형에서 사회사업의 대상은 좌절감이다.

35 ④

1920년대부터 1960년대까지는 개별사회사업, 집단사
회사업, 지역사회조직론의 3대 방법론이 전문사회사
업론이다. 그 이후 1980년에 임상사회사업이 인정받
아 전문사회사업을 이끌고 있다.

36 ②

사회복지의 기본적 기능은 인간의 사회적 적응을 향
상시킴에 있다. 이처럼 사회사업의 궁극적 목적은 인
간이 사회환경 속에서 파생되는 사회문제를 해결하
는 데 있어 개인, 집단, 지역사회 수준에서의 사회적
기능을 적절히 수행하도록 원조를 제공하려는 전문
적 활동임을 알 수 있다.

37 ④

사회복지의 철학적 기반은 인간의 존중사상에 있다.
이를 위해 인간이 스스로 선택하고 결정함에 인간
주체성을 회복하여 기회균등의 원리에 입각한 자립
정신(자조정신)으로 한 인간으로서 권리와 책임을 수
행하도록 강조하고 있다.
④ 자선행위는 시혜적 성격을 가진 종교적 동기에 입
각하고 있다.

38 ③

사회사업가가 클라이언트의 감정에 대하여 민감해야 하
며 감정의 의미를 이해하고 적절히 반응하는 원리는 통
제된 정서의 관여(controlled emotional involvement)이다.

39 ④

Werner Boehm의 사회복지의 기능
㉠ 사회적 기능의 회복(restoration) : 개인, 집단, 지
역사회의 사회적 관계의 붕괴나 상호작용과정에서
입은 손상의 원인들을 발견하여 치료하거나 제거
하는 것이다.
㉡ 자원의 제공 : 사회자원을 찾아내고 조정하여 개인
의 상호작용능력을 개발하는 것이다.
㉢ 예방 : 사회적 기능을 저해하는 조건이나 요인을
조기에 발견하여 통제하거나 제거하는 것이다.

40 ③

① R. Morris의 사회정책
② M. Brown의 사회적 서비스
④ 사회행정

41 ①

① 클라이언트의 비밀보장은 사회복지사의 의무이다. 그러나 클라이언트의 비밀도 무제한적으로 보장될 수는 없다. 특히 클라이언트의 비밀을 지킬 권리는 그 구체적 적용에 있어서 타인의 권리와의 충돌로 여러 가지 제한을 받을 수 있다.

42 ④

선입관이나 편견을 가지는 것, 너무 빨리 결론에 도달하려 하는 것, 다른 사람과 비교하거나 어떤 유형으로 분류하는 것, 그리고 개별사회사업가에 대한 클라이언트의 부정적 감정표현은 사회사업가가 클라이언트에게 비심판적 태도를 전달하려 할 때 장애요소가 되는 것들이다.

43 ③

① 통제된 정서적 관여에 대한 설명이다.
② 자기결정에 대한 설명이다.
③ 개별화에 대한 설명이다.
④ 비심판적 태도에 대한 설명이다.

44 ③

③ 전이는 그 자체가 치료적 의미를 갖는 체험이 된다.
※ **전이**(transference) ⋯ 정신분석에서 사용된 개념으로, 환자는 자신의 이야기를 해나가는 도중 어렸을 때 자기의 부모형제나 주위 사람들에 나타내었던 애정이나 적개심의 감정을 다른 사람에게 옮겨가는 현상을 보이게 된다. 이러한 전이의 현상은 환자의 내적 갈등이 대치되어서 나타나는 것이기 때문에 갈등의 근원을 의식 내에 떠오르게 하고 그러한 감정을 설명하여 이해시킴으로써 해소시킨다.

45 ①

면접이란 조언이나 정보를 제공하거나 얻는 것이 목적인 공식적 회합을 의미한다. 면접이라는 표현을 사용하여 대인관계에서 원조수단으로 사용할 때에는 어떤 문제해결을 의도한 원조자와 원조를 구하는 자 간에 언어적 수단을 매개로 하여 맺어진 심리적 상호작용을 말한다. 심리요법, 개별사회사업, 카운슬링 등은 면접을 중심으로 행해진다.

46 ④

수용은 사회복지사가 클라이언트의 타고난 존엄성과 개인적 가치에 대한 관념을 항상 유지하면서 현재 있는 그대로의 클라이언트를 지각하고 다루는 행동상의 원리로 그 목적은 치료적인 것에 있다.

47 ②

② 특정한 목표를 달성하기 위하여 수행된다는 점에서 목표지향적이다.

48 ③

면접의 방법
㉠ **관찰** : 사회사업가가 알고자 하는 것을 선택하여 대상으로 하는 의도적이고 계획적인 활동이다.
㉡ **경청** : 클라이언트가 이야기하는 것을 적극적으로 들어주는 것으로서 매우 능동적인 활동이며 적절한 의견이나 질문을 하는 것이 좋다.
㉢ **질문** : 면접의 가장 중심이 되는 기술로서 적절한 소재를 이야기하도록 클라이언트를 격려하는 데 자주 쓰인다.
㉣ **명료화** : 클라이언트가 말한 것을 더욱 명백하게 이해할 수 있도록 그것을 더욱 친밀한 용어로 바꾸어 이야기하는 것으로, 클라이언트가 지각영역을 재구성할 수 있도록 돕는 것을 말한다.
㉤ **해석** : 클라이언트가 잘 알지 못하는 상황에서 전달한 것을 명확히 하는 것이다.
㉥ **요약** : 부분적인 요약이나 상세한 요약은 의사소통의 범위를 확대시키는 데 도움이 된다.

49 ④

④ 현물지급은 시설 자체의 자원 또는 지역사회나 기타의 사회자원을 동원함으로써 제공되는 환경상의 서비스로서 환경적(간접적) 치료법에 속한다.

50 ④

④ 부정적 감정을 표출하게 함으로써 클라이언트에게 적극적이며 건설적인 행동을 하게 할 뿐만 아니라 심리적 압력이나 긴장을 완화시켜 준다.

51 ④

인간은 자기 스스로 선택과 결정하고자 하는 욕구를 가지고 있다. 이에 워커는 클라이언트에게 자유와 권리를 존중하여 최대한 활용하도록 원조해야 한다. 자기결정의 원리는 적용할 시에 클라이언트 자아정체감이 회복되어 자신의 문제를 스스로 해결하는 원동력이 작용되므로 중요한 원리인 것이다. 그러나 이러한 자기결정의 원리는 무한정하게 영유되는 것이 아니라 일정한 한계를 지니게 된다. 즉, 법률적·도덕적으로 기관이나 클라이언트의 능력 여부에 따라 결정된다.

52 ②

재보증(re-assurance)이란 클라이언트 능력에 대해 워커가 신뢰를 표현하는 것으로 클라이언트에게 자신감을 키워 주는 지지적 기법 중 하나이다. 그러나 보증되지 않는 재보증을 하는 경우는 워커와 클라이언트에게 신뢰상실을 가져오므로 수용의 장애요인이 된다. 이외에 수용의 장애요인으로서 클라이언트의 존경심 상실, 편견과 선입견 등이 있다.

53 ①

해석이란 클라이언트가 잘 알지 못하는 상태에서 전달한 것을 명백히 하는 것이다. 즉, 클라이언트가 의식하지 못하는 표현을 의식의 언어로 바꾸는 것으로서 정서적 이해가 중요시된다.

2. 개별사회사업론

1 ②

② '직면'에 대한 설명이다.

※ 해석 … 클라이언트가 표현한 문제에 숨겨진 의미를 발견하고자 하는 것

2 ①

① 인간중심모델에 관한 설명이다.

※ **과제중심모델의 특징**
　　㉠ 치료초점이 특정화 되어 2~3가지 문제로 구체화 된다.
　　㉡ 클라이언트의 표현된 욕구에 초점을 두어 이를 존중해야 한다.
　　㉢ 클라이언트의 심리 내적인 과정보다는 현재의 활동을 강조한다.
　　㉣ 절차나 단계가 구조화되어 있어 고도의 구조성이 요구된다.
　　㉤ 객관적인 조사연구를 강조하는 경험지향의 유형이다.

3 ②

① 클라이언트의 감정에 민감성과 이해로써 반응해야 한다.
③ 클라이언트를 있는 그대로 인정하고 받아들여야 한다.
④ 클라이언트를 심판하거나 비난하지 않아야 한다.

4 ③

사례관리의 등장배경
㉠ 클라이언트의 양적 증가
㉡ 다양한 문제와 욕구를 가진 클라이언트의 증가
㉢ 탈시설화
㉣ 서비스 공급주체의 다원화
㉤ 복잡하고 분산된 서비스 체계
㉥ 클라이언트와 그 가족에게 부과되는 과도한 책임
㉦ 사회적 지지체계의 중요성에 대한 인식
㉧ 복지국가의 재정적 위기

5 ②

콤튼과 갤러웨이의 6가지 사회복지 실천체계 모델
㉠ **변화매개체계** : 사회복지사 및 사회복지사를 조직하는 기관 및 조직 등 사회복지실천 현장에 소속되어 원조 업무를 돕는 사람과 변화노력을 주도하는 사람 전체를 포함하여 이르는 개념
㉡ **클라이언트 체계** : 서비스나 도움을 필요로 하는 사람들, 변화매개인과 계약이 이루어 졌을 때 비로소 클라이언트가 됨
㉢ **표적체계** : 변화매개인이 목표로 한 것을 달성하기 위해 영향을 주거나 변화를 시키는 것이 필요한 사람들, 때로 클라이언트 체계와 중복되기도 함
㉣ **행동체계** : 변화매개자들이 변화노력을 달성하기 위해 서로 상호작용하는 사람들, 이웃, 가족, 전문가들이 해당됨
㉤ **전문체계** : 사회복지사들의 전문가 단체, 사회복지사를 준비시키는 교육체계, 전문적 실천의 가치와 재가
㉥ **의뢰—응답체계** : 서비스를 요청한 사람이 의뢰체계, 강요에 의해서 오거나 보내진 사람이 응답체계

6 ①

클라이언트의 개인적 특성을 이해하고 개별 특성에 따른 차별적 원조 원칙과 방법을 사용한다. 클라이언트의 개별화를 위해 사회복지사는 특정 클라이언트 집단에 대한 편견과 선입관으로부터 벗어나야 한다(개별화).
② 비심판적 태도
③ 자기결정
④ 수용

※ **비에스텍(Biestek)의 사회복지실천 관계의 7대 원칙**
　　㉠ 개별화
　　㉡ 의도적 감정표현
　　㉢ 통제된 정서적 관여
　　㉣ 수용
　　㉤ 비심판적 태도
　　㉥ 클라이언트의 자기결정권
　　㉦ 비밀보장

7 ④

① 클라이언트의 욕구차이에 따라 서비스의 조정이
   이루어진다.
② 대면접촉을 통해 제공된다.
③ 개별적 욕구가 무시되지 않는다.

8 ④

① 개별사회사업을 심리사회적 치료로 보았으며, 개
   인행동의 심리적 측면과 사회적 측면에 같은 비
   중을 두려 하였다.
② 기본적으로 기능주의 입장을 취하면서 진단주의
   입장을 받아들여 이 둘을 통합하려는 시도를 하였
   으며, 역동주의 개별사회사업을 주장하였다.
③ 개별사회사업의 효과에 대해 과학적으로 측정하고
   자 하였다.

9 ①

비에스텍의 7대 관계론
㉠ 개별화(individualization)
㉡ 의도된 감정표현
   (purposeful expression of feelings)
㉢ 통제된 정서적 개입
   (controlled emotional involvement)
㉣ 수용(acceptance)
㉤ 비심판적 태도(non-judgmental attitude)
㉥ 클라이언트의 자기 결정(self-determination)
㉦ 비밀보장(confidentiality)

10 ②

개별사회사업의 과정
㉠ 초기(intake) : 클라이언트의 문제해결에 적절한
   기관이나 개별사회사업가를 선정하고 적격성을 판
   단한다.
㉡ 조사 : 클라이언트의 문제해결을 위해 기본자료를
   수집한다.
㉢ 사정 : 문제해결을 위한 계획을 세운다.
㉣ 치료 : 문제해결에 의미있는 도움을 제공한다.
㉤ 종결 : 문제의 해결여부와 상관없이 전문적 관계가
   종결된 상태이다.

11 ②

비에스텍의 7대 원칙 … 개별화, 의도적 감정표현, 통
제된 정서적 관여, 수용, 비심판적 태도, 클라이언트
의 자기결정권, 비밀보장

12 ②

② Pincus & Minahan의 시스템모델에 대한 내용이다.
※ Compton & Galaway의 문제해결과정모델
   ㉠ 초점 : 개인과 상황의 상호작용의 전체
   ㉡ 목적
     • 문제해결
     • 클라이언트, 워커의 공동관계 형성
     • 합리적 과정의 수행

13 ⑤

Perlman의 4P … Person, Problem, Place, Process
로서, 개별사회사업의 개념을 Person이 사회적 기능
을 수행함에 있어서 자신의 Problem을 보다 효과적
으로 대처해 나가도록 개인을 도와주는 사회복지기
관 또는 전문기관(Place)에서 활용하는 하나의
Process로 본다.

14 ⑤

케이스 워크(개별사회사업)의 특징
㉠ 문제를 가진 개인이나 가족을 대상으로 한다.
㉡ 과학적 지식과 전문적 기술을 지닌 사회복지사에
   의해 실시된다.
㉢ 대상에 따라 그 방법이 개별적으로 이루어지고,
   환경의 적용과 인격의 발달을 돕기 위한 의식적인
   노력이다.
㉣ 사회복지사와 사회복지대상자 사이의 인간관계가
   중요시된다.
㉤ 단계적 과정으로 실시되고, 사회복지대상자의 심
   리적 재조정과 치료에 중점을 두며, 개인과 사회
   환경간의 상호작용 등을 중요시한다.

15 ①

문제해결모형을 제시한 펄먼(H. Perlman)의 개별사
회사업의 개념적 정의에서 제시되었다.
② 장기적 개입치료보다는 시간제한적인 단기치료에
   대한 관심이 높다.
③ 클라이언트의 심리내적인 과정보다는 현재의 활동
   을 강조한다.

16 ①

① 인간을 기계적·결정론적 관점보다는 인간을 창
   의적·의지적 존재로 보았으며, 인간을 스스로 결정
   할 수 있는 존재로 보고 치료란 용어보다 원조란 용
   어를 사용하였다.

17 ①

① 자선조직협회(COS)는 빈곤에 대해 자유주의적 죄악관을 가지고 있었기 때문에 빈곤을 개인의 도덕적 책임으로만 돌리고 빈곤발생의 사회적 기반에 대해서는 등한시하였다.

18 ①

① 개별사회사업은 예방보다는 치료적 입장에서의 문제해결과 재조정을 중요시한다.

19 ①

① 케이스 워크의 잘못의 유무를 판단하거나, 문제나 욕구에 대한 인간관계에서 클라이언트의 책임의 정도를 정하는 것을 배제하고 클라이언트의 태도, 기준, 행동에 대해 평가한다.

20 ①

① 사회사업의 일반원리에 속한다.

21 ①

지지적 치료모형 … 정신요법 · 카운슬링 · 케이스 워크에서 사용되는 치료기술로 환자 혹은 클라이언트가 자유롭게 이야기하도록 격려하고 경청 · 수용하며, 이해와 관심을 나타내는 것에 의하여 긴장이나 죄책감을 경감시켜 그들이 자신을 가지고 현재의 현실적 문제에 대처해 나가도록 도와주는 기법이다.

22 ④

④ 자기 스스로 해결하기 곤란한 문제를 가진 개인뿐만 아니라 그 가족 또한 대상이 된다.

※ **개별사회사업의 일반적 특성(성격)**
 ㉠ 자기 스스로 해결하기 곤란한 문제를 가진 개인 및 그 가족이 대상이 된다.
 ㉡ 문제에 대한 과학적 인식과 그에 대한 전문적 기술을 가진 전문가에 의해서 실시된다.
 ㉢ 개별적으로 이루어진다.
 ㉣ 환경에의 적응과 인격의 성장발달을 돕기 위한 의식적 · 계속적 노력이다.
 ㉤ 개별사회사업에는 개별사회사업가와 클라이언트와의 인간관계가 중요시된다.
 ㉥ 개별사회사업에는 과정과 기술이 있다.
 ㉦ 예방보다 재조정 · 치료를 중시한다.
 ㉧ 개인과 그의 사회환경과의 상호작용이 중시된다.
 ㉨ 클라이언트의 주체성을 인정하는 측면적 도움이다.
 ㉩ 기관의 기능을 중시한다.

23 ④

개별사회사업가의 역할
 ㉠ **중개자의 역할**(role of broker) : 클라이언트가 필요한 자원을 찾아 활용하도록 클라이언트와 자원을 연결시켜주는 역할을 한다.
 ㉡ **대변자의 역할**(role of advocacy) : 클라이언트를 대신해서 계약된 목적을 달성하기 위해 적극적으로 주장하고 변호 · 옹호하는 역할을 한다.
 ㉢ **가능케 하는 자로서의 역할**(role of enabler) : 클라이언트의 대처능력을 강화시키고 자원의 발견과 활용을 도와주는 역할이다.
 ㉣ **교사의 역할**(role of teacher) : 정보제공, 행동과 기술의 지도 등 클라이언트의 능력을 강화시킬 수 있도록 가르치는 역할을 한다.

24 ②

개별사회사업의 과정
 ㉠ **초기단계**(intake) : 사회복지대상자가 문제해결의 도움을 요청하기 위해 사회복지기관에 찾아왔을 때, 그의 욕구가 무엇이며 그 기관에서 문제해결이 가능한가를 결정하는 전반적인 단계이다.
 ㉡ **조사단계** : 문제해결의 초기단계로서 사회복지대상자를 효율적으로 치료하기 위해 그들에 대한 보다 나은 이해를 구하는 데 목적을 둔다.
 ㉢ **진단단계** : 사례조사에서 획득한 제반 자료의 분석을 통해 문제의 원인이나 특성에 대한 종합적인 해석을 내리고 그 문제해결을 위한 계획을 수립하는 단계이다.
 ㉣ **치료단계** : 문제를 정확히 사정하여 그의 생활상황을 변화시키는 최종단계이다.

25 ④

인테이크 과정이란 어떤 문제에 직면한 사람이 그 문제를 해결하기 위해 원조를 필요로 할 경우 기관에서 최초로 실시하는 면접으로서, 그 사람의 욕구나 요구를 명백히 파악하고, 그 기관의 기능을 설명하되 그 기관에서 취급하는 것이 적절한가를 결정하는 과정이다.

26 ④

개별사회사업과정의 3단계
조사(study) − 진단(diagnosis) − 치료(treatment)

27 ②

개별사회사업의 모형
 ㉠ **심리사회적 모형** : 인간은 주체성을 지닌 자주적 존재이지만, 동시에 환경의 영향을 받아 상황의 지배하에 생활하게 된다는 것이다.

ⓒ **기능적 모형** : 개별사회사업가와 클라이언트 및 기관은 행동의 기본적 구성요소이며 하나의 통합체이고, 기관의 기능은 사회와 사회의 여러 성원들 간의 관계에 의한 수단이다. 또한 클라이언트가 직면하고 있는 문제해결과정은 그가 기관의 기능을 활용하는 것으로 보고 있다.

ⓔ **문제해결모형** : 다양한 학문의 배경으로 진단주의와 기능주의의 영향을 받아 절충주의적 입장을 취한다. 따라서 문제해결모형의 활동적 구성요소는 몇 가지를 포괄하고 있다.

ⓕ **행동수정모형** : 모든 행동은 움직이는 행동과 마찬가지로 사고와 감각의 부속물이다. 그 행동은 관찰자의 감각을 통하여 분간할 수 있고 확실히 볼 수 있다는 것이다.

ⓜ **위기개입모형** : 클라이언트가 직면하고 있는 위기를 심리적으로 해소해 가고 그래서 적어도 클라이언트가 위기기간 이전에 보존하고 있었던 기능수행의 수준까지 회복시키는 것이다.

28 ④

④ 사회복지사가 귀담아 듣는 것 이외는 아무것도 하지 않더라도 클라이언트는 자기의 마음 속에 쌓인 고민과 불만을 자유롭게 표현하는 것만으로도 상당한 치료의 효과를 갖게 된다.
※ **환기법**(ventilation) … 정화법(catharsis)이라고도 하며 단순히 클라이언트의 감정에 대해 자유로운 표현을 격려하는 과정이다.

29 ①

워커와 클라이언트와의 상호신뢰성이 없으면 관계형성, 유지, 발전을 가져올 수 없다.

30 ①

기능적 접근법
㉠ 클라이언트와 사회사업가와의 만남에서 치료하는 과정이 시작된다고 보면서 양자의 처우관계와 그것이 발생하고 전개되는 장을 중시하는 개별사회사업의 실천모델이다.
㉡ 인간에게는 스스로 성장하는 자유의지가 있다고 하는 오토 랭크(Otto Rank)의 영향을 받아 인간의 문제는 그러한 자유의지와 성장력이 어떤 환경적 요인에 의한 단계를 통하여 그 소외요인을 배제하고 본래 클라이언트가 갖고 있는 힘을 발휘할 수 있도록 원조하는 것에 있다고 본다.
㉢ 조사·진단이 행해지고, 그 후에 치료가 시작된다고 하는 진단주의에 반대한다.

31 ④

문제해결모형(problem-solving-model)은 1950년대 초 펄먼(H. Perlman)에 의해 주장되었으며 기본입장은 진단주의를 취하면서 문제해결을 기능적으로 처리해야 한다는 입장이다. 모든 인간생활은 문제해결과정이며 워커는 클라이언트가 이런 문제해결능력이 부족한 사람으로 보고 잠재능력의 향상을 도모한다.

32 ②

위기개입모형(crisis intervention model)은 위기상황에 처한 개인이나 가족을 조기에 발견하여 위기를 깨닫도록 자극하고 상황을 세분화하여 치료의 초점을 찾으며 초기단계에 원조활동을 한다.

33 ③

③ 케이스 워크는 문제가 발생한 것에 대하여 치료하고 재조정에 초점을 둠으로써 사전적·예방적 성격을 갖지 못한다.

34 ②

케이스 워크의 효시자인 리치먼드(M. Richmond)는 개인과 그 사회환경간의 개별적이고 의식적인 조정을 통해 그 사람의 인격(Personality)발달을 도모하는 제과정이라고 정의하고 있다. 따라서 케이스 워크의 궁극적 목표는 퍼스낼러티(Personality)의 개발(자아의 강화, 내적인 힘의 강화)이다.

35 ③

일반적으로 지지적 치료법의 대상으로는 약화된 자아구조를 가진 자에게 자신의 문제나 욕구를 말할 수 있도록 안도감을 주는 데 초점을 둔다(A형 치료). 그 외에 지지적 치료유형은 환기법, 칭찬 및 격려, 보호적 원조와 전문적 권위행사, 재보증, 상담, 충고 및 설득, 직접적 지도와 조언이 있다.
③ 명확화 치료법으로 대상자의 불건전한 적응양식의 수정변화에 초점을 두는 것으로 B형치료(통찰, 반성적 고찰, 해석, 자기의식의 개발)에 해당된다.

36 ②

케이스 워크(개별사회사업)에 대한 **리치몬드**(Richmond)의 정의 … 개별사회사업이란 개별적·의식적으로 개인과 그의 사회환경간의 조정을 통해서 그 사람의 성격을 발달시키는 과정이다.

37 ③

③ 정신분석학에 기저를 둔 진단주의모형은 개인의 내적 측면에 한정하여 인간의 외적 문제인 환경적 요인을 치료영역으로 보지 않으며 '환경 속의 개인'을 무시하는 폐쇄적 체계에 해당되는 미시적 사회사업실천이다.

38 ③

합리화(rationalization) … 용납할 수 없는 태도, 신념, 또는 행동을 정당화하기 위한 시도로 합리적 설명을 행하는 것으로서 방어기제의 학습영역에서 대표적으로 알아두어야 할 방어기제이다. 이는 이솝우화에서 나오는 대표적인 방어기제로서 신포도 방어기제(sour grape mechanism)와 달콤한 레몬 방어기제(sweet lemon mechanism)가 있다. 후자는 "레몬은 시기만 하고 맛이 없으나 여우인 자신이 먹으니까 맛이 있다"라고 하는 예이다. 따라서 이솝우화처럼 자신이 진정으로 바란 일이나 자신의 뜻대로 어떤 일을 해결하지 못한 것을 알게 되면, 처음부터 그렇게 되기를 원하지 않았던 것처럼 생각하고 지나쳐 버리고 실상을 알지 못한 채 자기방식대로 합리화해 버리는 경우이다.

39 ②

케이스 워크 과정은 초기단계 → 조사단계 → 진단단계 → 치료단계이다. 초기(intake)단계란 원래 'take in(받아들이다)'인 동사에서 'intake(접수단계, 초기단계)'인 명사화되어 현재 사용되고 있다. 클라이언트는 초기저항을 가지므로 클라이언트와의 친화관계(rapport)와 기관이 도움을 줄 수 있는 적격여부(eligibility)를 구분하여 다른 기관에 위탁 내지 의뢰(referral) 서비스 기능도 담당한다.
② 조사단계에 해당한다.

40 ①

개별사회사업의 주요 구성요소(4P) … 사람, 장소, 문제, 과정

41 ①

개별사회사업의 개념
㉠ 리치몬드 : 개인과 그 사회환경간의 의식적 조정을 통해서 그 사람의 인격의 발달을 도모하는 제반과정이다. 즉, 개별사회사업의 특징은 개별화, 의식적 조정, 인격의 발달과정이다.
㉡ 떨면 : 사람들이 사회적 기능을 함에 있어서 그들의 문제를 보다 효과적으로 대처해 나갈 수 있도록 각 개인을 도와주는 복지기관에서 활용되는 한 과정이다.

㉢ 보어 : 클라이언트와 그 환경 전체 또는 일부간에 보다 나은 적응을 할 수 있도록 개인이 가진 내적인 힘 및 사회의 자원을 동원하는 데 필요한 인간관계에 대한 과학적 지식 및 대인관계에 있어서의 기능을 활용하는 기술이다.
㉣ 레젠버그 : 개별사회사업가는 클라이언트 자신의 문제가 무엇인가를 명백히 알 수 있도록 도와주고, 그 해결책을 생각할 수 있도록 도와준다.

42 ①

① 개별사회사업은 예방보다는 치료적 입장에서 문제를 해결하고 재조정한다.

43 ④

① 케이스 워크는 예방보다는 치료(문제해결 및 재조정)를 중요시한다.
② 케이스 워크는 문제에 대한 과학적 지식과 전문적 기술을 가진 전문가에 의해 실시된다.
③ 환경에의 적응과 인격의 성장·발달을 돕기 위한 의식적·계속적인 노력이다.

44 ①

① 투사(Projection)에 대한 설명이다.

45 ③

③ 1960년 후반에 발달된 행동수정모델에 관한 것이다.
※ 기능주의
㉠ 사회불평등에 관심(사회의 상호관련성·상호의존성 강조)을 갖고 있다.
㉡ 사회는 성원들간의 가치와 재화 및 협동에 의하여 합의조직된 통합적 체계이다.
㉢ 기능주의적 접근은 사회의 분열적 요소를 제거하고 그러한 성원을 사회에 적용시키고자 한다.
㉣ 사회사업의 전통적 방법이나 심리요법을 중시한다.

46 ①

② 심리사회모형
③ 문제해결모형
④ 인지행동주의 모형

1 ④

④ 집단사회복지실천과정 중 중간단계에서는 집단구성원들이 집단과정에 대해 깨닫고 집단규범을 적극 실천하게 되며 갈등을 통해 상호이해 신뢰를 바탕으로 한 피드백과 집단응집력이 높아지며, 사회복지사는 집단과 집단구성원이 목표를 달성할 수 있도록 격려하고 필요한 집단 문화와 규범을 발전, 유지시키며 목표달성의 장애를 극복할 수 있도록 원조한다.

2 ④

④ 집단사회사업은 주로 소집단을 활용하여 고통받는 개인뿐만 아니라 건강한 개인들로 구성된 집단을 대상으로 하기 때문에 집단사회사업의 과학적 지식과 실천은 특정 분야에 한정적으로 적용되는 것이 아니라 사회복지 관련 제분야마다 활용된다.

3 ①

① 투쟁적 리더는 집단목적에 잘 부합되는 리더로 바뀐다.

4 ③

각 학자별 집단발달의 재구성
㉠ Toseland & Rivas : 기획단계 → 초기단계 → 중간단계 → 종결단계
㉡ Northen : 준비단계 → 오리엔테이션 → 탐색과 시험 → 문제해결단계 → 종결단계
㉢ Garland, Jones, Kolony : 친밀전단계 → 권한과 통제단계 → 친밀단계 → 특수화(분화)단계 → 이별단계
㉣ Sari & Galansky : 시초단계 → 형성단계 → 중간 1단계 → 수정단계 → 중간 2단계 → 성숙단계 → 종결단계
㉤ Kindelsperger : 접근단계 → 관계형성단계 → 집단발생단계 → 집단동요단계 → 집단재구성단계
㉥ R. Bales : 오리엔테이션 → 평가 → 의사결정
㉦ Tuckman : 집단형성갈등단계 → 규범설정단계 → 수행단계
㉧ M. Hartford : 전집단기획단계 → 소집단계 → 집단형성단계 → 와해 및 갈등단계 → 집단기능 및 유지단계 → 전종결단계 → 종결단계
㉨ H. Trecker : 시작단계 → 집단의식조직단계 → 유대, 목적, 응집력단계 → 집단의식강화 및 목적달성단계 → 관심, 집단의식 결여 → 종결단계

5 ②

오리엔테이션단계
㉠ 의사소통의 형성
㉡ 구성원간의 인간적 유대관계 발생
㉢ 집단구성원은 불안과 긴장이 가장 높은 단계이며, 관계형성이 중심이 되는 단계
㉣ 집단의 목적과 활동과제를 설정하는 과정에서 공통적 가치와 태도를 집단의 규범과 행동방식으로 형성
㉤ **집단사회사업가의 역할**
• 구성원들의 친밀감 유도
• 집단목표의 명확화
• 집단 내에서 달성되어야 할 과제 계약

6 ②

① 준비단계에서는 개인의 문제해결에 집단을 효과적으로 활용하기 위해 예비적 조치가 취해진다.
② 오리엔테이션단계는 의사소통이 형성되어 성원간의 인간적 유대관계가 발생하며 아울러 불안과 긴장이 가장 높은 시기이다.
③ 탐색과 시험단계는 집단목적이 명료해지고 목표지향적 활동이 나타나며 상호작용유형이 발달한다.
④ 문제해결단계에서는 성원들간의 응집력·의존성이 최고가 된다. 언어를 통한 커뮤니케이션이 발달하여 하위집단이 다양하게 출현하게 되며, 협동과 문제해결능력이 고도화된다.

7 ③

개별사회사업은 개인을 매개로 하여 상담을 통해 조정·치료하지만, 집단사회사업은 소집단을 매개수단으로 하여 집단토의를 통해 집단구성원들이 문제를 해결한다.

8 ①

집단사회사업은 기본적으로 모든 인간은 집단경험을 통해 효과적으로 사회적 기능을 향상시킬 수 있다는 전제에서 출발한다. 따라서 집단구성원간의 참여를 통한 집단토의와 프로그램을 통해 집단경험과 집단역학으로 사회적 기능을 향상시킨다. 따라서 워커와 1:1관계로 친밀성이나 문제해결에 초점을 맞춘 개별사회사업의 관점과는 성격이 다르다.

9 ④

④ 프로그램은 사회사업이 자신의 목적에 의해서만 이루어지는 것이 아니라, 집단구성원에 대한 진단적 평가, 집단의 목적, 적절한 사회목적인 진단평가 등에 따라 의도적으로 그리고 상이하게 활용되어야 한다.

10 ④

④ 사회복지사는 조언자로서 집단구성원의 관심과 욕구를 발견해서 이것을 충족시키기 위한 프로그램을 집단구성원이 선택·실시하도록 돕는 역할을 해야 한다.

11 ①

① 1923년 최초로 집단지도과목이 미국의 Western Reserve 사회사업대학원에 설치되었다. 1930년대에는 여러 대학에서 집단사회사업에 대한 교과목이 개설되었다.

12 ③

③ 집단은 구체적인 활동 속에서 전개되는데 이 구체적인 활동을 기획·실시·평가하는 전과정을 프로그램이라고 본다. 따라서 집단이 계획하여 불규칙적으로 가지는 어떤 행사 그 자체만을 프로그램이라고 하는 것이 아니라 그것을 위한 준비단계에서 종료 후 평가까지의 전과정을 말하는 것이다.

13 ④

코노프카는 집단사회사업가가 갖추어야 할 성품으로서 고도의 감정이입능력, 융통성, 예민한 지각과 이성, 인간관계를 원만하게 맺는 능력, 창의성이나 상상력 등을 들었다.

14 ④

④ 커뮤니케이션이 공식적인 통로로 쉽게 이루어질 때 집단성원들의 문제해결의 기회가 증가한다.

15 ④

④ 지역복지의 향상은 지역사회사업의 목적으로 볼 수 있다.
 ※ **집단사회사업의 목적**
 ㉠ 개인의 사회화, 역기능의 예방, 치료, 재활 및 성장
 ㉡ 집단 자체의 변화와 성장
 ㉢ 사회활동, 위기제거 등을 통한 사회의 변화

16 ②

② 집단의 종결시기가 다가오면 사회복지사는 이를 알리고 집단구성원들로 하여금 이에 대한 준비를 하도록 도와야 한다.

17 ①

① 사회복지사는 집단을 위해서 문제를 해결하지 않는다. 그는 구성원들로 하여금 문제해결과정에 참여해서 스스로 자신들의 문제를 발견하고 해결하도록 원조하는 역할을 해야 한다.

18 ④

④ 사람·문제·장소·과정은 개별사회사업의 구성요소이며, 집단사회사업의 4대 구성요소는 개인·집단·프로그램·사회복지사이다.

19 ③

③ 개인의 사회적 기능을 향상시키는 것이 목적이며 이를 위해 집단을 그 수단으로 삼는다.

20 ②

② 상호작용적 모델에서 사회복지사의 중개인 역할이 중요시된다. 사회적 목표모델에서는 교사, 조정자로서 사회사업가의 역할이 강조된다.

21 ④

① 사회적 목표모델에 대한 설명이다. 인간관계의 의식적인 훈련, 지도력의 실험, 민주적 과정의 학습, 시민참여 등의 집단활동을 통해서 사회적 의식, 사회적 책임 등의 목적달성을 도모한다.
②③ 상호작용적 모델에 대한 설명이다.
④ 치료적 모델에서 집단은 치료를 위한 매개체이다. 집단은 전문가의 치료계획에 따라 사전에 진단을 받아 선택되고, 상호계약에 따라 치료를 위한 집단활동을 하게 된다. 따라서 사회사업가는 치료를 위한 전문지식을 가진 사람으로 변화촉진자로서의 역할을 하게 된다.
 ※ **치료적 모델의 특징**
 ㉠ 적극적 개입모델 또는 과정적 모델이라고도 한다.
 ㉡ 정신병원, 교정기관, 가족서비스단체, 상담서비스기관, 학교 등에서 많이 활용한다.
 ㉢ 역할이론, 사회행정이론, 자아심리학, 집단역학이 필요하다.
 ㉣ 사회사업가의 역할은 전문가, 변화대리인, 조력자, 중재자의 역할을 수행한다.
 ㉤ 집단은 치료의 수단이자 개인치료를 위한 매체이다.

22 ①

집단에 대한 워커의 역할(Vinter)
㉠ **중심인물로서의 역할** : 집단구성원의 동일시 대상과
변화의 원동력을 제공한다.
㉡ **상징적 역할과 speaker의 역할** : 집단구성원들에게
건전한 규범과 가치를 상징하는 매개체의 역할이다.
㉢ **동기조성과 자극의 역할** : 개인 성원이 자신의 목표
와 과제를 정의내리도록 한다.
㉣ **행정가의 역할** : 집단구성원들의 역할을 조정한다.

23 ②

성원들은 종결을 준비시키는 집단사회사업가에게 포
기 또는 거부당했다는 감정과 함께 종결시도를 부정
하거나 거부하기도 한다.
※ **종료** … 목적이 달성되거나 기한 도래시 종료되나
응집력의 약화로 분절되거나 내외적 환경의 압력
으로 인한 부적응이 요인이 되기도 한다.

24 ④

사회적 목표모형은 사회의식과 사회 책임을 강조하
고 있으므로 민주적 집단과정의 원리가 무엇보다 중
요시된다.
①② 치료적 모델의 설명이다.
③ 상호작용적 모델의 설명이다.

25 ④

집단사회사업의 기본요소
㉠ **4대 구성요소** : 개인, 집단, 프로그램, 사회복지사
㉡ **6대 구성요소** : 개인, 집단, 프로그램, 사회복지사,
장소, 목적

26 ①

상호작용적 모델에서 사회복지사는 집단구성원간의
상호작용, 상호부조를 중시하며 필요에 따라 집단구
성원과 사회자원 사이에서 매개자 역할을 한다.

27 ①

사정은 진단과정에 포함된다. 사정은 구체적인 개입
목표를 설정할 수 있도록 정보를 수집 · 통합하는 활
동으로 볼 수 있다.

1 ①

① 사회적협동조합은 기획재정부 장관에게 인가를 받
아야 한다.
※ **협동조합기본법 제85조(설립인가 등)** … 사회적협동
조합을 설립하고자 하는 때에는 5인 이상의 조합
원 자격을 가진 자가 발기인이 되어 정관을 작성
하고 창립총회의 의결을 거친 후 기획재정부 장관
에게 인가를 받아야 한다.

2 ④

지역사회복지실천모형
㉠ **로스만** : 주민들이 목표를 설정하고 실천행동에 참
여해야한다는 전제하에 나온 지역사회복지의 가장
전형적인 형태의 모형이다.
㉡ **웨일과 갬블** : 로스만의 모델 및 테일러와 로버츠
의 모델을 기초로 근린지역사회조직, 기능적 지역
사회조직, 지역사회의 사회 · 경제개발, 사회계획,
프로그램개발과 지역사회 연계, 정치 · 사회행동,
연합, 사회운동 등의 8가지 모델을 제시한다.
㉢ **테일러와 로버츠** : 후원자와 클라이언트에게 어느
정도의 결정권한이 있는가에 따라 프로그램개발
및 조정모델, 계획모델, 지역사회연계모델, 지역사
회개발모델, 정치적 권력 강화모델 등 5가지 모델
을 제시한다.

3 ④

지역사회복지협의체는 특별자치도 또는 시 · 군 · 구에
둔다.
※ **지역사회복지협의체**〈사회복지사업법 제7조의2〉
㉠ 관할지역 안의 사회복지사업에 관한 중요사항과
규정에 의한 지역사회복지계획을 심의 또는 건
의하고, 사회복지 · 보건의료 관련 기관 · 단체가
제공하는 사회복지서비스 및 보건의료서비스의
연계 · 협력을 강화하기 위하여 특별자치도 또는
시 · 군 · 구에 지역사회복지협의체를 둔다.
㉡ 지역사회복지협의체의 위원은 다음에 해당하는
자 중에서 특별자치도지사 또는 시장 · 군수 ·
구청장이 임명 또는 위촉한다.
• 사회복지 또는 보건의료에 관한 학식과 경험이
풍부한 자
• 사회복지사업을 행하는 기관 · 단체의 대표자
• 보건의료사업을 행하는 기관 · 단체의 대표자
• 공익단체에서 추천한 자
• 사회복지업무 또는 보건의료업무를 담당하는
공무원

© 지역사회복지협의체의 업무를 효율적으로 수행
하기 위하여 지역사회복지협의체에 실무협의체
를 둔다.
② 지역사회복지협의체 및 실무협의체의 조직·운
영에 필요한 사항은 보건복지부령으로 정하는
바에 따라 시·군·구의 조례로 정한다.
⑩ 지역사회복지협의체의 위원에 대하여는 제7조
제3항을 준용한다. 이 경우 "사회복지위원회"는
"지역사회복지협의체"로 본다.

4　③

③ 사회행동모형은 지역사회 내의 구성 집단 간에
이해관계가 상충되며, 서로 조화를 이룰 수 없다고
본다.

5　②

지역사회시니어클럽(community senior club)은 노
인이 사업의 주체로서 역할 체계를 구성한 것으로써
노인은 사회적 약자라는 노인관과는 거리가 멀다.

6　④

④ 지역사회개발모델에 대한 설명이다.

7　④

① 사회행동은 권력관계 자원의 변경 및 제도상의
　기본적 변화를 중시한다.
② 지역사회개발은 국민의 주도성과 주민참가를 강조
　한다.
③ 지역주민의 요구와 자원간의 조정을 도모·유지하
　도록 조력함으로써 광범위한 요구를 충족시킨다.

8　②

지역사회복지계획수립시 재가복지서비스가 중심과제
가 되어야 하며, 보건·의료를 비롯한 관련분야의 서
비스를 통합하고 관련기관과의 연대와 합의 형성이
중요하다.

9　①

① 지역사회복지협의체는 기초자치단체 차원에서 공
공부문과 민간부문 전달체계의 협력 및 조정을 기하
려고 조직한 것이다.

10　②

지역사회조직사업의 원칙

㉠ **지역사회의 자주성 중시 원칙** : 지역사회의 목적설
　정이나 활동에 대해 지역주민의 자주적인 참가와
　협동을 도모해야 한다.
㉡ **과정지향의 원칙** : 과정을 통해 지역사회의 단결과
　협력이 이룩될 수 있는 계기가 주어지기 때문에
　과업성취에 이르는 모든 과정이 중요하다.
㉢ **조정의 원칙** : 지역사회 주민간의 마찰이나 대립으
　로 인한 갈등 및 제문제는 상호작용방법에 따라
　조정이 가능하다.
㉣ **합의의 원칙** : 지역사회의 문제해결이나 목표달성
　을 위해 전주민의 의견일치를 목적으로 삼는 방법
　상의 원칙이다.
㉤ **능력 부여자로서의 역할의 원칙** : 능력 부여자로서의
　역할을 중시한 사회사업가의 역할상의 원칙이다.
㉥ 주민주체 또는 주민참가의 원칙
㉦ 주민의 상호교류에 의한 조화

11　①

지역사회조직의 모형

㉠ **지역개발모형** : 지역사회의 변화를 가장 효과적으
　로 이룩하기 위해 지역주민들을 목표결정과 실천
　행동에 참여시켜야 한다는 전제에서 나온 지역사
　회조직의 한 형태이다. 이 모형에서는 지역사회조
　직에 있어서 민주적인 절차, 자발적인 협동, 그리
　고 토착적 지도자개발 등을 중요시한다. 사회복지
　사의 역할은 안내자, 가능자, 전문가, 치료자의
　역할이 강조된다.
㉡ **사회계획모형** : 지역사회 내의 사회문제, 즉 비행,
　주택, 건강 등의 제문제를 해결하고자 하는 기술
　적인 과정을 강조한다. 이 모형의 핵심은 지역문
　제해결을 위한 체계적이고 합리적인 계획수립과
　계획된 변화이며, 관련 전문가를 통해 지역문제해
　결을 도모하는 전반적인 활동에 두고 있다. 사회
　복지사는 분석가, 계획가, 조직가, 행정가의 역할
　이 강조된다.
㉢ **사회행동모형** : 지역사회의 불우계층에 포함된 주
　민들이 사회정의와 민주주의에 입각해서 보다 많
　은 지원과 향상된 처우를 그 지역사회에 요구하는
　단체행동을 말한다. 이 모형에서 사회행동 참여자
　들은 가진 자들과 그렇지 못한 자들의 두 집단으
　로 구성되어 있으며, 특히 권력을 가진 소수의 사
　람들이 가지지 못한 다수 사람들의 권익을 침해하
　는 사회적 착취의 직접적인 결과로서 문제를 보고
　있다. 사회복지사는 가능자, 중재자, 변화자, 행동
　가의 역할이 강조된다.

12　③

③ 개별기관의 자주성이 결여되기 쉬운 단점을 지닌다.

13 ②

지역사회조직사업의 실천과정
㉠ **사실의 파악**(사실조사의 단계) : 지역사회에서 발생
하는 다양한 사회복지문제나 그것에 대한 요구 및
주민의 의식정도나 그 문제의 성격에 대해 지역실
태조사, 앙케이트, 주민 토론회 및 좌담회를 통해
파악·검토한다.
㉡ **계획수립** : 문제해결이나 욕구충족을 위해 장·단
기목표 설정, 목표의 실현방법, 우선순위의 결정,
조직이나 기구의 설치, 필요경비 책정이나 조달방
법 등에 대한 계획을 수립해야 한다.
㉢ **계획실시의 촉진** : 지역사회를 위한 사회사업계획의
필요성을 인식시키고 활동의 동기를 유발할 수 있
는 홍보, 조직 내부의 상호협력관계를 유지·강화
할 수 있는 조정활동 등이 이루어져야 한다.
㉣ **자원의 활용 및 동원** : 계획의 수행을 위해 인적·
물적·사회적 기타 각종 자원의 활용 및 동원이
이루어져야 하며 주민의 적극적인 참여와 협력을
증진시킨다.
㉤ **활동의 평가** : 활동사업을 평가하고 그 효과를 측
정하며 문제점 등의 검토 및 수정이 필요하다.

14 ①

지역사회조직의 원칙에는 과정지향의 원칙이 있다.
이는 지역사회사업을 실천함에 있어 과업의 달성도
중요하지만 과업성취에 이르는 모든 과정이 중요하
다는 원칙으로 과정을 통해서 지역사회의 단결과 협
력태도가 조성되는 계기가 되기 때문이다.

15 ④

①② 개별사회사업에 대한 설명이다.
③ 집단사회사업에 대한 설명이다.
④ 지역사회조직사업이란 지역사회의 광범한 욕구를
충족하고, 욕구와 자원간의 조정과 균형을 도모하
며, 주민의 참여하에 그들의 문제에 효과적으로
대처하는 활동을 말한다.

16 ④

① 지역사회개발의 목표에 해당한다.
② 사회계획모델의 목표에 해당한다.
③ 권력관계와 자원의 변경을 통한 제도의 개혁을 목
표로 한다.

17 ④

④ 지역사회사업가는 지역사회의 광범한 욕구를 해
결하기 위해 다양한 자원을 동원하고 활용할 수 있
어야 한다.

18 ③

③ 대변자로서의 사회사업가는 갈등적 상황에서 그
의 전문적 역량을 오로지 클라이언트의 이익을 위해
서 사용하게 되며, 이와 함께 클라이언트의 이익을
위해 대중운동을 전개하여 정치에 영향을 미치려고
하는 데서 행동가로도 볼 수 있다.

19 ③

③ 사회행동모델에서는 클라이언트 집단을 체제의
희생자로 본다.

20 ③

①② 지역사회개발에 대한 설명이다.
③ 사회계획에서는 지역사회가 여러 가지 사회문제,
즉 주택·고용·슬럼화·범죄의 증가 등을 안고
있다고 전제한다.
④ 사회행동에 대한 설명이다.

21 ④

지역사회 문제해결의 과정
㉠ **사실조사·파악의 단계** : 지역사회에서 발생하는 다
양한 사회복지문제나 그것에 대한 요구, 주민의
의식정도, 문제의 성격을 조사·파악한다.
㉡ **계획수립의 단계** : 문제해결이나 욕구충족을 위해
장·단기목표 설정, 목표의 실현방법, 우선순위의
결정, 필요경비 책정이나 조달방법 등에 대한 계
획을 수립한다.
㉢ **실행의 촉진단계** : 사업계획의 홍보, 조직 내부의
상호 협력관계의 조정이 이루어져야 한다.
㉣ **자원의 활용과 동원의 단계** : 목표달성을 위해 각종
사회자원을 활용 및 동원해야 한다.
㉤ **활동의 평가단계** : 활동사업을 평가하고 그 효과를
측정한다.

22 ④

④ 농촌지역이나 도시의 빈민지역의 경제·사회적
개발에 중점을 두는 모델은 지역사회개발모델이다.

23 ④

④ 새마을운동을 비롯한 우리나라 지역사회개발은
민간의 자주적인 노력보다는 관(官) 주도의 반강제적
성격을 가진다.

24 ④

④ 일반적으로 지역사회개발은 지역사회조직사업보다 더 광범위한 방법과 기술을 사용한다. 지역사회개발은 여러 분야가 참여하나 지역사회조직사업은 더 전문적인 형태의 사회사업이다.

25 ①

① 집단사회사업의 목적이라 볼 수 있다. 개인은 집단활동을 통해 자아를 인식하고 사회적 소속감을 느끼게 된다.

26 ③

①②④ 지역사회개발에 대한 설명이다.
③ 사회행동모델에서는 갈등이나 대결이 강조되는데, 따라서 정면대결이나 직접적인 실력 행사 등의 방법이 사용된다.

27 ③

③ 사회계획모델에서 과업의 완수가 중요시된다. 따라서 사회계획을 담당하는 기관들은 구체적인 사회문제를 해결하도록 특수 임무를 지역사회로부터 부여받게 된다.

28 ①

지역사회개발은 지역주민의 공동의 관심사, 즉 사회적 욕구에 대한 문제이므로 지역주민이 참여하는 프로그램으로 마련되어야 한다. 따라서 지역사회개발은 지역주민에 의해 마련되고 실천되어야 한다.

5. 사례관리론

1 ①

사례관리 … 사례관리는 생태체계적 관점을 기반으로 만성적 · 복합적 문제를 지닌 다양한 클라이언트의 욕구에 초점을 두어 기관이 아닌 클라이언트의 전반적인 목적에 기반을 둔 클라이언트 중심적 실천방법으로, 지역사회를 기반으로 공식 · 비공식 자원을 동원하고 다양한 서비스를 조정하여 클라이언트의 욕구를 사정한다. 평균수명의 증가와 탈시설화, 복지국가의 재정적 위기, 분산된 서비스 체계, 다양한 문제와 욕구를 가진 클라이언트의 증가, 서비스 비용의 억제 등의 이유로 사례관리가 등장했다.

2 ②

② 개입은 사례관리자가 클라이언트와 클라이언트의 사회관계망과 관련된 서비스 제공자를 변화시키기 위해서 직접적 혹은 간접적으로 관여하는 것을 말한다. 직접개입은 사례관리자가 클라이언트로 하여금 자신의 욕구를 충족시킬 수 있는 능력을 강화할 수 있도록 하여 사례관리과정 그 자체의 효과성을 증가시킬 수 있도록 고안된 개입을 뜻한다. 직접개입과정에서 사례관리자는 인간은 독특하고 자율적인 존재라는 가치이념 하에서 클라이언트의 잠재역량에 초점을 두고 클라이언트에 대한 적절한 기대와 신뢰를 갖고 직접적으로 서비스를 제공하며 클라이언트의 자율성을 확립하는 것에 목적을 둔다.

3 ④

④ 사례관리는 간접적 서비스를 강조한다.

4 ⑤

사례관리 … 복합적 욕구를 지닌 사람들의 기능수행과 복지를 위해 공식적 및 비공식적 자원을 조직하고 조정하여 유지하는 활동을 말한다.

5 ④

④ 사례관리에 대한 설명이다.

6 ②

강점관점 모델
㉠ 개인을 강점 및 기질, 재능, 자원을 가진 독특한 존재로 규정
㉡ 치료의 초점을 가능성에 둔다.
㉢ 사회복지사는 클라이언트의 진술을 인정한다.
㉣ 치료의 핵심은 개인, 가족, 지역사회의 참여이다.
㉤ 변화를 위한 자원은 개인, 가족, 지역사회의 장점, 능력, 적응기술이다.

7 ④

사례관리는 복합적 욕구를 가진 사람들의 기능화와 복지를 위해 공식적 · 비공식적 지원과 활동의 네트워크를 조직 · 조정 · 유지하는 것으로 정의된다. 사례관리란 특정 대상을 위한 직접적 서비스와 지역사회 실천에서의 간접적 서비스 제공을 통합한 것으로 클라이언트에게 좀더 포괄적이고 지속적인 서비스를 제공한다는 측면에서 의의가 있다.

8 ④

통합적 방법론은 사회와 문화적인 면 즉, 상황 속에 인간(person in situation)을 이해하고 설명하는 데까지 확대된 개념이다.

6. 사회사업조사론

1 ①

② 설문조사 : 어떤 분야에 대하여 고객들의 만족도, 신뢰도, 개선할 사항 등을 조사하는 것으로 이를 통해 기업체 또는 회사 발전에 큰 도움을 줄 수 있다.
③ 횡단조사 : 특정한 시점을 기준으로 하여 한 번의 측정을 통해 집단 간의 차이를 연구하는 조사방법
④ 추이조사 : 시간의 흐름에 따른 집단이 변화를 관찰하기 위한 조사로 미래 예측을 위해 사용된다.

2 ①

초점집단 인터뷰 … 보통 6~10명 정도의 사람들이 어떤 제품이나 서비스 또는 조직에 대해 훈련된 면접자와 1~2시간 동안 이야기하게 하는 정성조사방법의 하나로 여기서는 연구자의 역할이 중요하며 밀폐된 공간에서 자유토론방식으로 진행된다. 또한 참가자들은 해당 분야의 전문성을 갖추고 있어야 한다.

3 ②

① 확률적 · 객관적 표집방법의 하나로서, 전집의 모든 사례를 어떤 순서로 나열하였을 때 필요한 표집수를 일정한 K번 째의 사례만을 표집하여 얻는 방법이다.
③ 모집단의 일부로부터 할당에 의해 선택되는 모집단의 표집을 말한다. 할당표집의 방법은 무작위표집의 정상적인 요구사항들을 충족시킬 수 없다.
④ 아무런 의식적 조작없이 표본을 추출하는 방법이다. 모집단의 각 사례는 표본으로 선택되는 데 동등한 기회를 가지고 있다.

4 ④

㉠ **델파이 기법** : 전문가의 경험적 지식을 통한 문제해결 및 미래예측을 위한 기법으로 의견수립, 중재, 타협의 방식으로 반복적인 피드백을 통한 하향식 의견 도출 방법으로 문제를 해결한다.
㉡ **유사실험 설계** : 실험적인 방법이 원인적 가설검증을 위해 분명히 우세함에도 많은 현실적 문제로 인해 적용상에 제약을 받는 경우에 선택하는 방식

으로 처치, 결과 측정 그리고 실험적 상황을 갖고 있지만 처치상황에 대한 무작위 선정, 할당을 지니지 않은 실험 설계이다.
㉢ **종단적 조사 설계** : 하나의 분석대상을 장기간에 걸쳐 일정한 시간 간격을 두고 여러 차례 반복적으로 측정함으로써 자료를 수집하는 방법이다. 여기에는 패널조사, 경향조사, 동년배조사 등이 있다.
• 패널조사 : 장기간에 걸쳐 동일한 주제를 가지고 동일한 응답자에게 반복해서 면접이나 관찰을 행하는 조사 방법이다.
• 경향조사 : 장기간에 걸쳐 동일한 주제에 대해 반복해서 면접이나 관찰을 행하지만 패널조사와는 달리 응답자가 매 조사 때마다 바뀌어 이루어지는 조사 방법이다.
• 동년배조사 : 5년이나 10년 이내의 좀 더 좁고 구체적인 범위 안에 속한 인구집단의 변화를 조사하기 위한 조사 방법이다.

5 ①

① 연구결과의 일반화의 정도인 외적 타당성은 조사반응성이 높으면 연구의 객관성이 떨어지게 되므로 외적 타당성이 낮아지게 된다.

6 ④

④ 델파이기법은 지역사회의 특정한 문제 및 욕구에 대해 소수의 전문가들에게 설문지 등의 방법으로 의견을 반복적으로 묻고 분석하여 일정한 정도의 합의점에 도달하면 그것을 욕구로 파악하는 기법이다. 전문가를 한 자리에 모이게 하는 수고를 덜고 시간을 효율적으로 사용하며, 익명으로 진행되어 참가자의 영향력을 줄일 수 있는 장점이 있는 반면 반복하는 동안 응답자의 수가 줄거나 시간이 많이 걸리는 단점이 있다.

7 ①

델파이기법
㉠ **의의** : 독자적으로 형성된 전문가들의 판단을 종합 · 정리하는 미래예측기법이다.
㉡ **특징**
• **익명성** : 참여하는 모든 전문가나 지식인들의 익명성을 보장한다.
• **반복** : 개개인의 판단을 집계하여 전문가들에게 다시 알려 주고, 이를 반복한다.
• **통제된 환류** : 응답을 요약하여 종합된 판단을 수치로 전달한다.
• **통계처리** : 응답을 요약하여 중앙값, 분산도, 도수분포 등의 형태로 제시한다.
• **전문가의 협의** : 근접된 의견 도출을 중시한다.

8 ①

관찰법 … 말로 표현할 수 없는 행동 또는 말을 할 수 없는 대상(어린이, 장애인)에 대하여 적절한 자료수집방법으로 정확한 의미 전달이 어려운 특정 행동들의 자료 수집에 유용하다. 하만 관찰대상이 제한적이며, 통제가 어렵고, 관찰자의 주관 개입, 수량화의 어려움과 같은 문제점이 있다.

9 ③

①②④ 비율변수 ③ 서열변수
※ **변수 척도에 따른 분류**
　㉠ 이산변수
　　• 명목변수 : 사물, 사람 또는 속성을 분류하는 목적으로 숫자 및 기호 부여
　　　㉾ 성별, 취미, 종교 등
　　• 서열변수 : 사물의 속성에 대하여 크기, 양의 많고 적음 또는 크고 작음의 순서를 비교
　　　㉾ 학력, 차량 크기 등
　㉡ 연속변수
　　• 등간변수 : 서열화의 척도이며 척도간의 간격은 같은 변수로 수치간의 가감승제 가능
　　　㉾ IQ
　　• 비율변수 : 등간변수의 속성을 나타내며 절댓값 0 존재
　　　㉾ 키, 나이, 수입 등

10 ①

사례연구법 … 통계적인 방법에 의한 양적 측정을 적용하기 힘든 개인이나 가족제도, 문화집단 및 지역사회의 생활을 조사하고 분석하는 연구방법으로 조사대상이 작거나 개별적인 특성 및 역사적 과정을 중시하는 경우에 많이 사용되며 개별사회사업이나 집단사회사업 연구에 많이 사용된다.

11 ②

표집의 방법
　㉠ 계층(계통)적 표집 : 확률적 · 객관적 표집방법의 하나로서, 전집의 모든 사례수를 어떤 순서로 나열했을 때 필요한 표집수를 일정한 k번째의 사례만을 표집하여 얻는 방법이다.
　㉡ 무작위표집(확률표집) : 전집을 구성하고 있는 모든 요소가 한 표집에 포함된 가능성이 동일한 조건하에서의 표집이다.
　㉢ 집락표집(군집표집) : 확률적 표집방법의 하나로서 최종의 표집단위를 일차적으로 표집하는 것이 아니라 이러한 단위를 포함하는 자연적 또는 인위적 구성의 상위집단을 먼저 표집하는 방법이다(다단계집략표집).

　㉣ **층화표집**(유층표집) : 확률적인 표집방법의 하나로서 연구하고자 하는 변인에 영향을 줄 수 있는 요인을 사전에 고려하여 하위전집으로 구분하여 각 하위전집 또는 하위유층에서 표집함으로써 표집오차를 줄이기 위한 표집방법이다.
　㉤ **실험조사연구** : 변수간의 인간관계를 밝히려는 과학적인 방법이다.
　㉥ **사례연구법** : 의학이나 심리학적인 연구에 많이 쓰이는 방법의 하나로 단일사례에 대한 집중적인 탐색이다.

12 ④

① 르 플레(Le Play)는 노동자계층의 생활환경을 개선하는 데 역점을 두었다.
② 부스(C. Booth)는 지역사회의 문제를 직접 관찰 · 조사하여 빈곤층의 대책과 지역사회의 개선에 노력을 기울였다.
④ 스펜서(Spencer)는 사회이론 중 기능주의 이론에서 개념과 사상 등이 배경이 된 콩트(A. Conte)와 함께 사회유기체론을 도입한 학자이다. 즉, 사회구조와 기능을 생물적 유기체에 비유하였는데 유기체의 성장과 발전을 사회의 구조와 기능이 복잡하고 분화하는 것으로 사회적 실체를 부분과 상호관계성을 갖는 체계로 보았다.

13 ①

내적 저해요인은 역사(history), 성장(maturation), 검사(testing), 도구(instrumentation), 통계적 회귀, 피보험자의 상실, 선택과의 상호작용 등이 있다. 시간의 경과에 의하여 일어나는 조사대상 집단의 특성변화는 성숙요인이고 조사기간 중 통제 불가능한 사건으로 영향을 받는 것은 역사요인이다.

14 ②

표본추출방법
　㉠ 확률표집
　　• 모집단의 모든 구성요소들이 표본으로 선택될 확률이 명백하다.
　　• 방법 : 단순무작위표집, 계통적 표집, 층화표집, 집락표집, 이중표집, 다단표집 등이 있다.
　㉡ 비확률표집
　　• 모집단의 모든 구성요소들이 표본으로 선택될 확률이 명백하지 않다.
　　• 표본오차를 계산할 수 없고 확률적인 통계처리가 불가능하다.
　　• 방법 : 우연적 표집, 판단표집, 전문가표집, 의도적 표집, 할당표집 등이 있다.

15 ④

사례연구 ⋯ 통계적인 방법에 의한 양적 측정을 적용하기 힘든 한 개인이나 가족제도, 문화집단 및 지역사회의 생활을 조사하고 분석하는 연구방법이다.

16 ④

① 신뢰도가 높다 하여 반드시 타당도가 높은 것은 아니지만, 타당성이 높은 척도는 신뢰도가 높다.
② 측정의 신뢰도를 말하고 있다.
③ 표본추출은 시간 및 비용 등의 이유로 전수조사가 어려울 경우 소수의 조사를 통해 전체를 유추하기 위해 행하여진다.

17 ③

기술적 조사는 클라이언트의 욕구나 문제, 서비스에 대한 태도, 사용방법 등을 발전시키는 데 중요한 역할을 한다.

18 ②

자료를 수집하는 조사방법은 크게 질문지법(interview schedule)과 설문지법(questionaire)으로 나누어진다. 전자는 개별면접조사, 집단면접조사, 시청자조사, 전화면접, 집중면접조사 등이 해당된다. 후자는 설문지를 통한 조사로서 우편조사, 집단조사 등이다.

19 ③

사회복지조사의 성격
㉠ **사회개량적 성격** : 사회의 모순이나 병리를 해명하여 사회개량을 도모한다.
㉡ **사회적 필요성 이해의 성격** : 사회문제나 병리에 대한 조사를 통해 사회사업의 사회적 필요성을 이해한다.
㉢ **사회사업방법의 기초** : 개인의 생활사 및 퍼스낼러티, 생활환경 등을 조사하여 개별사회사업의 기초자료를 제공하고 또한 집단사회사업이나 지역사회 조직사업의 기초적 이해자료를 제공한다.
㉣ **사회사업의 효과 측정** : 사회사업이 초기에 지향한 목적을 어느 정도 달성하였는가, 또한 그것이 얼마나 효과적이었는가를 측정한다.
㉤ **사회사업의 과학화** : 사회사업의 체계적 정리나 사회과학적 해명을 위한 기초 토대를 제공함으로써 사회사업의 과학화에 공헌한다.

20 ②

② 사회사업 초기에는 사회문제나 사회병리에 대해 관심을 가졌으나, 점차 사회사업 자체에 중점을 두고 있다.

21 ②

① 조사대상이 작거나 개별적인 특성 및 역사적 과정을 중시하는 경우에 많이 사용된다.
③ 모집단 중에서 일부를 표본으로 추출하여 그 표본을 조사한 결과를 가지고 모집단의 평균 및 비율 등의 특성을 추정하는 조사방법이다.
④ 주민의 욕구수준을 계량적으로 측정하는 조사방법이다.

22 ②

사회복지조사의 단계 ⋯ 주제의 선정 → 문제의 정립 → 가설의 설정 → 조사계획의 수립 → 자료의 수집 → 자료의 처리 → 자료의 분석 → 일반화

23 ①

사회복지조사가 제일 먼저 실시되고 발전한 나라는 영국이다. 산업혁명으로 인해 산업화 · 도시화가 진행되면서 많은 사회문제가 발생하였고, 빈곤이나 노동문제를 사회복지조사를 통해 파악하려는 시도들이 나타났다. 사회복지조사의 선구자 중 한 사람인 통계학자 부스(Charles Booth)는 1866년 런던 동쪽에 있는 빈민굴을 중심으로 빈민생활을 조사하여 '런던 시민의 생활과 노동'이란 방대한 보고서를 냈는데, 이 보고서는 통계조사와 사례조사가 적절히 배합되어 있어 사회조사상 매우 높이 평가되고 있다.

24 ④

표본표집방법의 유형
㉠ **비확률표집법**(non-probability sampling) : 우연적 표집, 판단표집, 전문가표집, 할당표집 등
㉡ **확률표집법**(probability sampling) : 층화표집, 단순무작위 표집, 계통적 무작위 표집, 집락표집, 지역표본 등

25 ④

조사표법에 의한 자료수집방법

구분	방법	장점	단점
개별면접조사법	조사원이 조사대상자를 방문하여 조사표에 의한 질문을 한 후 회답을 받아 기록하는 방법이다.	조사대상자를 직접 조사할 수 있으며 오기와 불기(不記)를 예방할 수 있다.	시간, 인력, 예산이 많이 소요되며 개인의 비밀에 관한 사항의 회답을 회피할 우려가 있다.
배포조사법	일정한 계통을 통하여 조사대상자에게 조사표를 배포하고 조사대상자가 응답, 기록한 조사표를 회수하는 방법이다.	시간, 인력, 예산이 적게 소요되고 개인의 비밀사항까지 회답을 받을 수 있다.	조사대상자가 바뀔 우려가 있으며 오기나 불기 등이 발생하고, 조사표가 파손될 우려가 있다.
집합조사법	일정한 장소, 일정한 시간에 조사대상자를 집합시키거나 집합된 대상자에게 조사원이 조사표를 나누어 준 뒤 질문내용을 설명하면서 회답을 기록하게 하여 회수하는 방법이다.	개별면접조사법과 배포조사법의 장점을 살린 것이다.	일정한 시간, 일정한 장소에 집합시키기는 어려우며 집단의 영향을 받을 수 있다.
우송조사법	조사표를 우편으로 조사대상자에게 발송하여 반송하도록 하는 방법이다.	가장 저렴한 비용으로 전국에 산재한 조사대상자를 조사할 수 있다.	조사대상자가 바뀔 우려가 있고 오기나 불기 등이 발생할 수 있으며 회수율이 낮다.

26 ③

③ 시간, 인력, 경비 등의 예산이 많이 소요되는 단점이 있다.

27 ②

② 사회복지조사는 다양한 필요에 의해 이루어짐에 따라 응용조사가 중심이지만 기초조사적 성격을 갖기도 한다.

28 ②

② 프로그램의 계획이나 운영과정에 필요한 환류적 정보제공, 책임성의 이행정도, 이론형성에 기여 등은 평가조사의 목적에 해당한다.

29 ①

질문지작성에 있어서 응답자를 고려하여 이해하기 힘든 전문용어를 피하고, 주관적 판단도 피하는 것이 좋으나 질문사항을 무작위로 선정하는 형태는 바람직하지 않다.

30 ④

④ 질문의 배열순서는 응답자의 자연스런 의식에 맡겨서 응답자의 본연의 마음으로서 선택되도록 배열되어야 한다.

1. 가족복지

1 ②

② 100미터 이내
※ 판사는 가정보호사건의 원활한 조사·심리 또는 피해자 보호를 위하여 필요하다고 인정하는 경우에는 결정으로 가정폭력행위자에게 다음 각 호의 어느 하나에 해당하는 임시조치를 할 수 있다〈제29조〉.
  ㉠ 피해자 또는 가정구성원의 주거 또는 점유하는 방실(房室)로부터의 퇴거 등 격리
  ㉡ 피해자 또는 가정구성원의 주거, 직장 등에서 100미터 이내의 접근 금지
  ㉢ 피해자 또는 가정구성원에 대한 「전기통신기본법」 제2조 제1호의 전기통신을 이용한 접근 금지
  ㉣ 의료기관이나 그 밖의 요양소에의 위탁
  ㉤ 국가경찰관서의 유치장 또는 구치소에의 유치

2 ③

건강가정사업〈건강가정기본법 제3장〉
  ㉠ 가정에 대한 지원
  ㉡ 자녀양육지원의 강화
  ㉢ 가족단위 복지증진
  ㉣ 가족의 건강증진
  ㉤ 가족부양의 지원
  ㉥ 민주적이고 양성평등한 가족관계의 증진
  ㉦ 가족단위의 시민적 역할증진
  ㉧ 가정생활문화의 발전
  ㉨ 가정의례
  ㉩ 가정봉사원
  ㉪ 이혼예방 및 이혼가정지원
  ㉫ 건강가정교육
  ㉬ 자원봉사활동의 지원

3 ①

건강가정기본법 제1조 ··· 건강한 가정생활의 영위와 가족의 유지 및 발전을 위한 국민의 권리·의무와 국가 및 지방자치단체 등의 책임을 명백히 하고 가정

문제의 적절한 해결방안을 강구하며 가족구성원의 복지증진에 이바지할 수 있는 지원정책을 강화함으로써 건강가정 구현에 기여하는 것을 목적으로 한다.

4 ③

대처극복질문, 기적질문, 척도질문, 예외질문은 해결중심적 가족치료모델에서 해결방안수립을 위한 질문법이다.
※ **경험적 가족치료** ··· 경험적 가족치료의 목적은 의사소통증진을 통한 개인의 성장이다. 사티어는 의사소통의 유형 중 회유형, 비난형, 초이성형, 산만형 네 가지를 역기능적 의사소통으로 보고 역기능적 의사소통의 치료목표를 일치형 의사소통으로 삼았다.

5 ①

① 전략적 모형은 문제의 원인에 대한 이해보다는 해결방법에 초점을 맞추며, 다양한 실용적 개입 기법들을 제안한다.

6 ①

① 가족을 일련의 상호관련된 체계와 하위체계로 이루어진 복합적 총체로 인식하고 생물학적 본성에 근원을 두고 있는 정서적 관계체계라고 보았다. 또한 불안의 정도와 자아분화의 통합정도로서 개인의 감정과 지적과정 사이에 구분하는 능력이다.
② 가족단위는 역동적이므로 시간의 경과에 따라 여러 가지 내·외적 압력에 의해 그 자신도 변한다고 보았다.
③ 가족을 체계로 보고 개인의 문제를 정신 내적인 요인보다 체계와의 관련성에 두고 가족의 구조를 변화시킴으로써 체계 내의 개인의 경험이 결국 개인에게 변화를 초래한다고 보았다.
④ 문제의 중심을 가족 간의 역기술적 의사소통에 두고 그것을 교정하여 원활하게 만드는 데 치료의 목적을 두었다.
⑤ 의사소통모형과 행동모형을 그 이론적 기초로 하여 문제의 원인을 심리내적인 것보다 의사소통에서 찾으려 하였다.

7 ④

가족복지의 기능
- ㉠ **의뢰적 기능**(송치적 기능) : 가족문제에 대해 가장 효과적인 서비스를 줄 수 있는 지역사회의 자원을 발견하여 사례를 소개ㆍ활용한다.
- ㉡ **조정적 기능** : 가족복지기관이 가족 전체에게 가족으로서의 원만한 기능을 회복할 수 있도록 직접 서비스를 제공한다.
- ㉢ **개발적 기능** : 지역사회활동이나 소집단활동 등 제반활동을 통해서 대상가족의 모든 가족성원이 그 지위에 알맞은 역할을 실행하는 기회, 능력, 태도를 발전ㆍ촉진시키는 기능이다.
- ㉣ **회복적 기능** : 빈곤ㆍ실업ㆍ약물중독ㆍ부부불화 등의 장애요인을 가진 가족을 직접 원조하여 정상적인 가족기능을 회복시키는 것을 목적으로 한다. 이러한 목적을 달성하기 위한 방법으로는 공적부조에 의한 원조나 아동상담소, 직업지도, 주택알선, 가정지도, 가족계획지도, 가족치료 등이 해당된다.

8 ③

① 머독(Murdock)
② 쿨리(Cooley)
③ 액커만(Ackerman)
④ 레비 스트로스(L vi-Strauss)
※ **가족의 정의**
- ㉠ 가족은 결혼ㆍ혈연ㆍ입양에 의해 맺어진 친밀한 관계로 그 관계는 법적으로 보호를 받으며 지속적이다.
- ㉡ 가족성원들은 대부분 주거, 동고동락하는 공동운명체의 사회집단으로서 어떠한 사회집단보다도 구성원간의 유대관계가 밀접하다.
- ㉢ 가족은 법적 유대, 경제적 협조, 부부간의 성적 욕구 충족, 정서적 상호협조 등으로 통합되어 있다.
- ㉣ 가족관계는 대부분 일생 동안 또는 영구히 지속되는 관계이다.
- ㉤ 가족 내의 노동은 분업되어 있으며 주로 남자는 대외적인 경제활동을, 여자는 대내적인 자녀양육 및 정서적인 기능을 담당한다.
- ㉥ 가족은 동거동재(同居同材)의 생활공동체이며, 집ㆍ가풍ㆍ가문 등을 포함하는 넓은 의미의 개념을 갖고 있는 문화집단이다.
- ㉦ 가족은 자녀에게 인격형성과 사회화교육을 시켜주는 훈련장이며, 사회와의 교량역할을 해주는 사회집단이다.
- ㉧ 일반적으로 남성이 여성보다 높은 지위와 권위를 갖고 있다.

9 ③

③ 가족은 하나의 유기체로서 가족구성원의 문제는 가족 전체의 문제로 파악하여 진단과 치료를 하게 되는데 이는 한 가족구성원의 지위나 역할, 태도 등이 필연적으로 다른 가족구성원과 가족 전체에 관련되기 때문이다.

10 ③

가족의 기능
- ㉠ **성적 욕구 충족** : 대부분의 사회에서는 사회적으로 인정하는 부부관계에서만 자연스러운 성적 욕구를 충족할 수 있도록 허용하고 있으며, 동시에 가족관계에 얽매어 비교적 안정된 관계를 지속하게 된다.
- ㉡ **자녀생산과 자녀양육** : 역사적으로 가족은 자녀를 낳고 기르는 기능을 수행하여 사망에 따르는 인구충원과 동시에 종족을 보전할 수 있었다. 부모는 낳은 자녀를 양육하고 교육할 책임이 따르는데, 자녀교육은 장차 자녀가 성장하여 사회생활에 필요한 가치관ㆍ언어ㆍ행동ㆍ전통문화ㆍ사회규범 등의 필요한 지식과 생활의 지혜를 가르치는 것이다. 이는 한 사회가 여러 세대를 통하여 문화적 집단으로 전통을 이어나가는 가족의 중요한 기능인 것이다.
- ㉢ **경제적 협동** : 경제력이 있는 가족성원이 노동을 함으로써 생산능력이 적거나 없는 아동ㆍ노인 등을 부양한다.
- ㉣ **정서적 지지** : 인간은 본능적으로 인정받고, 소속감을 가지며 애정을 주고받고자 하는 욕구를 가지고 있는데, 이러한 정서적 지지를 받을 수 있는 가장 적합한 사회기능집단이 가족이다. 가족은 생활하는 과정에서 상호간에 애정을 표현하고, 가족성원간에 동일시하며, 가족성원들이 소속감을 가지고 가족 내에서 부여된 지위와 역할을 수행함으로써 정신적으로 안정된 삶을 살게 된다.
- ㉤ **사회화 교육** : 사회생활을 하는 데 있어 필요한 사회적 역할을 수행하며 집단, 가족, 사회의 기대에 적절하게 반응하면서 적응할 수 있는 사회적 능력을 키워주는 것을 의미한다. 이러한 사회화교육은 다른 교육기관을 통하여도 이루어지지만, 가족구조 내에서 가족성원간의 상호작용, 상대방의 기대와 반응, 모방 등을 통하여 가장 잘 이루어진다.

11 ②

조정적 기능은 가족복지기관이 가족 전체를 서비스 대상으로 삼고 가족 전체가 가족의 기능을 발휘할 수 있도록 원조하는 것을 말하는데, 이는 사회복지기관에서 원조하는 서비스가 상호모순되지 않고 통합적으로 일관성 있게 제공되어 대상자 가족 전체의 복지가 증진될 수 있도록 하는 데 중점을 둔다.

12 ①

가족치료 … 치료자가 전가족 체계를 치료의 대상으로 여기고 실시하는 모든 형태의 치료를 말하는데, 가족구성원들이 병리적 방어기제를 사용하는 대신에 건전한 적응방법의 발달을 통하여 적응능력을 기르고 가족구성원 사이와 대인관계에 병리적 요소를 약화시켜 건전한 가족의 원기능을 회복시켜 주는 것이다. 즉, 가족구성원의 개개인의 지적, 인격, 행동변화에 목적을 두지 않고 가족의 전체성, 항상성 균형유지(homeostasis)를 중요시한다.

13 ③

개발적 기능은 지역사회활동이나 소집단활동, 개별적 활동을 통해 각 가족의 구성원들이 그 지위에 맞는 역할을 수행하는 기회, 능력, 태도 등을 발전시키는 것을 말한다.

14 ①

체계모형은 미누친(Minuchin)이 개발한 것으로 가족원이 사회적·경제적 수준이 낮거나 빈곤화된 지역사회를 기반으로 연구·적용되어 온 대표적 모형이다. 즉, 개인을 생태체계나 환경과의 관계에서 찾으려고 한다. 가족을 하나의 체계로 보고 개인의 문제를 정신적 요인보다는 체계와의 상호관련성에 초점을 두는 이론이다.

15 ①

① 정신분석학적 치료모형이 치료기법으로서 자기노출, 직면, 전이, 통찰, 동일시 등을 치료방법으로 사용한다.

16 ①

조하리 창(The Johari Window)**모형** … 1961년 Joseph Luft와 Harry Ingham에 의해 개발되었다. 처음에는 대인관계의 유형을 설명하고자 개발되었지만, 대인관계능력을 개선시키거나 대인간 갈등의 원인을 설명하여 문제해결방안까지 제시함에 따라 사회사업실천에 활용되고 있다. 창의 종류로는 열린 창(공개영역), 어두운 창(장님영역), 숨겨진 창(은폐영역), 닫힌 창(미지영역)으로 나눈다. 궁극적으로 자기노출훈련과 타인에게 정보를 받아 열린 창으로서 가족문제를 해결하려 한다.

1 ①

① "영유아"란 6세 미만의 취학 전 아동을 말한다. 〈영유아보육법 제2조 제1호〉

2 ①

① 청소년 수련관은 청소년 수련시설의 하나이다.
※ ㉠ **청소년 복지시설** : 청소년 쉼터, 청소년 자립지원관, 청소년 치료재활센터
   ㉡ **청소년 수련시설** : 청소년 수련관, 청소년 수련원, 청소년 문화의 집, 청소년 특화시설, 청소년 야영장, 유스호스텔

3 ④

아동학대범죄의 처벌 등에 관한 특례법 제10조(아동학대범죄 신고의무와 절차)에 따른 아동학대 신고의무자
㉠ 가정위탁지원센터의 장과 그 종사자
㉡ 아동복지시설의 장과 그 종사자
㉢ 아동복지전담공무원
㉣ 가정폭력 관련 상담소 및 가정폭력피해자 보호시설의 장과 그 종사자
㉤ 건강가정지원센터의 장과 그 종사자
㉥ 다문화가족지원센터의 장과 그 종사자
㉦ 사회복지 전담공무원 및 사회복지시설의 장과 그 종사자
㉧ 성매매방지 및 피해자보호 등에 관한 법률에 따른 지원시설 및 성매매피해상담소의 장과 그 종사자
㉨ 성폭력피해상담소 및 성폭력피해자보호시설의 장과 그 종사자
㉩ 소방기본법에 따른 구급대의 대원
㉪ 응급구조사
㉫ 어린이집의 원장 등 보육교직원
㉬ 유아교육법에 따른 교직원 및 강사 등
ⓐ 의료기사
ⓐ 의료인과 의료기관의 장
ⓑ 장애인복지시설의 장과 그 종사자로서 시설에서 장애아동에 대한 상담·치료·훈련 또는 요양 업무를 수행하는 사람
ⓒ 정신의료기관, 정신질환자 사회복귀시설, 정신요양 시설 및 정신보건센터의 장과 그 종사자
ⓓ 청소년시설 및 청소년단체의 장과 그 종사자
ⓔ 청소년보호센터 및 청소년재활센터의 장과 그 종사자
ⓕ 초·중등교육법에 따른 교직원, 전문상담교사 및 산학겸임교사 등

ⓖ 한부모가족복지시설의 장과 그 종사자
ⓗ 학원의 운영자·강사·직원 및 교습소의 교습자·직원
ⓘ 아이돌봄 지원법에 따른 아이돌보미
ⓙ 아동복지법에 따른 취약계층 아동에 대한 통합서비스지원 수행인력

※ 아동복지법 제25조(아동학대 신고 의무와 절차)는 2014. 1. 28 「아동학대범죄의 처벌 등에 관한 특례법」 제정에 의해 삭제되고 제2항에 "아이돌봄 지원법에 따른 아이돌보미, 아동복지법에 따른 취약계층 아동에 대한 통합서비스지원 수행인력"과 제3항 "누구든지 제1항 및 제2항에 따른 신고인의 인적 사항 또는 신고인임을 미루어 알 수 있는 사실을 다른 사람에게 알려주거나 공개 또는 보도하여서는 아니 된다."는 조항이 추가되어 아동학대범죄의 처벌 등에 관한 특례법 제10조로 적용된다. [2014. 9. 29 시행]

4 ②
① 입양기관이 아닌 경우에도 입양되는 경우가 있다. 국민기초생활보장법상 보장시설에 의뢰된 아동도 입양이 가능하다.
③ 입양을 하게 되면 친부모는 법적으로 아동의 권리와 의무가 사라진다.
④ 「입양특례법」에 따르면 입양기관의 장은 입양이 성립된 후 1년 동안 사후서비스를 제공해야 한다.

5 ②
㉠ 국가 또는 지방자치단체 외의 자는 관할 시장·군수·구청장에게 신고하고 아동복지시설을 설치할 수 있다〈아동복지법 제50조 제2항〉.
㉣ 시·도지사, 시장·군수·구청장 또는 검사는 아동의 친권자가 그 친권을 남용하거나 현저한 비행이나 아동학대, 그 밖에 친권을 행사할 수 없는 중대한 사유가 있는 것을 발견한 경우 아동의 복지를 위하여 필요하다고 인정할 때에는 법원에 친권행사의 제한 또는 친권상실의 선고를 청구하여야 한다〈아동복지법 제18조 제1항〉.

6 ④
㉠㉣ 지지적 서비스
㉢ 보완적 서비스
㉡㉤㉥ 대리적 서비스
※ 카두신의 3S(아동복지서비스의 기능에 따른 분류)
  ㉠ 지지적 서비스(supportive service) : 상담서비스, 가족치료, 지역사회 정신보건 프로그램, 학대·방임아동 을 위한 부모교육서비스, 미혼부모나 한부모가족을 위한 교육 및 지원서비스
  ㉡ 보완적 서비스(supplementary service) : 보육서비스, 가정조성서비스, 소득유지서비스, 보호서비스, 장애아동을 위한 주간보호서비스
  ㉢ 대리적 서비스(substitute service) : 가정위탁서비스, 입양서비스, 시설보호서비스

7 ③
① 영유아보육법 시행령 제20조
② 영유아보육법 제2조
④ 영유아보육법 시행규칙 별표1
※ 국공립보육시설 외의 보육시설의 설치〈영유아보육법 제13조〉
  ㉠ 국공립어린이집 외의 어린이집을 설치·운영하려는 자는 특별자치도지사·시장·군수·구청장의 인가를 받아야 한다. 인가받은 사항 중 중요 사항을 변경하려는 경우에도 또한 같다.
  ㉡ ㉠에 따라 어린이집의 설치인가를 받은 자는 어린이집 방문자 등이 볼 수 있는 곳에 어린이집 인가증을 게시하여야 한다.
  ㉢ ㉠에 따른 인가에 필요한 사항은 보건복지부령으로 정한다.

8 ③
아동학대 신고 의무와 절차〈아동복지법 제25조〉
㉠ 가정위탁지원센터의 장과 그 종사자, 아동복지시설의 장과 그 종사자, 제13조에 따른 아동복지전담공무원
㉡ 가정폭력방지 및 피해자보호 등에 관한 법률 제5조에 따른 가정폭력 관련 상담소 및 같은 법 제7조의2에 따른 가정폭력피해자 보호시설의 장과 그 종사자
㉢ 건강가정기본법 제35조에 따른 건강가정지원센터의 장과 그 종사자, 다문화가족지원법 제12조에 따른 다문화가족지원센터의 장과 그 종사자
㉣ 사회복지사업법 제14조에 따른 사회복지 전담공무원 및 같은 법 제34조에 따른 사회복지시설의 장과 그 종사자
㉤ 성매매방지 및 피해자보호 등에 관한 법률 제5조에 따른 지원시설 및 같은 법 제10조에 따른 성매매피해상담소의 장과 그 종사자
㉥ 성폭력방지 및 피해자보호 등에 관한 법률 제10조에 따른 성폭력피해상담소 및 같은 법 제12조에 따른 성폭력피해자보호시설의 장과 그 종사자
㉦ 소방기본법 제34조에 따른 구급대의 대원, 응급의료에 관한 법률 제36조에 따른 응급구조사
㉧ 영유아보육법 제10조에 따른 어린이집의 원장 등 보육교직원, 유아교육법 제20조에 따른 교직원 및 같은 법 제23조에 따른 강사 등, 의료기사 등에 관한 법률 제1조의2 제1호에 따른 의료기사

ⓩ 의료법에 따른 의료인과 의료기관의 장, 장애인복지법 제58조에 따른 장애인복지시설의 장과 그 종사자로서 시설에서 장애아동에 대한 상담·치료·훈련 또는 요양 업무를 수행하는 사람

ⓩ 정신의료기관, 정신질환자 사회복귀시설, 정신요양시설 및 정신보건센터의 장과 그 종사자

ⓚ 청소년기본법 제3조 제6호에 따른 청소년시설 및 같은 조 제8호에 따른 청소년단체의 장과 그 종사자, 청소년보호법 제35조에 따른 청소년보호센터 및 청소년재활센터의 장과 그 종사자

ⓣ 초·중등교육법 제19조에 따른 교직원, 같은 법 제19조의2에 따른 전문상담교사 및 같은 법 제22조에 따른 산학겸임교사 등

ⓟ 한부모가족지원법 제19조에 따른 한부모가족복지시설의 장과 그 종사자

ⓗ 학원의 설립·운영 및 과외교습에 관한 법률 제6조에 따른 학원의 운영자·강사·직원 및 같은 법 제14조에 따른 교습소의 교습자·직원

ⓐ 아이돌봄 지원법에 따른 아이돌보미, 아동복지법에 따른 취약계층 아동에 대한 통합서비스지원 수행인력

9 ①

지지적 서비스 … 가정 외부에서 가족의 능력을 지원하고 강화시켜주는 서비스로 가정에 머물러 생활하면서 받을 수 있으며 개별상담, 집단상담, 학교사회사업, 근로아동복지사업 등이 그 예이다.

10 ④

아동복지서비스의 종류

㉠ **지지적 서비스** : 개별상담, 집단상담, 가족치료, 지역사회조직 등

㉡ **보조적 서비스** : 생활보호, 아동수당, 아동보육, 홈메이커 서비스 등

㉢ **대리적 서비스** : 입양, 가정위탁, 시설보호서비스 등

11 ①

아동복지서비스의 유형

㉠ **지지적 서비스**

• 케이스 워크서비스 : 개별적인 면접이나 접촉을 통하여 서비스를 제공하는 것으로 가족들이 처한 상황이나 문제에 맞춰 사회적·정서적인 압력을 해소시켜 주고 만족스런 사회적 기능을 수행할 수 있도록 도와주는 역할을 한다.

• **집단서비스**

ᅳ**가정교육 프로그램** : 치료적 기능과 교육적 기능을 함께 가지고 있는 가정교육 프로그램이다.

ᅳ**집단상담 프로그램** : 가족상담을 통해 부모와 자녀 간의 병리적 관계를 해결하려는 프로그램이다.

ᅳ**가족치료** : 가족 전체를 하나의 통합된 단위로 보고 가족 모두에게 역동적 면접을 실시함으로써 가족 전체를 치료하여 아동의 심적·행동적 태도를 변화시키고자 하는 프로그램이다.

• **지역사회 프로그램** : 지역사회를 대상으로 한 전문적인 사회복지사업의 모든 활동을 말한다.

㉡ **보조적 서비스**

• **탁아보호서비스** : 아이를 낮 동안 부모 아닌 다른 사람들이 보호해 주는 것으로 유엔은 이를 낮 동안 자신의 가정으로부터 떨어진 아동들의 보호를 위한 조직적 서비스라고 정의하였다. 이 서비스는 핵가족화, 여성의 사회진출 증가현상이 나타나면서 그 필요성이 커지게 되었고 탁아보호의 종류에는 가정탁아보호, 가정 내 집단탁아보호, 센타 내 탁아보호 등이 있다.

• **프로텍티브서비스** : 학대받거나 적절한 보호감독을 받을 수 없는 아동에게 도움을 제공하는 특수한 아동복지서비스이다.

• **홈메이커서비스** : 도움이 필요한 가정에 조력서비스를 제공하는 것으로 공사 복지기관에서 훈련받은 여성을 가정에 지원해 주는 지역사회서비스이다.

㉢ **대리적 서비스**

• **아동보호** : 아동이 방임되거나 신체적·정서적·성적으로 학대받는 것을 예방하고, 학대받거나 방임된 아동을 보호한다.

• **위탁보호** : 가족이 보호할 수 없는 아동을 위탁가정, 친족가정, 그룹홈, 복지시설 등에서 보호한다.

• **시설보호** : 가정에서 충분하게 욕구충족을 할 수 없는 아동들에게 집단보호 프로그램과 각기 아동들의 욕구에 따르는 특수서비스를 제공해 주는 것이다.

• **입양** : 부모가 사망하거나 권리와 책임을 포기한 아동의 경우에는 시설보호보다 입양이 바람직하다.

12 ⑤

아동복지의 원칙

㉠ **권리와 책임의 원칙** : 아동·부모·사회의 권리와 책임의 원칙

㉡ **보편성과 선별성의 원칙** : 전체 아동을 중심으로 하는 보편적 시여제도와 특별히 도움을 필요로 하는 아동에게 주어지는 선별적 대책이 형평성 있게 수립되어야 함

㉢ **개발적 기능의 원칙** : 아동을 사회적으로 소속이 없는 집단이나 소외의 대상으로 보지 않고 국가발전에 능동적으로 참여시켜 활동할 수 있는 대상으로 인식하는 것을 말함

㉣ **포괄성의 원칙** : 아동복지의 기본전제인 안정된 가정생활, 경제적 안정, 교육, 보건, 오락 및 특수보호 등에 대한 프로그램이나 서비스가 포괄적으로 상호보완되어야 함

㉤ **전문성의 원칙** : 아동의 건전한 성장과 발달을 위해서는 전문적인 조직과 기구, 인력의 전문성이 함께 이루어져야 함

13　③

방임 및 학대아동의 예방대책
㉠ 전국적으로 통일된 24시간 운용되는 긴급전화를 설치하고 전문상담요원을 배치하여 운영
㉡ 학대아동의 발견·보호·치료에 대한 신속한 처리 및 아동학대 예방을 전담하는 아동보호기관을 설치하고 전문상담원 배치
㉢ 누구든지 아동학대를 발견할 경우에는 아동보호전문기관 또는 수사기관에 신고
㉣ 아동학대신고를 받은 보호기관은 지체없이 학대현장으로 출동하고, 아동학대행위자로부터 격리 또는 치료가 필요한 경우에는 치료기관 또는 전문기관에 인도조치
㉤ 상담 및 부모교육을 통한 예방의 활성화
㉥ 아동방임·학대 교과목 편성
㉦ 사회문화적 요인의 제거

14　①

지지적 서비스
㉠ 케이스 워크서비스(case work service) : 개별적인 면접이나 접촉을 통하여 서비스를 제공하는 것으로 가족들이 처한 상황이나 문제에 맞춰 사회적·정서적인 압력을 해소시켜 주고 만족스런 사회적 기능을 수행할 수 있도록 도와주는 역할을 한다.
㉡ **집단서비스**(group service)
• **가정교육프로그램** : 치료적 기능과 교육적 기능을 함께 가지고 있는 프로그램으로 정상적인 가족관계나 합리적인 문제해결절차를 그 내용으로 하고 있다.
• **집단상담프로그램** : 가족상담을 통해 부모와 자녀간의 병리적 관계를 해결하려는 프로그램이다.
• **가족치료**(family treatment) : 가족 전체를 하나의 통합된 단위로 보고 가족 모두에게 역동적 면접을 실시함으로써 가족 전체를 치료하여 아동의 심적·행동적 태도를 변화시키고자 하는 프로그램이다.
㉢ **지역사회 프로그램**(community program) : 지역사회를 대상으로 한 전문적인 사회복지사업의 모든 활동을 말한다.

15　①

① 특별자치도지사·시장·군수·구청장의 인가를 받아야 한다.

16　②

② 대리적 서비스에 해당되는 경우이다.
※ **지지적 서비스를 필요로 하는 경우**
　㉠ 부모가 자녀를 양육하는 데 어려움이 있는 경우
　㉡ 형제간 갈등으로 가정불화가 있는 경우
　㉢ 부부관계의 갈등으로 자녀에게 문제가 발생하는 경우

17　①

② 아동은 18세 미만자이다.
③ 노인은 65세 이상자이다.
④ 고령자는 55세 이상인 자이다.

18　②

「아동복지법」상 아동복지시설은 아동양육시설, 아동일시보호시설, 아동보호치료시설, 자립지원시설, 아동상담소, 아동전용시설, 공동생활가정, 지역아동센터이다.
② 「아동복지법」 개정으로 삭제되었다(조산시설, 정서장애아시설).

19　②

국가와 지방자치단체는 영유아에 대한 보육을 무상으로 하되, 그 내용 및 범위는 대통령령으로 정한다〈영유아보육법 제34조 제1항〉.

20　④

아동의 특성
㉠ 아동은 일반적으로 심신이 공히 미성숙 상태에 있다.
㉡ 아동이란 여러 성장발달단계를 거쳐서 성장한다.
㉢ 아동은 장기간에 거쳐 의존·보호를 받아야 한다.
㉣ 아동은 생리적 욕구와 인격적 욕구가 함께 충족되어야 한다.
㉤ 아동은 매우 민감하다.
㉥ 아동은 사회적 인간으로 성장하기 위하여 사회환경에 적응할 수 있는 능력을 길러야 한다.
④ 아동은 자립할 수 있을 때까지 누군가에게 의존해야만 건강하게 성장·발달할 수 있다.

21　④

어린이집 종류는 국공립어린이집, 사회복지법인어린이집, 법인·단체 등 어린이집, 직장어린이집, 가정어린이집, 부모협동어린이집 및 민간어린이집이다〈영유아보육법 제10조, 개정 2011.6.7, 2011.8.4〉.

22　④

④ 양부모의 연령은 25세 이상으로 양자될 자와 연령차이가 60세 미만이어야 하되, 양친이 될 자가 대한민국 국민이 아닌 경우에는 25세 이상 45세 미만인 자이어야 한다.
※ **입양** … 성인에게는 입양이란 다른 아동을 법적 절차를 밟아서 자기 아이로 삼는 것을 의미하며, 입양되는 아동에게는 부모와 동등한 친자의 관계를 맺는 것을 의미한다.

23 ③

"보호대상아동"이란 보호자가 없거나 보호자로부터 이탈된 아동 또는 보호자가 아동을 학대하는 경우 등 그 보호자가 아동을 양육하기에 적당하지 아니하거나 양육할 능력이 없는 경우의 아동을 말한다〈아동복지법 제3조〉.

24 ④

④ 대리적 서비스에 대한 내용으로 아동이 자신의 가족을 완전히 떠나서 타가족에 의해서 아동들을 보호하게 하는 서비스이다. 대표적인 서비스로는 입양사업이 있다.

25 ②

홈메이커서비스(Home-maker service) … 가정이 위기에 처했을 때 그 가사 전반을 돌보게 하여 건전한 가족생활의 유지와 창조에 도움을 주는 것을 말한다. 즉, 어머니가 부재하거나 가정에 도움이 필요한 상황에서 어머니의 역할을 맡을 수 있도록 하고 기관에서 훈련받은 여자를 고용하여 가정을 위탁하는 서비스를 의미한다.

26 ③

아동을 위한 1차적인 보호육성대책으로는 주로 가정을 유지·강화할 수 있는 제도나 프로그램들의 중요성이 대두된다.

27 ③

③ 가정어린이집은 개인이 가정이나 그에 준하는 곳에 설치·운영하는 어린이집이다〈영유아보육법 제10조〉.

28 ④

아동복지행정의 대상은 어린이와 소년의 연령층에 있는 모든 아동을 말한다.

29 ②

② 직장보육시설은 사업주가 상시 여성근로자 300인 이상 또는 근로자 500인 이상을 고용하는 사업장의 근로자를 위해서 설치하는 시설이다〈영유아보육법 시행령 제20조〉.

30 ①

청소년복지
㉠ 건전한 가정의 육성
㉡ 교육기회의 확대
㉢ 사회적인 교육 및 훈련기회의 제공
㉣ 청소년의 보호와 지도육성 및 선도
㉤ 사회복지활동에 참가할 수 있는 기회 제공
㉥ 청소년문제 해결에 조언을 주는 상담제도
㉦ 청소년 유해환경의 정화
㉧ 직업청소년을 위한 복지서비스의 적극적인 전개
㉨ 건전한 여가 및 오락활동을 위한 시설이나 프로그램의 전개

31 ①

① 입양촉진 및 절차 등에 관한 특례법은 과거의 입양특례법의 관리, 절차, 통제 중심에서 벗어나 입양의 개방화에 따른 국내입양을 지원, 보호적 기능을 담당하고 있다.

32 ①

① 신고제도화가 마련되었다.

3. 노인복지

1 ②

① 노년부양비는 생산연령인구와 노인인구의 비율이다.
③ 노령화지수는 연소인구와 노인인구의 비율이다.
④ 제1차 베이비붐 세대는 1953년~1965년(1945년~1965년 혹은 1955년~1963년) 사이에 태어난 세대이다.
※ **노인인구비율**
　㉠ **고령화 사회**(Aging Society) : 전체인구 중 65세 이상 노인인구가 7% 이상~14% 미만
　㉡ **고령 사회**(Aged Society) : 전체인구 중 65세 이상 노인인구가 14% 이상~20% 미만
　㉢ **초 고령 사회**(Ultra-aged Society) : 전체인구 중 65세 이상 노인인구가 20% 이상

2 ②

㉠ 분리이론 ㉡ 활동이론 ㉢ 현대화이론 ㉣ 교환이론
※ **노인이론**

역동이론	노후에는 신체와 지적 퇴화로 인해 젊었을 때와는 달리 사회활동에 적극적으로 참여할 수도 없고 나아가 사회적 지위나 활동으로부터의 전적인 단절은 오히려 노화를 재촉할 수 있다는 점에서 개인에게 일(역할)과 보상이 주어진다면 성공적인 노후를 보낼 수 있을 것이라 주장하는 이론
교환이론	전통사회에서 산업사회로 발달됨에 따라서 노인의 재산소유 및 통제권의 약화와 노인 지식의 낙후, 노인의 생산성 약화 나아가 도시화와 핵가족화로 인한 가족공동체적 유대성의 약화 등으로 노인의 교환자원이 점점 약화된다는 이론
분리이론	노인은 젊은 사람에 비해 건강이 약화되고 죽음을 맞이할 확률이 높기 때문에 개인 입장에서의 최적의 만족과 사회체계 입장에서의 중단 없는 계속을 위해 노인과 사회는 상호 간에 서로 분리되기를 원하며 이런 분리는 정상적이고 피할 수 없는 것이라고 주장하는 이론
현대화이론	현대화의 진행(보건기술의 발전, 경제적 생산기술의 발전, 도시화의 촉진, 교육의 대중화 등)에 따라 노인들의 지위가 낮아지고 역할이 상실된다는 이론
활동이론	노인의 사회적 참여정도가 높을수록 노인의 심리적 만족감이나 생활만족도는 높아지므로 성공적인 노년기를 위해서는 활동적인 생활을 해야 한다는 이론

3 ④

① 장기요양인정을 신청할 수 있는 자는 노인 등으로서 장기요양보험가입자 또는 그 피부양자 및 의료급여법에 따른 의료급여수급권자이다.
② 영리법인의 경우도 노인장기요양서비스를 제공할 수 있다.
③ 요양등급의 판정은 국민건강보험공단의 장기요양등급판정위원회에서 한다.

4 ④

'노인학대'라 함은 노인에 대하여 신체적·정신적·정서적·성적 폭력 및 경제적 착취 또는 가혹행위를 하거나 유기 또는 방임을 하는 것을 말한다〈노인복지법 제1조의2〉.

5 ③

③ 노인복지는 모든 노인의 경제적 안정, 주택, 직업, 가족생활, 의료, 문화, 오락 등 사회적 생활상의 기본적 욕구충족을 사회적으로 보장하는 일반적 대책으로써 노인을 위한 사회적 대책 또는 정책이다. 노인복지는 정부의 주어진 재정적·사회적 여건 하에서 노인의 욕구에 따라 선별성과 보편성 원칙에 따라 적절히 적용하여야 하며, 전문적 지식과 기술을 기반으로 실시되어야 한다.

6 ①

㉢ 65세 이상의 노인이나 65세 미만의 자로 치매·뇌혈관성질환 등의 노인성 질병을 가진 자에게 요양급여를 제공한다.
㉣ 대상자에게 제공되는 장기요양급여는 재가급여, 시설급여, 특별현금급여로 구분되며, 재가급여를 우선적으로 제공해야 한다.
※ **노인장기요양보험** … 이 법은 고령이나 노인성 질병 등의 사유로 일상생활을 혼자서 수행하기 어려운 노인 등에게 제공하는 신체활동 또는 가사활동 지원 등의 장기요양급여에 관한 사항을 규정하여 노후의 건강증진 및 생활안정을 도모하고 그 가족의 부담을 덜어줌으로써 국민의 삶의 질을 향상하도록 함을 목적으로 한다〈노인장기요양보험법 제1조〉.

7 ③

재가 및 시설 급여비용의 본인 일부 부담금〈노인장기요양보험법 제40조〉
㉠ **재가급여**: 해당 장기요양급여비용의 100분의 15
㉡ **시설급여**: 해당 장기요양급여비용의 100분의 20

8 ①

장기요양급여 제공의 기본원칙〈노인장기요양보험법 제3조〉
㉠ 장기요양급여는 노인 등의 심신상태·생활환경과 노인 등 및 그 가족의 욕구·선택을 종합적으로 고려하여 필요한 범위 안에서 이를 적정하게 제공하여야 한다.
㉡ 장기요양급여는 노인 등이 가족과 함께 생활하면서 가정에서 장기요양을 받는 재가급여를 우선적으로 제공하여야 한다.

ⓒ 장기요양급여는 노인 등의 심신상태나 건강 등이
악화되지 아니하도록 의료서비스와 연계하여 이를
제공하여야 한다.

9 ②③

노인휴양소는 노인여가복지시설에 속한다.
※ **노인의료복지시설**〈노인복지법 제34조, 개정 2011.6.7〉
　ⓐ **노인요양시설** : 치매·중풍 등 노인성질환 등으
　　로 심신에 상당한 장애가 발생하여 도움을 필
　　요로 하는 노인을 입소시켜 급식·요양과 그
　　밖에 일상생활에 필요한 편의를 제공함을 목적
　　으로 하는 시설
　ⓑ **노인요양공동생활가정** : 치매·중풍 등 노인성질
　　환 등으로 심신에 상당한 장애가 발생하여 도
　　움을 필요로 하는 노인에게 가정과 같은 주거
　　여건과 급식·요양, 그 밖에 일상생활에 필요
　　한 편의를 제공함을 목적으로 하는 시설

10 ①

ADL과 IADL
　ⓐ **기본적 일상생활훈련(ADL)** : 목욕하기, 옷 갈아입
　　기, 잠자리에 누웠다가 일어나기, 화장실 이용하
　　기, 식사하기, 집안 내 걷기 등
　ⓑ **수단적 일상생활훈련(IADL)** : 혼자서 은행이나 우
　　체국 등에서 일 처리하기 및 돈 관리하기, 세탁이
　　나 청소하기, 가게에서 물건사기나 장보기, 버스
　　나 전철타기, 계단 오르내리기, 약 먹기 등

11 ①

① 노인전문병원은 노인복지시설에 포함되지 않는다.
※ **노인복지시설**
　ⓐ **노인주거복지시설**
　　• 양로시설 : 노인을 입소시켜 급식과 그 밖에 일
　　　상생활에 필요한 편의를 제공함을 목적으로 하
　　　는 시설
　　• 노인공동생활가정 : 노인들에게 가정과 같은 주
　　　거여건과 급식, 그 밖에 일상생활에 필요한 편
　　　의를 제공함을 목적으로 하는 시설
　　• 노인복지주택 : 노인에게 주거시설을 분양 또는
　　　임대하여 주거의 편의·생활지도·상담 및 안
　　　전관리 등 일상생활에 필요한 편의를 제공함을
　　　목적으로 하는 시설
　ⓑ **노인의료복지시설**
　　• 노인요양시설 : 치매·중풍 등 노인성질환 등으
　　　로 심신에 상당한 장애가 발생하여 도움을 필
　　　요로 하는 노인을 입소시켜 급식·요양과 그
　　　밖에 일상생활에 필요한 편의를 제공함을 목적
　　　으로 하는 시설

　　• 노인요양공동생활가정 : 치매·중풍 등 노인성
　　　질환 등으로 심신에 상당한 장애가 발생하여
　　　도움을 필요로 하는 노인에게 가정과 같은 주
　　　거여건과 급식·요양, 그 밖에 일상생활에 필요
　　　한 편의를 제공함을 목적으로 하는 시설
　ⓒ **노인여가복지시설**
　　• 노인복지관 : 노인의 교양·취미생활 및 사회참
　　　여활동 등에 대한 각종 정보와 서비스를 제공
　　　하고, 건강증진 및 질병예방과 소득보장·재가
　　　복지, 그 밖에 노인의 복지증진에 필요한 서비
　　　스를 제공함을 목적으로 하는 시설
　　• 경로당 : 지역노인들이 자율적으로 친목도모·
　　　취미활동·공동작업장 운영 및 각종 정보교환
　　　과 기타 여가활동을 할 수 있도록 하는 장소를
　　　제공함을 목적으로 하는 시설
　　• 노인교실 : 노인들에 대하여 사회활동 참여욕구
　　　를 충족시키기 위하여 건전한 취미생활·노인
　　　건강유지·소득보장 기타 일상생활과 관련한
　　　학습프로그램을 제공함을 목적으로 하는 시설
　ⓓ **재가노인복지시설**
　　• 방문요양서비스 : 가정에서 일상생활을 영위하
　　　고 있는 노인(이하 "재가노인"이라 한다)으로서
　　　신체적·정신적 장애로 어려움을 겪고 있는 노
　　　인에게 필요한 각종 편의를 제공하여 지역사회
　　　안에서 건전하고 안정된 노후를 영위하도록 하
　　　는 서비스
　　• 주·야간보호서비스 : 부득이한 사유로 가족의
　　　보호를 받을 수 없는 심신이 허약한 노인과 장
　　　애노인을 주간 또는 야간 동안 보호시설에 입
　　　소시켜 필요한 각종 편의를 제공하여 이들의
　　　생활안정과 심신기능의 유지·향상을 도모하고,
　　　그 가족의 신체적·정신적 부담을 덜어주기 위
　　　한 서비스
　　• 단기보호서비스 : 부득이한 사유로 가족의 보호
　　　를 받을 수 없어 일시적으로 보호가 필요한 심
　　　신이 허약한 노인과 장애노인을 보호시설에 단
　　　기간 입소시켜 보호함으로써 노인 및 노인가정
　　　의 복지증진을 도모하기 위한 서비스
　　• 방문 목욕서비스 : 목욕장비를 갖추고 재가노인
　　　을 방문하여 목욕을 제공하는 서비스
　　• 그 밖의 서비스 : 그 밖에 재가노인에게 제공하
　　　는 서비스로서 보건복지부령으로 정하는 서비스
　ⓔ **노인보호전문기관**

12 ③

③ 노인문제에 대한 인식이 증가하는 요인으로 노인
의 발언권 증가로 인한 압력집단으로서 역할이 점점
강해지고 있다.

13 ③

UN에서 정하고 있는 노령인구비율의 구분
㉠ **고령화사회** : 7%
㉡ **고령사회** : 14% 이상
㉢ **초고령사회** : 20% 이상

14 ③

제시된 문항은 재가노인복지시설로서 장기보호서비스는 없다.

15 ②

노인의 4가지 곤란에는 병고, 빈곤, 고독, 무위가 있다.

16 ①

분리이론(소외이론 : disengagement theory) … 노인 자신의 내면적인 면을 돌보기 위해 사회로부터 스스로 원해서 분리되는 개인적 분리이론과 노인의 지식과 기술이 노후되면 젊은이들로부터 노인이 교체되어야 한다는 사회적 분리이론이 있다.

17 ①

① 노인에 대해 일차적인 보호기능을 수행하는 것은 가정이며, 이러한 가정의 역할을 보완하고 지지해주기 위해 지역사회를 근거로 하는 서비스가 요청되고 있다. 시설보호를 비롯한 국가의 보호는 가정에서 보호받지 못하는 노인들에 대한 3차적 방어선으로 기능해야 한다.

18 ②

노인복지정책의 이념은 경로효친사상, 재가복지 확충, 선 가정 후 시설이다.

19 ③

①②④ 과거의 협의의 노인복지 내지는 노인정책이다. 현대사회에서의 노인정책은 모든 노인의 생활상의 안정, 의료, 직업의 보장, 주택, 교육, 오락 등 생활의 기본적 욕구 및 그 외 사회적 서비스의 제공을 포함한 광범위한 사회적 정책을 의미한다.

20 ②

② 일반적으로 노인이 되면 불만이 증가되고 고독감과 단절감이 심해져 심리적으로 불안정해진다.

21 ④

④ 노인복지문제의 원칙은 어떤 특수집단의 이익을 위해서 국민 전체의 경제적·정치적 구조를 약화시켜서는 안된다.

22 ③

노인복지의 기본원칙
㉠ 존엄성, 독립성, 안정성을 유지하는 것이어야 한다.
㉡ 선택의 자유를 제공하여야 한다.
㉢ 충분한 사회참여를 증진하도록 하여야 한다.
㉣ 노령의 부정적 충격을 감소하도록 하여야 한다.
㉤ 개인적인 활동을 권장하여야 한다.
㉥ 모든 노인에게 동등하게 지원한다.
㉦ 변화해 가는 욕구에 보조를 맞추어야 한다.
㉧ 새로운 지식의 보급과 적용 등이 요구되고 노인복지의 목표와 목적을 우선순위에 따라서 발전시켜야 하며 현실에 적합해야 한다.

23 ②

①③④와 노인대학 등은 일반 노인복지대책이나 ②의 경우 시설이 아닌 가정에서 생활하는 허약노인, 장애노인 등 일상생활에 지장이 있는 노인에 대한 원조대책이다.

24 ①

① 생활수준의 향상, 의학기술의 발달, 사망률의 저하로 평균수명이 연장되면서 고령화현상이 가속화되어 노인인구가 전체 인구에서 차지하는 비율이 계속적으로 증가하고 있다.

25 ④

노인문제의 발생배경
㉠ **노령인구의 증가** : 사망률의 저하, 보건위생의 개선, 의학의 발달
㉡ **빈곤** : 은퇴 등으로 경제적 능력의 감소
㉢ **가족제도의 변화** : 전통적인 사회에서는 가족 안에서 노인을 부양하는 것을 당연시하였으나, 현대사회에서는 핵가족화됨으로써 노인의 부양에 부담
㉣ **생활양식과 가치의 변화** : 현대사회가 급격히 변화됨으로써 노인이 그 속도에 적응하는 데 무리
㉤ **사회적 책임의식의 대두** : 노인이 가족과 사회에 공헌한 바에 대한 반대급부적 보상으로 사회가 노인에게 적절한 복지프로그램과 서비스를 제공해야 한다는 의식의 대두

26 ④

「노인복지법」상의 노인여가복지시설에는 노인복지관, 경로당, 노인교실이 있다〈노인복지법 제36조〉.

27 ④

④ 정년퇴직 등으로 비자발적으로 사회적 역할을 박탈당함으로써 노인은 사회심리적으로 소외되고 고립되는 상태가 되어 인간관계가 단절되게 되었다.

28 ③

노인복지정책의 기본전제
- ㉠ **사회성의 원리** : 노인복지에는 생활의 사회적인 측면이 고려되어야 한다.
- ㉡ **전체성의 원리** : 노인 개인이 갖는 다수의 사회관계가 전체로서 조화될 수 있도록 원조해야 한다.
- ㉢ **주체성의 원리** : 생활상의 곤란을 겪고 있는 노인 자신의 입장에 서서 노인의 문제를 파악하고 이의 해결을 모색해야 한다.
- ㉣ **현실성의 원리** : 노인복지의 일반적인 적용에서 탈퇴되는 자들에게 그 제도를 대신하여 실질적인 원조를 하여야 한다.

29 ①

노인복지센터의 서비스활동의 대상은 특정 집단의 노인보다 전체 노인의 개인적인 만족과 보람있는 삶을 위하여 지역사회의 제반 자원 및 정보를 제공하여 여가시간의 활용을 도우는 데 있다.
① 시설복지대책의 대상이다.

30 ④

노인소득보장정책
- ㉠ **직접적 소득보장정책** : 국민연금, 경로연금, 생계비, 각종 노령수당
- ㉡ **간접적 소득보장정책** : 노인공동작업장, 노인인력은행, 특수생업지원, 고령자고용촉진

31 ①

UN에서 정하고 있는 고령화사회는 노인인구가 전체 인구 중에서 7%의 비율을 차지하는 경우이다.

32 ②

노인복지시설
- ㉠ **노인주거복지시설** : 양로시설, 노인공동생활가정, 노인복지주택

- ㉡ **노인의료복지시설** : 노인요양시설, 노인요양공동생활가정
- ㉢ **노인여가복지시설** : 노인복지관, 경로당, 노인교실
- ㉣ **재가노인복지시설** : 방문요양서비스, 주·야간보호서비스, 단기보호서비스, 방문 목욕서비스
- ㉤ 노인보호전문기관

33 ①

호만즈(Homans)의 사회교환이론(social exchange thoery)에 대한 설명이다. 이 이론은 일명 상호성이론으로서 이 이론으로 인한 노인문제의 해결은 가능한 노인에게 교환가능한 자원을 개발 내지 강화하는 것이 핵심이다.

34 ②

교환이론은 노인이 대인관계나 보상관계에서 불균형을 초래하는 경우로서 상호작용을 기반으로 당사자 간에 자원을 주고 받는 관계인 상호성이론이다. 그러나 노인이 대등한 지위에서 자원을 교환함에 있어 불리해지는 위치에 있는 지위를 하락시키는 권력감소 등이 노인의 생산성 약화와 도시화로 인한 공동체적 유대성 약화 등과 같은 요소는 노인의 교환자원의 약화시키는 요소에 해당하지 않는다.

35 ③

우리나라의 노인복지정책뿐만 아니라 사회복지서비스분야의 복지정책의 기본방향은 선 가정보호 후 사회보장의 원칙이 적용된다.

36 ①

재가복지서비스(in-home services)는 요보호대상자가 집에 머물러 있으면서 지역사회의 보호를 다양하게 받는 것을 목적으로 한다.

37 ①

상호성이론은 사회교환이론을 말한다. 즉, 노인은 노인 이전의 시기에 사회구성원과의 상호교환에 정도와 구축에 따라 노후에 지지적 관계망(supportive network) 형성이 대단히 중요하다. 제1차적 지지적 관계망은 배우자, 가족, 친구, 이웃 등 비공식적 지지망을 말하며, 제2차적 지지망은 공식적인 지지적 관계망을 말한다.

1 ④

㉠ 재활모델이 아닌 자립생활모델이 장애인의 문제를 장애인 당사자가 가장 잘 이해하고 있다는 관점을 취한다.
㉢ 청각장애 및 언어장애는 외부 신체기능의 장애에 해당한다.

2 ②

② 뇌병변장애는 신체적 장애에 해당한다.
※ 장애인 복지법에 따른 장애분류

신체적 장애	외부 신체기능 장애	지체장애, 뇌병변장애, 시각장애, 청각장애, 언어장애, 안면장애
	내부기관 장애	신장장애, 심장장애, 간장애, 호흡기장애, 장루·요루장애, 뇌전증장애
정신적 장애		지적장애, 정신장애, 자폐성장애

3 ④

④ 권한부여모델은 장애인이 처해 있는 환경을 변화시키는 것이 아니라 장애인의 상황과 욕구 및 강점을 파악하여 문제의 해결책을 찾아내는 데에 역점을 둔다.

4 ③

장애인복지서비스 모델은 장애인을 보호의 대상으로 바라보던 복지모델 시각에서 장애인을 인권의 주체로 바라보는 시민권모델로 바뀌어가고 있다. 복지모델은 장애인을 '일반인들이 충분히 행하는 일상생활을 수행할 수 없게 만드는 신체적·정신적 손상을 가진 사람'이라고 보며, 시민권모델은 장애인을 '장애로 인하여 사회적 불이익을 당하는 사람'이라고 본다.
※ 복지모델과 시민권모델 비교

구분	복지모델	시민권모델
문제의 소재	개인적 문제(손상)	사회적 문제(차별)
기본적인 시각	분리, 보호	통합, 권리
해결책	개별적 치료	사회적 행동
서비스 주체 해결방안	전문적인 권위자	집합적인 사회
장애인의 역할	통제대상	선택주체

5 ②

② 장애인정책책임관은 중앙행정기관의 장이 해당 기관의 장애인 정책수립·시행을 담당하는 고위공무원단 소속 공무원 또는 이에 상당하는 공무원 중에서 지정한다〈장애인복지법 시행령 제11조〉.

6 ④

① 세계보건기구의 1980년 국제장애분류(ICIDH-1)는 손상(impairment), 능력장애(disability), 사회적 장애(handicap)이다.
③ 현재 우리나라 「장애인복지법」은 장애의 유형을 신체적 장애와 정신적 장애로 분류한다. 신체적 장애는 주요 외부 신체 기능의 장애와 내부기관의 장애를 말하며, 정신적 장애란 발달장애 또는 정신 질환으로 발생하는 장애를 말한다.

7 ①

장애인복지법에 장애연금에 관한 규정은 없다. 2010년 4월 12일 장애인연금법이 제정되었다.
※ 장애수당〈장애인복지법 제49조〉
㉠ 국가와 지방자치단체는 장애인의 장애정도와 경제적 수준을 고려하여 장애로 인한 추가적 비용을 보전하게 하기 위하여 장애수당을 지급할 수 있다. 다만, 국민기초생활보장법에 따른 생계급여를 받는 장애인에게는 장애수당을 반드시 지급하여야 한다.
㉡ ㉠에도 불구하고 장애인연금법에 따른 중증장애인에게는 ㉠에 따른 장애수당을 지급하지 아니한다.
㉢ ㉠에 따른 장애수당의 지급 대상·기준 및 방법 등에 관하여 필요한 사항은 대통령령으로 정한다.
※ 장애아동수당과 보호수당〈장애인복지법 제50조〉
㉠ 국가와 지방자치단체는 장애아동에게 보호자의 경제적 생활수준 및 장애아동의 장애 정도를 고려하여 장애로 인한 추가적 비용을 보전(補填)하게 하기 위하여 장애아동수당을 지급할 수 있다.
㉡ 국가와 지방자치단체는 장애인을 보호하는 보호자에게 그의 경제적 수준과 장애인의 장애 정도를 고려하여 장애로 인한 추가적 비용을 보전하게 하기 위하여 보호수당을 지급할 수 있다.
㉢ ㉠과 ㉡에 따른 장애아동수당과 보호수당의 지급 대상·기준 및 방법 등에 관하여 필요한 사항은 대통령령으로 정한다.

8 ④

④ 사회적 참여에 제한이 되고 있으므로 사회적 장애(3차 장애)로 이해할 수 있다.

9 ④

장애인 복지시설의 종류

㉠ **장애인 거주시설** : 거주공간을 활용하여 일반가정에서 생활하기 어려운 장애인에게 일정 기간 동안 거주·요양·지원 등의 서비스를 제공하는 동시에 지역사회생활을 지원하는 시설

㉡ **장애인 지역사회재활시설** : 장애인을 전문적으로 상담·치료·훈련하거나 장애인의 일상생활, 여가활동 및 사회참여활동 등을 지원하는 시설

㉢ **장애인 직업재활시설** : 일반 작업환경에서는 일하기 어려운 장애인이 특별히 준비된 작업환경에서 직업훈련을 받거나 직업 생활을 할 수 있도록 하는 시설

㉣ **장애인 의료재활시설** : 장애인을 입원 또는 통원하게 하여 상담, 진단·판정, 치료 등 의료재활서비스를 제공하는 시설

㉤ 그 밖에 대통령령으로 정하는 시설

10 ⑤

장애인의 종류 및 기준〈장애인복지법 시행령 별표1〉

㉠ **지체장애인**
- 한 팔, 한 다리 또는 몸통의 기능에 영속적인 장애가 있는 사람
- 한 손의 엄지손가락을 지골(指骨 : 손가락 뼈) 관절 이상의 부위에서 잃은 사람 또는 한 손의 둘째 손가락을 포함한 두 개 이상의 손가락을 모두 제1지골 관절 이상의 부위에서 잃은 사람
- 한 다리를 리스프랑(Lisfranc : 발등뼈와 발목을 이어주는) 관절 이상의 부위에서 잃은 사람
- 두 발의 발가락을 모두 잃은 사람
- 한 손의 엄지손가락 기능을 잃은 사람 또는 한 손의 둘째 손가락을 포함한 손가락 두 개 이상의 기능을 잃은 사람
- 왜소증으로 키가 심하게 작거나 척추에 현저한 변형 또는 기형이 있는 사람
- 지체(肢體)에 위 각 목의 어느 하나에 해당하는 장애정도 이상의 장애가 있다고 인정되는 사람

㉡ **뇌병변장애인** : 뇌성마비, 외상성 뇌손상, 뇌졸중 등 뇌의 기질적생한 신체적 장애로 보행이나 일상생활의 동작 등에 상당한 제약을 받는 사람

㉢ **시각장애인**
- 나쁜 눈의 시력(만국식시력표에 따라 측정된 교정시력을 말한다)이 0.02 이하인 사람
- 좋은 눈의 시력이 0.2 이하인 사람
- 두 눈의 시야가 각각 주시점에서 10도 이하로 남은 사람
- 두 눈의 시야 2분의 1 이상을 잃은 사람

㉣ **청각장애인**
- 두 귀의 청력 손실이 각각 60데시벨(dB) 이상인 사람
- 한 귀의 청력 손실이 80데시벨 이상, 다른 귀의 청력 손실이 40데시벨 이상인 사람
- 두 귀에 들리는 보통 말소리의 명료도가 50퍼센트 이하인 사람
- 평형 기능에 상당한 장애가 있는 사람

㉤ **언어장애인** : 음성 기능이나 언어 기능에 영속적으로 상당한 장애가 있는 사람

㉥ **지적장애인** : 정신 발육이 항구적으로 지체되어 지적 능력의 발달이 불충분하거나 불완전하고 자신의 일을 처리하는 것과 사회생활에 적응하는 것이 상당히 곤란한 사람

㉦ **자폐성장애인** : 소아기 자폐증, 비전형적 자폐증에 따른 언어·신체표현·자기조절·사회적응 기능 및 능력의 장애로 인하여 일상생활이나 사회생활에 상당한 제약을 받아 다른 사람의 도움이 필요한 사람

㉧ **정신장애인** : 지속적인 정신분열병, 분열형 정동장애(여러 현실 상황에서 부적절한 정서 반응을 보이는 장애), 양극성 정동장애 및 반복성 우울장애에 따른 감정조절·행동·사고 기능 및 능력의 장애로 인하여 일상생활이나 사회생활에 상당한 제약을 받아 다른 사람의 도움이 필요한 사람

㉩ **신장장애인** : 신장의 기능부전으로 인하여 혈액투석이나 복막투석을 지속적으로 받아야 하거나 신장 기능의 영속적인 장애로 인하여 일상생활에 상당한 제약을 받는 사람

㉪ **심장장애인** : 심장의 기능부전으로 인한 호흡곤란 등의 장애로 일상생활에 상당한 제약을 받는 사람

㉭ **호흡기장애인** : 폐나 기관지 등 호흡기관의 만성적 기능부전으로 인한 호흡기능의 장애로 일상생활에 상당한 제약을 받는 사람

㉫ **간장애인** : 간의 만성적 기능부전과 그에 따른 합병증 등으로 인한 간기능의 장애로 일상 생활에 상당한 제약을 받는 사람

㉮ **안면장애인** : 안면 부위의 변형이나 기형으로 사회생활에 상당한 제약을 받는 사람

㉯ **장루·요루장애인** : 배변기능이나 배뇨기능의 장애로 인하여 장루 또는 요루를 시술하여 일상생활에 상당한 제약을 받는 사람

ⓐ **뇌전증장애인** : 뇌전증에 의한 뇌신경세포의 장애로 인하여 일상생활이나 사회생활에 상당한 제약을 받아 다른 사람의 도움이 필요한 사람

11 ②

장애의 유형 … WHO에서는 장애를 기능상실, 기능장애, 사회적 장애로 구분하고 있다.

㉠ **기능상실**(impairment) : 신체 일부의 상실, 기능의 감손을 가져온 영구적 또는 일시적인 병리적 상태를 말한다.

㉡ **기능장애**(disability) : 기능상실로 인한 일상생활 또는 취업행위의 장애로서 이것은 정신적·신체적 손상의 결과일 뿐만 아니라 그 상태에 대한 개인의 적응 결과이기도 하다. 개체로서 수행가능한 능력의 차이를 중시한다.

㉢ **사회적 장애**(handicap) : 기능상실이나 기능장애로 인한 사회적 반응, 선입관, 편견의식, 사회적 낙인 등 사회생활상의 장애를 말한다.

12 ⑤

⑤ 장애인의 재활이란 장애인에게 신체적·정신적·사회적·직업적·경제적 가용능력을 최대한으로 회복시켜 주는 것이다.

13 ②

① 1981년 「심신장애아복지법」의 제정에서 출발하여 1989년 「장애인복지법」으로 개정되었다.
② 장애인의 편의증진에 대한 기준을 제시하고 있는 법은 「장애인·노인·임산부 등의 편의증진보장에 관한 법률」이다.
③ 장애인복지 심의관은 장애인보건복지 심의관으로 전환되었다.

14 ④

① 장애인 지역사회재활시설
② 장애인 의료재활시설
③ 장애인 직업재활시설
④ 장애인 유료복지시설의 설명으로 2011. 3. 30 개정 전의 장애인 복지시설에 해당한다〈장애인복지법 제58조〉.

15 ①

장애인의 유형(UN에서 제시한 장애유형) … 기능상실, 기능장애, 사회적 장애

16 ②

정상화(normalization) … 장애인이 다른 사람과 동등한 생활을 지역사회에서 함께 하는 것을 지향한다. 그 근저에는 장애자의 인권·가치·존엄성이 일반시민과 같은 것이며, 장애를 가진 자나 장애를 가지지 않은 자도 함께 생활할 수 있는 사회야말로 정상적인 사회라고 하는 철학이 깔려 있다.

17 ④

④ 재활사업에 있어 지역사회조직론을 활용할 때 얻을 수 있는 장점이다.

18 ④

청각장애인
㉠ 두 귀의 청력손실이 각각 60데시벨(dB) 이상인 사람
㉡ 한 귀의 청력손실이 80데시벨(dB) 이상, 다른 귀의 청력손실이 40데시벨(dB) 이상인 사람
㉢ 두 귀에 들리는 보통 말소리의 명료도가 50% 이하인 사람
㉣ 평형기능에 상당한 장애가 있는 사람

19 ③

장애인고용촉진공단의 업무〈장애인고용촉진 및 직업재활법 제43조 제2항〉
㉠ 장애인의 고용촉진 및 직업재활에 관한 정보의 수집·분석·제공 및 조사·연구
㉡ 장애인에 대한 직업상담·직업적성검사, 직업능력평가 등 직업지도
㉢ 장애인에 대한 직업적응훈련·직업능력개발훈련·취업알선·취업 후 적응지도
㉣ 장애인 직업생활 상담원 등 전문요원의 양성·연수
㉤ 사업주의 장애인 고용환경 개선 및 고용의무 이행지원
㉥ 사업주와 관계기관에 대한 직업재활 및 고용관리에 관한 기술적 사항의 지도·지원
㉦ 장애인의 직업적응훈련시설, 직업능력개발훈련시설 및 장애인 표준사업장 운영
㉧ 장애인의 고용촉진을 위한 취업알선기관간 취업알선전산망 구축·관리, 홍보·교육 및 장애인기능경기대회 등 관련사업
㉨ 장애인 고용촉진 및 직업재활과 관련된 공공기관 및 민간기관 사이의 업무 연계 지원
㉩ 장애인 고용에 관한 국제협력
㉪ 기타 장애인의 고용촉진 및 직업재활을 위하여 필요한 사업 및 고용노동부장관 또는 중앙행정기관의 장이 위탁하는 사업
㉫ ㉠ 내지 ㉪의 사업에 부대되는 사업

20 ④

④ 나쁜 눈의 시력(만국식 시력표에 따라 측정된 교정시력)이 0.02 이하인 사람, 좋은 눈의 0.2 이하인 사람, 양안의 시야가 각각 주시점에서 10도 이하로 남은 사람 및 양안의 시야 2분의 1을 상실한 자를 시각장애인이라 한다.

21 ③

③ 장애아와 비장애아와의 교류기회를 확대하여 상호간에 자연스러운 감정과 이해를 가지도록 하자는 목적에서 통합교육의 이념이 강조되고 있다. 따라서 장애아와 일반아동이 공동의 장소에서 공동으로 공부할 수 있도록 구체적 방법 확립에 노력하고 있다.

22 ④

④ 스코트(A.W. Scott)에 의한 재활원칙으로 계획과정에는 미래도 고려되어야 하나 현실이 더욱 신중이 고려되어야 한다.

23 ①

재활사업은 사회적 책임을 강조하는 인도주의를 기본철학으로 하여 심신장애자의 모든 장애를 제거하여 사회에 복구시키는 데 그 목적을 두고 있다.

24 ④

④ 의료재활은 장애인 재활과정의 첫 단계이며 재활의 가장 기본적이고 중요한 부분이다. 따라서 재활과정의 중심적 역할을 차지한다.

25 ①

그룹홈(group home)이란 지역사회 내에 있는 보통 사람들이 살고 있는 동네 주택에서 소수의 정신지체인들이 고용된 직원들의 보호와 관리를 받으며 공동 생활하는 곳을 말한다.

26 ④

① 전맹 ② 광각 ③ 수동

27 ②

직업재활의 과정
㉠ 직업재활상담
㉡ **직능평가** : 장애인의 신체적 · 정신적 · 직업적 능력이나 가능성에 대해 적성검사, 작업검사 등을 통해 종합적 직능평가를 내린다.
㉢ **직업 전 훈련** : 특정의 직업을 위한 직업훈련과는 달리 직업인으로서의 기본적인 훈련이나 작업습관의 향상을 위한 훈련을 실시한다.
㉣ **직업훈련** : 직종을 선정하여 정규의 직업훈련을 실시한다.
㉤ **직업소개** : 적당한 직장을 소개하여 취직을 알선한다.
㉥ **추후지도** : 취직이 된 후에도 일정기간 적응에 도움을 줄 수 있는 원조를 제공한다.

28 ①

현행 장애의 종류 … 지체장애, 시각장애, 청각장애, 언어장애, 지적장애, 뇌병변장애, 정신장애, 자폐성장애, 신장장애, 심장장애, 호흡기장애, 간장애, 안면장애, 장루 · 요루장애, 간질장애

29 ③

조사, 장애인 등록, 장애인복지상담원, 재활상담 등의 조치, 장애 유형 · 장애 정도별 재활 및 자립지원 서비스 제공, 의료비 지급, 산후조리도우미 지원, 자녀교육비 지급, 장애인이 사용하는 자동차 등에 대한 지원, 장애인 보조견의 훈련 · 보급 지원, 자금 대여, 생업 지원, 자립훈련비 지급, 생산품 구매, 생산품 인증, 고용 촉진, 공공시설의 우선 이용, 국유 · 공유 재산의 우선매각이나 유상 · 무상 대여, 장애수당, 장애아동수당과 보호수당, 비용의 징수, 장애인의 재활 및 자립생활의 연구 등이 있다.

30 ③

③ 장애인복지정책의 주요 방향은 정상화이론에 입각하여 추진되어야 한다. 장애인을 일반인과 격리 내지 분리시키는 보호육성 확대는 사회적 편견을 더욱 초래한다.

31 ③

장애인의 재활이란 장애인에게 신체적, 정신적, 사회적, 직업적, 경제적 가용능력을 최대한으로 회복시켜주는 것이다. 따라서 장애인의 욕구를 파악하여 특수성을 이해하고 그 특성에 맞는 원리나 기법이 적용되는 보편주의적 서비스가 아니라 개별적 서비스가 실시되어야 한다.

32 ②

② 장애인 점자도서관은 시각장애인이 점자간행물 및 녹음서를 열람할 수 있도록 하는 시설로 점서 및 녹음서 출판시설과 함께 장애인지역사회 재활시설에 해당된다.
※ **장애인직업재활실시기관**〈장애인고용촉진 및 직업재활법 제9조〉
　　㉠ 장애인 등에 대한 특수교육법 제2조 제10호에 따른 특수교육기관
　　㉡ 장애인복지법 제58조 제1항 제2호에 따른 지역사회재활시설
　　㉢ 장애인복지법 제58조 제1항 제3호에 따른 장애인 직업재활시설
　　㉣ 장애인복지법 제63조에 따른 장애인복지단체
　　㉤ 근로자직업능력 개발법 제2조 제3호에 따른 직업능력개발훈련시설
　　㉥ 그 밖에 고용노동부령으로 정하는 기관으로서 고용노동부장관이 장애인에 대한 직업재활 사업을 수행할 능력이 있다고 인정하는 기관

5. 여성복지

1 ①

㉢ 사회복지사는 클라이언트와 평등한 관계로서 서로에게 도움을 주고, 전문가나 권위적인 인물이 아닌 동반자나 동료로서의 역할을 한다.
㉣ 여성주의 사회복지실천에서는 여성 문제의 원인을 자기 자신의 문제와 사회구조적인 문제에서 기인하는 것으로 본다.

2 ①

기회의 평등… 결과의 측면은 무시한 채 결과를 얻을 수 있는 과정상 기회만을 똑같이 제공해주는것으로 소극적인 개념에 해당한다.

※ WIC(Woman, Infant, Child)… 임산부와 영유아는 생물학적으로 질병에 걸리기 쉽고, 임신 중 질병은 유산, 사산, 기형아를 유발할 수 있어 생리적 요인과 환경여건 등으로 인해 상대적으로 영양상태가 취약한 대상에게 그들의 불량한 영양섭취 상태의 개선을 통한 건강증진을 위해 영양교육을 실시하고, 영양불량문제의 해소를 돕기 위한 특정 식품들을 일정 기간 동안 지원하는 제도이다.

3 ④

여성복지란 현존하는 여성 억압 및 성차별문제를 해결하여 모든 여성의 복리를 증진시키려는 사회복지의 한 전문분야이다.

4 ①

한부모가족복지시설〈한부모가족지원법 제19조〉
㉠ **모자가족복지시설** : 모자가족에게 다음 각 목의 어느 하나 이상의 편의를 제공하는 시설
• 기본생활지원 : 생계가 어려운 모자가족에게 일정 기간 동안 주거와 생계를 지원
• 공동생활지원 : 독립적인 생활이 어려운 모자가족에게 일정 기간 동안 공동생활을 통하여 자립을 준비할 수 있도록 주거 등을 지원
• 자립생활지원 : 자립욕구가 강한 모자가족에게 일정 기간 동안 주거를 지원
㉡ **부자가족복지시설** : 부자가족에게 다음 각 목의 어느 하나 이상의 편의를 제공하는 시설
• 기본생활지원 : 생계가 어려운 부자가족에게 일정 기간 동안 주거와 생계를 지원
• 공동생활지원 : 독립적인 생활이 어려운 부자가족에게 일정 기간 동안 공동생활을 통하여 자립을 준비할 수 있도록 주거 등을 지원
• 자립생활지원 : 자립욕구가 강한 부자가족에게 일정 기간 동안 주거를 지원
㉢ **미혼모자가족복지시설** : 미혼모자가족과 출산 미혼모 등에게 다음 각 목의 어느 하나 이상의 편의를 제공하는 시설
• 기본생활지원 : 미혼 여성의 임신·출산 시 안전분만 및 심신의 건강 회복과 출산 후의 아동의 양육 지원을 위하여 일정 기간 동안 주거와 생계를 지원
• 공동생활지원 : 출산 후 해당 아동을 양육하지 아니하는 미혼모 또는 미혼모와 그 출산 아동으로 구성된 미혼모자가족에게 일정 기간 동안 공동생활을 통하여 자립을 준비할 수 있도록 주거 등을 지원

㉣ **일시지원복지시설** : 배우자(사실혼 관계에 있는 사람을 포함한다)가 있으나 배우자의 물리적·정신적 학대로 아동의 건전한 양육이나 모의 건강에 지장을 초래할 우려가 있을 경우 일시적 또는 일정 기간 동안 모와 아동 또는 모에게 주거와 생계를 지원하는 시설
㉤ **한부모가족복지상담소** : 한부모가족에 대한 위기·자립 상담 또는 문제해결 지원 등을 목적으로 하는 시설

5 ③

③ 미혼모시설과 입양사업의 확대는 미혼모 발생의 예방책이 아니라 발생시 대비책이라 할 수 있다.

6 ①

복지사업의 대상은 모든 인간이고, 여성복지의 대상은 모든 미·기혼여성을 대상으로 한다.

7 ②

모·부자가정에 대한 복지급여…보호대상자 또는 그 친족 및 이해관계인이 복지급여를 관할 특별자치시장·특별자치도지사·시장·군수·구청장에게 신청하면 생계비, 아동교육지원비, 아동양육비, 기타 대통령령이 정하는 비용 등에 대해 급여를 받을 수 있다〈한부모가족지원법 제11조, 제12조〉.

8 ②

② 시설서비스에 해당한다.

9 ①

② 생활이 어려운 모자가정을 일시 또는 일정기간 동안 수용하여 생계를 보호해주고 퇴소 후에도 자립기반을 조성할 수 있도록 지원한다.
③ 자립이 곤란한 모자가정을 대상으로 하여 주택편의만을 제공한다.
④ 모자가정 및 미혼여성에 대한 각종 상담을 실시하고 생활지도, 생업지도, 탁아 및 직업보도를 행하는 등 모자가정 및 미혼여성의 복지를 위한 편의를 종합적으로 제공하는 것을 목적으로 하는 시설이다.

10 ③

한부모가족복지상담원의 업무
㉠ 한부모가족에 대한 신상 및 고충상담
㉡ 보호대상자의 실태조사 및 통계작성
㉢ 한부모가족에 대한 취업상담 및 지원
㉣ 한부모가족에 대한 아동양육상담 및 지원
㉤ 한부모가족에 대한 보호내용의 구분
㉥ 피보호자의 일시 보호
㉦ 피보호자에 대한 사후관리
㉧ 그 밖에 한부모가족복지상담에 필요한 사항

11 ③

③ 정신 또는 신체장애는 있으나 노동능력이 있을 때는 한부모가정이 아니다. 그러나 배우자가 심신의 장애로 인하여 노동능력이 상실되었을 때에는 한부모가정이 된다.
※ **한부모가정의 대상**…배우자와 사별 또는 이혼했거나 배우자로부터 유기된 자, 정신 또는 신체장애로 인해 장기간 노동능력을 상실한 배우자를 가진 자, 교정시설·치료감호시설에 입소한 배우자 또는 병역복무 중인 배우자를 가진 사람, 미혼자(사실혼관계에 있는 자 제외), 이에 준하는 자로서 여성가족부령이 정하는 자

12 ③

①②는 모자원시설의 주요 서비스 내용이고, ④는 모자휴양센터의 서비스이다. 그리고 거택 서비스는 생업자금 저리대부제도, 취직알선, 상담서비스 등이 있다.

13 ④

가족지원서비스…국가나 지방자치단체는 한부모가족에게 다음에 해당하는 가족지원서비스를 제공하도록 노력해야 한다〈한부모가족지원법 제17조〉.
㉠ 아동의 양육 및 교육 서비스
㉡ 장애인, 노인, 만성질환자 등의 부양 서비스
㉢ 취사, 청소, 세탁 등 가사 서비스
㉣ 교육·상담 등 가족 관계 증진 서비스
㉤ 인지청구 및 자녀양육비 청구 등을 위한 법률상담, 소송대리 등 법률구조서비스
㉥ 그 밖에 대통령령으로 정하는 한부모가족에 대한 가족지원서비스

14 ③

모자원사업은 위기에 개입하는 서비스의 한 방도로서 가족의 붕괴를 예방할 수 있는 프로그램이다. 모자원은 모자가족을 시설에 일정기간 입소시켜 사회적응능력과 자립기반확립의 기회를 갖게 한다.

15 ④

④ 여성의 전문직 진출은 고소득의 보장과 함께 여성의 지위향상에 큰 기여를 하고 있다.

16 ③

미혼모 발생의 원인
㉠ **심리적 요인**: 충동성, 초자아 발달의 결함, 자기배척, 부모를 괴롭히고자 하는 영향, 성에 대한 불안 및 고독, 부모와 자녀의 관계 장애, 부모의 혼인관계 장애, 가족간의 의사소통 장애 등
㉡ **사회문화적 요인**: 가족기능의 약화, 성윤리의 변화, 동료 집단문화의 영향, 자극적인 매스컴의 영향 등 주로 산업화·도시화에 따른 사회적 변화

17 ④

한부모가족복지에 대한 실천원칙은 모자일체성, 생존권과 최저생활 보장, 위기해소, 자립기반 조성, 생활조직체계의 강화로 대별되고 있다.

18 ④

복지 자금의 대여…국가나 지방자치단체는 한부모가족의 생활안정과 자립을 촉진하기 위하여 사업에 필요한 자금, 아동교육비, 의료비, 주택자금, 그 밖에 대통령령으로 정하는 한부모가족의 복지를 위하여 필요한 자금을 대여할 수 있다〈한부모가족지원법 제13조〉.

19 ①

① 필요즉응의 원칙은 공공부조의 실시상의 원칙으로서 구별을 요한다. 이외에 생존권과 최저생활보장의 원칙, 자립기반조성의 원칙이 추가되어야 한다.

20 ②

② 청소년 한부모란 24세 이하의 모 또는 부를 말한다〈한부모가족지원법 제4조〉.

21 ②

한부모가족복지에서 대상자에게 적용되는 보호기간의 산정은 1년 단위로 실시하고 있다.

1　①

갱생보호제도 … 범죄인으로 처벌되었던 자 또는 처벌이 유예되거나 형벌법령에 저촉될 위험이 있는 자를 사회 내에서 보호·지도하는 교정사업을 말한다. 이것은 비강제적 제도이며 범죄자의 재범을 방지하고 사회복귀에 필요한 원조를 베풀어 줌으로써 자활의 기반을 조성하고 개인 및 공공의 복리증진을 도모하려는 목적에서 실시되었다.

2　②

교정복지 … 사회적응에 실패한 범죄자 및 비행청소년들의 갱생을 도와주는 것으로 범죄자 및 비행청소년들의 사회적 적응능력을 배양시켜 재범을 방지하고 원만한 사회복귀를 돕는 정책적 처우 및 조직적 서비스지원활동이다.

3　④

교정복지란 사회적응에 실패한 범법자와 비행청소년들의 갱생을 위해 조력하는 것으로 범법행위로 교정시설에 수용되어 있거나 퇴원 및 퇴소한 이들의 사회적 적응능력을 향상시켜 재범을 방지하고 예방하는 데 그 목적이 있다. 따라서 감화원·소년원·교도소·보호관찰 등에서 사회복지사가 수행하는 활동이다.

4　④

교정사회복지사
㉠ 교정대상자의 인적관계나 사회관계 등을 조사하여 그들의 생활을 지도·교육한다.
㉡ 대상자의 가치체계에 영향을 미칠 수 있는 집단의 도움을 받아 교정자의 문화적 유형을 변화시킨다.
㉢ 대상자의 상황에 따라 필요한 개인, 단체, 기관들과 접촉하고 동원 가능한 자원을 최대한 활용한다.
㉣ 법적 규제상태에 있는 대상자를 대신해서 일부 특수한 행위를 대행하여 준다.
㉤ 다른 전문가들과 협조하여 교정의 다면적 접근이 용이하도록 하는 조정역할을 담당한다.
㉥ 대상자의 행동을 최대한 규제하면서 사회사업가가 지닌 전문적 기술을 최대한 활용한다.

5　①

① 보호자의 역할은 보호관찰처분이 내려진 뒤 강조되는 역할이다.
※ **보호관찰** … 심각한 폭력적 범죄를 제외한 초범에 대해 교정시설이나 소년원에 가게 되는 최종판단이나 형집행을 연기하고 보호관찰관의 지도·감독하에서 일정기간 지역사회에서 정상적인 삶을 살게 하고 재적응하게 하는 제도이다.

6　②

① 범죄를 범한 소년과 범죄할 우려가 있는 소년에 대해 범죄로부터 소년과 사회를 보호하기 위해 경찰의 입장에서 특별지도활동을 전개하는 것을 말한다. 우리나라의 경우 각급 경찰서 보안과 소속의 소년계가 전담하고 있다.
② 소년분류심사원은 「소년법 및 소년원법」에 따라 법원 소년부로부터 위탁된 소년을 수용하여 그 자질을 감별하는 국가기관이다. 소년분류심사원은 분류심사의 결과를 법원 소년부에 보내어 보호처분의 참고자료로 제공하고 소년원 및 보호관찰소에 교정처우지침을 제시하며 사회에 복귀하는 소년에 대하여서는 보호자에게 필요한 권고를 하고 재범방지에 힘쓴다.
③ 가정법원 소년부에서 송치된 비행소년들을 보호·수용하여 교정교육을 하는 특수교육기관으로 학교교육, 직업훈련, 심성순화활동(인격교육), 심신치료, 심신의 건전한 육성·보호를 통하여 보호소년이 사회생활에 원만하게 적응하고 전인적인 성장발달을 할 수 있도록 한다.
④ 재범방지를 위해 시설 내에 수용·처벌하는 대신 자유로운 사회생활을 허용하면서 일정기간 보호관찰 및 보호위원의 지도, 감독하에 교화·개선하여 건전한 사회복귀를 촉진하고 개인 및 공공의 복지를 증진하게 함께 사회를 보호함을 목적으로 한다.

7　④

청소년비행의 특징
㉠ 수적으로 증가 추세
㉡ 즉흥적·향락적
㉢ 질적으로 흉악화·저령화·집단화
㉣ 부모와 사회에 대한 반항심

8　③

갱생보호제도 … 범죄자의 재범을 방지하고 경제적 기반을 조성하려는 목적을 가지는 것으로서 범죄자가 자립·갱생하여 건전한 사회인으로 복귀할 수 있도록 취업알선, 물질적 자원 제공 등의 자립기반을 마련해 준다.

9　②

② 장기소년원 송치 처분은 12세 이상의 소년에게만 할 수 있다〈소년법 제32조 제4항〉.

10　③

소년원 … 법무부 소속의 특별교육시설로서 가정법원과 각 지방법원 소년부의 보호처분에 의하여 송치된 비행청소년들을 수용한 뒤 교정교육을 실시한다. 소년원은 사법적 기능보다는 교육적 기능을 중시하며, 기초적 교육훈련과 의료 및 직업보도를 실시하여 비행청소년들의 건전한 인격성장을 도모한다.

11　③

③ 소년직업보도소, 아동상담소, 아동병원 등은 비행청소년들의 비행을 예방하기 위한 시설이다.

12　①

갱생보호를 담당하는 기관은 법무부 산하의 한국갱생보호공단으로, 법무부 장관이 위촉하는 민간독지가인 갱생보호위원이 있어 보호선도를 담당한다.

13　③

소년경찰의 임무는 순찰·가두 보도, 소년상담, 가두 직업소년의 보도, 요보호소년의 보호조치 등이다.

14　①

보호관찰대상〈보호관찰 등에 관한 법률 제3조〉
㉠ 형의 선고유예를 선고받은 자
㉡ 형의 집행유예를 선고받은 자
㉢ 가석방 또는 임시 퇴원된 자
㉣ 소년법에 의하여 보호처분을 받은 자
㉤ 다른 법률에 의하여 보호관찰을 받도록 규정된 자

15　①

비행소년에 대하여 보호관찰 대상자로서 보호처분을 실시하는 목적은 사법적 기능보다는 교육적 기능 중심으로서 재사회화에 있다.

16　②

현대 범죄의 추세는 저연령화, 조직폭력화, 잔인화, 재범죄화 등으로 특징지을 수 있다.

※ 재범죄화와 관련된 범죄이론
　㉠ **접촉차이론** : 범죄는 일탈자와의 접촉으로 일탈을 학습된다.
　㉡ **낙인이론** : 범죄를 저지른 사람은 사회의 반응에 의하여 낙인을 받으면 다시 범죄자가 될 수 있다는 이론이다.

17　②

② 사회복지사는 교정보호대상자에 대하여 조사, 조정, 치료를 통해 사회적 제기능을 수행하도록 원조하는 활동이 중심이다. 범죄자를 사회로부터 격리시키는 조치나 명령은 사법기관의 권한이므로 교정사회사업가의 역할로서 한계가 있다.

18　②

클라이언트인 범죄행위자는 교정활동에 있어 자신의 의사결정에 대하여 제한을 받는다.

7. 정신·의료사회복지

1　④

④ 정신보건사회복지사는 사회복지사 1급 자격증 소지자로서 정신보건분야에서 일정한 수련기간을 거친 전문사회복지사를 말하며 수련기간 및 경력에 따라 1급, 2급으로 구분된다.

2　④

정신보건전문요원〈정신보건법 제7조 제2항〉 … 정신보건전문요원은 정신보건임상심리사·정신보건간호사 및 정신보건사회복지사로 한다.

3　③

③ 입원치료가 필요한 정신질환자에 대하여는 항상 자발적 입원이 권장되어야 한다.

4　⑤

의료사회사업 … 의료팀(medical team)의 일원으로 사회복지의 전문적인 입장에서 질병의 원인이 될 수도 있고 치료에 장애가 되는 심리사회적인 문제들을 해결하도록 도와주는 의료서비스이며, 환자가 퇴원 후에도 정상적인 사회기능을 하도록 환자뿐만 아니라 가족들에게도 전문적인 서비스를 제공하는 영역이다.

5 ④

지역사회의료사업 … 주민의 건강향상과 복지를 증진시
킬 목적으로 지역사회자원을 효과적으로 활용할 수 있
도록 돕는 의료사회사업의 한 영역이다. 이에는 자발
적이며 조직적인 지역사회주민의 노력에 의해 지역주
민의 전체적 건강을 촉진시키는 예방적인 목적을 둔
건강프로그램과 그 활동으로, 모자보건사업, 전염병
관리, 환경위생, 보건교육, 의료봉사, 인구 및 가족계
획사업, 의료제도 및 정책결정을 위한 의료복지사업
등이 포함된다.

6 ①

1895년 영국의 시혜병원에서 입원환자의 적격 여부
를 결정할 역할을 수행하는 알모너를 채용하여 맡게
하였는데 이것이 의료사회사업의 시작이다.
※ **알모너**(almoner) … 시혜병원인 런던 로얄프리 병
　원에서 알모너를 채용하였는데 처음에는 회계상의
　남용방지가 제1의 의무였다. 알모너인 여성들은
　1905년 알모너협회를 만들고 자기들의 직업은 의
　료보조원이 아니고 독립된 전문직이라는 견해를
　견지하여 업무수준의 향상에 크게 공헌했다. 알모
　너는 본래 의료사회사업가라는 인식하에 협회의
　명칭을 의료사회사업가협회로 변경하고 이에 따라
　1965년 이후 의료사회사업가로 명칭을 바꾸었다.

7 ②

② 의사들이 할 일이다.

8 ④

의료사회복지사의 기능
㉠ 환자에 대하여는 환자가 가지고 있는 질병치료에
　관련되는 심리사회적인 문제를 이해시키고 개별사
　회사업의 접근을 통하여 자신은 물론 병원의 의료
　자원을 활용하고 적응할 수 있도록 돕는다.
㉡ 의료팀(medical team)에 대하여는 환자의 치료에
　있어서 사회경제적 배경과 가족을 비롯한 개인생
　활(family & personal history)에 대한 정보를 조
　사 · 수집하여 전반적인 치료활동에 반영케 하고
　의료진이 환자를 전인적(total person)으로 이해하
　고 서비스를 줄 수 있도록 돕는다.
㉢ 가족원에 대해서는 환자의 질환의 특성과 예후,
　환자의 반응 특징을 설명하여 이해하게 하며 보조
　치료자적인 역할을 수행하거나 협력하며 질환으로
　생긴 문제를 돕는다.
㉣ 퇴원계획 및 사후지도(after care), 즉 퇴원 후의
　추후치료(follow up care)는 물론 생활처소가 없
　는 자에 대해서는 사회복지시설에 의뢰하거나 생
　활보호를 위한 의뢰나 자원활용을 비롯한 직업지
　도나 보도 등으로 돕는다.

9 ③

부인봉사활동(Lady Almoner)
㉠ 1890년대 런던 자선조직협회에서 조직
㉡ 1895년 런던 왕립 무료병원에서 최초로 채택 · 시행
㉢ 자원 접수원으로 주로 접수의 적격 여부를 결정하
　는 사회조사 실시
㉣ 필요에 따라 지역사회의 사회사업기관이나 의료기
　관에 환자를 의뢰하는 업무를 담당
㉤ 우리나라에서는 1883년 세브란스 병원의 기독교
　여전도회 회원의 자원봉사가 그 시초

10 ④

의료사회복지사의 일반적 역할
㉠ **심리적 · 사회적 치료자의 역할** : 질병에 수반되는
　심리적인 문제를 상담이나 가족과의 협력을 통해
　해소하고 환자에게 자신감 · 용기 · 의욕 등을 갖게
　한다.
㉡ **자원 동원자의 역할** : 의료자원 활용을 극대화하고
　환자의 회복 · 재활 및 사회복귀를 이루기 위한 자
　원의 조직 및 동원을 수행한다.
㉢ **재활치료 및 교정자의 역할** : 재활과정에서 나타날
　수 있는 심리사회적 문제들이나 행동반응치료 및
　교정 · 생활지도 등의 역할을 수행한다.
㉣ **서비스 조정자의 역할** : 치료계획을 위한 정보를 제
　공하고 종합적이고 통합적인 서비스를 위한 협력
　및 조정을 담당한다.

11 ②

병원 내에서 의료사회복지사가 수행하는 가장 직접
적 서비스로는 환자의 정서적 불안을 해소시킬 수
있는 면접, 가족에 대한 경제적 지도, 심신장애자의
재활문제 해결에의 원조 등이 있다.

12 ②

1995년 12월 30일 「정신보건법」의 제정으로 정신질
환의 예방과 정신질환자의 의료 및 사회복귀를 시킴
에 따라 국민의 정신건강증진을 목적으로 하고 있다.
이러한 목적달성을 위해 정신보건사회복지사 · 정신
보건임상심리사 · 정신보건간호사로 하는 정신보건전
문요원제도를 도입하였다.

13 ④

환자에 대한 치료계획을 수립하는 것은 의사의 권한
이다. 사회복지사는 의료팀과의 협동을 통해 환자의
가족관계나 사회적 관계 및 기능에 관해 해석하고
평가하여 치료에 도움을 주는 역할을 수행한다.

14 ③

③ 지역주민을 대상으로 활동하는 것은 지역의료사회복지사의 임무에 속한다.
※ **지역의료사회사업** … 모자보건사업, 전염병관리, 환경위생, 순회의료봉사 등의 지역사회라는 지리적·사회적 기능영역으로 구분된 범위에서 실시되는 의료복지사업이다.

15 ③

지역사회 정신건강센터의 주요 기능 … 입원환자의 보호, 퇴원환자의 보호, 응급환자의 보호, 개방병원의 환자보호, 지역사회의 자문취급, 교육프로그램의 운용
※ 지역사회 정신보건센터의 성격은 전통적인 정신병원 입원치료에서 다루지 못하던 영역인 예방, 홍보, 재활서비스를 다룸으로써 전에는 지역사회와 격리되어야 했으나 좀더 개방적이고 치료적인 지역사회 환경 내에서 치료 이외의 다양한 서비스를 제공하는 것이 바람직하다. 따라서 지역사회보건센터에서는 집단이나 개인에게 직접적인 서비스를 제공할 뿐 아니라 자문·지도·계획가로서 지역사회기관간의 관계를 향상시키고 지역사회자원의 활성화로 주민의 정신건강의 향상을 기하여야 한다.

16 ①

의료환자의 심리적 특성 … 건강상태에 대한 지나친 걱정, 자기중심적, 의존성, 애정에 대한 욕구, 불안과 공포, 열등의식과 공격성 등을 지닌다.

17 ②

① 정신의학자의 역할 ③④ 임상심리학자의 역할

18 ③

① 지역사회의료사회사업이란 주민의 건강 향상과 복지를 증진시킬 목적으로 지역사회자원을 효과적으로 활용할 수 있도록 돕는 의료사회사업의 한 영역이다.
② 정신의료사회복지란 '정신적·정서적 장애로 어려움을 겪고 있는 사람들의 치료 및 재활을 돕고 문제발생의 조기 개입과 예방을 통하여 국민건강 증진을 목적으로 정신과 병·의원, 진료소 등 치료를 하는 정신의료기관 또는 환자의 회복을 돕는 사회복귀시설, 정신요양시설, 지역사회 정신장애인 재활시설 등에서 실시하는 사정, 치료, 재활, 예방을 위한 사회복지 접근방법으로 정신보건의 대상은 정신적·정서적 장애로 고통문제는 물론 그 문제로 말미암아 파생하는 경제적·사회적 문제, 그리고 증상회복에 따른 지지적 문제 등을 다룬다'라고 정의했다.

③ 현대의학의 전문화와 치료기관의 대형화 등으로 인해 환자치료에 있어서 전인적인 면을 보지 못하는 문제, 환자의 질환이나 치료과정에 영향을 주는 난치병 환자·만성환자·수술환자 그리고 가족의 심리사회적인 문제, 빈곤환자의 치료비 문제, 퇴원 후의 생활문제 등을 대상으로 전문적인 서비스와 자원조정과정의 활동에 중점을 두고 있다.
④ 재활의료사회사업이란 장애로 인하여 개발되지 못하고 있는 신체적·정서적·사회적·교육적 및 직업적인 잠재능력을 개발하여 장애인이 사회구성원으로서의 역할과 의무를 다할 수 있도록 돕는 활동이다.

19 ③

③ 환자와의 직접적 접촉보다 자문이나 간접적인 지원에 더 많은 시간을 할애해야 한다.

20 ③

정신보건전문요원의 역할은 의학적 치료나 심리적 검사를 행하는 데 있지 않다. 정신보건전문요원은 환자가 사회에 적응할 수 있도록 영향력을 행사하여 환자로 하여금 그가 가지고 있는 개인적·가족적 또는 사회적 문제들을 해결하도록 도와주는 데 있다.
※ **정신보건전문요원의 공통적인 업무범위**〈정신보건법 시행령 제2조 제1항〉
  ㉠ 사회복귀시설의 운영
  ㉡ 정신질환자의 사회복귀 촉진을 위한 생활훈련 및 작업훈련
  ㉢ 정신질환자와 그 가족에 대한 교육 및 지도·상담
  ㉣ 정신질환으로 자신 또는 타인을 해할 위험이 있다고 의심되는 자를 발견한 정신건강의학과전문의 또는 정신보건전문요원은 시장·군수·구청장에게 진단 및 보호 신청
  ㉤ 정신질환 예방활동 및 정신보건에 관한 조사·연구
  ㉥ 기타 정신질환자의 사회적응 및 직업재활을 위하여 보건복지부 장관이 정하는 활동

21 ④

정신의료사회복지사는 조사·진단·계획·치료 및 사후보호서비스에 있어서 다른 팀 요원들과 수평적인 입장에서 상호협동적으로 참여해야 한다.

22 ③

개별사회사업적 치료는 환자의 개인력, 가족력, 질환에 대한 반응, 병전 성격과 방어기제 사용 등을 바탕으로 지지적 요법을 중심으로 현실감과 자아 강화를 위한 접근을 한다. 비교적 경증환자에 대해서는 자기인식을 위한 통찰요법(insight treatment)을 시도하기도 한다.

23 ④

정신보건전문요원의 법적 직무는 정신질환자의 사회 적응과 직업재활을 위한 원조, 개인력 조사, 사회조사, 사회사업지도 및 방문지도 등을 한다.

24 ①

1950년 서울시립아동상담소의 창립으로 정신의학자, 정신의학사회사업가, 심리학자, 법률학자와 함께 팀워크가 시도되었다.

25 ④

의료사회사업은 의료법인인 특수법인으로서 사회복지기관은 아니다. 그러나 전문직 종사자들이 가장 많이 참여하는 영역이다.

26 ③

③ 의료제도의 입안과 시행계획의 수립은 의료사회복지사의 직무로서 과다하다. 의료기관에 참여하여 의사와의 협력적 기능을 수행하고, 대상자와의 상담 및 사후관리를 한다.

8. 산업복지 및 학교사회복지

1 ①

학교사회복지실천모델 … 학교사회복지의 실천분야가 발전·전문화되면서 그 시대의 사회와 문화 환경에 대응하기 위해 다양한 실천 모델들이 개발되었다.
- ㉠ **전통적 임상모델** : 학생의 문제는 학생이나 가족 또는 모두의 역기능적인 어려움 때문에 발생하고 이를 해결해야 학교교육의 목적을 달성할 수 있다고 전제하고, 학생의 학교적응과 학업성취에 방해가 되는 요인인 사회나 심리에 문제가 있다고 확인된 개별 학생들과 필요한 경우 그 가족들에게 일차적인 관심을 갖는다.
- ㉡ **학교변화모델** : 학생들의 문제는 학교제도에서부터 비롯되며 그 원인을 학교제도와 환경이 제공한다고 가정한다.
- ㉢ **지역사회학교모델** : 학교는 지역사회 안에 공존하는 중요한 공적기관으로 지역사회와의 협력적 관계가 형성될 때에 학교교육의 목표를 달성할 수 있다고 본다.
- ㉣ **사회적 상호작용모델** : 개인과 집단의 행동이 서로에게 미치는 영향을 강조하여 학생의 문제는 학생과 다양한 체계들 간의 상호작용이 서로 도움이 되지 못하는 방향으로 이루어지지 못해 발생한다고 본다.

- ㉤ **학교 – 지역사회 – 학생관계모델** : 학생과 학교, 지역사회 간의 상호작용을 강조하여 학교의 좋지 못한 제도적 관습과 정책을 수정하는데 기본 목표가 있다.
- ㉥ **학교연계 통합서비스모델** : 지역사회 기관과 학교가 아동과 가족에게 학교 내 또는 학교 근처에서 다양한 보건·사회복지서비스를 통합적으로 제공하기 위해 서로 돕는 혁신적인 서비스 전달체계이다.

2 ②

① 학교사회복지사의 역할은 법적으로 제도화되어 있지 않다.
③ 지역사회교육전문가 자격요건은 2년 이상의 교육, 문화, 복지 등 활동 경험이 있는 자, 해당 지역에서 1년 이상의 네트워크 사업 활동 경험이 있는 자, 타 단체 등에서 중복업무를 하지 않고 동 사업에 충실할 수 있는 자, 관련 학과(교육학, 청소년학, 사회복지학, 상담심리학 등) 전공자, 관련 자격증(사회복지사, 청소년지도사, 청소년상담사, 평생학습사 등) 소지자 및 지역사회 교육, 문화, 복지관련 기관 추천자 등이다.
④ 학교사회복지의 대상은 취약학생 또는 부적응학생뿐만 아니라 모든 학생을 대상으로 한다.

3 ③

학교사회복지의 실천모델
- ㉠ **전통적 임상모델** : 학교에서의 적응과 학업성취에 장애가 되는 사회적·정서적 문제를 가지고 있다고 확인된 개별학생들에게 초점을 두며, 학생의 행동을 수정하거나 학생이나 부모의 특성을 변화시킴으로써 학생이 학교에 적응하고 학습기회를 효과적으로 활용할 수 있도록 돕는다.
- ㉡ **학교변화모델** : 역기능적인 학교의 규범과 학교의 상태를 변화시키는 데 개입의 목적을 두며, 역기능적인 학교의 규범과 조건들을 확인하여 학생의 학업미성취의 원인으로 보이는 제도들을 변화시키고자 한다.
- ㉢ **지역사회모델** : 지역사회가 학교의 역할을 이해하고 지지하며, 학교가 이런 취약지역의 학생들을 위한 프로그램을 개발할 수 있도록 돕는 것을 목적으로 하며, 학교가 학생들이 교육적·사회적 기능역량을 발휘하는 데 장애가 되는 조건들을 시정하여 학생을 전인적으로 교육시킬 수 있도록 돕는다.
- ㉣ **상호작용모델** : 학교, 학생, 지역사회 간의 기능적 상호작용을 방해하는 장애를 확인하고 체계들 간의 역기능적인 상호작용 유형에 변화를 주며, 이를 통해 학교, 학생, 지역사회가 함께 일할 수 있도록 돕는 것을 목적으로 한다.

4　③

산업복지의 영역
㉠ **주체**: 국가, 지방자치단체, 기업, 노동조합
㉡ **대상**: 노동자와 그 가족
㉢ **방법**: 사회보장, 복리후생, 기업복지, 노동자복지
㉣ **복지의 지표**: 생활지표, 복지수준, 복지의 질, 생활의 질

5　②

산업복지사는 산업현장에서 사회사업의 실제와 역할을 실천하여 변화시키고, 적절한 서비스를 제공하고 조력하는 변화자, 중재자, 탐구자, 자문가로서 역할을 한다.

6　③

D. Woodworth와 R. Mishra는 직업복지에 대하여 가장 비판적인 입장에 있다. 그들에 의하면 사회복지의 근본 취지는 형평의 원칙과 긍정적 차별에 있는데, 직업복지는 그 혜택에 있어 대기업과 중소기업, 그리고 직종간에도 상당한 차이가 있을 수밖에 없으므로 Woodworth는 상후하박, 빈익빈, 부익부현상이 나타나게 된다고 하였다. Mishra도 직업복지의 특성을 주정적 차별이라고 규정하고, 이는 사회구성원의 분열을 조장하여 국민총화 내지 사회통합을 해치는 요소라고 하였다.

7　③

산업복지는 여러 서비스와 부가급부를 통해 노동력의 이동을 감소시킴으로써 노동력의 안정을 도모하게 된다.

8　①

티트머스(R. Titmuss)는 직업복지뿐만 아니라 조세부담능력이 있는 국민들을 상대로 시행되는 조세복지(fiscal welfare)까지 복지의 영역이 확대되어야 함을 주장하였다.

9　④

①②③ 외에 출석장려서비스, 직업상담이 있다.

10　④

④ 산업사회사업의 실천원칙에서 사회사업가는 기업의 경영관리에 중립적 입장에서 노사관계에 중재자적 역할을 수행하여야 한다.

11　②

② 역할기대의 상보성 원리에 입각하여 조직구성원들의 부적응, 불화, 탈선을 방지한다.

12　③

학교사회복지는 학교생활에 부적응하는 학생을 주대상으로 한다. 이러한 부적응한 학생의 발생요인은 학생 자신의 내적 요인과 외적 요인으로 대별된다. 이 중 외적 요인은 환경이 크게 작용함으로 사회복지사의 개입은 표적설정에서 생태학적 접근(ecological approach)으로서 환경 속에 개인을 중요시함에 따라 가정 – 학교 – 지역사회를 연계하는 사회복지실천이 요청된다.

13　②

학교사회복지의 기능은 문제해결의 기능보다는 문제예방적인 기능이 중심이 된다. 즉, 환경 속에 개인을 중요시하거나 생태적 접근이 중시되는 이유도 여기에 있다.

14　③

③ 교육적 전문가의 역할은 교사가 담당하고, 사회복지사는 교육적 자문가의 역할을 수행한다.

15　④

학교사회복지의 일반적인 기능 … 자아강화, 민주적 시민의식 배양, 학교생활의 정서적 · 지적 · 사회적 적응 고취, 건강 증진, 문제행동 예방, 교육적 환경 조성

9. 재가복지 및 자원봉사론

1　①

자원봉사활동의 원칙 … 자아실현성, 자발성 및 자주성, 무보수성, 이타성, 사회성, 공동체성, 공공성, 민주성, 개척성 및 지속성

2　⑤

⑤ 사회를 개혁하는 데 초점을 두는 것은 의도적인 목적을 달성하고자 하는 것으로서 자원봉사 본래의 목적에 부합되지 않는다.

3 ②

자원봉사활동은 사회 여러 문제의 예방과 그 해결을 위해 개인이 자신의 자유의지에 따라 조직체와 관계하여 무보수로 일하는 자발적 활동이다. 따라서 사회제도와 사회개혁과는 거리가 멀다.

4 ③

재가복지서비스
㉠ **가사서비스** : 집안청소, 식사준비 및 취사, 시장보기 등
㉡ **간병서비스** : 병수발, 병원안내 및 동행 등
㉢ **정서적 서비스** : 상담, 여가지도, 취미활동 제공, 말 벗 등
㉣ **결연서비스** : 대상자에 대한 재정적 지원이나 의부모 · 의형제를 맺어주는 것 등
㉤ **보건의료서비스** : 자원봉사자나 의료인인 경우 간단한 진료나 질병상담 등의 의료서비스를 제공하고 비의료인인 경우에는 보건기관에서 민간기관의 가정방문진료를 받을 수 있도록 알선하는 것 등
㉥ **자립지원서비스** : 탁아, 직업보도, 기능훈련, 취업알선 등
㉦ **교육서비스** : 대상자를 보살피는 방법이나 요령을 가족, 이웃 등에게 교육시키는 것 등
㉧ **시설이용서비스** : 대상자를 기존의 복지관시설로 옮겨 필요한 서비스를 받을 수 있게 하는 복지관시설을 이용하는 것 등

5 ②

② 자원봉사활동은 문제해결의 동참자로서 참여하는 것이지 사회제도의 혁신을 위해 참여하는 것은 아니다.

6 ④

자원봉사란 경제적인 반대급부 없이 자유의지를 가지고 자발적으로 다른 사람이나 사회를 위해 헌신하는 사람들의 다양한 활동으로, 사회제도를 개발하고 개혁하는 것과는 거리가 멀다.

7 ①

자원봉사활동의 원칙
㉠ 활동의 원점을 기본적 인권의 양호에 둔다.
㉡ 활동에 있어 민주주의의 정신과 방법을 존중한다.
㉢ 시민적 성격을 견지한다.
㉣ 공공성과 사회성을 가져야 한다.

8 ④

자원봉사활동은 무보수, 명예직, 자발적 활동이 핵심이다. 그러나 자원봉사활동을 위해 필요한 실비지급은 상관없다. 이외에 우리나라에서는 현재 사회복지사업법에서 자원봉사영역이 사회복지사업의 영역으로 도입되었으며, 한국사회복지협회는 자원봉사활동에 대하여 육성 · 지원하도록 되어 있다.

9 ④

자원봉사의 성격
㉠ 임의적(任意的)이다(자유의사에 따른 선택).
㉡ 자발적 의사이다(자진하여 종사).
㉢ 유지(有志)나 독지(篤志)에 의한다.
㉣ 무보수성이다(경제적 이윤이나 보수를 목적으로 하지 않는다).
㉤ 민간인이다(공무원, 유급전문직원이 아니다).
㉥ 여가의 선용이다(전담업무가 아니다).
㉦ 사회활동을 수반한다(봉사활동, 서비스나 선의를 제공한다).
㉧ 창의성을 발휘한다.

10 ②

자원봉사활동의 역할은 사회화, 민주화, 인간화, 문제해결의 동반자적 역할을 말한다.

11 ①

자원봉사자의 역할 … 인간화의 역할, 사회화의 역할, 민주화의 역할, 문제해결의 동참자로서의 역할

12 ③

자원봉사활동의 활성화방안
㉠ 상담 · 조언 및 배경조정활동을 통해 자원봉사활동의 동기와 대상 · 성격 및 특기 등을 파악하고 관련지식을 제공하여 요구와 능력에 따라 그들의 활동수준을 조정한다.
㉡ 관련정보들을 수집 · 정비하고 제공해 주어 스스로 활동영역과 내용을 결정하고 개입하도록 한다.
㉢ 효율적인 자원봉사활동을 수행할 수 있도록 학습의 기회를 제공하여 기초적인 지식을 갖고 활동에 임하도록 한다.
㉣ 타지역 기관과의 원활한 상호보완성을 발휘할 수 있도록 자원봉사기능의 조정활동이 요구된다.
㉤ 활동의 계속성과 정착성의 저해를 야기시키는 제반의 문제요인들을 파악하여 타자간의 갈등이나 문제들을 해소시켜 원만한 관계가 유지되도록 한다.

시험 전에 꼭 풀어봐야 할 문제

최근기출문제 분석

01 2016. 3. 19 사회복지직 시행

1 우리나라의 사회보험에 해당하지 않는 것은?

① 산업재해보상보험
② 국민기초생활보장
③ 고용보험
④ 노인장기요양보험

> **TIP** ② 우리나라는 의료보험, 국민연금, 산업재해보상보험, 고용보험, 노인장기요양보험 등 5대 사회보험제도를 실시하고 있다. 국민기초생활보장은 공공부조제도이다.

2 사회복지에 대한 설명으로 옳지 않은 것은?

① 복지 다원주의(welfare pluralism)는 정부뿐만 아니라 민간부문의 조직들도 복지제공의 주체가 된다고 본다.
② 에스핑 안데르센(Esping-Andersen)은 복지국가의 유형을 분류하는데 있어 탈상품화 정도가 높을수록 복지선진국을 의미한다고 보았다.
③ 윌렌스키와 르보(Wilensky & Lebeaux)는 사회복지의 개념을 '잔여적 개념'과 '제도적 개념'으로 구분하였다.
④ 조지와 윌딩(George & Wilding)이 제시한 '신우파'는 소극적 집합주의 성향을 가지며 자유보다 평등과 우애를 옹호한다.

> **TIP** ④ 조지와 윌딩(George & Wilding)이 제시한 '신우파'는 반집합주의 성향을 가지며 평등과 우애보다 자유를 옹호한다. 신우파의 3대 가치는 자유, 개인주의, 불평등이다.

3 사회복지 대상의 선정기준에 대한 설명으로 옳지 않은 것은?

① 보편주의(universalism)는 복지 수혜 자격과 기준을 균등화하여 낙인감을 감소시킨다.

② 선별주의(selectivism)는 자산조사 등을 통해 사회복지 대상자들을 선정한다.

③ 선별주의는 기여자와 수혜자를 구별하지 않아 사회통합에 더 효과적이다.

④ 보편주의는 사회복지 급여를 국민의 권리로 생각한다.

> **TIP** 보편주의는 기여자와 수혜자를 구별하지 않아 사회통합에 더 효과적이다.

구분	선별주의	보편주의
의미	개인의 복지 문제는 능력에 따라 '개인책임'으로 해결토록 하되, 개인적으로 해결할 수 없는 경우에 한하여 국가가 관여한다.	국가가 평등하게 모든 국민의 욕구를 충족시켜 주어야 한다는 것이다.
장점	• 국가의 책임을 극소화하고 한정된 자원을 효율적으로 이용할 수 있다. • 도움을 가장 필요로 하는 사람에게 집중적으로 사회 복지 서비스를 제공해 줌으로써 자원의 낭비가 적다. • 불필요한 의존심을 키워 주지 않는다. • 목표효율성을 높일 수 있다.	• 낙인감을 심어주지 않으며, 사회통합에 효과적이다. • 인간 존엄성의 보장이라는 사회적 효과성이 있다. • 절차가 간단하고 복지 서비스의 균일성을 보장할 수 있다. • 경제적 안정과 성장에 이바지할 수 있다.
단점	• 자산조사에 많은 시간과 비용이 소모되고, 효율성이 떨어진다. • 서비스 대상자로 하여금 낙인감을 느끼게 할 수 있다. • 대상자에서 제외된 차상위계층에 대한 문제가 있다.	• 꼭 필요한 사람이 서비스를 제대로 받을 수 없는 경우가 생길 수 있다. • 국가에 대한 의존심을 높일 수 있다. • 자원의 낭비가 발생하는 등 목적효율성이 낮아진다. • 국가책임을 가중시킨다.

4 우리나라가 국가적인 경제위기를 경험한 1997년 이후 제정한 법률에 해당하지 않는 것은?

① 「국민기초생활 보장법」

② 「최저임금법」

③ 「장애인차별금지 및 권리구제 등에 관한 법률」

④ 「국민건강보험법」

> **TIP** ② 「최저임금법」: 1986년
> ① 「국민기초생활 보장법」: 1999년
> ③ 「장애인차별금지 및 권리구제 등에 관한 법률」: 2007년
> ④ 「국민건강보험법」: 1999년

5 19세기 자선조직협회(Charity Organization Society)에 대한 설명으로 옳은 것만을 모두 고른 것은?

> ㉠ 빈곤문제의 책임이 사회구조보다는 개인에게 있다고 보았다.
> ㉡ 빈민보호를 위한 조직화와 입법활동 등을 통하여 사회 개혁에 힘썼다.
> ㉢ 자선의 중복과 낭비를 막기 위해 자선단체들을 등록하여 그들의 활동을 조정하였다.

① ㉠, ㉡ 　　　　　　　　② ㉠, ㉢

③ ㉡, ㉢ 　　　　　　　　④ ㉠, ㉡, ㉢

> **TIP** ㉠ 자선조직협회에서는 빈곤문제의 책임을 개인에게 있다고 보았지만, 인보관운동에서는 사회구조에 있다고 보았다.
> ㉢ 자선조직협회는 자선단체의 난립으로 인한 서비스의 중복, 누락, 소외, 비효율적 운영, 재원의 낭비 등을 막기 위하여 자선단체들을 등록하여 그들의 활동을 조절할 목적으로 결성되었다.
> ㉡ 빈민보호를 위한 조직화는 자선조직협회에 대한 설명이 맞지만, 입법활동 등을 통하여 사회개혁에 힘쓴 것은 인보관 운동에 대한 설명이다.

6 영국의 빈민정책에 대한 설명으로 옳은 것은?

① 엘리자베스 구빈법(1601년)은 노동능력과 상관 없이 모든 빈민에게 동일한 구호를 제공하였다.

② 정주법(1662년)은 빈민들의 이동을 금지하여 빈곤문제를 교구 단위로 해결하고자 하였다.

③ 스핀햄랜드법(1795년)은 최저생계를 보장하여 결과적으로 근로동기를 강화시켰다.

④ 신구빈법(1834년)은 노동능력이 있는 자에 대해 원외구제를 지속하고, 노동능력이 없는 자에게는 원내구제를 제공하였다.

> **TIP** ② 정주법(1662년)은 노동자의 이동에 관한 조건을 법령으로 규제하였고, 빈민들의 이동을 금지하여 빈곤문제를 교구 단위로 해결하고자 하였다.
> ① 엘리자베스의 구빈법(1601년)은 노동능력이 있는 빈민은 작업장에, 노동능력이 없는 빈민은 구빈원에, 빈곤아동은 직업훈련 등으로 노동능력 유무에 따라 범주화하여 차별처우 하였다.
> ③ 스핀햄랜드법(1795년)은 최저생계를 보장을 통한 생존권 보장을 목적으로 하였지만, 수급자들의 근로동기 저하 및 도덕적 해이 등의 문제를 발생시켰다.
> ④ 신구빈법(1834년)은 노동능력이 있는 자는 작업장에 배치하여 원내구제를 제공하고, 노인·유아·병약자와 아동을 거느린 과부 등 노동능력이 없는 자에게는 원외구제가 지속되었다.

7 빈곤에 대한 설명으로 옳은 것만을 모두 고른 것은?

> ㉠ 절대적 빈곤은 최소한의 생활수준에 미치지 못하는 것을 의미한다.
> ㉡ 빈곤갭(poverty gap)은 자력으로 일을 해서 가난으로부터 벗어나려 하기보다 사회복지급여에
>   의존하여 생계를 해결하려는 의존심이 생기는 현상을 의미한다.
> ㉢ 상대적 빈곤은 한 사회의 평균적인 생활수준과 비교하여 빈곤을 규정하는 것이다.
> ㉣ 전물량방식과 반물량방식은 상대적 빈곤 산정방식이다.

① ㉠, ㉢

② ㉡, ㉢

③ ㉡, ㉣

④ ㉠, ㉢, ㉣

> **TIP** ㉠ 절대적 빈곤은 최소한의 생활수준에 미치지 못하는 것, 즉 최저생활을 유지하는 데 필요한 소득이
> 결여된 상태를 말한다.
> ㉡ 빈곤 갭은 빈곤층의 평균소득과 빈곤선의 격차를 나타내는 비율로 빈곤 선 이하의 사람들의 소득을
> 빈곤선 수준까지 끌어올리기 위해 어느 정도의 소득이 필요한지 보여주는 지표이다. 자력으로 일을
> 해서 가난으로부터 벗어나려 하기보다 사회복지급여에 의존하여 생계를 해결하려는 의존심이 생기
> 는 현상은 빈곤의 덫(빈곤함정)이다.
> ㉢ 상대적 빈곤은 다른 사람들과 비교해 상대적으로 적게 가지고 있는 상태를 말하며, 한 사회의 평균
> 적인 생활수준과 비교하여 빈곤을 규정하는 것이다.
> ㉣ 전물량방식과 반물량방식은 상대적 빈곤이 아니라 절대적 빈곤 산정방식이다.

8 우리나라 '사회복지사 윤리강령'에 명시된 윤리기준으로 옳지 않은 것은?

① 사회복지사는 긴급한 사정으로 인해 동료의 클라이언트를 맡게 된 경우, 동료의 전문적
   관계를 훼손하지 않기 위해 최소한의 서비스를 제공한다.

② 사회복지사는 전문가로서 성실하고 공정하게 업무를 수행하며 이 과정에서 어떠한 부당
   한 압력에도 타협하지 않는다.

③ 사회복지사는 한국사회복지사협회 등이 실시하는 제반교육에 적극 참여하여야 한다.

④ 사회복지사는 필요한 경우에 제공된 서비스에 대해 공정하고 합리적으로 이용료를 책정
   해야 한다.

> **TIP** 사회복지사의 클라이언트에 대한 윤리기준 중 '동료의 클라이언트와의 관계'
> • 사회복지사는 적법하고도 적절한 논의 없이 동료 혹은, 다른 기관의 클라이언트와 전문적 관계를 맺
>   어서는 안 된다.
> • 사회복지사는 긴급한 사정으로 인해 동료의 클라이언트를 맡게 된 경우, 자신의 의뢰인처럼 관심을
>   갖고 서비스를 제공한다.

9 사회복지의 기본 가치 중 평등에 대한 설명으로 옳은 것은?

① 비례적 평등은 개인의 욕구 등에 따라 사회적 자원을 상이하게 배분하는 것으로, 형평 (equity)을 평등의 개념으로 본다.

② 조건의 평등은 개인의 능력이나 장애와 상관 없이 기회를 모든 사람에게 균등하게 제공하고, 동일한 업적에 대해 동일한 보상을 제공한다.

③ 수량적 평등은 개인의 기여도와 상관 없이 사회적 자원을 똑같이 분배하는 것을 강조하며, 어느 사회에서나 현실적으로 실현가능하다.

④ 기회의 평등은 참여와 시작 단계에서부터 평등을 강조하기 때문에 가장 적극적인 평등개념이라 할 수 있다.

> **TIP** ① **비례적 평등** : 개인의 욕구, 능력, 노력, 기여에 따라 사회적 자원을 상이하게 배분하는 것으로 흔히 형평 또는 공평이라고 부른다.
> ② **조건의 평등** : 기회의 평등과 연결되는 개념이며, 사회적 기회를 획득하려는 자유경쟁의 출발조건을 정비하고자 노력하는 것이다. 동일한 업적에 대해 동일한 보상을 제공하는 것은 비례적 평등에 해당한다.
> ③ **수량적 평등** : 평등의 개념 중 가장 적극적인 것으로 결과의 평등이라 할 수 있으며, 개인의 기여도와 상관없이 사회적 자원을 똑같이 분배하는 것을 강조한다. 하지만 이러한 평등은 현실적으로 실현하기가 어렵다.
> ④ **기회의 평등** : 참여와 시작단계에서의 평등을 강조하지만, 결과의 평등은 보장하지 않기 때문에 가장 소극적인 평등의 개념이라고 볼 수 있다.

10 다음의 사례관리(case management)에 대한 설명으로 옳은 것만을 모두 고른 것은?

> ㉠ 사례관리는 장기적인 보호를 필요로 하는 클라이언트를 시설에서 비용 – 효율적으로 관리하기 위해 고안된 실천방법이다.
> ㉡ 사례관리는 클라이언트의 욕구를 개별화하고, 그들의 참여와 자기결정을 중요시한다.
> ㉢ 사례관리의 목표는 클라이언트의 무의식을 분석하여 자신의 문제를 깨닫도록 돕는 것이다.
> ㉣ 사례관리는 포괄적인 서비스를 제공하고, 서비스의 종정과 점검을 실시한다.

① ㉠, ㉢　　　　　　　　　　　② ㉠, ㉣

③ ㉡, ㉢　　　　　　　　　　　④ ㉡, ㉣

> **TIP** ㉠ 사례관리는 장기적인 보호를 필요로 하는 클라이언트를 대상으로 '지역사회에서' 비용 – 효율적으로 관리하기 위해 고안된 실천방법이다.
> ㉢ 클라이언트의 무의식을 분석하여 자신의 문제를 깨닫도록 돕는 것을 목표로 하는 것은 프로이드의 정신분석이론(정신역동모델)이다.

11 우리나라 장애인복지법령의 내용으로 옳은 것은?

① 발달 장애는 신체적 장애에 포함된다.

② 장애인 거주시설이란 장애인을 입원 또는 통원하게 하여 상담, 진단·판정, 치료 등 의료재활서비스를 제공하는 시설을 말한다.

③ 국가와 지방자치단체는 학생, 공무원, 근로자, 그 밖의 일반국민 등을 대상으로 장애인에 대한 인식개선을 위한 교육 및 공익광고 등 홍보사업을 실시하여야 한다.

④ 보건복지부장관은 장애인 복지정책의 수립에 필요한 기초 자료로 활용하기 위하여 5년마다 장애실태조사를 실시하여야 한다.

> **TIP** ③ 국가와 지방자치단체는 학생, 공무원, 근로자, 그 밖의 일반국민 등을 대상으로 장애인에 대한 인식개선을 위한 교육 및 공익광고 등 홍보사업을 실시하여야 한다〈법 제25조〉.
> ① 발달장애 또는 정신 질환으로 발생하는 장애는 정신적 장애에 포함된다〈법 제2조〉.
> ② 장애인 거주시설이란 거주공간을 활용하여 일반가정에서 생활하기 어려운 장애인에게 일정 기간 동안 거주·요양지원 등의 서비스를 제공하는 동시에 지역사회생활을 지원하는 시설이다〈법 제58조〉.
> ④ 보건복지부장관은 장애인 복지정책의 수립에 필요한 기초 자료로 활용하기 위하여 3년마다 장애실태조사를 실시하여야 한다〈법 제31조〉.

12 동학대 피해아동의 가족에게 아동보호전문기관을 소개해 주는 사회복지사의 역할은?

① 교육자(educator) 　　② 중재자(mediator)

③ 중개자(broker) 　　④ 옹호자(advocate)

> **TIP** 사회복지사의 역할
> ㉠ **교육자** : 사회복지사는 정보를 제공하고 행동과 기술을 지도하는 등 클라이언트가 자신의 능력을 강화시킬 수 있도록 가르치는 역할을 한다.
> ㉡ **조력자** : 사회복지사는 클라이언트의 대처능력을 강화시키고, 자원을 발견하여 활용할 수 있도록 도와주는 역할이다.
> ㉢ **중개자** : 사회복지사는 도움을 필요로 하는 개인이나 집단을 지역사회의 자원 및 서비스와 연결하는 역할을 한다.
> ㉣ **중재자** : 사회복지사는 클라이언트와 상대방 등이 서로 간에 갈등을 해결하도록 설득 및 화해의 절차들을 통해 공동의 기반을 발견하도록 조력한다.
> ㉤ **옹호자** : 사회복지사는 클라이언트를 대신해서 계약된 목적을 달성하기 위해 클라이언트 개인이나 가족의 권리를 주장하고 옹호하며 정책적 변화를 모색하기 위한 활동을 한다.

13 다음 내용에 해당하는 사회복지 면담기술은?

> 클라이언트의 억압된 감정, 특히 부정적 감정인 분노, 슬픔, 죄의식 등이 문제 해결을 방해하거나 그러한 감정 자체가 문제가 되는 경우, 이를 표출하도록 함으로써 감정의 강도를 약화시키거나 해소시킨다.

① 환기(ventilation) ② 직면(confrontation)
③ 재보증(reassurance) ④ 일반화(universalization)

TIP ① 환기는 클라이언트의 문제나 상황과 관련된 감정을 클라이언트로 하여금 표출하도록 하는 기법이다.
② 직면은 클라이언트의 부정적인 감정, 생각, 행동들을 클라이언트로 하여금 인식하도록 돕는 매우 직접적인 방법이다.
③ 재보증은 사회복지사가 클라이언트에 대한 신뢰를 표현함으로써 클라이언트의 자신감을 향상시키는 기법이다.
④ 일반화는 클라이언트가 겪는 일이 자신만이 가지고 있는 문제가 아니라는 것을 인식하게 하는 기법이다.

14 「국민기초생활 보장법」상 국민기초생활보장에 대한 설명으로 옳은 것만을 모두 고른 것은?

> ㉠ 수급자 및 차상위자는 상호 협력하여 자활기업을 설립·운영할 수 있다.
> ㉡ 국가 또는 시·도가 직접 수행하는 보장업무에 드는 비용은 국가 또는 해당 시·도가 부담한다.
> ㉢ 부양의무자란 수급권자를 부양할 책임이 있는 사람으로서 수급권자의 1촌의 직계혈족 및 그 형제자매를 말한다.
> ㉣ 급여의 종류에는 생계급여, 주거급여, 의료급여, 교육급여, 해산급여, 장제급여, 자활급여가 있다.

① ㉠, ㉣ ② ㉠, ㉡, ㉢
③ ㉠, ㉡, ㉣ ④ ㉡, ㉢, ㉣

TIP ㉢ '부양의무자'란 수급권자를 부양할 책임이 있는 사람으로서 수급권자의 1촌의 직계혈족 및 그 배우자를 말한다. 다만, 사망한 1촌의 직계혈족의 배우자는 제외한다〈법 제2조〉.
㉠ 수급자 및 차상위자는 상호 협력하여 자활기업을 설립·운영할 수 있다〈법 제18조 제1항〉.
㉡ 국가 또는 시·도가 직접 수행하는 보장업무에 드는 비용은 국가 또는 해당 시·도가 부담한다〈법 제43조 제1항〉.
㉣ 이 법에 따른 급여의 종류는 생계급여, 주거급여, 의료급여, 교육급여, 해산급여(解産給與), 장제급여(葬祭給與), 자활급여 이다〈법 제7조 제1항〉.

15 「아동학대범죄의 처벌 등에 관한 특례법」상 아동학대의 신고의무자만을 모두 고른 것은?

> ㉠ 「성매매방지 및 피해자보호 등에 관한 법률」에 따른 성매매피해상담소의 장
> ㉡ 가정위탁지원센터의 장
> ㉢ 「학원의 설립·운영 및 과외교습에 관한 법률」에 따른 학원 강사
> ㉣ 「아이돌봄 지원법」에 따른 아이돌보미

① ㉠, ㉢
② ㉠, ㉣
③ ㉡, ㉢, ㉣
④ ㉠, ㉡, ㉢, ㉣

TIP 아동학대범죄의 처벌 등에 관한 특례법 제10조 제2항(아동학대범죄 신고의무와 절차)

다음 각 호의 어느 하나에 해당하는 사람이 직무를 수행하면서 아동학대범죄를 알게 된 경우나 그 의심이 있는 경우에는 아동보호전문기관 또는 수사기관에 신고하여야 한다.

- 가정위탁지원센터의 장과 그 종사자
- 아동복지시설의 장과 그 종사자
- 「아동복지법」에 따른 아동복지전담공무원
- 「가정폭력방지 및 피해자보호 등에 관한 법률」에 따른 가정폭력 관련 상담소 및 가정폭력피해자 보호시설의 장과 그 종사자
- 「건강가정기본법」에 따른 건강가정지원센터의 장과 그 종사자
- 「다문화가족지원법」에 따른 다문화가족지원센터의 장과 그 종사자
- 「사회복지사업법」에 따른 사회복지 전담공무원 및 사회복지시설의 장과 그 종사자
- 「성매매방지 및 피해자보호 등에 관한 법률」에 따른 지원시설 및 성매매피해상담소의 장과 그 종사자
- 「성폭력방지 및 피해자보호 등에 관한 법률」에 따른 성폭력피해상담소 및 성폭력피해자보호시설의 장과 그 종사자
- 「소방기본법」에 따른 구급대의 대원
- 「응급의료에 관한 법률」에 따른 응급구조사
- 「영유아보육법」에 따른 어린이집의 원장 등 보육교직원
- 「유아교육법」에 따른 교직원 및 강사 등
- 「의료기사 등에 관한 법률」에 따른 의료기사
- 「의료법」에 따른 의료인과 의료기관의 장
- 「장애인복지법」에 따른 장애인복지시설의 장과 그 종사자로서 시설에서 장애아동에 대한 상담·치료·훈련 또는 요양 업무를 수행하는 사람
- 「정신보건법」에 따른 정신의료기관, 정신질환자사회복귀시설, 정신요양시설 및 정신보건센터의 장과 그 종사자
- 「청소년기본법」에 따른 청소년시설 및 청소년단체의 장과 그 종사자
- 「청소년 보호법」에 따른 청소년 보호·재활센터의 장과 그 종사자
- 「초·중등교육법」에 따른 교직원, 전문상담교사 및 산학겸임교사 등
- 「한부모가족지원법」에 따른 한부모가족복지시설의 장과 그 종사자
- 「학원의 설립·운영 및 과외교습에 관한 법률」에 따른 학원의 운영자·강사·직원 및 교습소의 교습자·직원
- 「아이돌봄 지원법」에 따른 아이돌보미
- 「아동복지법」에 따른 취약계층 아동에 대한 통합서비스지원 수행인력

16 사회보장급여의 이용·제공 및 수급권자 발굴에 관한 법령상 지역사회보장계획에 대한 설명으로 옳은 것만을 모두 고른 것은?

> ㉠ 시·도지사는 시·도의 사회보장 증진을 위하여 시·도 사회보장위원회를 둔다.
> ㉡ 보장기관의 장은 지역사회보장계획의 수립 및 지원 등을 위하여 지역사회보장조사를 4년마다 실시한다. 다만, 필요한 경우에는 수시로 실시할 수 있다.
> ㉢ 지역사회보장계획에는 지역사회보장 수요의 측정, 목표 및 추진전략과 사회보장급여의 사각지대 발굴 및 지원방안이 포함된다.
> ㉣ 시장·군수·구청장은 지역사회보장계획안의 주요 내용을 20일 이상 공고하여 지역주민 등 이해관계인의 의견을 들은 후 시·군·구의 지역사회보장계획을 수립하여야 한다.

① ㉠, ㉡

② ㉠, ㉣

③ ㉡, ㉢, ㉣

④ ㉠, ㉡, ㉢, ㉣

TIP ㉠ 시·도지사는 시·도의 사회보장 증진을 위하여 시·도사회보장위원회를 둔다〈법 제40조〉.

㉡ 보장기관의 장은 지역사회보장계획의 수립 및 지원 등을 위하여 지역 내 사회보장 관련 실태와 지역주민의 사회보장에 관한 인식 등에 관하여 필요한 조사(지역사회보장조사)를 실시할 수 있으며, 시·도지사 및 시장·군수·구청장은 지역사회보장계획 수립 시 지역사회보장조사 결과를 반영할 수 있다〈법 제35조 제5항〉. 법 제35조제5항에 따른 지역사회보장조사는 4년마다 실시한다. 다만, 필요한 경우에는 수시로 실시할 수 있다〈시행령 제21조〉.

㉢ 시·군·구 지역사회보장계획은 다음 각 호의 사항을 포함하여야 한다〈법 제36조 제1항〉.
- 지역사회보장 수요의 측정, 목표 및 추진전략
- 지역사회보장의 목표를 점검할 수 있는 지표(지역사회보장지표)의 설정 및 목표
- 지역사회보장의 분야별 추진전략, 중점 추진사업 및 연계협력 방안
- 지역사회보장 전달체계의 조직과 운영
- 사회보장급여의 사각지대 발굴 및 지원 방안
- 지역사회보장에 필요한 재원의 규모와 조달 방안
- 지역사회보장에 관련한 통계 수집 및 관리 방안
- 그 밖에 대통령령으로 정하는 사항

㉣ 시장·군수·구청장은 지역사회보장계획안의 주요 내용을 20일 이상 공고하여 지역주민 등 이해관계인의 의견을 들은 후 시·군·구의 지역사회보장계획을 수립하여야 한다.〈시행령 제20조 제2항〉.

17 우리나라 노인장기요양보험법령에 대한 내용으로 옳은 것은?

① 장기요양급여는 의료서비스와 연계하여 제공하기가 용이한 시설급여를 재가급여보다 우
　선적으로 제공하여야 한다.
② 장기요양등급은 장기요양등급판정위원회에서 판정하고, 세밀한 판정을 위해 7개 등급의
　체계로 운용한다.
③ 「노인장기요양보험법」은 고령이나 노인성 질병 등의 사유로 일상생활을 혼자서 수행하기
　어려운 노인등에게 제공하는 신체활동 또는 가사활동 지원 등의 장기요양급여에 관한 사
　항을 규정하고 있다.
④ 노인장기요양보험의 관리운영기관은 노후생활과 밀접히 연관이 되어 있는 국민연금공단
　이다.

> **TIP** ③ 이 법은 고령이나 노인성 질병 등의 사유로 일상생활을 혼자서 수행하기 어려운 노인등에게 제공하
> 　는 신체활동 또는 가사활동 지원 등의 장기요양급여에 관한 사항을 규정하여 노후의 건강증진 및
> 　생활안정을 도모하고 그 가족의 부담을 덜어줌으로써 국민의 삶의 질을 향상하도록 함을 목적으로
> 　한다〈법 제1조〉.
> 　① 장기요양급여는 노인등이 가족과 함께 생활하면서 가정에서 장기요양을 받는 재가급여를 우선적으
> 　로 제공하여야 한다〈법 제3조 제2항〉.
> 　② 장기요양인정 및 장기요양등급 판정 등을 심의하기 위하여 공단에 장기요양등급판정위원회를 둔다
> 　〈제52조 제1항〉. 등급판정기준은 장기요양1~5등급으로 나뉜다〈시행령 제7조〉.
> 　④ 장기요양사업의 관리운영기관은 국민건강보험공단으로 한다〈법 제48조 제1항〉.

18 권한부여(empowerment) 모델의 특징으로 옳지 않은 것은?

① 사회적, 조직적 환경에 대한 클라이언트의 통제력을 증가시키기 위한 개입모델이다.
② 전문적 지식과 기술을 활용한 치료계획을 통해 클라이언트의 증상을 치료하는 구조적인
　접근방법이다.
③ 클라이언트와 사회복지사는 협력적인 파트너십을 토대로 문제 해결 과정에 함께 참여한다.
④ 클라이언트의 강점과 자원에 초점을 두어 역량을 강화시키는 것을 목적으로 한다.

> **TIP** ② 전문적 지식과 기술을 활용한 치료계획을 통해 클라이언트의 증상을 치료하는 구조적인 접근방법은
> 　병리(pathology) 관점이다.
> 　※ **권한부여 모델(임파워먼트 모델)**
> 　• 생태체계 관점과 강점 관점을 이론적 기반으로 한다.
> 　• 개인은 독특한 존재이며, 강점과 재능 및 자원 등을 가진다.
> 　• 변화를 위한 자원은 개인 · 가족 · 지역사회의 장점과 능력이다.
> 　• 클라이언트와 사회복지사는 협력적인 파트너십을 가진다.

19 1952년 국제노동기구(ILO)가 제정한 「사회보장의 최저기준에 관한 조약」의 사회보장 급여에 포함되지 않는 것은?

① 실업급여
② 교육급여
③ 유족급여
④ 노령급여

> **TIP** ② 1952년 국제노동기구(ILO)가 제정한 「사회보장의 최저기준에 관한 조약」의 사회보장 급여는 의료급여, 질병(상병)급여, 실업급여, 노령급여, 산재급여(업무상재해급여, 고용재해급여), 가족급여, 모성급여(출산급여), 폐질급여(장애급여), 유족급여가 있다.

20 사회복지조사에서 조사도구가 측정하고자 의도하였던 개념을 정확히 측정하는지를 나타내는 것은?

① 신뢰도
② 타당도
③ 자유도
④ 산포도

> **TIP** ② 타당도 : 측정하고자 하는 것을 얼마나 정확하게 측정하였는지
> ① 신뢰도 : 측정하고자 하는 것을 얼마나 일관성 있게 측정하였는지
> ③ 자유도 : 어떤 물체의 운동을 설명하기 위해 필요한 변수의 개수
> ④ 산포도 : 대표값을 중심으로 자료들이 흩어져 있는 정도

2016. 4. 9 인사혁신처 시행

1 탈상품화 개념에 대한 설명으로 옳지 않은 것은?

① 노동자가 자신의 노동력을 팔지 않고 살아갈 수 있는 정도를 의미한다.

② 에스핑 앤더슨(Esping Andersen)은 탈상품화 수준에 따라 사회복지모델을 잔여적 복지와 제도적 복지로 구분하였다.

③ 탈상품화 수준이 높을수록 권리로서의 복지가 강조되는 경향이 있다.

④ 일반적으로 자유주의복지국가보다 사회민주주의복지국가의 탈상품화 수준이 높다.

> **TIP** ② 에스핑 앤더슨은 탈상품화와 사회 계층화를 기준으로 하여 사회복지모델을 자유주의적 복지국가, 조합주의적 복지국가, 사회민주주의적 복지국가로 구분하였다. 탈상품화 수준에 따라 사회복지모델을 잔여적 복지와 제도적 복지로 구분한 것은 윌렌스키와 르보이다.

2 민영보험과 사회보험의 차이에 대한 설명으로 가장 적절하지 않은 것은?

① 민영보험은 자발적 가입을, 사회보험은 강제 가입을 원칙으로 한다.

② 민영보험은 계약에 의해 급여수준이 결정되며, 사회보험은 법률에 의해 급여수준이 정해진다.

③ 민영보험은 최저수준의 소득 보장을, 사회보험은 지불능력에 따른 급여 보장을 목적으로 한다.

④ 민영보험에서 보험급여액은 개별적 공평성이, 사회보험의 보험급여액은 사회적 적정성이 강조된다.

> **TIP** ③ 사회보험은 최저수준의 소득 보장을, 민영보험은 지불능력에 따른 급여 보장을 목적으로 한다.

3 「사회보장기본법」에서 정의하는 다음의 제도는?

> 국가 · 지방자치단체 및 민간부문의 도움이 필요한 모든 국민에게 복지, 보건의료, 교육, 고용,
> 주거, 문화, 환경 등의 분야에서 인간다운 생활을 보장하고 상담, 재활, 돌봄, 정보의 제공, 관련
> 시설의 이용, 역량 개발, 사회참여 지원 등을 통하여 국민의 삶의 질이 향상되도록 지원하는 제도

① 공공부조   ② 사회안전망
③ 사회복지서비스   ④ 사회서비스

> **TIP** ① **공공부조** : 국가와 지방자치단체의 책임 하에 생활 유지 능력이 없거나 생활이 어려운 국민의 최저생
> 활을 보장 하고 자립을 지원하는 제도를 말한다.
> ② **평생사회안전망** : 생애주기에 걸쳐 보편적으로 충족되어야 하는 기본욕구와 특정한 사회위험에 의하여
> 발생 하는 특수욕구를 동시에 고려하여 소득 · 서비스를 보장하는 맞춤형 사회보장제도를 말한다.
> ③ **사회서비스** : 국가 · 지방자치단체 및 민간부문의 도움이 필요한 모든 국민에게 복지, 보건의료, 교육,
> 고용, 주거, 문화, 환경 등의 분야에서 인간다운 생활을 보장하고 상담, 재활, 돌봄, 정보의 제공,
> 관련 시설의 이용, 역량 개발, 사회참여 지원 등을 통하여 국민의 삶의 질이 향상되도록 지원하는
> 제도를 말한다.

4 사회보장제도의 발전 역사에 대한 설명으로 옳은 것은?

① 세계에서 가장 먼저 도입된 사회보험제도는 독일의 산업재해보험제도이다.

② 영국의 국민보험법(1911)은 노령연금과 건강보험 제도를 도입하는 내용이었다.

③ 미국은 사회보장법(1935)의 제정으로 노령연금, 산재보험, 공공부조의 세 가지 제도가 도
입되었다.

④ 베버리지보고서는 사회보험의 원칙 가운데 하나로 소득에 관계없이 동일한 금액의 기여
금을 낼 것을 제시하였다.

> **TIP** ① 세계에서 가장 먼저 도입된 사회보험제도는 독일의 질병보험이다.
> ② 영국의 국민보험법(1911)은 건강보험과 실업보험 제도를 도입하는 내용이었다.
> ③ 미국은 사회보장법(1935)의 제정으로 사회보험(노령보험과 실업보험), 공공부조, 보건복지서비스의
> 세 가지 제도가 도입되었다.

5 사회복지의 가치와 원리에 대한 설명으로 가장 적절하지 않은 것은?

① 인간존중 : 모든 사람은 인간으로서의 가치, 품위, 존엄성을 갖는다.
② 사회연대 : 누구나 겪을 수 있는 공통의 위험에 대비하기 위하여 상호책임을 갖는다.
③ 개인주의 : 사회는 개인에게 균등한 기회를 차별 없이 제공해야 한다.
④ 자기결정 : 모든 사람은 타인의 권리를 침해하지 않는 한 자신과 관련된 것을 스스로 결정할 자유를 갖는다.

> **TIP** ③ 기회균등 : 사회는 개인에게 균등한 기회를 차별 없이 제공해야 한다.

6 프로그램의 효과성을 판단하는 다음의 연구설계에서 내적 타당성을 저해하는 요인으로 가장 적절하지 않은 것은?

> 학교폭력의 피해를 당한 지 1주일 이내인 학생들을 대상으로, '정서불안완화' 프로그램을 실행하였다. 프로그램 참여를 원하는 17명의 학생들에 대해서 프로그램 시작 전에 불안증 수준을 측정하는 검사지로 사전검사를 실시하였다. 2주에 걸쳐 하루 2시간씩 참여하는 프로그램을 실시한 후, 종료 시까지 남은 10명의 참여자들을 대상으로 동일한 검사지를 통해 불안증 수준을 재측정하는 사후검사를 실시하였다. 사후검사 결과 사전검사에 비해 불안증 수준이 감소하였다. 이에 이 프로그램은 불안증을 완화시키는 데 효과적이라고 결론을 내렸다.

① 도구효과(instrumentation effect)
② 성숙효과(maturation effect)
③ 외부사건(history)
④ 연구대상의 상실(experimental mortality)

> **TIP** ① 제시된 연구설계에서 도구효과가 발생할 가능성은 거의 없다.
> ※ **도구효과** … 사전검사와 사후검사에서 조사도구가 바뀌거나, 동일한 조사도구라도 신뢰도가 낮은 도구를 사용하면 사후검사 시 종속변수에 변화가 있더라도 이것이 독립변수 때문이라고 주장할 수 없어 내적 타당성을 저해하는 것을 말한다.

7 사회서비스 바우처(voucher)에 대한 설명으로 옳지 않은 것은?

① 일종의 교환권으로 사용처에 제한을 둔 상태에서 수급자에게 선택기회를 제공할 수 있는 급여 형태이다.

② 현금 급여와 현물 급여의 특성을 혼합한 것으로 두 급여의 단점을 보완하려는 것이다.

③ 공급자 지원방식의 대표적인 정책수단이다.

④ 이 방식은 서비스 생산자들 간 경쟁을 통해 서비스 질의 제고를 목적으로 한다.

> **TIP** 바우처(voucher)는 일정한 용도 내에서 수급자로 하여금 원하는 재화나 서비스를 자유롭게 선택할 수 있게 하는 방법이다.
> ③ 현물급여와 현금급여 형태의 중간적 성격으로 인해 주요한 급여형태로 쓰이지 못한다.

8 2015년 7월 시행(2014년 12월 30일 개정)된 「국민기초생활 보장법」의 변화된 내용으로 옳지 않은 것은?

① 자활지원계획의 수립 조항이 신설되었다.

② 기준 중위소득에 대한 조항이 신설되었다.

③ 교육급여를 교육부장관의 소관으로 한다.

④ 주거급여에 관하여 필요한 사항은 따로 법률에서 정한다.

> **TIP** ① 자활지원계획의 수립 조항은 2014년 12월 30일 개정 전에도 규정되어 있었다.

9 우리나라의 현행 근로장려세제에 대한 설명으로 옳지 않은 것은?

① 소득지원제도로서 일정 금액 이하의 저소득 근로자가구를 대상으로 한다.

② 근로의욕을 높여서 실질소득을 지원하기 위한 환급형 세액제도이다.

③ 「조세특례제한법」을 근거로 한다.

④ 근로장려금의 크기는 소득구간이 높아질수록 비례하여 커진다.

> **TIP** ④ 근로장려금의 크기는 소득구간이 높아질수록 비례하여 작아진다.

10 우리나라 사회복지법제의 연혁에 대한 설명으로 옳은 것은?

① 1960년대 초 인간다운 생활을 할 권리 보장 조항을 헌법에 포함함으로써, 향후 사회복지 입법의 토대를 마련하였다.

② 1980년대 초에 제정된 「국민복지연금법」으로 국민연금제도가 본격적으로 실행되었다.

③ 1990년대 후반부터 분권교부세에 근거한 사회복지사업의 지방이양이 이루어졌다.

④ 2000년대 초에 제정된 「영유아보육법」을 근간으로 보육서비스 지원확대가 이루어지고 있다.

> **TIP** ② 「국민복지연금법」은 1973년에 제정되었다.
> ③ 분권교부세에 근거한 사회복지사업의 지방이양은 2000년대부터 이루어졌다.
> ④ 「영유아보육법」은 1991년에 제정되었다.

11 사회복지사들이 당면하는 까다롭고 복잡한 윤리적 의사결정에 대해 로웬버그(Lowenberg)와 돌고프(Dolgoff)는 윤리원칙의 적용 순서를 규정한 윤리적 원칙 심사표(Ethical Principles Screen)를 제시한다. 여기에 포함된 원칙들의 적용순서를 바르게 나열한 것은?

㉠ 삶의 질의 원칙	㉡ 사생활 보호와 비밀보장의 원칙
㉢ 생명보호의 원칙	㉣ 진실성과 정보개방의 원칙
㉤ 최소한 손실의 원칙	㉥ 평등과 불평등의 원칙
㉦ 자율성과 자유의 원칙	

	1순위	2순위	3순위	4순위	5순위	6순위	7순위
①	㉠	㉢	㉤	㉦	㉡	㉣	㉥
②	㉢	㉥	㉦	㉤	㉠	㉡	㉣
③	㉤	㉠	㉣	㉦	㉥	㉢	㉡
④	㉦	㉤	㉠	㉣	㉢	㉥	㉡

> **TIP** 로웬버그와 돌고프의 윤리원칙 적용 순서
> 생명보호의 원칙 → 평등과 불평등의 원칙 → 자율성과 자유의 원칙 → 최소한 손실의 원칙 → 삶의 질의 원칙 → 사생활 보호와 비밀보장의 원칙 → 진실성과 정보개방의 원칙

12 「아동복지법」이 금지하고 있는 다음 행위 중에서 유죄가 인정되었을 경우 벌금형 없이 징역형에만 처하도록 규정되어 있는 것은?

① 아동에게 음란한 행위를 시키는 행위
② 아동의 신체를 손상시키는 학대행위
③ 자신의 보호 감독을 받는 아동을 유기하는 행위
④ 아동을 매매하는 행위

> **TIP** ④ 아동을 매매하는 행위를 한 자는 10년 이하의 징역에 처한다.

13 콤튼(Compton)과 갤러웨이(Galaway)에 따른 사회복지실천의 면접에 대한 특성으로 옳지 않은 것은?

① 면접을 위한 장(setting)이 있다.
② 면접자와 피면접자의 정해진 역할이 있다.
③ 구체적인 목표를 추구하는 의도적 과정이다.
④ 자유로운 분위기를 위해 계약을 지양한다.

> **TIP** ④ 사회복지실천의 면접은 계약에 의한다.

14 사회복지프로그램의 대상자 선정에 있어 집단 구분에 대한 설명으로 옳지 않은 것은?

① 인구집단을 일반집단 – 위기집단 – 표적집단 – 클라이언트 집단으로 구분할 수 있다.
② 위기집단은 위기를 겪어서 프로그램에 참여하는 모든 집단이다.
③ 표적집단은 위기집단 내에서 프로그램 혜택을 받을 자격을 갖춘 집단이다.
④ 클라이언트 집단은 표적집단 중에서 프로그램을 제공받는 수혜자집단이다.

> **TIP** ② 위기집단은 일반인구의 하위집단으로 위기에 노출될 위험에 있거나 욕구가 있는 집단이다. 실제 프로그램에 참여하는 집단은 클라이언트 집단이다.

ANSWER >> 10.① 11.② 12.④ 13.④ 14.②

15 사회복지 전달체계에서 지방자치단체에 비해 중앙정부가 기능적으로 우위인 이유로 제시되는 것 중 가장 적절하지 않은 것은?

① 지역별 다양한 사회복지 서비스 욕구에 탄력적으로 대응하기 쉽다.
② 사회복지가 추구하는 평등과 소득재분배의 목적을 달성하는 데 유리하다.
③ 서비스의 안정성과 규모의 경제성을 제고하는 데 효과적이다.
④ 공공재의 성격이 강하여 모든 국민을 대상으로 하는 서비스의 제공에 적합하다.

> **TIP** ① 지역별 다양한 사회복지 서비스 욕구에 탄력적으로 대응하기 쉬운 것은 지방자치단체이다.

16 사회복지실천의 통합적 접근방법이 등장한 배경으로 가장 적절하지 않은 것은?

① 체계이론적 관점과 생태학적 관점을 활용하면서 이론적 기반이 형성되었다.
② 클라이언트의 문제와 욕구들이 점차 표준화되었다.
③ 제한된 특정문제에 대한 개입만을 중요시하는 전통적 사회복지접근의 한계가 나타났다.
④ 인간과 환경은 서로 분리되어 있는 것이 아니라 지속적 상호교류를 하는 하나의 체계로 이해되었다.

> **TIP** ② 클라이언트의 문제와 욕구들이 점차 복잡하고 다양해지면서 사회복지실천의 통합적 접근방법이 등장하였다.

17 우리나라의 현행 노인복지제도에 대한 설명으로 옳은 것은?

① 노인복지주택에 입소할 수 있는 자는 65세 이상으로 소득인정액이 보건복지부장관이 정하여 고시하는 금액 이하인 사람으로 한다.
② 기초연금은 65세 이상의 모든 노인에게 제공되는 보편적 현금 급여이다.
③ 「노인복지법」에 의한 노인여가복지시설에는 노인복지관, 경로당, 노인교실이 포함된다.
④ 장기요양보험제도는 요양시설에 거주하는 중증질환 노인들만을 대상으로 실시하고 있다.

> **TIP** ① 노인복지주택에 입소할 수 있는 자는 60세 이상의 노인으로 한다.
> ② 기초연금은 65세 이상인 사람으로서 소득인정액이 보건복지부장관이 정하여 고시하는 금액 이하인 사람에게 지급하는 급여이다.
> ④ 장기요양보험제도는 요양시설에 거주하지 않거나(재가급여), 경증의 노인성 치매 등과 같이 중증질환이 아닌 사람들도 대상으로 한다.

18 사회복지사로서 역할 수행 중 다음과 같은 성찰이 생길 때 이에 대한 실마리를 제공하는 개념이 가장 적절하게 연결된 것은?

〈성찰 내용〉

㉠ 기초생활수급자가 현재 빈곤한 상태인지만을 가지고 업무를 진행하면 이들이 빈곤한 상태로 이르게 되는 맥락을 간과하는 것이 아닐까?

㉡ 경제활동에 참여하면서도 빈곤을 벗어나지 못하는 사람들이 있는데 이것은 왜 그럴까?

㉢ 우리 시(군)에 장애인들이 지역사회의 동등한 일원으로 살아갈 수 있도록 할 수는 없을까?

㉣ 우리지역의 복지예산이 부족한데 일인시위, 거리행진 등을 통해 이것을 이슈화하면 추후에 개선이 이루어지지 않을까?

〈개념〉

A. 신빈곤	B. 상대적 빈곤
C. 사회적 배제	D. 정상화
E. 사회행동	F. 지역사회개발

	㉠	㉡	㉢	㉣
①	A	B	C	D
②	C	A	D	E
③	E	F	B	C
④	F	D	E	A

TIP C. **사회적 배제**: 빈곤을 포함한 다차원적 불리함, 즉 전반적인 사회문제를 나타내는 새로운 개념으로, 빈곤을 단순히 소득의 결핍이 아닌 빈곤의 다차원적인 측면을 강조한다. →㉠

A. **신빈곤**: 근로능력이 있어도 일자리가 없거나 경제활 동에 참여하고 있어도 실질적인 소득이 낮아 빈곤한 경우이다. →㉡

D. **정상화**: 장애인의 생활환경과 조건을 일반인의 생활표준에 최대한 가깝게 하여 장애인을 비정상이 아닌 정상적 사회구성원으로 인식하는 것이다. →㉢

E. **사회행동**: 불우계층에 처한 사람들이 사회정의와 민주주의에 입각해 지원의 확대와 처우의 향상을 요구하는 행동을 말한다. →㉣

19 「장애인차별금지 및 권리구제 등에 관한 법률」상 금지하는 차별에 해당될 수 있는 경우를 모두 고른 것은?

> ㉠ 정당한 사유 없이 장애인에 대하여 정당한 편의 제공을 거부한 경우
> ㉡ 정당한 사유 없이 장애인에 대한 제한·배제·분리·거부 등 불리한 대우를 표시·조장하는 광고를 직접 행하는 경우
> ㉢ 장애인보조기구의 정당한 사용을 방해하는 경우
> ㉣ 보조견의 정당한 사용을 방해하는 경우

① ㉠, ㉡, ㉢
② ㉠, ㉢, ㉣
③ ㉡, ㉣
④ ㉠, ㉡, ㉢, ㉣

TIP 차별행위〈장애인차별금지 및 권리구제 등에 관한 법률 제4조 제1항〉… 이 법에서 금지하는 차별이라 함은 다음의 어느 하나에 해당하는 경우를 말한다.

㉠ 장애인을 장애를 사유로 정당한 사유 없이 제한·배제·분리·거부 등에 의하여 불리하게 대하는 경우

㉡ 장애인에 대하여 형식상으로는 제한·배제·분리·거부 등에 의하여 불리하게 대하지 아니하지만 정당한 사유 없이 장애를 고려하지 아니하는 기준을 적용함으로써 장애인에게 불리한 결과를 초래하는 경우

㉢ 정당한 사유 없이 장애인에 대하여 정당한 편의 제공을 거부하는 경우

㉣ 정당한 사유 없이 장애인에 대한 제한·배제·분리·거부 등 불리한 대우를 표시·조장하는 광고를 직접 행하거나 그러한 광고를 허용·조장하는 경우. 이 경우 광고는 통상적으로 불리한 대우를 조장하는 광고효과가 있는 것으로 인정되는 행위를 포함한다.

㉤ 장애인을 돕기 위한 목적에서 장애인을 대리·동행하는 자(장애아동의 보호자 또는 후견인 그 밖에 장애인을 돕기 위한 자임이 통상적으로 인정되는 자를 포함)에 대하여 ㉠부터 ㉣까지의 행위를 하는 경우. 이 경우 장애인 관련자의 장애인에 대한 행 위 또한 이 법에서 금지하는 차별행위 여부의 판단대상이 된다.

㉥ 보조견 또는 장애인보조기구 등의 정당한 사용을 방해하거나 보조견 및 장애인보조기구 등을 대상으로 ㉣에 따라 금지된 행위를 하는 경우

20 사회복지실천의 개념 중 '사회복지사가 과거에 다른 사람에게 가졌던 감정을 현재의 클라이언트에게서 느끼는 현상을 의미하는 것은?

① 라포(rapport)

② 자유연상(free association)

③ 역전이(counter-transference)

④ 임파워먼트(empowerment)

> **TIP** 역전이(counter-transference) … 사회복지사가 과거에 다른 사람에게서 가졌던 감정을 현재의 클라이언트에게서 느끼고 반응하는 현상을 말한다. 역전이는 전이와 마찬가지로 강한 비현실적 감정이며 긍정적 변화를 방해하고 왜곡시킨다.

공무원
기출문제집

서원각 기출문제집으로 시험 출제경향 파악하자!

▲ 기출문제 정복하기

전 직렬 공통 필수과목
일반행정직
사회복지직
교육행정직

▲ 최신 기출문제

필수과목/행정직
교육행정직/사회복지직

▲ 최근 5개년 기출문제

국어/영어/한국사/사회
행정법총론/행정학개론
교육학개론

▲ 최근 10개년 기출문제

국어/영어/한국사/사회
행정법총론/행정학개론
교육학개론

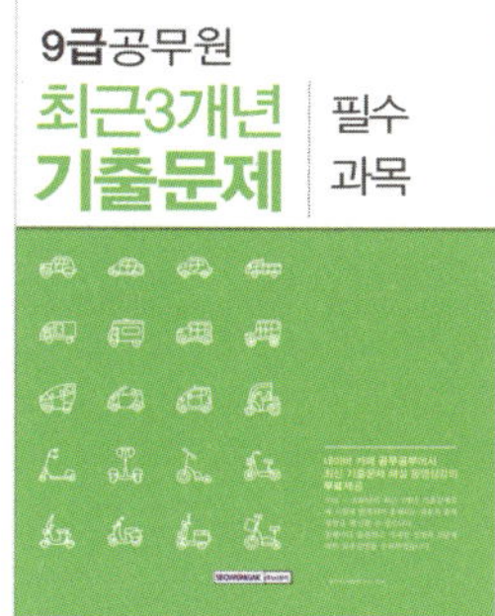

▲ 최신 3개년 기출문제

필수과목/행정직
교육행정직/사회복지직

**▲ 문제만 담았다!
/ 해설만 담았다!**

영어/한국사/사회
행정법총론/행정학개론
교육학개론

▲ 기출문제 정복하기

9급 건축직/7급 건축직/
기계직

▲ 서울시 공무원

필수과목 기출문제 정복하기,
국어/영어/한국사/행정학개론/
행정법총론

네이버 카페 검색창에서 **공무공부**를 검색하셔서 네이버 카페 공무공부에 가입하시면 각종 시험 정보를 보실 수 있습니다.

상식키우기

서원각과 함께하는 상식키우기!

▲ 공사공단 일반상식

▲ 시사일반상식

▲ MAC을 짚어 주는
시사일반상식

▼ **공사/시사 일반상식**

정치·법률, 경제·경영, 사회·노동,
과학·기술, 지리·환경, 세계사·철학,
문학·한자, 매스컴, 문화·예술·스포츠
관련 상식을 중요한 것만 모아 수록하였다.

▲ 공기업/공공기관 채용
빈출 일반상식

▼ **공기업/공공기관 채용 시리즈**

공기업과 공공기관 채용시험에 나올 법한 상식만을 모았다!
정치·법률, 경제·경영, 사회·노동, 과학·기술, 지리·환경,
세계사·철학, 문학·한자, 매스컴, 문화·예술·스포츠 관련 상식을
중요한 것만 모아 수록하였다. 또한 한국사의 기출유형문제를
정리하여 포함하였다.

빈출 일반상식 – 중요 시사상식 및 빈출용어 수록
간추린 일반상식 – 출제가 예상되는 문제와 해설 수록

▲ 경제용어사전

▲ 부동산용어사전

▼ **한눈에 쏙! 시리즈**

경제용어사전 – 단기간에 완성하는 경제용어 및 금융상식
시사용어사전 – 시사용어 및 시사 상식을 한눈에 쏙
부동산용어사전 – 부동산과 관련된 핵심 용어를 쉽고 간결하게 정리